KB032746

문재인

2022. 5

문재인의 운명

문재인의 운명

문재인 지음

더휴먼

강물이 되어 다시 만나기를

세월이 화살 같다. 우리가 노무현 대통령과 이별한 지 어느덧 두 해가 됐다. 그 느낌은 저마다 다를 것이다.

어떤 이들에게 '그를 떠나보낸 날'은 여전히 충격과 비통함이며, 어떤 이들에게 '노무현'은 아직도 서러움이며 아픔이다. 그리고 어떤 이들에게 '그와 함께했던 시절'은 그리움이고 추억일 것이다.

그것이 무엇이든 우리가 받아들여야 할 현실이 있다. 이제 우리는 살아남은 자들의 책무에 대해 생각해야 한다. 이제 우리는 그가 남기고 간 숙제에 대해 고민해야 한다. 이제 우리는 노무현 시대를 넘어선 다음 시대를 준비해야 한다.

언제까지나 과거에 머무를 순 없다. 충격, 비통, 분노, 서러움, 연민, 추억 같은 감정을 가슴 한구석에 소중히 묻어 두고, 우리가 해야 할 일을 냉정하게 시작해야 한다.

그것이 그를 '시대의 짐'으로부터 놓아주는 방법이다. 그가 졌던 짐을 우리가 기꺼이 떠안는 것이야말로 가장 아름다운 이별이다.

2주기를 앞두고 사람들이 내게 책을 쓰라고 권했다. 이유가 있는 권고였다. 노 대통령은 생전에 자서전이나 회고록을 남기지 않았다. 기록으로서 솔직하고 정직해야 하는데, 아직은 솔직하게 쓸 자신이 없다고 했다. 혼자 하기에 벅차다고도 했다. 그러면서 같이 일했던 사람들에게 공동 작업을 청했다. '함께 쓰는 회고록'으로 가자고 했다. 저마다, 우리가 함께했던 시대를 기록해 보라고 부탁했다. 그다음에 당신이 하겠다고 했다.

그 부탁을 했던 분도, 그 부탁을 받았던 우리도 미처 뭔가 해 보기 전에 갑작스럽게 작별해야만 했다. 그러니 무엇보다 중요한 숙제는, 그와 함께했던 시대를 기록하는 일임이 분명하다. 노 대통령과 오랜 세월을 같이했고, 지금은 〈노무현재단〉 이사장을 맡고 있는 내가 그 일을 맨 먼저 해야 한다고들 했다.

하지만 엄두가 안 났다. 그동안 앞만 보고 달려오느라, 기록을 충실히 하며 살아오지 않았다. 하도 엄청나고 많은 일을 겪어, 자료를 보지 않으면 기억이 가물가물하기도 했다.

주저되는 부분도 많았다. 대통령이 고민했던 것처럼, 나 역시 백 퍼센트 솔직할 수 있을지에 대해 자신이 없었다. 동시대를 함께 살았던 많은 분들이 있는데, 자칫하면 이런저런 부담을 드리거나 누가 될 소지도 있어 보였다.

그럼에도 불구하고 책을 쓰기로 한 것은, 한 가지 이유에서다. 또 한 정권이 끝나간다. 국민들은 희망을 갈구하고 있다. 더 이상 절망의 시기가 반복되지 않기를 소망한다. 이명박 대통령과 이명박 정부가 역사에 반면교사(反面教師)라면, 노무현 대통령과 참여정부가 역사에 타산지석(他山之石)이 될 수 있도록 다양한 증언을 남기는 게 필요하다고 생각했다.

노무현 대통령과 한 시대를 같이 살았던 사람들, 노무현 대통령과 참여정부를 함께했던 사람들이 무엇보다 먼저 해야 할 책무는 자기가 보고 겪었고 일했던 내용을 증언하는 것이다. 다음 시대에 교훈이 되고 참고가 될 내용을 역사 앞에 기록으로 남기는 것이다.

이제 우리는 노무현 대통령을 극복해야 한다. 이제 우리는 참여정부를 넘어서야 한다. 성공은 성공대로, 좌절은 좌절대로 뛰어넘어야 한다. 그런 바람으로 펜을 들었다.

책을 정리하면서 보니, 참 오랜 세월을 그와 동행했다. 그분은 내가 살면서 만난 사람들 가운데 가장 따뜻하고 가장 치열한 사람이었다. 그분도, 나도 어렵게 컸다. 세상을 따뜻한 시선으로 보려 했고, 이웃들에게 따뜻한 사람이 되고자 했다. 함께 세상을 바꿔 보고 싶었고, 함께 희망을 만들어 보고자 애썼다.

그 열망을 안고 참여정부가 출범했다. 이룬 것도 많고 이루지 못한 것도 많다. 열심히 한다고 했지만 아쉬움이 많다. 후회되는 것도 있다. 견해의 차이로 마음이 멀어진 분들도 있다. 진보·개혁 진영의 '과거 벗'들과도 다소 마음이 멀어진 듯하다. 우리뿐이 아니다. 진보·개혁 진영 안에서도 상처와 섭섭함이 남아 있다. 하지만 노 대통령 서거는 우리에게 새로운 계기를 만들어 줬다. 다음 시대를 함께 준비하기 위해 우리는 마음을 모아야 한다. 마음을 모아야 힘을 모을 수 있다.

더 이상 노무현 대통령과 참여정부가 애증(愛憎)의 대상이 되지 않았으면 좋겠다. 그분은 떠났고, 참여정부는 과거다. 그분도 참여정부도 이제 하나의 역사다. 그냥 '있는 그대로' 성공과 좌절의 타산지석이 되면 좋겠다. 잘한 것은 잘한 대로, 못한 것은 못한 대로 평가 받고 극복할 수 있으면 좋겠다. 그분도 그걸 원하실 것이다.

노 대통령과 나는 아주 작은 지천에서 만나, 험하고 먼 물길을 흘러왔다. 여울목도 많았다. 그러나 늘 함께했다. 이제 육신은 이별했다. 그러나 앞으로도 나와 그는, 정신과 가치로 한 물줄기에서 만나 함께 흘러갈 것이다. 바다로 갈수록 물과 물은 만나는 법이다. 혹은 물과 물이 만나 바다를 이루는 법이다. 어느 것이든 좋다.

이 같은 나의 절절한 마음을, 내가 좋아하는 도종환 시인이 한 편의 시에서 어쩌면 그리 잘 표현했는지 모르겠다.

멀리 가는 물

어떤 강물이든 처음엔 맑은 마음
가벼운 걸음으로 산골짝을 나선다
사람 사는 세상을 향해 가는 물줄기는
그러나 세상 속을 지나면서
흐린 손으로 옆에 서는 물과도 만나야 한다
이미 더럽혀진 물이나
썩을 대로 썩은 물과도 만나야 한다
이 세상 그런 여러 물과 만나며
그만 거기 멈추어 버리는 물은 얼마나 많은가
제 몸도 버리고 마음도 삭은 채

길을 잃은 물들은 얼마나 많은가
그러나 다시 제 모습으로 돌아오는 물을 보라
흐린 것들까지 흐리지 않게 만들어 데리고 가는
물을 보라 결국 다시 맑아지며
먼 길을 가지 않는가
때 묻은 많은 것들과 함께 섞여 흐르지만
본래의 제 심성을 다 이지러뜨리지 않으며
제 얼굴 제 마음을 잃지 않으며
멀리 가는 물이 있지 않는가.

이 땅의 사람들도 그랬으면 좋겠다. 결국은 강물이 되어 다시 만나고, 역사의 큰 물줄기를 이뤄 함께 흘렀으면 좋겠다. 강물은 좌로 부딪히기도 하고 우로 굽이치기도 하지만, 결국 바다로 간다. 장강후랑추전랑(長江後浪推前浪)이라고 했던가. 그러면서 장강의 뒷물결이 노무현과 참여정부라는 앞물결을 도도히 밀어내야 한다. 역사의 유장한 물줄기, 그것은 순리다. 부족한 이 기록이 조금이라도 도움이 된다면, 더 바랄 게 없다.

책이 나오기까지 많은 사람들이 수고를 아끼지 않았다. 처음에 마뜩잖아 하던 나를 설득해 책을 내도록 권고한 분들이 꽤 많다. 그들의 마음을 따뜻하게 받아들인다. 방대한 양의 내 녹취와 증언을 꼼꼼히 정리하여 자료로 만들어 주느라 고생한 양정철 전 비서관에게 특히 고마움을 전한다. 그 작업이 없었으면 나는 책을 쓸 엄두를 내지 못했을 것이다. 내 원고를 자신의 것인 양 정성껏 봐주고, 의견을 주신 분들의 노고도 고맙기만 하다. 그 모든 분들의 수고가 헛되지 않았으면 좋겠다.

이 책을 노 대통령 2주기에 맞춰 발간해, 그분 영전에 헌정하고 싶었는데 쉽지 않았다. 열심히 정리했지만 부족하거나 정확하지 않은 부분도 있을지 모르겠다. 아무쪼록 이 책이 그분이 바랐던 '함께 쓰는 회고록'의 출발점이기를 바란다. 그분과 함께했던 다른 분들의 알찬 기록이 속속 나오기를 기대한다.

2011년 6월

문재인

차례

2 인생

3 동행

4 운명

1 만남

2 인생

3 동행

4 운명

그날 아침

벨소리가 요란하다. 새벽잠이 확 달아났다. '누굴까, 이 시간에…….' 이른 시간에 걸려오는 전화는 왠지 모를 불안감을 동반한다.

"실장님, 저 경수입니다."

"그래요. 무슨 일이에요?"

"지금 빨리 와 주셔야겠습니다. 대통령님이 산책 나갔다가 산에서 떨어지셨습니다. 부엉이 바위에서 떨어지신 것 같습니다. 떨어지신 이유는 아직 저희도 모르겠습니다. 지금 경호관이 병원으로 모셔가는 중인데, 상태가 엄중하다고 합니다."

"엄중하다니, 위독하시다는 말인가요?"

"정확히 모릅니다. 경호관이 그렇게 얘기했다고 합니다. 병원에 도착하면 자세히 알 수 있을 것 같습니다."

봉하에 있는 김경수 비서관이 그 시간에 전화했으니, 직감적으로 대통령과 관련한 급한 일이 생겼다는 건 짐작을 했다. 그런데 부엉이 바위에서 떨어지셨다니…….

"대통령님이 새벽에 산책을 나가셨다고? 요즘 산책을 다니셨나요?"

"아닙니다. 수사가 시작된 후로는 산책도 전혀 못 하시다가 오랜만에 나가신 겁니다."

나도 그렇게 알고 있었다. 대통령은 수사가 시작된 후로는 두문불출, 일체 외출을 안 하셨다. 언론의 카메라에 늘 신경을 쓰셨다. 그런데 봉화산으로 산책이라니, 그리고 부엉이 바위에서 떨어지셨다니, 게다가 상태가 엄중하다니…….

불길한 생각을 억누르려고 애썼다.

김경수 비서관은, 대통령을 일단 읍내 '세영병원'으로 후송 중인데 큰 병원으로 옮길지 확인되는 대로 다시 연락하겠다며 전화를 끊었다. 서둘러 출발 준비를 마쳤는데도 연락이 없어, 이번엔 내가 김 비서관에게 전화했다. 김 비서관도 후속 상황을 연락받지 못했다고 했다. 문용욱 비서관이 뒤쫓아 갔으니, 문 비서관의 전화를 받으면 바로 연락드리겠다고 했다.

초조했다. 얼마나 시간이 흘렀을까.

한참이 지나서야 문용욱 비서관이 전화를 했다.

"위독하십니다. 아주 엄중한 상황인 것 같습니다. 읍내 '세영병원'에선 어렵다고 합니다. 큰 병원으로 가는 게 좋겠다고 해서 양산의 '부산대병원'으로 가는 중입니다. 그쪽으로 좀 와 주십시오. 그리고, 경호관 말에 의하면 부엉이 바위에서 뛰어내리신 것 같습니다. 김경수 비서관과 박은하 비서관이 대통령님 컴퓨터에서 유서를 찾았다고 합니다."

'부엉이 바위에서 뛰어내리시다니. 어떻게 이런 일이……' 하는 생각만 머리에 맴돌았다. 설마 하면서도 불길한 생각을 억누를 수 없었다.

걱정스런 얼굴로 어쩔 줄 몰라 하는 아내를 두고 집을 나섰다. 운전대를 잡은 손이 떨렸다. 심호흡을 계속 하면서 차를 몰았다.

내 생애 가장 고통스럽고 견디기 힘들었던 2009년 5월 23일 '그날'은 그렇게 시작됐다.

양산 부산대병원에는 한 번도 가 본 적이 없었다. 정신없는 가운데 이정표를 보며 어렵게 찾아갔다. 어떻게 그곳까지 갔는지 기억이 나지 않는다. 병원에 도착했다. 마중 나와 있는 문용욱 비서관의 표정이 참담했다. 넋이 나간 사람 같았다.

대통령님은 출입이 철저히 통제된 특실에 모셔져 있었다. 얼마나 안 좋은 상태인지 눈으로 봐야 했다. 병실에 들어섰다. 눈을 감고 말았다. 차마 표현하기 어려운 처참한 모습이었다.

인공 연명 장치를 달고 계셨다. 기계를 보니 신호가 잡히고 있었다. '아직 희망이 있구나'라는 생각을 얼핏 했다. 그게 아니었다.

의료진들이 사실대로 알려 주었다. 인공심장박동으로 연명하고 있어 신호가 잡히는 것이라 했다. 장치만 제거하면 신호는 바로 없어진다고 했다. 그래도 '행여나……' 하는 나의 마음을 읽었는지, 의사가 더 분명하게 말했다. 병원에 도착했을 때 이미 의학적으로는 사망한 상태였고, 중간에 들렀던 '세영병원' 소견도 같다고 했다. 대통령님 상태로 보면, 사고 현장에서 바로 돌아가신 것으로 판단된다고 했다. 인공심장박동 장치는 마지막까지 할 수 있는 처치를 다 해 주길 바랄 가족들을 위해서, 그리고 가족들이 최종적으로 결정할 수 있게 하기 위해서 붙여 놓고 있는 것이라고 했다. 하늘이 무너져 내리는 것 같았다.

문용욱 비서관이 경호관에게 들은 경위를 설명해 줬다. 얼마 후 김경수 비서관이 대통령 컴퓨터에서 출력한 유서를 가지고 왔다. 사고가 아니라 당신께서 스스로 선택하신 행동임이 분명했다. 말도 나오지 않았고, 머릿속이 아득했다.

담당 의사가 말했다.

"여사님이 오시면 전혀 가망 없는 상태라는 걸 말씀드리고 동의를 받아 인공 연명 장치를 제거해야 합니다. 저희가 말씀드리기 어려우니, 실장님이 먼저 좀 말씀해 주십시오."

그 말을 듣고 정신이 들었다. '그래, 나까지 정신을 놓으면 안 된다. 뭘 해야 할지 생각해야 한다. 당장 해야 할 일이 뭔지 내가 판단해서 결정해야 한다. 정신 차려라. 침착하자.'

그렇게 생각하니, 곧 도착하실 여사님께 대통령님 모습을 어떻게 보여 드릴 것인지가 먼저 걱정됐다. 의료진에게 그 걱정을 말했다. 그들도 공감했다. 의료진들은 얼마 후 도착한 여사님을 기다리게 하면서, 황급히 손을 써 줬다. 찢어진 부분을 모두 봉합하고 피도 깨끗이 닦아냈다.

몸을 제대로 가누지 못하던 여사님이, 의료진의 연락을 받고 겨우 부축을 받아 대통령을 만났다. 거짓말처럼 깨끗한 모습이었다. 얼굴에 아무 상처가 없었다. 표정이 온화하기까지 했다. 여사님은 그 모습을 보고서도 실신을 했다. 불과 두세 시간 전까지 함께 있던 남편의 그런 모습을 받아들이지 못하는 건 당연했다.

더 고통스러운 것은, 여사님에게 상황을 사실대로 설명해 드리는 것이었다. 여사님은 그냥 '산에서 떨어지셨는데 좀 위급하다' 정도로만 알고 달려오셨다. '세영병원'에서는 손을 쓸 수 없어 양산 '부산대병원'으로 옮겼다는 말을 듣고, 상당히 좋지 않은 상태라는 짐작만 하고 계셨다. 비서들이 차마 사실대로 말씀드리지 못한 것이었다.

사실을 말씀드렸다. 부엉이 바위에서 스스로 뛰어내리셨다고. 못 믿으셨다. 유서를 보여드렸다. 여사님은 그대로 허물어져 내렸다.

더 어려운 말씀을 드려야 했다. '인공심장박동 장치에 의존하고 있을 뿐, 의학적으로는 이미 돌아가신 것이다, 전혀 가망이 없다고 한다, 인공 연명 장치를 이제 포기할 수밖에 없다, 여사님이 결심하셔야 한다, 그냥 가시도록 놓아드리자…….' 의료진도 확인을 해 줬다.

여사님의 오열과 통곡 앞에서 나도 나를 가누기 어려웠다. 고통스러운 일이었다. 실신했다 깨어났다를 반복하던 여사님께서 어느 정도 정신을 수습하신 후에 동의를 했다. 인공심장박동기를 제거했다.

2009년 5월 23일, 오전 9시 30분이었다. 그분을 떠나보냈다.

국민들에게 사실을 알려야 했다. 의료진들과 협의해, 내가 대통령의 서거 사실과 서거 원인을 발표하기로 했다. 이어서 의료진이 의학적 설명을 하기로 했다. 짧은 문안을 만들어 기자들 앞에 섰다. 수백 개의 플래시가 터지는 듯 번쩍번쩍했지만, 아무 느낌이 없었다. 회견장에 가득 찬 기자들의 웅성거림조차 무서운 정적처럼 느껴졌다. 마치 정지화면 같았다.

"대단히 충격적이고 슬픈 일입니다. 노무현 전 대통령님께서 오늘 오전 9시 30분경 이곳 양산 부산대병원에서 돌아가셨습니다. 대통령님께 국민들에게 사실을 알려야 했다.

의료진들과 협의해, 내가 대통령의 서거 사실과 서거 원인을 발표하기로 했다.

서는 오늘 오전 5시 45분경에 사저에서 나와 봉화산을 등산하던 중 오전 6시 40분쯤에 봉화산 바위에서 뛰어내리신 것으로 보입니다. 당시 경호관 1명이 수행을 하고 있었습니다. 발견 즉시 가까운 병원으로 이송했고, 상태가 위독해 부산대병원으로 옮겼으나 조금 전 9시 30분경 돌아가셨습니다. 대통령님께서는 가족들 앞으로 짧은 유서를 남기셨습니다."

그 엄청나고 복잡한 상황을 알리는 데 채 1분이나 걸렸을까. 하지만 더 설명할 게 없었다. 기자들도 질문하지 않았다.

당장 다음 일에 집중해야 했다. '이제 그분을 어디에 모셔야 하나? 우선 여기에 임시 빈소를 차려야 하나? 아니면 바로 봉하로 모시고 가야 할까?' 봉하 쪽에 서둘러 빈소와 분향소를 준비하도록 지시하고 독려했다.

병원은 북새통이었다. 눈물을 쏟으며 모여드는 낯익은 얼굴들. 그들이 나처럼 그분의 떠남을 현실로 받아들이는 데엔 또 얼마나 시간이 필요할까. 그리고 몰려드는 여야 정치인들. 취임 인사조차 없었던 이명박 대통령 비서실장도 왔다. 부둥켜안고 함께 울고 싶은 사람들과, 뒤섞인 의례적인 조문들.

단 몇 분이라도 혼자 있고 싶었다. 누군가 차를 한 잔 갖다 줬다. 물끄러미 바라보던 찻잔에서 문득 그와의 첫 만남이 떠올랐다. 그를 처음 만나, 차 한 잔 앞에 놓고 얘기를 나누던 바로 그날, 우리는 눈부시게 젊었다.

첫 만남

1982년 8월, 사법연수원*을 수료하면서 판사를 지망했다. 연수원 성적이 차석이어서, 수료식에서 법무부장관상을 받았다. 사법고시 합격자 수가 많지 않던 때여서, 연수원을 마치면 희망자 전원이 판사나 검사로 임용됐다.

그래서 판사에 임용되지 않을 것이라는 생각은 미처 하지 못했다. 대학 시절 시위 주도 때문에 구속된 전력이 있긴 했다. 그것은 유신 반대 시위였고, 시대가 바뀌어 이미 유신*은 잘못된 것으로 받아들이는 시기였다. 유신 반대 시위 전력이 비난받을 이유는 전혀 없다고 생각했다. 그것이 결격 사유가 돼, 임용이 안 될 것이라는 예상은 하지 않았다.

그런데 막판에 판사 임용이 안 된다고 했다. 지금도 판사 임용 면접 장면이 잊히지 않는다. 판사 지망자들은 법원행정처* 차장과 인터뷰하는 절차가 있었다. 대부분 1~2분 정도 됐을까, 의례적인 절차였다. 그런데 유독 나 혼자만 30분 정도 면접을 했다. 질문이 많았던 것은 아니었다. '왜 데모를 했나, 그게 언제였나?' 그게 다였다. 그런데 면접관이 그 상황을 이해하지 못했다.

그때가 1982년이었으니, 내가 시위로 구속된 1975년은 불과 7년 전이었다. 사실 1975년 4월에 유신 반대 시위를 했다고 하면 더 설명이 필요 없었다. 그런데 그렇게 대답하자 "그때가 위수령* 때인가?"라고 반문하는 것이다. 위수령은 그보다 몇 년 앞선 1971년이었다고 설명했다. 그랬더니 이번에는 "유신헌법 만들 땐가?" 이러는 것이다. 할 수 없이 위수령, 유신 선포와 유신헌법 제정, 긴급조치* 등 1970년대의 역사 흐름을 쭉 설명해야 했다. 그분은 법원 내에서 판결문 잘 쓰기로 명성이 높았고, 나중에 대법관까지 하셨던 분이다. 그런데 많은 국민들이 고통받으며 저항했던, 그 때문에 시국 사범이 돼 투옥되고 재판받아야 했던, 엊그제의 역사를 법원 고위직에 있는 분이 모르다니 믿을 수 없었다. 판사들이 현실 세계와 동떨어져 사는 모습을 본 셈이었다. 씁쓸했다. 결국 임용이 안 됐다.

당시 법원행정처장은 내가 학교 다닐 때 민사소송법을 가르쳤던 은사였다. 검찰에서는 받아들여 줄 것이라는 이야기가 있자, 그분은 내게 우선 검사로 임용 받을 것을 권유하기도 했다. 검사로 임용 받아 2~3년 근무하면 임용불가 딱지가 떨어질 테니 그때 판사로 전관(轉官)하라는 것이었다. 그렇게까지 하고 싶지는 않았다.

할 수 없이 뒤늦게 변호사 개업으로 방향을 바꿔야 했다. 연수원 마친 사람이 전원 판·검사로 임용되던 시기여서, 바로 변호사 개업을 한다는 것은 아주 희귀한 경우였다. 성적도 괜찮았던 덕에 금세 소문이 돌았다. 지금처럼 로펌이 많은 시절이 아니었는데도, 〈김앤장〉을 비롯해 괜찮은 로펌 여기저기서 스카우트 제의가 들어왔다. 몇 군데 만나 제안을 들어보기도 했다. 조건이 좋았다.

보수도 파격적이고 승용차도 제공해 준다고 했다. 3년 정도 근무하면 미국 로스쿨로 유학도 보내 준다고 했다. 잠시 솔깃했다. 하지만 내가 생각했던 변호사 상(像)과 너무 달랐다. 대학 시절 학생운동을 했기 때문만은 아닐 것이다. 내가 그렸던 법률가 상은, 꼭 인권 변호사가 아니더라도 보통 서민들이 겪는 사건들 속에서 억울한 사람을 돕고 보람을 찾는 모습이었다. 이건 좀 아닌 듯했다. 그때 로펌의 스카우트 제의를 받아들였다면 전혀 다른 삶을 살게 됐을 것이다. 국제변호사나 기업전문 변호사. 뭔가 고급스러워 보여서 오히려 내키지 않았다.

그냥 보통 변호사의 길을 가기로 했다. 이왕 그렇게 한다면 어머니도 모실 겸, 아예 부산으로 가는 게 좋을 것 같았다. 별 주저는 없었는데, 잠시 고민이 됐던 건 아내에 대한 미안함이었다. 음대를 나온 아내는 그때 서울시립합창단 합창단원으로, 서울에서 직장 생활을 하고 있었다. 대학 시절부터 내가 구속되는 걸 지켜보며 면회도 오곤 했던 아내는 부유함을 꿈꾸는 여자는 아니었다. 사법고시 된 것만으로 충분히 고마워했다. 그렇다 해도 서울에서 좋아하는 일을 하고 있는 서울 여자에게 부산으로 가자고 하니 미안했다. 다행히 동의해 줬다.

그렇게 해서 만난 게 노무현 변호사다. 나와 노 변호사를 연결시켜 준 건, 내 사법고시 동기이자 후임 민정수석을 하기도 한 박정규였다. 그 과정과 인연이 묘하다.

박정규는 사시에 늦게 합격했다. 우리 동기들 가운데 나이가 몇 번째로 많았다. 그래서 일찌감치, 연수원 마치면 변호사의 길을 가겠다고 생각했던 것은 정작 그였다. 옛날 김해 장유암에서 노 변호사와 고시 공부를 함께 했던 인연이 있었다. 먼저 고시에 붙어 판사를 마치고 부산에서 변호사로 활동하던 노 변호사로부터 "같이 일하자"는 제의를 받은 터였다. 노 변호사는 연수원을 마치고 합류할 박정규를 위해 자신의 사무실에 방과 책상까지 모두 마련해 놓았다.

당시 변호사들은 개인 사무실을 운영하는 게 일반적이었다. 변호사들끼리의 동업은 안 된다는 고정관념이 많았다. 로펌은 서울에나 몇 군데 있을 뿐이었고, 지방은 다들 '1인 성주(城主)'였다. 그러나 노 변호사는 확실히 생각이 앞서고 깨인 분이었다. 변호사들이 함께 모여서 법률 업무를 전문화·분업화해 나가야 된다는 생각을 가지고 있었다.

판사를 거친 노 변호사는 1978년에 변호사 개업을 했는데, 잠시 혼자서 변호사 활동을 하다가 1979년부터 1980년 말까지 약 2년가량 다른 변호사 두 분과 합쳐서 합동법률사무소를 운영한 경험이 있었다. 〈가야합동법률사무소〉였다. 아마 부산에서 처음으로 생긴 동업 사무소였을 것이다. 그런데 뜻대로 안 됐던 모양이다.

변호사들의 전문화·분업화에 대해 일반인들의 인식이 없었기 때문이다. 찾아오는 고객들을 전문 분야별로 나눠 상담하려 해도, 고객들이 좋아하지 않았다. 전문 분야고 뭐고, 아는 변호사가 자기 사건을 맡아 주기를 원했다. 당신의 꿈은 높았지만 현실이 따라 주지 않았던 것이다. 그래서 한 번 실패를 맛보고 개인 사무실을 하다가 박정규를 합류시켜 다시 전문·분업 사무실을 만들어 보고 싶었던 것이다.

그런데 문제가 생겼다. 내려오기로 한 박정규가 검사로 임용된 것이다. 노 변호사가 준비했던 계획이 시작도 하기 전에 허사가 됐다. 그러니 박정규는 노 변호사에게 미안해하다가 마침 내가 변호사를 하게 되자 자기 대신 나를 소개한 것이다. 한번 만나 보라고 해 노 변호사를 찾아갔다. 나는 그때까지 노 변호사를 전혀 몰랐다. 생판 초면이었다.

* **사법연수원(연수원)** 사법시험에 합격한 사람들이 판사, 검사, 변호사가 되기 전에 거쳐야 하는 대법원 산하의 교육, 연수기관. 수습기간은 2년
* **유신(維新)** 1972년 10월 17일 대통령 박정희가 장기집권을 목적으로 단행한 초헌법적 비상조치. 기존의 모든 민주주의 제도를 정지시키고, 한국적 민주주의라는 미명 아래 장기집권 독재체제를 구축한 토대
* **법원행정처** 법관 인사는 물론 법원의 모든 예산, 회계, 시설 등에 관한 사무를 관장하는 기관. 처장과 차장을 두며, 처장은 대법원장의 지휘를 받음
* **위수령(衛戍令)** 어떤 지역에 군 병력이 주둔하면서 치안과 수비, 공공질서를 유지하게 하는 비상조치. 박정희 독재 때 각 대학에서 반정부 시위가 격화되면 해당 지역에 위수령을 발동. 위수령보다 높은 단계는 계엄령으로, 모든 권한이 군부대로 이관됨
* **긴급조치** 유신헌법에 의해, 대통령 권한으로 취할 수 있었던 특별조치. 당시 대통령 박정희는 이 조치를 발동함으로써 헌법상 국민의 자유와 권리를 잠정적으로 정지시킬 수 있는 막강한 권한을 갖게 됨. 주로 민주화 요구를 억압하고 학생과 야당정치인을 탄압하는 데 악용. 박정희는 이를 총 9차례 공포. 1980년 헌법 개정으로 폐지

동업자

노 변호사 사무실은, 법원 검찰청이 예전에 있었던 부민동이었다. 수수하다 못해 조금 허름한 건물이었다. 법원의 정문 쪽이 아니고 후문 쪽이었지만 사무실 내부 공간은 꽤 넓었다. 그곳에서 그분을 처음 만났다. 그 만남이 내 평생의 운명으로 이어질 줄은 상상도 못 했다. 처음 본 노 변호사는 젊었다. 1978년 개업을 했는데, 내가 개업하기 전까지 부산에서 제일 젊고, 고시 기수가 낮은 변호사였다. 인상적이었다. 무엇보다 느낌이 달랐다.

물론 내가 그때까지 법조인들을 많이 만나 본 건 아니었다. 하지만 사법연수원 들어가서부터 만났던 연수원 교수들(판사·검사), 고등학교·대학교 동문 법조인 모임에서 각각 만난 선배들, 판사·검사·변호사 시보* 하면서 만난 법조인들과는 분위기가 사뭇 달랐다. 그도 그럴 것이, 그때엔 다들 판사·검사로 시작해 한참 후에 변호사 개업을 하게 되니, 변호사라 해도 대부분 권위적인 분위기가 있었다. 목엔 힘이 들어가 있었다. 그러나 노 변호사는 판사 생활을 짧게 해서 그런지 아니면 원래 기질이 그런지 모르겠지만, 풍기는 분위기가 전혀 달랐다. 아주 소탈했고 솔직했고 친근했다.

그런 면에서 금방 동질감 같은 게 느껴졌다. 나와 같은 세계에 속한 사람이라는 느낌 같은 게 있었다.

차 한 잔을 앞에 놓고 꽤 많은 이야기를 나눴던 기억이 난다. 내가 학창 시절 데모하다 제적 당하고 구속됐던 얘기, 그 때문에 판사 임용이 안 된 얘기…….

노 변호사는 자신이 변론했던 '부림사건'* 경험을 얘기하면서, 그런 일로 판사 임용이 안 된 것에 대해 진심으로 함께 분노해 주었다. 그리고 당신의 꿈을 얘기했다. 인권 변호사로서 어떻게 하겠다는 얘기는 아니었지만 깨끗한 변호사가 되고 싶다는 소망을 얘기했다.

특히 '깨끗한 변호사'는, 해 보니 마음처럼 쉽지가 않더라고 고백했다. 나하고 같이 일을 하게 되면 그걸 계기로, 함께 깨끗한 변호사를 해 보자고 했다. 따뜻한 마음이 와 닿았다.

업무를 전문화해서 사무실을 키워 나가고 싶다는 비전도 얘기했다. 서울의 로펌에서 받았던 솔깃한 제안 같은 것은 아무것도 없었다. 하지만 마음이 끌렸다.

그날 바로 같이 일을 하기로 결정했다. 사무실을 둘러봤다. 정말이지 나는 몸만 들어가면 될 수 있는 정도로 준비가 돼 있었다. 〈변호사 노무현·문재인 합동법률사무소〉에서 내 변호사로서의 인생이 시작되는 순간이었다.

또한 그와의 운명적 만남이 평생으로 이어지는 순간이었다.

* **시보(試補)** 어떤 관직에 정식으로 임명되기 전에 실제로 그 일에 종사하여 익히는 일, 또는 그런 직책

* **부림사건** 1981년 출범한 전두환 군사 독재 정권이 집권 초기, 통치기반을 확보하고자 민주화 운동 세력을 탄압하던 시기에 거짓으로 만들어낸 부산 지역 최대의 용공(容共) 조작사건. 1981년 9월 부산 지역의 양서협동조합을 통해 사회과학 독서모임을 하던 선량한 학생, 교사, 회사원 등을 영장 없이 체포한 뒤, 짧게는 20일에서 길게는 63일 동안 불법으로 감금하며 구타는 물론 '물고문'과 '통닭구이 고문' 등 살인적 고문을 가했다. 같은 해 7월 서울 지역 운동권 학생들이 무더기로 구속된 '학림(學林)사건'에 이어 터졌기 때문에 '부산의 학림사건'이라는 뜻에서 부림(釜林)사건으로 이름 지어짐

선배처럼 친구처럼

노 변호사는 나를 편하게 대해 주었다. 그분은 나를 '친구'라고 표현했지만, 사실이 아니다. 그 표현에는 사연이 있다. 대선을 치르던 2002년, 나는 부산 선거대책본부장을 맡았다. 부산 선대본부 출범식에서 노 후보가 후보 연설을 하면서 그 표현을 썼다. "사람은 친구를 보면 어떤 사람인지 알 수 있다고 하지 않습니까. 노무현의 친구 문재인이 아니고 문재인의 친구 노무현입니다" 이렇게 인사를 했다. 선대본부장이라는, 체질에 맞지 않는 직책을 맡아 준 후배에게 고마운 마음을 그렇게 표현한 것이다. 실제로는 나이도 여섯 살 차이가 나고, 고시도 5년 위면 대선배다. 그런데 그 말씀 덕분에 나는 지금도 과분하게 '노무현의 친구'라는 호칭을 듣고 있다. 노 변호사는 처음부터 나를 많이 존중해 주었다. 내게 늘 높임말을 썼다. 약간이라도 편한 높임말을 쓴 것은 내가 청와대에 들어가서부터였다. 그 전까지는 더 깍듯한 높임말로 나를 대우해 주었다. 나도 웬만하면 '형님' 이렇게 잘하는 성격인데도 그분께는 '선배님'을 넘어서서 '형님' 소리를 못 했다.

노 변호사가 나를 대해 주신 태도는 쉬운 일이 아니었다. 우선 당신은 판사도 거쳤고 변호사도 몇 년 했다. 변호사 업계에서도 상당히 기반을 닦아 경륜이 쌓인 변호사였다. 반면 나는 사법연수원을 갓 졸업한 완전 초짜였다. 그런 나와, 같은 분배 조건으로 사무실을 동업한다는 게 쉽게 생각할 수 있는 일이 아니었다.

변호사 동업이 힘든 것은 서로 스타일이 다르기도 하지만, 상대의 역량에 대해 서로 신뢰할 수 있어야 하기 때문이다. 예를 들면 누가 수임*을 했든 관계없이 서로 간에 사건을 잘 배분해서 업무가 분장되기 위해서도 신뢰가 필요했다. 이게 못 미더우면 동업을 할 수 없다. 나에게야 그분이 선배시니, 나보다 잘하리라 생각할 수 있었다. 하지만 당신은 내가 초짜여서 속으로 불안했을 법한데도 나의 사건 처리를 신뢰해 줬다.

동업하면서 시국 사건도 조금 중요한 것은 늘 공동으로 변호인을 맡는 경우가 많았다. 그때그때 각자의 업무량에 따라 주심 변호사를 정했다. 어떤 경우는 노 변호사가 주심을 맡았지만 내가 주심인 경우도 많았다. 그럴 때 그분은 내가 주심으로서 준비하고 끌어나가는 방향 그대로 늘 공감해 줬다. 단 한 번도 내가 하고자 하는 소송의 수행 방향 등에 대해 이견을 말씀한 적이 없다. 참으로 굉장한 신뢰와 존중과 대접을 해 준 것이다.

지금 생각해 보면 그 덕에 아주 안정적으로 변호사 생활을 시작할 수 있었다. 처음 변호사 하기로 마음먹었을 때 개업비용 조달부터 혼자 어떻게 하나 하는 걱정이 많았다. 그런 걱정에서 다 벗어날 수 있었다.

노 변호사와는 같은 아파트 단지에 살았다. 물론 먼저 기반을 잡은 그분은 좀 넓은 평수 아파트를 소유해 살고 있었고 나는 작은 평수에 세 들어 살았지만, 편하게 교류했고 마음을 나눴다. 댁에 자주 놀러가기도 했고 그분 고향마을인 봉하에 함께 따라가기도 했다. 변호사 사무실 전 직원이 1년에 두 번 정도 가족들까지 데리고 야유회도 가는 인간적 분위기였다. 노 변호사가 술을 많이 하는 편은 아니었지만 술자리도 가끔 가지면서 즐거운 시간을 보냈다.

사무실 운영은 괜찮은 편이었다. 그 시기만 해도 전체 법조인 숫자가 적고 개업 변호사 수도 적을 때였다. 전관예우를 받는 경력자가 아니고 사법연수원 갓 마친 개업인데, 그것도 개업이라고 사건 수임이 괜찮았다. 이듬해부터 사법고시 숫자도 늘었고 변호사도 쏟아져 나왔다. 그런 혜택은 아마 내가 마지막이었을 것이다. 개업식을 하는데 어느 의사 부인이 개업광고 나간 신문을 오려서 들고 찾아왔다. 젊고 갓 개업했으니, 열심히 하지 않을까 하는 생각에서 왔다는 것이다. 민사사건이었는데, 첫 수임이었다.

반면 노 변호사는 나와 동업을 하면서 과거보다 사건 수임이 줄었다. 그 전까지만 해도 그분은 부산에서 가장 젊고 열심히 하고 사건도 많고 승소율도 높은, 아주 잘나가는 변호사였다. 그런데 나하고 같이 하면서 그동안 관행적으로 해왔던 사건수임 '소개비(커미션)'를 딱 끊었다.

지금은 소개비가 변호사법에 아예 금지조항으로 명시돼 있지만 당시엔 관행이었다. 법원이나 검찰직원, 교도관, 경찰관 등이 사건을 소개시켜 주고 소개비로 20퍼센트 정도를 챙기는 것이 보통이었다. 그게 점점 확대돼, 심지어는 은행이나 기업 법무팀에서도 사건을 보내 주면서 커미

변호사 사무실 전 직원이 1년에 두 번 정도
가족들까지 데리고 야유회도 가는 인간적인 분위기였다.

션을 받았다. 노 변호사도 그런 관행에서 예외이기 어려웠다.

하지만 나와 동업을 하면서 커미션을 정말로 딱 끊었다. 우리가 처음 만난 날 내게 했던 말 그대로 실천했다. 판·검사 접대도 마찬가지였다. 그때만 해도 형사사건을 좀 하는 변호사들은 때때로 형사 담당 판사들에게 식사와 술을 대접하는 게 보통이었다. 재판 날에는 마지막 재판에 들어간 변호사들이 재판부에 식사와 술을 대접하는 관행도 있었다. 법원 주변에, 그럴 때 가는 '방석집'이라고 부르던 고급 음식점이 여러 집 있었다. 노 변호사도 한때 방석집에 자주 가는 단골손님이었다. 그 접대도 그만뒀다.

모두가 하는 관행을 혼자 끊는 것이 얼마나 어려운 일인가. 그런데도 그렇게 했다. 깨끗한 변호사. 아마 그분은, 내가 운동권 출신 변호사니까 당연히 그렇게 지향할 것으로 생각했을 것이다. 차제에 당신도 원래 해보고 싶었던 일을, 나를 핑계 삼아 실행을 하신 것으로 짐작된다. 선배 변호사로서 후배에게 부끄럽지 않고 본을 보여야 한다는 의무감도 있었을 것이다. 정말로 양심적이고 의지가 강한 분이었다.

그러자 사건 수임이 금방 눈에 띄게 줄어들었다. 은행의 고문 변호사도 두어 군데 하고 있었는데, 그것도 끊겼다. 그 때문에 당신이 혼자 할 때보다 수입이 꽤 줄었지만 개의치 않았다. 더구나 후에 인권 변호사로 나서면서 수입은 더 줄었으니, 그분의 법조인 생활에서 경제적으로 부유했던 기간은 실제 얼마 되지 않았다. 그래도 우리는 좋았다. 사무실 유지에는 별 문제가 없었다.

당시 부산은 말이 제2의 도시이지, 변호사가 그리 많지 않았다. 전체 등록된 변호사 숫자가 100명이 채 안 됐다. 그 가운데 등록만 하고 실제 활동하지 않는 분들을 빼면, 법정에서 만나 경쟁하는 변호사는 불과 절반 정도에 지나지 않았다. 나름대로 열심히 해서 성실하고 괜찮은 변호사로 평판을 쌓아 나갈 수 있었다.

법조사회는 보수적이어서 좋은 평판이든 나쁜 평판이든 한번 평판이 생기면 좀처럼 바뀌지 않는다. 나는 다행히 개업 초기에 부산 지역 법조계에 좋은 인상을 주었던 덕분에 두고두고 변호사 활동에 도움이 됐다.

부산 변호사 사회에서 우리는 꽤 관심의 대상이었다. 둘 다 젊은 데다 이력이 특이한 셈이었다. 그런 두 사람이, 부산에 하나밖에 없는 합동법률사무소를 운영하니 단연 주목의 대상이었다. 더 조심하고 더 노력해야 했다.

사건뿐 아니라 부산변호사회 활동도 열심히 했다. 특히 노 변호사는 부산변호사회 재무이사를 세 번이나 할 만큼 모두를 위한 일에도 열심이었다. 나이 든 분들이든 젊은 분들이든, 변호사들은 다 그를 좋아했다. 좋은 시절이었다.

* **수임** 계약에 의해 상대편의 법률 행위나 사무 처리를 맡음

인권 변호사의 길로

내가 노 변호사와 함께 일을 시작하기 전, 그분은 이미 두 건의 시국 사건을 맡아 '그 바닥'에 반 정도 발을 내디딘 상태였다. 이른바 '부림사건'과 '부산 미국문화원 방화사건'*이었다. 노 변호사가 첫 시국 사건으로 '부림사건'을 맡게 된 것은 인정 때문이었다. 선배 인권 변호사인 김광일 변호사가 그 사건에서 자금제공 혐의를 받게 됐다. 본인이 구속될 처지에 몰려 변호를 맡을 수 없게 되자 젊은 변호사들에게 변호를 맡아 줄 것을 부탁했다. 피고인 수가 많았기 때문에 젊은 변호사 여러 명이 사건을 나눠 맡았다.

그러나 사건을 맡게 되자 가장 열심히 했고, 변론을 주도했다. 피고인들이 당한 고문과 장기간의 불법구금을 생생하게 폭로한 것도 노 변호사였다. 처음 맡은 시국 사건이었지만 누구보다 치열하게 변론에 임했다. 그 때문에, 얼마 후 미국문화원 방화사건이 발생하자 또다시 공동변호인단 참여를 요청받게 됐다. 이번에는 이돈명, 유현석, 황인철, 홍성우 변호사 등 서울의 쟁쟁한 인권 변호사들과 함께였다. 이 두 사건의 변론으로 그분 인생이 바뀌게 되었다.

두 사건으로 부산 운동권은 거의 일망타진되다시피 했다. 한마디로 쑥대밭이 됐다. 게다가 살벌한 5공 초여서, 그때부터 1983년까지 부산에는 시국 사건이라고 할 만한 게 거의 없을 정도였다.

그러다가 83년 하반기에서 84년 초, 학원자율화조치 등 약간 숨 쉴 만한 사회적 공간이 생겼다. 애당초 무리한 조작사건이었기 때문에 부림사건 피고인들도 83년 말 모두 형집행정지로 석방됐다. 이들의 가세로 부산 지역의 재야 민주화 운동 세력은 활기를 되찾았다.

대학생들의 학생운동 사건과 노동 사건들이 터져 나오기 시작했다. 엄혹한 탄압에 시달리는 노동자들이 근로기준법의 준수를 요구하거나 노조 결성을 추진하다가 집단 해고되는 사건들도 생겨났다. 이들이 우리를 찾아오기 시작했다.

처음부터 인권 변호사의 길을 걸으려고 작정했던 것은 아니었다. 그러나 우리를 찾아오는 사건을 피하지 않았고, 그들의 말에 공감하면서 열심히 변론했다. 차츰 우리는 부산 지역 노동인권 변론의 중심 역할을 하게 됐다. 부산 지역뿐 아니라 그때까지 인권 변호사가 없었던 인근의 울산, 창원, 거제 지역 사건까지 맡게 됐다. 그 지역들엔 노동 사건이 많았다.

5공에 대한 저항이 거세지면서 대학에서는 삼민투, 민민투, 자민투*로 이어지는 조직사건들도 생겨났다. 학생운동의 이념화 경향도 뚜렷했다. 부산과 서울의 학생운동 조직이 함께 기획한 부산 미국문화원 점거농성 사건, 부산상공회의소 점거농성 같은 사건들도 도맡았다.

어느덧 우리는 부산 지역의 대표적인 노동·인권 변호사가 됐다. 우리

법률사무소는 부산을 중심으로 울산, 창원, 거제 등을 망라하는 지역의 노동인권사건을 총괄하는 센터처럼 돼 버렸다.

* **부산 미국문화원 방화사건** 1982년 3월 부산 지역 대학생들이, 광주민주화 운동 유혈진압 및 독재정권 비호에 대한 미국의 책임을 물어 부산 미국문화원에 방화한 사건. 그 와중에 한 명의 학생이 목숨을 잃었다. 80년대 반미운동의 효시. 그러나 당시 전두환 군사 독재는 이를 간첩 등 불순분자의 소행으로 조작

* **삼민투, 민민투, 자민투** 삼민투는 삼민투쟁위원회의 약칭. 1985년 4월 전국학생총연합(전학련) 발족식을 통해 전국 34개 대학이 참여한 전학련 산하의 조직된 투쟁조직. '반미자주화 반파쇼민주화 투쟁위원회'(자민투)는 1986년 6월 서울대학교 사회대를 중심으로 결성된 학생운동조직으로 거의 같은 시기인 1986년 3월에 서울대학교 인문대를 중심으로 결성된 '반제반파쇼 민족민주 투쟁위원회'(민민투)와 함께 당시 학생운동을 주도

동지

각종 시국 사건을 거의 도맡게 되면서 지역의 재야인사들과도 가깝게 됐다. 그때 부산 재야를 이끈 분이 송기인 신부님과, 작고하고 지금은 안 계신 부산중부교회 최성묵 목사님이었다. 소설가 요산 김정한 선생은 연로하셨지만, 늘 우리를 격려해 주고 중요할 때엔 직접 나서 주기도 했던 정신적 지주였다. 이분들을 중심으로 1984년 무렵부터 재야 민주화 운동 단체와 인권단체가 복원되기 시작했다. 석방된 부림사건 멤버들이 주로 실무 역할을 맡았다.

1984년에 처음 복원된 재야 민주화 운동 단체가 공해문제연구소 부산 지부였다. 공해문제연구소는 정호경 신부님이 이사장을 맡았고, 최열 씨가 실무 일을 꾸렸다.

부산에선 그 이름만 지부로 빌렸을 뿐 실제로 그쪽과 연계가 있었던 건 아니었다. 그때만 해도 민주화 운동을 직접 표방하기가 두려웠던 시기라 에둘러 반(反)공해운동을 표방한 것이다. 물론 부산의 재야인사들이 거의 다 모인 단체였다. 송기인 신부님이 대표를 맡았다.

처음에는 내가 먼저 발기인으로 참여를 했다. 정식 출범할 때 노 변호사도 함께 참여했다. 같이 이사직을 맡았다.

이듬해인 1985년 부산민주시민협의회(약칭 부민협)가 설립됐다. 서울의 민통련과 같은 성격이었다. 부산의 모든 재야를 망라하는 조직이었다. 부산 민주화 운동의 구심체를 마련한 것이다. 후에 1987년 6월항쟁*을 주도한 국민운동본부도 부민협이 중심이 됐다. 부민협 대표도 송기인 신부님이 맡아 주셨다.

탄압을 각오해야 했던 시기여서 '3·1운동' 식으로 33명이 비장하게 대표 발기인으로 나섰다. 나는 노 변호사와 처음부터 발기인으로 참여했다. 나중에 상임위원도 맡았다. 노 변호사는 노동분과 위원장을 맡았고 나는 민생분과 위원장을 맡았다.

그것으로 둘 다 재야운동에 깊숙이 발을 내디뎠다. 노 변호사나 나나 개신교 신자는 아니었지만 나중에 만들어진 부산NCC 인권위원회에도 인권위원으로 함께했다. 사람이 많지 않으니 민주화 운동 단체나 인권단체에 두루 발을 걸치지 않을 수 없었다. 변호사로서의 의무나 사명이라고 생각했다.

시국 사건도 마찬가지였다. 도움의 손길을 필요로 하는 일을 마다할 수 없었다. 부산에 내려오면서 '내가 꼭 인권 변호사가 되겠다' 이렇게 목표를 세운 적은 한 번도 없다. 노 변호사를 처음 만난 자리에서도 그렇게 말씀드렸다. "나는 인권 변호사를 하겠다거나 그걸 목표로 삼고 있는 건 아닙니다. 그러나 그런 사건들이 올 경우에 피하지는 않을 겁니다." 그대로 했을 뿐이다. 달리 사건을 맡아 주는 변호사들이 없으니, 한번 사건을 맡자 봇물처럼 밀려들었다. 어쩔 수 없었다.

사건을 나눠서 따로 맡는 경우도 있었고 약간 중요한 사건은 공동으로 같이 맡았다. 피고인이 여러 명인 시국 사건은 피고인별로 분담했다. 둘이 나란히 법정에 선 적도 많았다. 변호사로서 노 변호사나 나는, 기질이나 성격보다도 사건을 다루는 자세와 태도 같은 게 잘 맞았다.

재야단체에도 대부분 함께 참여했고, 단체 내의 역할도 분담했다. 나 혼자 참여한 분야가 딱 한 군데 있었다. 천주교 쪽 운동단체였다. 천주교사회운동협의회, 천주교 정의구현전국연합, 천주교 인권위원회, 천주교 정의평화위원회 등의 단체엔 나 혼자 참여했다. 내가 가톨릭이었기 때문이다. 사실 신자가 된 지는 오래됐지만 신심이 독실하지 못해 성당에 잘 나가지도 않는 터에 천주교 단체에서 직책을 맡으려니 민망하기도 했다.

그러나 변호사의 역할이 꼭 필요하다는 요청을 고사할 수도 없었다. 그런 인연으로, 독실한 신자도 아니면서 청와대에 있을 때 천주교와의 창구 역할을 했다. 김수환 추기경님도 몇 번 찾아뵙고 인사드렸다. 참여정부 때 추기경이 2명으로 늘었는데, 그 일을 위해 노 대통령의 친서를 바티칸에 보내고 할 때 가교 역할을 했다.

노동·인권 변호사의 길을 걷다 보니 돈 많이 버는 변호사는 되지 못했다. 나는 원래 각오한 일이었다. 처음부터 생활의 규모를 키우지 않았다. 사법시험에 합격해 변호사가 된 것만 해도 고마워하던 아내도 협조했다. 하지만 한때 수입이 괜찮았던 노 변호사는 쉬운 일이 아니었을 것이다. 수입이 준 만큼 생활비를 줄여야 했을 테니, 누구보다 권양숙 여사님이 마음고생이 심했을 것이다. 그러나 그때만 해도 약과였다. 노 변호사는 나중에 노동 사건만 하면서 월 200만 원 봉급만 받아 가기도 했다.

시국 사건과 재야 민주화 운동을 하면서 노 변호사와 나는 두 가지를 각별히 신경 썼다.

첫째는, 우리 스스로 깨끗해야 했다. 당시 독재 권력이 흔히 쓰는 수법을 잘 알고 있었다. 비리나 약점을 찾아 협박하거나 옴짝달싹 못 하게 하는 수법이다. 뒷조사로 탈세, 사생활 비리 등을 캐내 사람 망신 주는 것은 일도 아니었다. 자칫 잘못하면 신세 망치고, 민주화 운동에도 누를 끼칠 수 있었다. 대의와 양심에 어긋나지 않게 절제하고 조심했다.

사소하게는 커미션 없애는 것부터 시작해 세무 신고도 철저히 했다. 사생활도 나름대로 아주 엄정하려고 노력했다.

특히 노 변호사는, 마치 운동에 처음 뛰어든 대학생처럼 열정이 넘쳤다. 또한 헌신적이었다. 당신의 삶 자체를 민중적인 삶으로 바꿔야 한다는 생각을 가졌다. 이전의 생활방식을 바꾸려고 노력했다. 식사도 비싼 음식을 피했고, 술도 비싼 술을 피했다. 좋아하던 요트 스포츠도 그만뒀다. 입으로만 '민중! 민중!' 하고 외치는 위선을 싫어했다. 그만큼 순수하고 철저했다. 하여튼 삶 자체를 도덕적으로 바꾸려고 노력했다.

그런 생각 때문에 나는 지금까지 골프를 시작하지 못했다. 그 시절 골프장 건설을 강력하게 반대하는 환경운동가들의 주장에 동조하면서, 다른 한편으로 골프를 친다는 것은 용납할 수 없는 일이라고 생각했기 때문이다. 그 후 골프가 대중화되면서 골프에 대한 부정적인 생각은 없어졌다. 그 다음에는 시간 여유가 생기지 않았다.

술도 마찬가지다. 양주나 와인보다 소주나 막걸리가 편하다. 술은 1차에서 끝내고, 내가 선택할 수 있는 한 폭탄주도 마시지 않는다. '민중'을 말하는 사람들이 말 다르고 행동 다르면 안 된다고 생각했기 때문에 나름대로 정한 원칙이었다.

폭탄주를 마시지 않게 된 데는 다른 사연도 있다. 부민협이 설립된 그해 말 무렵에 부민협 관계자들과 안기부* 부산분실 사람들이 함께 술을 마시게 됐다. 그쪽에서 한번 만나자고 요청해 마련된 자리였다. 우리 쪽은 나를 비롯해 신부님, 목사님 같은 분들이었고, 그쪽은 분실장과 재야담당, 종교담당, 법조담당 등이었다.

서로 웃으며 대화를 나눴으나 마음을 풀 수 없는 자리였다. 소주를 마실 만큼 마신 뒤 마치려는데, 육사 14기 출신이라는 분실장이 폭탄주를 한잔 하자고 했다. 그때만 해도 폭탄주라는 것이 일반 사람들에게 알려지기 전이어서 우리 쪽 사람들은 모두 폭탄주가 처음이었다. 분실장이 요령을 설명하고 시범을 보인 후 술잔을 돌렸다. 여러 잔씩 돌아가자 다들 나가떨어져서, 결국 분실장과 나 두 사람만 남게 됐다. 나도 많이 취했지만 지지 않으려고 억지로 버티고 있었다.

그렇게 열 잔쯤 마셨을 때 분실장이 화장실을 가기에 나도 뒤따라갔다가 우스워 죽을 뻔한 장면을 봤다. 분실장이 소변을 보는 게 아니라, 거울 앞에 서서 자신의 양 뺨을 큰 소리가 날 정도로 철썩철썩 때리고 있었다. 그 역시 지지 않으려고 안간힘을 쓰고 있었던 것이다. 그것으로 술자리는 끝났다. 하지만 누구나 예외 없이 억지로 마실 것을 강요하는 획일적인 군대식 음주문화의 극단적인 모습으로 느껴졌다.

둘째는, 시국 사건에서도 단지 변론뿐 아니라 수사와 재판절차까지 형사소송법의 규정을 관철하려고 노력했다. 시국 사건 법정이야말로 형사소송법의 절차가 완벽하게 지켜져야 한다고 믿었다. 특히 대학생 시국사범의 재판은 더더욱 그러했다. 그들을 재판하면서 법절차를 지키지 않는다면 기성세대가 무슨 말로 그들을 나무랄 수 있을 것인가.

내가 변호사 개업할 당시만 해도 법정에서 형사소송법을 지키지 않는 관행이 수두룩했다. 피고인을 서서 재판 받게 하는 건 기본이었다. 포승줄로 묶어 놓고 수갑을 채워서 재판하는 일이 다반사였다. 하나하나 법조문을 들이대며 시정할 것을 재판장에게 요구했다. "수갑을 풀어 주십시오", "포승을 풀어 주십시오", "의자를 준비해서 앉게 해 주십시오."

형사재판의 잘못된 관행이 하나씩 고쳐졌다. 시국 사건 피고인에게 재판 받는 동안 포승줄과 수갑을 채우지 못하게 되자, 그 대신 교도관들이 피고인의 좌우에 팔을 끼다시피 바싹 붙어 앉기도 했다. 그러나 그것도 신체의 구속이기는 매일반이었다. 수갑 대신 사람에 의한 신체의 구속이었다. 그것도 항의해서 못 하게 했다. 한 번은 시국 사건 피고인이 수갑도 차지 않고 포승줄로 묶이지 않았는데도 움직임이 어색했다. 이상해서 물어봤다. 피고인의 팔꿈치 윗부분을 포승줄로 묶은 뒤 그 위에 수의를 입혀 신체의 구속이 없는 양 위장한 것이었다. 그것을 보고 재판장까지 나서서 교도관을 나무란 일이 있다.

시국 사건 재판에서 방청을 제한하기 위해 사복경찰이 미리 방청석을 차지하는 방법으로 방청객 입장을 막기도 했다. 그래서 재판장에게 방청석을 차지하고 있는 사복경찰들을 내보내 줄 것을 요구했다. 그 요구를 받은 재판장이 방청객들의 신분을 확인하자 태반이 경찰임이 확인돼 함께 놀란 일도 있었다.

피고인의 모두진술*권을 놓고는 재판장 등과 여러 번 논쟁하기도 했다. 형사소송법 조문만으로는 안 됐다. 주석서*와 법원실무제요*의 법조문 해설까지 들이밀어, 모두진술권이 피고인의 권리임을 인정받았다.

우리는 검사의 반말 신문도 그냥 넘어가지 않았다. 재판장에게 주의를 주도록 요구했다. 특히 노 변호사는 검사가 피고인을 부당하게 윽박지르거나 반말을 하면 결코 좌시하지 않았다. 여지없이 "왜 반말하고 그래!"라며 호통을 쳤다. 검사의 잘못에 대한 강력한 항의이기도 했지만, 피고인을 주눅 들지 않게 도우려는 행동이었다.

수사도 마찬가지였다. 우리는 시국 사건의 강압수사를 막기 위해, 가급적 연행 초기에 접견 가는 것을 방침으로 정했다. 그런데 경찰은 수사 중임을 이유로 접견을 거부하기 일쑤였다. 대공분실*에서 조사하는 사건의 경우, 대공분실에서는 사람이 유치돼 있는 경찰서로 가라 하고, 경찰서로 가면 대공분실에 가서 신청하라며 헛걸음하게 만들었다. 그렇게 접견을 방해하는 일이 예사였다. 과거에는 그래도 따지는 사람이 없었다. 우리는 그런 일에 강력히 항의했다. 우리의 항의만으로 해결되지 않으면 변호사회에 문제제기를 했다. 그렇게 변호사회를 통해 부산시경으로부터 '시정하겠다'는 답변을 받아내기도 했다. 노 변호사는 변호인 접견을 여러 차례 거부하고 방해한 경찰서 수사과장을 고소하기도 했다.

그런 일들을 통해 재판과 수사의 잘못된 관행을 많이 고치게 했다. 그런 노력이 시국 사건에서 결실을 이루면, 그것이 금방 일반 사건에까지 확산됐다. 지금은 그런 관행들이 거의 사라졌다. 불과 얼마 전의 일인데도, 젊은 법조인들은 그런 시절이 있었다는 걸 쉽게 믿으려 하지 않을 정도로 달라졌다.

* **6월항쟁** 1987년 6월 전국적으로 일어났던 민주화 운동 국민항쟁. '6 · 10 민주항쟁'이라고도 한다. 전두환 군사 독재가 국민의 민주화 열망을 억압하고 장기집권을 획책하는 와중에서 서울대생 박종철 군이 고문으로 숨진 사건이 도화선. 게다가 전두환과 같은 군사 쿠데타의 주역 노태우가 차기 대통령 후보로 선출되면서 국민의 분노가 폭발. 약 한 달여간 전국적으로 500여만 명 이상이 참가

* **안기부** 국가정보원의 옛 명칭. 당시 정식 명칭은 국가안전기획부

* **모두진술(冒頭陳述)** 공판절차는 모두(冒頭)절차와 심리절차로 구분된다. 모두절차는 피고인에 대한 인정신문, 검사의 모두진술, 그리고 피고인의 모두진술로 이루어진다. 피고인은 모두진술을 통해 검사의 기소내용 전반에 반박 의견을 밝힐 수 있도록 보장받고 있다. 즉 죄형법정주의와 무죄추정 원리에 의해 피고 자신에게 이익이 되는 사항을 초반에 진술할 수 있는 권리가 있음

* **주석서(註釋書)** 원전이 되는 책의 낱말이나 문장의 뜻을 쉽게 풀이한 내용을 담은 책

* **법원실무제요(法院實務提要)** 법원행정처가 발간하는 판사들의 실무지침서

* **대공(對共)분실** 경찰 내 간첩사건 수사 전담 부서인데 사실상 시국 사범 관련 수사를 전담하면서 고문수사, 용공조작으로 권력의 하수인 노릇을 하는 조직으로 전락. 분실은 그 업무를 취급하던 별도 건물을 말함

열정과 원칙

그때의 노 변호사를 생각하면 참 치열했다는 생각이 든다. 마치 신앙을 처음 가지게 된 교인이 오래된 교인보다 더 신앙 생활에 열정적인 것 같은 그런 모습이었다. 나는 '변호사니까 내가 할 수 있는 행동의 선은 여기까지다'라는, 스스로 설정한 행동의 한계가 있었다. 나뿐 아니라 모두가 그랬다. 변호사는 변호사의 방식이 있다는 것이 일반적인 생각이었다. 노 변호사는 그렇지 않았다. 경계가 없었다. 옳다고 생각하는 그대로 실천하고 행동했다. 후일 정치인 노무현도 같았다.

공해문제연구소 부산지부가 출범하자 거기서 활동하는 사람들은 정보기관의 감시 대상이었다. 정보과 형사들이 사무실 앞에 진을 치다시피 하면서 실무자들의 활동을 감시하고 출입자들의 동태를 감시했다. 사무실에도 수시로 들락거렸다. 그러자 노 변호사는 변호사 사무실 방 한 칸을 연구소 사무실로 내줬다. 사무실 제공을 통한 재정 지원을 겸해, 기관원들을 막아 주기 위해서였다. 여전히 기관원이 사무실 앞에 상주하기는 했지만 감히 사무실로 들어오지는 못했다.

한 발 더 나아가, 변호사 사무실에 노동법률사무소까지 부설하기도 했다. 그 전까지 우리가 한 일은, 노동 사건이 발생하면 재판과 변론을 도와주는 것이었다. 변호사들의 방식이었다. 노 변호사는 거기에 만족하지 않았다. 노동조합의 설립부터 시작해 노동조합의 일상 활동을 돕고자 했다.

부산민주시민협의회 창립대회를 하는 날이었다. 행사는 1부 강연회, 2부 창립대회로 예정돼 있었다. 1부 강연 연사가 조갑제* 씨였다. 그때까지만 해도 그는 「국제신문」 해직기자로서, 지역에서 좋은 평가를 받고 있었다. 경찰이 행사장인 강당을 원천봉쇄해 1부 강연회부터 아예 들어가지 못하게 했다. 모두 경찰의 원천봉쇄의 불법성을 규탄했다. 그래도 경찰이 꼼짝 않자 노 변호사는 대로 바닥에 그대로 드러누워 버렸다. 혼자서 구호를 외치며.

그 일로 단번에 과격한 변호사로 소문났다. 변호사의 품위 문제 아니냐는 말도 있었다. 그러나 경찰의 불법적인 원천봉쇄에 점잖게 항의하는 시늉만 하고 넘어갈 수 없다는 게 그분 생각이었다. 그 일에 대해 우리는 부산시경국장(지금의 부산경찰청장)과 관할 경찰서장을 형사 고소했다. 노 변호사가 대표 고소인이 되었으나 제대로 수사도 하지 않고 흐지부지 넘어갔다.

나중의 일이지만, 1987년 고(故) 박종철 군* 추모 집회로 같이 연행됐을 때도 그랬다. 잡혀가서 조사를 받게 됐다. 나는 조사에 응하면서 정당성을 주장하는 식으로 임했다. 나중에 알게 됐지만, 노 변호사는 아예 진술을 거부했고 서명날인조차 거부했다. 연행되어 조사받는 사제가 불법·부당하므로 일체 조사에 응할 수 없다고 버틴 것이다. 처음 겪는 상황이고, 더구나 변호사로서 조사 자체를 거부하는 것은 쉽지 않았을 것이다. 그런데도 불구하고 자신이 옳다고 생각하는 대로 뜻을 고수한 것이다.

나는 이것이 후일 정치인이 된 노무현의 원칙주의라고 생각한다. 대의를 위해 자신에게 불리한 길까지 선택하는 것이 그의 원칙주의라는 건 많은 사람들이 이미 알고 있다. 그뿐 아니다. 대의를 위한 실천도 한계를 두지 않고 철저한 것. 이것이 그의 또 다른 원칙주의다. 말하자면 지역주의 타파라는 대의를 위해서도, 종로에서 국회의원 계속하면서 얼마든지 노력할 수 있다고 생각할 수 있었을 것이다. 그러나 그는 자신이 지역주의 타파를 주장하는 이상, 자신의 온몸으로 지역주의와 부딪혀야 하는 사람이었다. 나는 이 점에서 그를 따라갈 수 없었다.

5공에 대한 저항이 점차 거세지면서 집회 시위가 잦아지자 주요한 집회 시위가 있을 경우 경찰이 사무실에 찾아와서 참가를 못 하도록 막기도 했다. 이른바 '사무실 연금'이었다. 변호사에게도 그런 일이 자행되던 시대였다. 그런 집회 시위가 있으면 경찰을 어떻게 따돌리고 갈 것인지는 궁리해야 했다. 아예 사무실에 안 들어오기도 하고, 들어왔다가도 어떻게든 따돌려서 가기도 했다. 정보과 형사가 우리를 따라 집회 시위 장소까지 동행하는 일도 있었다.

내 집이 압수수색을 당한 일도 있다. 아파트에 살 때인데 형사들이 경비실에서 2~3일간 죽치고 있더니 어느 날 정식으로 압수수색 영장을 발부받아 왔다. 압수수색 사유는 5·3인천사태* 관련자 중 한 명이 우리 집에 은신하고 있다는 혐의가 있다는 것이었다. 확인해 보니 '익명의 시민이 전화로 제보해 왔다'는 경찰관의 보고서 한 장이 유일한 소명자료였다. 어이없는 일이었다. 현직 변호사를 상대로 그런 영장이 발부되고, 공안검사가 청구하면 판사가 영장까지 발부해 주던 어둠의 시대였다.

노동자들의 의식이 깨면서 노동 사건들이 터져 나오기 시작했다. 나도 그렇지만 노 변호사는 학생 사건보다 노동 사건을 훨씬 좋아했다. 주장과 논리가 늘 비슷한 학생 사건과 달리, 노동자들의 삶의 아픔이 담겨 있었기 때문이다.

그 무렵 부산의 주력산업이던 신발공장의 여성 노동자들 처우는 형편없었다. 잔업과 특근을 모두 합해서 월급 6~7만 원대에 그나마 체불하기 일쑤였다. 작업장 내 인격 모욕과 성희롱도 다반사였다. 생존권적 차원에서 근로기준법 준수를 요구하고, 조금 후에는 노조 결성을 추진하다가 집단 해고된 여성 노동자들이 많았다. 그리고 자구 차원의 집단행동을 하다가 업무방해죄로 구속되는 노동자들도 많았다. 그들을 만날 때마다 마음이 아팠다. 둘이서 무료 변론으로 힘껏 변론했지만 구제해 주지 못한 사람들도 많았다.

노 변호사는 그런 사건들을 겪으면서 아예 노동변호사가 되겠다고 작심했다. 변호사 사무실에 부산노동법률상담소를 부설한 것도 그런 차원이었다. 우리 스스로 전문성을 더 쌓기 위한 목적도 있었다.

그 무렵 노동법 책들은 대체로 보수적인 관점이었다. 그 시대에 분출돼 나오는 노동 사건들을 다루는 데 별로 도움이 되지 않았다. 당시 가장 진보적이면서 노동현실에 부합하는 이론을 제시하고 있던 신인령

교수의 논문집이 큰 도움이 됐다. 하지만 그 논문집이 다루지 않은 문제들이 더 많은 실정이었기 때문에 스스로 공부하지 않을 수 없었다. 판·검사들도 노동법을 알지 못한 채 시민법적 사고로 사건을 다루던 시절이었다.

한편으로는, 우리가 이미 발생한 사건의 변론만 도와주는 것으로는 한계가 있다는 각성이었다. 노조 설립과 노동자들의 일상 활동부터 돕지 않으면 안 된다고 생각했다. 그 역할을 하고자 한 것이 노동법률상담소였다.

노 변호사의 경우 너무 열심히 한 것이 나중에 후배 변호사들에게 부담이 될 정도였다. 한참 뒤에 창원에서도 노동변호사 후배들이 생겼는데, 감당 못 하고 지역을 떠난 변호사들도 있었다. 노동자들이 자꾸 옛날의 노 변호사와 비교를 하는 게 큰 부담이었을 것이다. "노 변호사는 무료 변론에, 법정에서 같이 싸워도 주는데, 당신은 그렇게 안 해 주냐"고 하니 어쩌겠는가. 너무 헌신적인 게 꼭 좋은 것만은 아니라는 생각이 들었다.

노 변호사는 86년 하반기부터 인권 변호사 업무에만 전념했다. 일반 사건은 아예 맡지 않았다. 시국 사건만 맡겠다고 했는데, 거의 대부분 노동 사건이었다. 사건 변론뿐 아니라 노동조합이나 노동자들을 상대로 강연도 많이 다녔다. 노동자들의 행사에 초청받아 다니기도 했다. 그 대신 사무실에서 월 200만 원 월급만 받아 갔다.

나중에 87년 6월항쟁 이후 노동자대투쟁* 때 부산을 둘러싸고 있는 울산, 창원, 거제는 한국노동운동의 중심이 됐다. 실정법상으로는 모조리 불법파업이었으며, 폭력적이기도 했던 대형 파업사건들. 그 많은 사건들

이 땅의 노동운동이 뜨겁게 분출하던
그 역사적 현장에
우리도 함께한 것은
두고두고 큰 보람이 아닐 수 없다.

거의 대부분, 어쩌면 전부를 우리가 맡아 변론했다. 이 땅의 노동운동이 뜨겁게 분출하던 그 역사적 현장에 우리도 함께한 것은 두고두고 큰 보람이 아닐 수 없다.

* **조갑제** 「월간조선」 편집장 및 사장 출신의 극우 보수논객

* **고(故) 박종철(朴鍾哲) 군** 1987년 1월 치안본부 남영동 대공분실에서 조사를 받던 중 고문·폭행으로 사망한 서울대생. 경찰은 단순 쇼크사라며 고문치사를 은폐하려 했지만, 물고문과 전기고문의 심증을 굳히게 하는 부검의(剖檢醫)의 증언으로 사건발생 5일 만인 19일 고문치사 사실을 공식 시인. 고문 경관들은 구속. 6월항쟁의 촉발선이 됨

* **5·3인천사태** 1986년 5월 3일, 재야 및 학생운동 세력 1만여 명이 국민헌법제정 등을 요구하며 벌인 대규모 시위. 319명이 연행됐고 129명이 구속됐으며 전두환 독재가 운동권 탄압을 본격화하는 계기가 됨

* **노동자대투쟁** 1987년 6월항쟁으로 시작된 민주화 열기가 노동계로 확산되면서, 전국 8990여 개 노조 200여만 명이 동참하는 노동자대투쟁으로 점화. 당시 저임금과 장시간 노동, 열악한 노동환경에 시달리던 전국의 노동자들이 참가. 한국 노동운동사에 획을 긋는 중요한 사건

87년 6월, 항쟁을 하다

밤이 깊으면 새벽이 멀지 않듯, 독재 정권의 폭압은 민주화의 여명을 불러오고 있었다. 부산에서도 그런 징후가 하나둘씩 느껴졌다. 먼저 민주화 운동 조직들이 여기저기서 꿈틀대며 기지개를 켜기 시작했다.

80년대 초반 이른바 '부림사건'과 '부산 미국문화원 방화사건'은 가뜩이나 탄탄하지 않던 부산 민주화 운동권 저변의 싹을 잘라 버린 셈이었다. 그러나 그때 투옥됐던 사람들이 대거 출옥하면서 여러 단체에 뿌리를 내리고 활동하기 시작했다. 기반이 넓어졌다. 생기도 돌았다.

1987년 1월, 서울대생 박종철 군 고문치사 사건이 발생했다. 경찰총수는 황당하게도 "수사관이 책상을 '탁' 치며 추궁하자 갑자기 '억' 하고 쓰러져 숨졌다"고 발표했다. 온 국민이 분노했다. 부산은 더했다. 희생자는 부산 출신이었다. 그의 부모도 부산에 살고 있었다. 49재도 부산에서 치렀다. 독재 정권의 폭압에 대한 분노가 부산에서 가장 뜨겁게 끓어올랐다.

2월 7일, '박종철 군 국민추도회 준비위원회'가 고 박종철 군 국민추도회를 전국 각지에서 일제히 개최했다. 노 변호사와 나도 준비위원으로 참여했다. '부산 지역 국민추도회'를 실제로 준비하고 주관한 것은 부민협이었다.

추도회 장소로 우리가 정한 곳은 부산 시내 중심지에 있는 사찰 '대각사'였다. 그런데 경찰은 대각사를 아예 원천봉쇄해 접근조차 못 하게 했다. 경찰 병력이 대각사 주변을 몇 겹으로 둘러쌌고, 진입을 시도하는 시민들에게 최루탄을 쐈다. 대각사 주변에 몰려든 대학생들이 "종철이를 살려내라"는 구호를 외치며 경찰과 대치했으나 대각사 진입은 불가능했다.

그냥 물러날 수는 없는 일이었다. 부민협 사람들이 길거리에서 긴급회의 끝에 남포동 부산극장 앞 도로에서 약식 추도회를 열기로 했다. 은밀히 사람들을 그곳으로 모았다.

약속된 오후 2시, 300여 명의 시민·학생들이 모인 가운데 약식 추도회를 전격 개최했다. 애국가와 운동가요를 부르고, 규탄 연설을 하고, 노 변호사가 즉석 추도사를 했다. 1979년 부마민주항쟁 이후 처음으로 열린 가두시국집회였다. 금세 시민들이 모여들어 도로를 가득 메웠다.

뒤늦게 알아차린 경찰이 주변을 포위하고 백골단*과 함께 진입해 왔다. 두려움 때문에 동요하는 시민·학생들을 보호하기 위해, 부민협 상임위원급 인사들이 시민·학생과 경찰 사이를 가로막고 도로 바닥에 앉아 연좌농성에 들어갔다. 노 변호사도 나도 함께 앉았다.

그러자 경찰은 앉아 있는 사람들을 향해 최루탄을 마구 쏴 댔다. 피할 수도 없어서 고스란히 맞을 수밖에 없었다.

경찰들이 달려들어 번쩍 쳐들고는 닭장차*에 강제로 태웠다. 최루탄 때문에 닭장차에 태워진 후에도 한참 동안 눈을 뜰 수 없었다. 그길로 부산시경 대공분실로 연행됐다. 이날 약식 추도회의 성공적 개최는 우리가 연행된 후에도 저녁까지 1만여 명의 가두시위로 이어졌다. 그것이 6월항쟁의 기폭제가 됐다.

경찰은 그날 집회와 시위로 연행된 사람들을 분류해 변호사, 종교인, 재야단체 간부, 청년, 학생 중 각 1명씩 구속영장을 청구했다. 변호사로는 그날 도로 바닥에 함께 연좌했던 김광일, 노무현 변호사와 나 3인이 연행됐고, 변호사대표로 노 변호사에게 구속영장이 청구됐다.

그 무렵 노 변호사는 이미 부산의 인권 변호사 중 가장 골치 아픈 존재가 돼 있었다. 또 연행 이후 진술거부로 일관했던 태도도 작용했을 것이다. 당시 법률로는 긴급구속이든 현행범 체포든 어떤 경우라도 48시간 이내에 영장이 발부되지 않으면 풀어 줘야 했다. 그런데 경찰은 구속영장을 청구하지 않은 김광일 변호사와 나까지 포함해 우리 모두를 48시간이 지난 후에도 석방하지 않고 계속 구금했다.

시간을 정확히 재고 있다가 드디어 48시간이 됐을 때 '우리는 집에 가야겠다'고 나섰다. 못 가게 전경들을 동원해 복도를 가로막았다. 구호를 외치고 대치하다가 할 수 없이 방으로 돌아오고, 다시 나가서 구호를 외치면서 대치하는 상황을 한 시간 간격으로 반복했다. 연행 시각이 2월 7일 오후 2시 30분쯤이었는데, 김광일 변호사와 나는 결국 48시간을 훨씬 넘긴 2월 9일 저녁 6시쯤에야 석방됐다.

석방되자마자 노 변호사에 대한 걱정 때문에 사무실로 갔다. 그때부터 상황을 확인해 보니 노 변호사는 구속영장이 이미 기각된 상태였다. 그런데 검찰이 영장을 재청구했다는 것이다.

구속영장이 기각되면 당연히 석방해야 하는데도, 석방하지 않고 영장 기각 사실도 숨긴 채 재청구를 한 것이다. 분노가 치밀었다. 가만히 있을 수 없었다.

먼저, 재청구된 영장을 담당하는 당직부장판사실로 찾아갔다. 영장을 재청구한 부산지검 공안부장이 그 방에 와 있었다. 어이가 없었다. 내가 일부러 큰 소리로 항의했다.

"공안부장이 왜 여기 있나. 지금 판사에게 영장 발부를 종용하는 것 아닌가. 영장이 기각됐는데 왜 사람을 석방하지 않나. 문제 삼겠다!" 모두 들으라고 큰 소리를 쳤다. 공안부장이 얼굴이 벌개져 어쩔 줄 모르다 도망치다시피 나갔다.

마침 그 시간에 대한변협 인권위원장 유택형 변호사와 인권위원 하경철 변호사가 진상조사차 내려왔다가 판사실로 왔다. 두 분은 대한변협 차원의 진상조사를 강조하면서 이미 기각된 구속영장의 재청구를 받아주면 대한변협이 가만있지 않을 것이라고 압박했다.

노련한 유택형 변호사는 그 와중에도 은근히 판사에게 겁을 줬다. "지금 대한변협이 회칙 개정안을 이사회에 상정해 놓은 상태다. 시국 사건에서 반인권적 처사를 한 판·검사들의 변호사 등록을 거부하도록 하는 내용이다." 부당하게 영장을 발부하면 나중에 판사 그만둘 때 변호사 등록이 안 되는 수가 있다는 으름장이었다. 실제로는 대한변협 인권위원회 내부에서 그런 논의가 있었을 뿐 회칙 개정안이 이사회에 상정까지 된 것은 아니었다.

당직부장판사는 영장을 놓고 고심하다 기록을 놔두고 그냥 퇴근해 버렸다. 잠시 식사하러 나간다고 하고는 돌아오지 않고 잠적해 버린 것이다. 아주 현명한 처리였다. 검찰은 영장 재청구를 정식접수처리하지 않고, 공안부장이 당직부장판사에게 영장청구서를 들고 가 발부를 부탁한 상태였다. 따라서 부장판사가 처리를 안 하고 가 버려도 검찰로선 할 말이 없는 상황이었다. 당시 시국 사건에서 그와 같은 구속영장 비밀청구가 횡행했는데, 그러다 한 방 맞은 셈이었다.

검찰은 발칵 뒤집혔다. 난리가 났다. 현직 변호사에 대한 구속영장 청구는 대검공안부의 지침에 의한 것이었고, 법무부 장관에게 보고해 승인받은 일이었다. 그러니 영장을 발부받지 못하면 부산지검 공안부가 무능의 책임을 지게 되는 것이다.

밤새 노 변호사를 붙잡아 두고선 공안부장이 애가 타서 영장청구서를 들고 부장판사들의 집을 전전했다. 다른 부장판사들이 그걸 떠안을 리 없었다. "당직부장이 하게 돼 있는 일을 왜 나에게 가져오냐"며 모두 거부했다. 수석부장판사에게 달려갔지만 그도 마찬가지였다. 급기야 법원장한테까지 갔지만 소용없었다.

결국 노 변호사는 다음 날 새벽에 석방됐다. 경찰은 노 변호사를 계속 붙잡아 둘 수 없자, 그날 밤늦게 귀가시켰고, 경찰관들이 집에까지 따라와서 지키다가 영장 발부 가능성이 없어지자 새벽에 철수했다.

그 사건으로 노 변호사는 단숨에 전국적으로 유명해졌다. '하룻밤 새 네 번의 영장기각' 식으로 언론마다 대대적으로 보도했다. 대한민국 법

치주의의 현주소를 보여 주는 일이었고, 동시에 당시 시국에 대한 부산 지역의 치열한 저항을 상징적으로 보여 주는 사건이었다.

노 변호사 등 변호사 3인에 대한 경찰의 불법구금은 그냥 넘어갈 일이 아니었다. 부산지방변호사회가 형사고소를 하기로 했다. 그러나 유야무야되고 말았다. 영장은 기각됐지만 검찰이 노 변호사를 불구속 기소할 수도 있는 상황이었다. 그래서 불구속 기소도 하지 않으면, 변호사회도 더 추궁하지 않는 것으로 암묵적 합의가 이뤄졌다. 하지만 나중에 노 변호사가 대우조선 사건으로 구속됐을 때, 검찰은 이 사건을 추가로 기소하고 말았다.

시국은 바야흐로 위대한 '6월항쟁'을 향해 치닫고 있었다. 전국에 민주화의 바람이 불었다. 부산은 더 특별했다. 1987년 초부터 달아오르기 시작한 민주화 열기는 부산에서 특히 뜨거웠다. 4·13호헌조치*가 발표되고 격렬한 저항이 시작됐다. 처음에는 다양한 지식인 사회가 움직이기 시작했다. 시국선언이 봇물처럼 발표됐다. 대학교수들로부터 시작된 시국선언이 다른 지식인그룹으로 퍼져나갔다. 변호사, 치과의사, 약사들의 시국선언이 부산에서 먼저 시작된 것으로 기억된다. 노 변호사와 나는 부산변호사 24명의 서명을 받아 호헌조치 철폐와 직선제 개헌을 요구하는 '부산변호사 시국선언'을 발표했다. 부산변호사 사회에서는 전무후무한 일이었다.

도심 곳곳에서 가두시위가 빈번하게 열렸다. 시민들의 반응은 매우 호의적이었다. 시위대가 구호를 외치며 행진하면 길가의 시민들이 박수로 격려했다. 상인들은 시위가 장사에 방해되는데도, 시위대가 구호를 외치면 숨겨 줬다. 경찰이 시위대를 연행하려는 것을 행인들과 상인들이 나서서 나무라며 막아 주기도 했다. 빵이나 음료수를 나눠 주는 사람들도 많았고, 유인물을 나눠 주면 즉석에서 돈을 모아 경비로 쓰라고 건네주는 일도 있었다.

5월, '부민협'을 근간으로 '부산 국본'이 결성됐다. '국본'은 '민주헌법쟁취국민운동본부'의 약칭이다. 건국 이래 최대 규모의 민주화 운동 조직으로 꼽힐 만큼 모든 민주화 운동 단체에 야당까지 가세한 매머드 규모였다. 부산도 마찬가지였다.

'부산 국본'은 서울의 '국본' 발족에 앞서 전국에서 제일 먼저 결성됐다. 노변호사는 '부산 국본'의 상임집행위원장을 맡았다. 상임집행위원장은 단체의 울타리 역할을 해 주고 재정지원을 하는, 인권 변호사들이 그때까지 해 왔던 행동범주를 벗어나서, 가두에서 집회와 시위를 이끄는 역할까지 해야 하는 직책이었다. 원래 변호사들에게 요구하는 역할이 아니었는데 노 변호사는 자청하다시피 맡았다. 나는 상임집행위원을 맡았다.

6월, 부산에서는 '부산 국본'의 진두지휘 아래 매일 가두시위가 벌어졌다. 전국 어느 지역보다 시위 인원이 많았고, 치열했다. 매일 밤늦게까지 도심시위가 이어졌다. 시위가 끝날 때까지 시위대를 따라다니거나 여기저기의 시위 상황을 살펴본 다음, 중부교회에 모여 그날의 전체 상황을 점검하고 다음 날의 계획을 세운 후 귀가하곤 했다. 갈수록 규모가 커지고 치열해지는 시위 상황과 시민들의 호응을 보면서 군부 독재 정권이 무너지고 있음을 느낄 수 있었다.

갈수록 규모가 커지고 치열해지는 시위 상황과
시민들의 호응을 보면서
군부 독재 정권이 무너지고 있음을 느낄 수 있었다.

그런데 서울에선 명동성당 농성*을 해산하면서 항쟁이 소강상태에 접어들었다는 소식이 들려왔다. 서울과 다른 지역의 시위 인원이 뚝 줄어들었다. 그냥 두면 또 그렇게 넘어갈 형국이었다.

그러나 부산 분위기는 달랐다. 오히려 달아오르고 있었다. 노 변호사를 비롯한 '부산 국본' 지휘부는 서울에서 명동성당이 해 왔던 항쟁의 구심 역할을 부산이 이어가기로 결의했다. 즉시 정의구현사제단 신부님들의 협조를 얻어 부산가톨릭센터 농성을 시작했다. 이후 6월항쟁이 끝날 때까지 부산가톨릭센터가 명동성당이 했던 항쟁의 구심 역할을 해냈다.

부산 시민들도 더 많이 참여했다. 시위가 벌어지면 서면에서 부산시청과 KBS방송국으로 진출하는 길목인 부산진역 부근까지 간선도로를 시위대가 차지해 '해방구'처럼 되곤 했다. 부산이 버티면서 시위 상황이 오히려 거세지자 가라앉았던 서울 등 다른 지역의 분위기도 되살아났다. 그걸 보면서 다들 뿌듯해 했다.

6월 20일쯤이었을까. 부산에 위수령이 발동되고 군이 투입된다는 소문이 파다했다. 그런데 오히려 그 소문이 우리에게 더 힘을 줬다. 독재 정권이 코너에 몰렸고, 부산이 그 운명을 움켜쥐고 있다는 자신감을 갖게 했다. '여기서 굴하지 말고 이 고비만 버텨내면 이길 수 있다.' 노 변호사와 나는 그런 얘기들을 나눴다. 나중에 보니, 그때 부산 지역의 위수령 발동과 군 투입이 논의됐던 것은 사실이었다. 병력 출동 준비까지 마친 상태에서 내부 반대로 실행하지 못했다.

그래서 나온 것이 6·29선언*이었다. 군부 독재 정권의 항복 선언이었다. 물론 '6·29선언으로 끝내선 안 된다. 기만책이다. 끝장을 내야 한다'

는 의견도 적지 않았다. 그러나 직선제 개헌이 쟁취된 마당에 더 이상 투쟁을 이어나가는 것은 어려운 일이었다. 어쨌든 직선제 개헌 이후의 대통령 선거에서 '양김 분열'*로 민주진영이 승리하지 못했지만, 그것은 시민들의 책임이 아니었다.

6월항쟁은 시민들의 힘으로 군부 독재 정권을 무너뜨린 위대한 시민 민주항쟁이었다.

나는 6월항쟁이야말로 우리나라 민주화 운동사에서 가장 높이 평가받아야 할 운동이라고 생각한다. 4·19나 광주항쟁은 다분히 우발적이거나 자연발생적이었던 측면이 있다. 반면 6월항쟁은 명확한 목표를 설정한 '국본'이란 연대투쟁기구가 결성되고, 그 지휘 아래 직선제 개헌의 목표를 쟁취할 때까지 시종일관 계획적이고 조직적으로 운동을 전개했기 때문이다. 우리 민주화 운동사에서 유일한 사례가 아닐까 싶다.

또 6월항쟁은 전국적으로 전개된 민주화 운동이었지만, 나는 그 운동의 중심을 부산으로 평가해야 마땅하다고 생각한다. 부산에서 제일 먼저 국본을 결성했고, 기간 내내 시위를 가장 치열하게 전개해 타 지역 시위를 촉발시키는 역할을 했다. 보다 결정적으로는 명동성당 농성이 해산돼 서울 등 타 지역의 시위가 급격히 위축됐을 때 부산에서 가톨릭센터 농성과 함께 더 많은 시민들이 더욱 치열하게 시위를 전개함으로써 항쟁의 불꽃을 되살렸다. 그리고 그것이 결국 항쟁을 성공으로 이끈 원동력이 됐기 때문이다.

그런 점에서 나는 6월항쟁의 역사를 정리하는 데 있어 부산의 역할이 제대로 평가받지 못하고 서울 지역 중심으로 서술되는 현실이 안타깝다.

서울 중심 사고의 산물이라고 하지 않을 수 없다.

부산 시민들의 책임도 없지 않다. 3당합당* 이후 부산 시민들 의식이 보수화되면서 6월항쟁에 대한 정당한 평가를 부산 시민 스스로가 소홀히 하게 됐기 때문이다.

3당합당 이전의 부산은, 부마항쟁으로 유신독재를 끝내고 6월항쟁으로 5공 독재를 끝냈듯이, 부산이 일어서면 역사를 바꾼다는 시민들의 자부심이 충만했다. 그런 높은 시민의식 속에서 전통 야도(野都)였던 부산이 3당합당으로 하루 아침에 여도(與都)로 바뀐 후, 오늘날까지 한나라당 일색에서 벗어나지 못하고 있는 것이 참으로 안타깝다.

한편 명동성당 농성 해산 후 타 지역의 항쟁 열기가 급속도로 가라앉았을 때 부산에서 더욱 치열한 시위가 전개됐던 것도 결코 우발적으로 이뤄진 일이 아니었다. 전국의 시위 상황과 흐름을 예의주시하던 '부산 국본'의 항쟁 지휘부는 그런 상황 전개에 위기감을 느꼈다. 그 흐름을 부산에서 반전시키고자, 가톨릭센터 농성을 결행하는 등 조직적으로 시위 강도를 높였던 것이다.

그런 의도가 적중해, 그대로 꺼질 듯 보였던 전국의 항쟁 열기가 되살아나는 것을 보면서 느꼈던 '그 일을 우리가 해냈구나'라는 자부심과 희열이 지금도 생생하다.

그때 '부산 국본'의 항쟁 지도부가 시민들과 함께 시위의 강도를 높일 수 있었던 배경이 있다. 다른 지역과 달리 변호사, 목사, 신부 등 지휘부가 직접 가두에 나서서 이끈 덕분이었다. 그렇지 않았다면 시위의 강도를 높이고 싶다고 마음대로 될 것인가? 그 중심에 노무현 변호사가 있었다. 나도 그 곁에 있었던 것이 큰 보람이었다.

그런데도 나중에 정치인이 되었을 때, 노무현은 서울의 민주화 운동권으로부터 운동의 주류가 아닌 변방 출신으로 대접받았다. 역시 서울 중심 사고에 더해, 민주화 운동 진영 내부에도 만연해 있는 학벌주의와 엘리트주의의 소산이라고 생각한다. 내가 보기에, 적어도 5공 시기 동안 변호사 노무현만큼 자기를 버리고 치열하게 투쟁했던 이가 없었다.

* **백골(白骨)단** 1980~90년대 사복경찰관으로 구성된 다중범죄 진압임무 수행 경찰부대의 별칭. 시위하는 시민을 진압할 때 일반경찰과 구분되는 흰색 헬멧을 착용한 것 때문에 백골단이라 불림. 이들은 당시 독재시대 폭압의 상징이었으며, 시민들에게 공포감을 주는 공권력의 상징이었음

* **닭장차** 유리창에 쇠 철망을 덧씌운 경찰버스의 속칭

* **4·13호헌조치** 1987년 4월 13일 5공 독재자 전두환 대통령이 국민들의 민주화 요구를 거부하고, 일체의 개헌 논의를 중단시킨 조치. 그러나 독재 정권의 기대와는 반대로, 오히려 국민들의 민주화 열기에 기름을 붓는 역효과를 초래. 전국 각지에서 장기집권 음모를 비판하고, 개헌을 요구하는 시위가 발생. 이 와중에 박종철 군 고문치사 은폐사건이 밝혀지면서 6월항쟁을 촉발

* **명동성당 농성** 1987년 6월 10일 대규모 도심시위에서 경찰에 쫓긴 시위대가 명동성당으로 밀려가 고립된 채 벌인 농성. 이들의 농성이 서울의 6월항쟁을 지속시켰으나 5박 6일 만에 자진해산

* **6·29선언** 1987년 6월항쟁에 손을 든 전두환 독재가 국민들의 민주화와 직선제 개헌 요구를 받아들여 6월 29일 여당 대표 노태우를 통해 발표한 특별선언. 직선제 개헌, 군사 독재의 평화적 정권이양, 김대중 선생 사면복권과 시국 사범 석방 등이 골자

* **양김 분열** 양김(兩金)은 당시 야당의 두 지도자 김대중과 김영삼을 말하며, 국민들은 이들이 대선에서 후보단일화를 이뤄 민주세력이 승리하길 열망했으나 따로따로 출마하면서 결국 전두환의 후계자 노태우에게 정권을 빼앗긴 일

* **3당합당** 1990년 1월, 노태우 대통령이 총재인 집권여당 민정당이 두 야당(김영삼 총재의 통일민주당, 김종필 총재의 공화당)과 합당해 민자당을 출범시킨 사건. 노태우 정권은 여소야대 정국을 타개하기 위해 내각제 개헌 밀약을 조건으로 3당합당을 이끌어내 거대여당을 탄생시킴. 민주 진영 분열을 초래했을 뿐 아니라 지역감정을 부추겨 지역주의 정치와 보스정치를 초래. 군사정권과의 야합이라는 측면에서 강력한 반발이 이어짐

노동자대투쟁과 노 변호사의 구속

6월항쟁 승리의 기분을 만끽할 새도 없이 7~8월 노동자대투쟁이 시작됐다. 숨 돌릴 틈이 없었다. 투쟁의 결과는 많은 노동자들의 구속과 해고로 이어졌다. 그다음부터는 모두 내 몫이었다. 사업장이 밀집해 있는 부산·경남 지역에서 노동변호사라고 해 봐야 여전히 노 변호사와 나밖에 없었다. 더구나 노 변호사는 6월항쟁 이후 사실상 변호사 업무를 손놓고, 거리로 사업장으로 땀 흘리며 현장을 누볐다. 그러다 결국 구속에 이른다. 바로 대우조선 사건이다.

대우조선 노동자들이 거리 시위를 하던 중 이석규 씨가 최루탄에 맞아 숨진 비극적 사고였다. 서울에서 이상수 변호사, 부산에서 노 변호사가 현지에 가서 그들을 돕다가 '3자 개입'*과 '장례식 방해' 혐의로 걸렸다. '3자 개입'은 당시 흔히 악용되던 악법이었으니 그렇다 쳐도, 장례식 방해는 어이없는 법의 올가미였다.

고인과 가까운 친척 중 한 사람이 회사와 보상금에 합의한 후 조용히 가족장으로 넘어가려는 것을 노조와 대책위가 옥신각신하는 상황에서,

일을 돕던 변호사 두 명을 '장례식 방해' 혐의로 걸었다. 배경이 뻔히 보이는 일이었다. 아마 대한민국 역사상 장례식 방해라는 죄명은 처음이었을 것이다. 한참 후에 민주당 백원우 의원이 노 대통령 영결식에서 같은 혐의로 기소됐다. 내가 아는 한, 단 두 건의 '장례식 방해' 사건. 나는 그중 하나는 직접 변론을 맡고 다른 하나는 증인을 섰으니, 이 역시 기막힌 인연이다.

부산변호사회는 '노 변호사 구속'이라는 충격적인 소식을 접하자 진상조사를 벌였다. 나는 진상조사소위 위원장을 맡았다. 거제 현지에 가서 현장 상황을 살펴보고, 노조 관계자와 대책위 관계자 등 많은 사람을 만나 증언을 들었다. 이석규 씨의 사망 경위, 장례, 두 분 변호사들의 역할에 대해 상세히 파악했다. 이어 공동변호인단을 꾸렸다.

노 변호사 변호인 수는 무려 99명이었다. 당시로서는 사상 최대 규모 변호인단이었다. 그중 부산 변호사들이 91명이었다. 당시 부산변호사회에 등록된 변호사 수가 120명가량이었다. 등록만 해 놓고 활동하지 않는 분들을 제외하면, 실제 활동하는 변호사들은 거의 빠짐없이 참여했다. 내가 일일이 찾아다니며 선임계*를 받았는데, 모두 흔쾌히 동의해 줘 힘들지 않았다. 더 고마운 것은 구속적부심사를 하는데, 대부분 직접 법정에 나왔다. 변호인석에 그 많은 좌석이 있을 리 없었다. 방청석까지 변호인들로 가득 찰 정도였다. 재판장이 변호인의 출석 여부를 확인하는데, 방청석에서 끊임없이 '예' 하며 손을 들었다. 변론을 입으로 하지 않더라도 그 자체로 말 없는 변론이 됐다. 결국 구속 23일 만에 구속적부심*에서 석방될 수 있었다.

그러나 검찰은 1987년 11월 끝내 노 변호사를 불구속 기소했고, 그와 동시에 노 변호사는 변호사 업무정지명령을 받았다. 업무정지명령은 노 변호사가 국회의원에 당선된 이후인 이듬해 6월에야 해제됐다.

노 변호사에 대한 본 재판은 나 혼자 감당했다. 불구속 상태에서 재판받는 것이어서 굳이 다른 공동변호인들에게 폐를 끼칠 필요도 없었다. 내가 법원에 낸 변론요지서가 한승헌 변호사가 낸 「한승헌 변호사 변론사건 실록」에 수록돼 있다. 한 변호사도 공동변호인 중 한 분이었기 때문이다.

법원은 1988년 2월 노 변호사에게 벌금 100만 원을 선고했다. 사실상 무죄판결이나 다를 바 없었다. 그 판결문도 「한승헌 변호사 변론사건 실록」에 담겨 있다. 판결문에 적혀 있는 99명의 변호인들에게 제대로 고맙다는 인사도 못 했다. 벌금 100만 원조차 부당해서 항소했으나 노 변호사가 국회의원이 돼 재판 참석이 어려워서 나중에 항소를 취하하고 말았다.

* **3자 개입** 1980년 쿠데타로 권력을 잡은 전두환 신군부가 노동법을 개정하면서 노사관계를 해당 기업의 노사 당국자에 국한시킬 목적으로 신설한 '제3자 개입금지 조항'을 말함. 법을 모르거나 힘이 약해 자신의 권리를 제대로 주장하지 못하는 노동자들에게 제3자가 당사자들의 권리를 되찾아 주기 위해 취하는 지원을 차단할 목적. 노동조합을 탄압하는 중요한 근거로 이용됨

* **선임계** 사건 의뢰인의 소송 대리인으로 특정 변호사가 선임됐다고 법원에 내는 서류. 선임계가 제출되지 않으면 소송수행을 할 수 없음

* **구속적부심** 구속된 피의자에 대해 법원이 구속의 적법성과 필요성을 심사하여 그 타당성이 없으면 피의자를 석방하는 제도

노 변호사를 국회로 보내다

1988년 4월, 제13대 총선에서 노 변호사는 국회의원에 당선됐다. 그 해 초 통일민주당 김영삼 총재에게서 영입 제안이 왔다. 대선에서 패배한 '양김'이 재야인사를 다투어 영입하던 때였다.

또 한 사람의 영입대상인 김광일 변호사는 본인이 일찌감치 결심을 했다. 노 변호사는 스스로 결정하지 않고, 6월항쟁을 함께했던 부산 지역 민주화 운동권에서 먼저 논의해 달라고 했다. 반대 의견도 많았다. 부산 지역에서는 전통적으로 민주화 운동이나 시민운동에서 정치권으로 진출하는 것에 대해 거부감이 많은 편이다.

좌절된 6월항쟁의 성공을, 정치를 통해 이룰 수 있도록 노력해야 한다는 찬성 의견도 많았다. 나는 찬성했다. 본인이 하고 싶어 한다고 느꼈고, 또 출마하면 당선될 것이라고 판단했기 때문이다. 노 변호사는 개인적 야심은 없었다. 단지 국회의원이 되면 노동자들을 더 잘 도울 수 있을 것이라는 생각을 가지고 있었다. 당시 변호사 업무정지 중이었던 것도 그렇게 생각하는 데 영향을 미쳤을 것이다. 결국 노 변호사의 정치

진출을 대체로 찬성하는 쪽으로 논의가 정리됐다. 본인도 그렇게 결단을 내렸다.

가는 분이나 보내는 사람들이나 개인적 입신을 위해서가 아니라 부산 민주화 운동권을 대표해 파견돼 간다는 인식이 있었다. 그래서 민주화 운동 진영이 선거에 적극 결합했고, 선거 운동도 운동권 방식으로 마치 민주화 운동을 하듯이 했다.

우선 지역구의 선택부터 그랬다. 노 변호사가 출마하기로 했을 때 당연히 오랫동안 거주해 온 부산 남구에서 출마하는 것으로 생각했다. 통일민주당도 그렇게 예상해 부산 남구를 비워 놓고 있었다. 그 당시 부산에서 아파트가 가장 많고 주민들 의식이 높은 곳이어서 선거를 치르기도 가장 좋은 곳이었다.

그런데 노 변호사는 그곳을 택하지 않고, 아무 연고도 없는 부산 동구에서 출마하겠다고 했다. 당시 신군부와 5공*의 핵심이었던 허삼수 씨가 그 지역의 민정당 후보였기 때문에 그와 맞붙어 5공을 심판하겠다는 것이다. 만류하는 사람들이 많았지만 그는 고집을 꺾지 않았다. 과연 노무현다웠다.

나는 그 선거를 직접 돕지 못했다. 부산의 민주화 운동 진영이 김광일, 노무현 두 변호사의 선거에 결합하여 돕기로 했는데, 운동권 대부분이 노 변호사를 돕고 싶어 했기 때문이다.

5공으로부터 6월항쟁에 이르는 기간까지 노 변호사가 부산 지역 민주화 운동의 중심 역할을 했기 때문에 어쩌면 당연한 일이었다. 다들 변호인 노무현의 도움을 받은 피고인들이었으므로 인지상정이기도 했다. 어쩔 수 없이 그렇게 허용하되 노 변호사의 활동 전에 김 변호사와도 인연이 있었던 운동권 시니어그룹이 김 변호사를 돕기로 했다. 그 수가 적었기 때문에 나는 김 변호사의 선거를 총괄하는 역할을 맡았다.

나는 그 선거에서 사용한 노 변호사의 선거 포스터를 지금도 기억한다. 동구 달동네 판자촌을 배경으로 수수한 모습에 그러나 강한 눈빛으로 서 있는 흑백톤의 사진이었다. 운동권 사진가가 찍고 운동권 인쇄업자가 포스터 인쇄를 했다. 선거 구호가 바로 '사람 사는 세상'이었다. 포스터와 구호가 참 잘 어울렸다. 그런 강렬한 선거 포스터는 그전에도 없었고, 그 후 지금까지도 보지 못했다. 노 변호사도 한번 국회의원을 하고 난 후에는 그런 선거 포스터를 사용하지 못했다. 그때 썼던 '사람 사는 세상'을 그 후 줄곧, 심지어 대통령 재직 중에도, 그리고 퇴임 후에도 사인글로 썼다. 당신의 대통령 재임 중에도 '사람 사는 세상'이 여전히 멀었고, 따라서 그에 대한 염원이 여전히 유효하다고 생각했기 때문일 것이다.

노 변호사는 당선되자마자 국회 청문회* 스타가 돼 우리를 뿌듯하게 했다. 그러나 영광도 컸지만, 좌절과 고통도 많았다. 나는 그의 좌절과 고통을 볼 때마다 그의 정치 입문을 찬성했던 것을 후회했다. 그도 힘들 때는 '당신들이 정치로 내보냈으니 책임지라'고 농담처럼 말하곤 했다.

실제로 그에게 변호사로 돌아올 것을 권유한 적도 두어 번 있다. 국회의원에 낙선해 원외에 있을 때였다. 정치를 영 그만두라고 권유한 것은 아니다. 고생하며 원외 활동을 하느니 변호사로 돌아와서, 인권 변호사 활동과 지역 활동을 하면서 지역기반을 더 닦고, 선거 때가 돼 해볼 만하

선거 구호가 바로 '사람 사는 세상'이었다.
포스터와 구호가 참 잘 어울렸다.
그런 강렬한 선거 포스터는 그전에도 없었고,
그 후 지금까지도 보지 못했다.

면 그때 다시 선거에 나서면 되지 않느냐는 논리였다. 그러나 정치에 한 번 발을 담근 후에는 빠져나오지 못했다.

정치를 그만둘 기회가 한 번 있긴 했다. 종로를 버리고 부산 강서에서 출마해 낙선했을 때였다. 그때 그는 내게, 이번에 낙선하면 정치를 그만두겠다고 말했다. 그런데 낙선하자 오히려 '원칙의 정치인, 바보 노무현'으로 국민들에게 감동을 주는 이변이 일어났다. 그 힘으로 재기했고, 끝내 대통령이 됐다. 그러나 비운의 일을 겪고 나니, 역시 처음부터 정치세계로 들어가는 것을 말렸어야 했다는 회한이 남는다.

* **신(新)군부와 5공(共)** 신군부는 박정희 대통령 사후 군사 쿠데타를 일으켜 군부를 장악하고 정권을 탈취한 군부세력. 전두환, 노태우, 정호용 등 육사 11기, 12기 중심의 군 사조직인 하나회가 중심이 됨. 이들이 최규하 대통령을 끌어내리고 간접선거로 전두환을 대통령으로 만들어 수립한 정권이 5공화국 정권. 훗날 군사 쿠데타 및 광주항쟁 살인 진압으로 내란죄 등을 선고받음

* **국회 청문회** 1988년 11월 제5공화국 비리조사를 위한 국회 국정감사권 발동으로 개최된 청문회. 제5공화국의 비리와 정경유착 실상을 파헤치기 위한 일해재단 청문회, 12·12사태의 불법성과 광주민주화 운동의 발포명령자 및 진상파악을 위한 광주민주화 운동 청문회, 언론통폐합 및 언론인 강제해직 등 정부 언론장악의 진상파악을 위한 청문회 등이 열림. 청문위원이었던 노무현 의원이 예리한 질의와 폐부를 찌르는 질타로 일약 스타로 부상한 계기

혼자 남다

노 변호사가 떠난 후 혼자 남게 됐다. 노 변호사와 함께 해 오던 일들을 혼자 감당해야 했다. 그전에는 늘 노 변호사가 책임지는 일을 했고 나는 도우면 됐는데, 이제는 내가 책임지는 일도 맡아야 했다. 사무실을 꾸려 가는 것은 문제없었다. 이미 오래전부터 노 변호사가 일반 사건에서 손을 뗐고, 나중에는 업무정지까지 당해 혼자서 사무실을 꾸려 왔기 때문이다.

노태우 정부 아래서도 시국 사건과 노동 사건은 여전히 많았다. 부산·경남 지역의 '센터' 같은 역할도 변함없었다. 인권 변호사라는 소리를 듣다 보면 시국 사건과는 무관한, 그냥 딱한 사람들의 사건들도 찾아오기 마련이다. 집단 민원성 사건도 맡게 된다. 혼자서 감당할 수 없을 만큼 일이 많았다. 늘 일보따리를 집에 가져가서 새벽까지 재판준비를 하거나 변론서면을 쓰곤 했다. 아이들은 변호사를 3D업종처럼 생각했다. 그래도 내가 마땅히 해야 할 몫으로 받아들이면서 기꺼이 일을 맡았다. 내가 길할 수 있는 일도 사람들을 노울 수 있다는 게 늘 행복했다.

일이 많아 힘들었지만 내 삶에서 가장 안정된 시기였다. 최선은 아닐지라도 나의 개인적인 삶과 세상을 향한 나의 의무감이 나름대로 균형을 잘 맞추고 있다는 느낌으로 지낼 수 있었던 시기였다.

노 변호사가 나에게 했듯이 나도 사법연수원을 수료한 변호사들을 한 명, 한 명 받아들여 수를 늘려 나갔다. 돈을 잘 버는 사무실이 아니었는데도 우리 사무실이 하고 있는 역할을 함께하고 싶어서 찾아온 변호사들이었다.

우리 사무실이 부산·경남 지역의 노동 사건을 총괄하다시피하고 있는 것을 알고 노동변호사가 되고 싶다는 일념으로 찾아온 변호사도 있었다. 그리고 1995년 변호사 수가 5명이 되고 요건이 됐을 때, 함께 법무법인을 설립했다. 지금도 내가 대표변호사로 있는 〈법무법인 부산〉이다. 노 변호사도 서울로 갔다가 부산으로 돌아오면서 소속변호사가 됐다. 그리고 대통령이 되면서 변호사를 휴업했다. 요즘도 법무법인 부산의 변호사들은 '민주사회를 위한 변호사 모임'은 물론이고, 각자 성향에 따라 인권단체, 시민운동단체, 노동운동단체 등에서 직책을 맡아 활동하고 있다.

노 변호사가 정치로 들어간 후 부산 지역의 민주화 운동 진영도 점차 시민운동, 환경운동, 노동운동, 민중운동 등으로 진화하면서 분화해 갔다. 시민운동과 환경운동은 그중 사람들도 많이 참여하고 여건도 좋았기 때문에, 나는 주로 노동운동 또는 노동조합활동을 지원하는 단체 쪽에 집중했다.

87년 하반기에 만들어져 노 변호사도 함께 참여했다가 국회의원이 되면서 손을 뗀 '부산노동문제연구소', 89년 4월 부산 지역의 노동상담소들을 모두 모아 결성한 '부산노동단체협의회', 94년 4월 출범한 '노동자를 위한 연대' 같은 단체들이다.

'노동자를 위한 연대'는 변호사들과 치과, 한의사, 약사, 의료계 인사들이 모여 노동운동과 노동조합을 지원하기 위해 만들었는데, 지금까지 사단법인으로 존속하고 있다. 이들 단체를 통해 내가 역점을 둔 것은, 노동조합의 설립과 노동조합의 일상 활동에 대한 지원이었다.

6월항쟁 이후 노동운동의 대분출기를 겪으면서 여기저기서 노동조합 설립이 모색됐다. 그러나 그때만 해도 노동자들은 노동조합 설립을 어떻게 하는지, 규약을 어떻게 만들어야 하는지, 노조가 설립되면 단체협약을 어떻게 어떤 내용으로 체결해야 하는지 체계적으로 상담하고 지원받을 곳이 별로 없었다. '부산노동문제연구소'가 그 역할을 했다. 노조설립에 필요한 서류까지 모두 만들어 주면서 설립을 도운 노동조합이 200여 개에 달한다.

'부산노동단체협의회'와 '노동자를 위한 연대'는 회원 노조제로 운영했다. 회원 노조가 되면 변호사들이 노조 고문변호사가 되고, 의료인들은 산업안전·보건상담과 함께 노조원들에게 진료비 혜택을 주는 서비스를 제공했다.

'노동자를 위한 연대'는, 많을 때 회원 노조가 130여 개에 달했다. 상급단체가 한국노총이냐 민주노총이냐를 따지지 않았다. 그 시기에 양대 노총 소속 노조들이 함께한 노동단체는 부산 지역에서 '노동자를 위한 연대'밖에 없었다. 나는 회원 노조 조합원들에게 정기적으로 순회 법률상담을 해 주기도 하고, 노조 간부 교육을 해 주기도 했다. 요즘은 양대 노

총 안에 법률지원 기구를 두고 상근 변호사까지 있어, 외부지원 없이 스스로 대부분의 문제를 해결하고 있다. 말하자면 자생력이 생긴 것이다. 금석지감(今昔之感)을 갖게 된다.

'노동자를 위한 연대'는

변호사들과 치과, 한의사, 약사, 의료계 인사들이 모여

노동운동과 노동조합을 지원하기 위해 만들었는데,

지금까지 사단법인으로 존속하고 있다.

이들 단체를 통해 내가 역점을 둔 것은,

노동조합의 설립과

노동조합의 일상 활동에 대한 지원이었다.

동의대 사건과 용산참사

셀 수 없이 많은 사건을 맡았고, 그 가운데 잊히지 않는 사건들도 많다. 1989년 발생한 동의대 사건이 대표적이다. 여러 명의 경찰관이 목숨을 잃은 가슴 아픈 사건이었다.

이 사건은 아직도 논란 중에 있다. 우선 사건의 진상을 둘러싼 논란이 계속되고 있다. 민주화보상심의위원회가 이 사건을 '민주화 운동 관련사건'으로 인정하고 민주화보상을 한 것에 대한 논란도 이명박 정부 들어 커졌다. 심지어 민주화보상심의위원회의 결정을 뒤집을 수 있는 재심절차를 특별법으로 만들자는 상식 이하의 논란도 있었다.

그날 동의대 도서관에서 농성했던 학생들이나 그 농성 진압에 투입된 경찰 병력이나 똑같은 이 땅의 젊은이들이었다. 서 있는 자리가 달랐을 뿐이다. 투입된 경찰 중에는 동의대 재학 중 입대해 전투경찰이 된 사람도 있었다. 그도 화재 현장에 있었으나 도서관 내부구조를 잘 알고 있었기 때문에 앞을 분간할 수 없는 상황 속에서도 무사히 그곳을 빠져나올 수 있었다.

그렇게 보면, 진압에 투입돼 목숨을 잃은 경찰관이나 그날 농성 중에 사건이 발생해 구속되고 형을 살았던 학생들이나 모두 시대의 피해자들이었다. 가해자가 있다면 그런 상황을 만든 독재 정권이었다. 그런데도 아직 그 경찰관들을 학생들에 의한 피해자로 부각시키면서 증오와 적대를 키우려는 시도가 계속되고 있다.

당시 언론을 통해 알려진 내용이나 수사발표는 진실과 크게 달랐다. 농성 학생들이 사전에 시너를 질펵하게 뿌려 놓고 기다리고 있다가, 진압경찰이 진입하자 시너 위에 화염병을 던져 순식간에 불을 질렀고, 이 때문에 경찰관들은 미처 피할 겨를도 없이 불에 타 죽게 된 것처럼 알려졌다. 지금도 계속되고 있는 논란들은 그런 오해에 기인한 측면이 크다. 그러나 재판 결과 확인된 사실은 그것이 아니다.

바닥에 석유는 있었지만 시너는 전혀 없었다. 그리고 화염병이 던져진 곳은 석유가 있는 곳과는 떨어진 곳이었다. 그래서 스스로 꺼져 갔기 때문에 경찰은 그 화염병 불꽃을 내버려 두고 내부수색에 몰두했다. 나중에 화염병 불꽃이 점점 꺼져 가다가 다 꺼지는 듯 보이는 순간에 갑자기 폭발성 연소가 발생했다.

재판에서 그 폭발성 연소의 원인으로 추정된 것은 유증기*다. 화염병 불꽃이 꺼져 가는 사이에 근처 바닥에 있던 석유에서 유증기가 발생했고, 그 유증기가 연소 농도에 달했을 때 막 꺼지려던 마지막 불씨에 닿아 순식간에 폭발성 연소를 일으켰다는 것이다.

바닥에 석유가 있었던 이유는 규명되지 않았다. 최루탄 발사로 유리창이 깨지고, 다수의 경찰이 진입해 수색을 하고 다니는 열린 공간에서, 그 정도의 시간 사이에 과연 유증기가 연소 농도에 이를 만큼 발생할 수 있을까 라는 의문도 명확하게 규명되지 못했다. 어쨌든 재판에 의해 확인된 사실만으로도, 학생들이 대형화재나 경찰관들의 사상을 의도한 것은 아니었다는 것이 밝혀졌다.

반면 재판 과정에서 명확히 확인된 것은 경찰의 작전책임이었다. 사망한 7명의 경찰관 중 4명은 소사(燒死)가 아니고 추락사였다. 사고 장소는 7층이었다. 고층건물 진압작전은 투신이나 추락에 대비해 반드시 건물 주변에 매트리스와 안전그물을 설치하게 돼 있다. 특히 창문이 있는 쪽으론 더더욱 그렇다.

그날 경찰은 매트리스와 안전그물을 가져가긴 했다. 하지만 건물입구에 쌓아만 두고, 설치는 하지 않은 채 작전을 개시했다. 학생들이 있던 7층은 창문이 건물 북쪽 면으로 나 있었는데도, 그쪽 면에 안전장치를 설치하지 않은 것은 물론 경계 병력조차 배치하지 않았다.

7층에서 화재가 발생하자 경찰관들은 불길을 피해 창틀에 매달렸다. 건물 아래에선 꽤 시간이 지나도록 그 사실을 알지 못했다. 옥상으로 피신해 있던 학생들이 그 상황을 보고 아래에 있는 경찰들에게 "여기 사람들이 매달려 있다"고 소리쳤다.

매트리스를 가져오라고 "매트리스, 매트리스" 하며 소리를 질렀다. 그래도 아래에 있던 경찰들은 처음에 영문을 몰랐다. 자기들에게 욕하는 줄 알고 욕설로 맞대응하기도 했다. 뒤늦게 상황을 알아채고 부랴부랴 안전그물과 매트리스를 가져오기 시작했다. 옥상에 있던 학생들은 창틀에 매달린 경찰관들에게 매트리스가 오고 있으니 조금만 더 버티라고 격려했다.

그러나 힘이 빠진 경찰관들은 한 명씩 떨어지기 시작했다. 첫 번째 경찰관은 안전그물과 매트리스가 오기 전에 맨땅에 떨어졌다. 몇 분씩 시간 간격을 두고 떨어졌는데 두 번째, 세 번째 경찰관도 마찬가지였다. 네 번째 경찰관은 안전그물이 설치된 후 그 위에 떨어지는 데 성공했으나, 그물 밑에 매트리스가 없어 아무 소용이 없었다. 그런 식으로 매트리스와 안전그물이 미처 설치되지 못하는 사이, 네 명의 아까운 경찰관이 차례로 꽃다운 목숨을 잃었다.

안전그물과 매트리스가 모두 설치된 이후 추락한 경찰관은 목숨을 건졌다. 그때 창틀에 학생도 한 명 있었다. 그 학생이 있던 쪽은 다행히 불길이 덜했다. 그는 창틀에 매달리지 않고 걸터앉아 버틸 수 있었다. 그도 매달린 경찰관들에게 힘내라고, 조금만 더 버티라고 격려했다. 그는 안전그물과 매트리스가 모두 설치된 후 맨 마지막으로 떨어졌다. 먼저 안경을 떨어뜨려 위치를 가늠한 후 안전그물과 매트리스 위로 무사히 뛰어내렸다.

경찰이 지극히 당연한 기본적 안전조치만 취했어도 네 사람은 죽지 않을 수 있었다.

작전상의 안전소홀 책임은 또 있었다. 농성 학생들이 7층에서 화염병을 제작해 다량의 화염병과 유류를 보유하고 있다는 사실은 학교당국도, 경찰도 모두 알고 있었다. 따라서 진압작전을 하면서 그곳에서 화재가 발생할 가능성에 철저히 대비하는 것은 너무나 당연한 일이었다. 그날 경찰도 그 점을 염두에 두고, 병력의 역할을 3개조로 나눴다.

즉 개파조(開破組)가 해머 등으로 문을 열면, 소화조가 먼저 들어가서 불부터 끄고, 이어서 수색조가 들어가는 순서였다. 그런데 1층에서부터 위로 올라가는 사이에 소화조는 뒤처지고, 수색조가 먼저 올라가게 됐다. 정작 7층에 진입할 때엔 소화조가 아직 도착하지 않은 가운데 수색조가 먼저 진입하게 됐다. 그들은 화염병 잔불을 끄지 않고 내버려 둔 채 수색에 몰두했다. 그러는 사이 유증기가 발생했다. 게다가 수색조가 수색하는 동안 소화조 1명이 뒤늦게 도착했지만, 휴대용 소화기를 분사했을 때 이미 소화분말을 다 소비하고 남아 있지 않아 소화조로서의 역할을 할 수 없었다.

어쨌든 경찰이 지극히 기본적인 안전수칙에 따라 화염병 불꽃을 끈 다음 수색에 들어가기만 했으면 화재 발생도, 인명 피해도 생기지 않을 수 있었다. 나는 학생들의 책임과 별도로, 작전상 안전조치 미흡에 대해 지휘관들이 문책을 받아야 마땅하다고 생각했다. 그러나 전경들이 무모한 작전에 항의하는 농성까지 했는데도 아무런 조치가 없었다. 그래서 재판이 끝난 후 지휘관들을 업무상과실치사상 혐의로 고발했다. 역시 무혐의 처리되고 유야무야되고 말았다.

그와 같은 경찰의 무반성이 최근의 용산참사를 낳았다. 용산참사 역시 고층 망루 안에 인화성 유류가 잔뜩 있음을 뻔히 알면서도 그에 대한 대비 없이 진압을 서두르다 경찰관까지 포함해 아까운 인명을 잃게 된 점이 동의대 사건과 똑같다.

경찰이 동의대 사건에서의 안전소홀 책임을 제대로 반성하고 교훈으로 삼기만 했어도 용산참사는 발생하지 않았을 것이다. 동의대 사건 당시 내가 아는 경찰관들은 한결같이 고층 작전의 기본 수칙을 무시한 무모한 작전임을 인정했다. 경찰도 스스로 알고 있는 것이다. 그럼에도 불구하고 학생들의 책임을 희석시키는 결과가 될까 봐 문책 없이 넘어갔다. 용산참사도 마찬가지라고 생각한다. 참으로 개탄스런 풍토가 아닐 수 없다.

동의대 사건은 내가 변호사 하는 동안 맡은 형사사건 중에 제일 규모가 큰 사건이었다. 6공 치하의 단일 시국 사건으로 가장 큰 사건이기도 했다. 구속 피고인 수만 77명이었다.

공소사실이 방대한 데다 피고인 수가 워낙 많았다. 검찰은 8건으로 나눠 기소했고, 법원도 8건으로 나눠 재판했다. 나도 도저히 혼자 감당할 수 없었다. 민변 변호사들에게 부탁해 공동 변호인단을 꾸렸고 사건을 분담했다. 그래도 사건 전체, 피고인 전체를 총괄하는 사람이 필요했다. 내가 그 역할을 맡지 않을 수 없었다.

8건으로 나눠 재판했지만 나는 전 재판에 다 참여했다. 8건으로 나눠도 피고인이 많고 공소사실이 방대해서, 매 건마다 하루 종일 재판을 하다시피 했다. 재판 준비가 힘들기도 했지만, 재판하는 날이면 맡고 있는 다른 사건을 재판할 시간 여유가 없었다. 끝날 때까지 다른 사건 수임은 엄두도 못 냈다. 정말 고생을 많이 했다.

검찰은 화재의 원인이 된 화염병을 던진 학생에게 사형을 구형했다. 내가 변호사 하는 동안 처음 받아 보는 사형 구형이기도 했다. 그가 유증기에 의한 화재를 예상하고 화염병을 던진 것도 아니었다. 그 시기 학생들이 던졌던 수많은 화염병과 별 차이 없는 화염병이었으나, 예기치 않게 발생한 화재와 결과 때문에 살인마로 비난받았다. 내가 구형을 받은 것도 아닌데 사형 구형을 듣는 순간 나도 모르게 눈물이 났다. 그 바람에 잠시 휴정한 후에 변론을 해야 했다. 다행히 피고인들은 모두 복역 중에 형집행 정지로 순차적으로 석방됐다. 그리고 국민의 정부 때인 2002년, 그중 46명이 '민주화보상심의위원회'에서 '민주화 운동 관련자'로 인정받았다.

이들이 '민주화 운동 관련자'로 인정됐다고 해서 순직 경찰관에게 모욕이 되는 것이 아니다. 경찰관은 경찰관대로 직무에 충실하다가 순직해 국가유공자가 된 것이다. 그럼에도 이들의 '민주화 운동 관련자' 인정이 순직 경찰관들을 모욕하는 것인 양 오도하면서, 증오를 부추기는 사람들이 안타깝다.

* **유증기(油蒸氣)** 기름이 증발 또는 승화하여 생긴 기체

조작간첩 사건

또 하나 잊을 수 없는 사건은 '신씨 일가 간첩단' 재심 청구 사건이다. 내가 이 사건을 처음 재심 청구한 것은 1994년 11월이었다. 그 무렵만 해도 조작간첩 사건에 대해 민주화 운동 진영에서도 감히 문제제기를 못했다. 아직도 걸핏하면 빨갱이로 매도되던 시절에 법원이 유죄 확정한 간첩사건을 조작이라고 주장하고 나선다는 것은 엄두를 낼 수 없는 일이었다. 조작의 냄새가 나는 사건도 못 본 척 외면했다.

그 금기를 깨뜨리고 나선 것은 천주교였다. 1993년 천주교인권위원회 등이 중심이 돼 '천주교 조작간첩 진상규명 대책위원회'가 만들어졌다. 많은 신부들이 참여했고, 일부 주교들까지 참여했다. 군부 독재 시절 공안통치를 위해 조작했던 간첩사건들에 대해 처음으로 사회적 문제제기를 한 것이다.

대책위의 성명서가 모든 성당과 신도들에게 배포됐다. 특별강론도 행해지고 모금도 이뤄졌다. 우리 인권 운동사에서 대단하게 평가받아야 할 일이다.

나는 그때 천주교인권위원회 인권위원이었다. 대책위가 기초조사를 거쳐 조작사건이라고 판단한 리스트에 부산 지역 관련 사건도 있었다. 인권위 측에서 부산 지역 관련 사건을 검토해 줄 것을 부탁했다.

그중 '신씨 일가 간첩단 사건'은, 판결문과 대책위가 조사한 자료만 훑어보아도 조작사건임이 분명했다. 조작이 너무 뚜렷해 재심을 청구해 보기로 했다. 그때만 해도 그런 사건에 대해 재심 청구가 받아들여진다는 것은 거의 불가능해 보이던 시기였다. 당연히 재심 청구 사례도 없었다. 그런 만큼 가장 뚜렷한 사건을 통해 재심 성공 사례를 만들어 내야, 다른 억울한 사람들도 길이 열릴 것이라고 생각했다.

먼저 그때까지 전주교도소에 수감 중이던 피고인을 접견해 진술을 듣고, 재심 청구에 동의를 받았다. 이어 일본으로 가서 피고인들에게 간첩 지령을 한 것으로 돼 있는 그의 형을 만나, 증언을 녹취하고 공증을 받아 왔다. 그리고 증거자료를 수집했다.

그렇게 해서 조작간첩 사건 가운데 맨 처음으로 이 사건을 재심 청구했다. 법원이 용기만 가져 주면 재심 청구가 받아들여질 것으로 확신했다.

부산지방법원은 기대대로 재심 개시 결정을 내려 줬다. 사상 초유의 일이었다. 크게 보도됐다. 검찰이 항고했으나 고등법원에서도 유지가 됐다. 그런데 대법원이 검찰의 재항고를 받아들여 재심 개시 결정을 취소해 버렸다. 결국 1차에서 뜻을 이루지 못했다.

그렇다고 포기할 수 없는 일이었다. 재심 사유를 다르게 구성해 다시 재심 청구를 하기로 했다. 새로운 재심 사유를 확보하기 위해 국가를 상대로 손해배상 소송을 제기했다. 이 소송에서 과거 간첩사건 재판 때

간첩 행위를 목격했다고 증언했던 증인을 소환했다. 그는 고문에 못 이긴 위증이었다고 실토했다. 이를 근거로 2차 재심을 청구한 것이 1999년 7월이었다. 이번에도 부산지법은 재심 개시 결정을 내렸다. 그러나 부산고법이 검찰의 항고를 받아들여 재심 개시 결정을 취소했다.

3차 재심 청구는 '진실·화해를 위한 과거사 정리 위원회'(과거사위원회)의 진실 규명 결정을 기다려야 했다. 결국 내가 청와대에서 퇴임하고 다시 변호사로 복귀한 후인 2009년 2월 또다시 재심 결정을 받아냈다.

그리고 드디어 2009년 8월 무죄판결을 받았다. 법원은 무죄를 선고하면서 별도로 발표한 사과문에서 "국가 기관이 자행한 불법구금과 고문에 이은 유죄 인정으로 피고인들이 필설로 표현하기 어려울 정도의 고통을 받은 데 대해 만시지탄이지만 진심으로 사과한다"고 밝혔다.

간첩으로 유죄판결 받은 지 거의 30년 만이었고, 재심을 청구한 지 15년 만의 일이었다. 그 사이에 재심 청구를 함께 했던 피고인 중 한 명은 고령으로 사망했고, 사건 당시 40대였던 피고인들은 어느덧 70대 노인이 되었다. 또 한 명의 피고인은 이미 감옥에서 고문 후유증으로 옥사(獄死)해 딸이 아버지 대신 재심 청구를 했다. 무죄판결이 확정됨에 따라 신씨 일가는 국가로부터 형사 보상금 20여억 원과 손해배상금 37억5천만 원을 지급받았다. 그러나 이미 허망하게 지워져 버린 그들의 인생은 어찌할 것인가?

국가는 아직도 이들 조작간첩 피해자들에게 제대로 사과하지 않고 있다. 법원이 과거 재판의 잘못을 바로잡고 사과하긴 했다. 그러나 엄청난 고문과 불법구금으로 사건을 조작했던 경찰과 검찰은 아직 아무런 반성이 없다. 당시 특진과 포상금 혜택을 받았던 고문경찰관들 대부분은 여전히 법정에서 고문 사실을 부인하고 정당한 수사였다고 강변했다. 과거 공권력의 위법이나 부당한 행사로 말미암은 피해에 대해 국가가 금전배상과 별도로 진심 어린 사과와 따뜻한 위로를 할 수 있어야만 제대로 된 국가가 될 수 있으리라 믿는다.

지역주의와의 싸움

서울로 올라간 노 변호사, 아니 노 의원은 금방 주목받는 정치인이 됐다. 전국적인 청문회 스타가 됐을 뿐 아니라 다른 의정활동도 초선으로서 독보적이었다. 그러나 정작 그를 정치지도자로 키운 것은 국회의원 선수(選數)가 아니라 낙선경력이었다. 3당합당을 반대한 이후 줄곧 대의를 좇아 실패와 좌절을 거듭한 경력이 그를 대선후보 반열에 올려줬다.

개인적 불이익도 마다 않는 원칙의 정치인. 국민들은 그를 높이 평가했지만, 현실 속에서는 참으로 고통스러운 일이었다.

원외 시절 사무실 경상비가 부족할 때면 때때로 연락이 와서 돈을 좀 빌려드린 것밖에는, 별 도움을 드리지 못했다. 그냥 그는 그가 가치 있다고 여기는 일을 해 나갔고, 나는 나대로 내가 보람 있다고 여기는 일을 해 나갔다.

그가 대선 출마 의지를 나에게 처음 밝힌 것은, 15대 대선 때 여당 경선에 불복하고 탈당해서 독자적으로 나온 이인제 후보의 출마를 보고 나서였다. '그런 반칙을 용납해서는 안 된다'며 당신이 야당 후보로 나서겠다고 했다. 그때는 모두 반대했다.

나도 반대했다. 이르다고 봤다. 목표를 차기에 두고 해 보는 것을 생각할 수는 있었다. 그에게는 '청문회 스타'와 '원칙'의 좋은 이미지가 있었지만, '명패 던지기'와 '의원직 사퇴'로 인한 돌출 이미지가 있는 것도 사실이었다. 갑작스런 출마가 자칫 돌출적 행동으로 보일 수 있었다. 그는 주변사람들의 반대 의견을 받아들였다. 그러나 그때부터 그 뜻을 가슴속에 품고 착실히 준비해 나갔다. 기획팀을 두고 공부도 열심히 했다.

2000년 총선 때 부산으로 내려와서 출마할 때도 그런 뜻을 품고 있었다. 나는 그 이유 때문에 종로를 버리고 부산으로 내려오는 것을 반대했다. "대선까지 내다보면, 지금 부산으로 내려오는 것은 도움이 안 된다. 오히려 방해될 수도 있다. 부산 출신 YS*가 금방 대통령을 마친 마당에 가까운 시간 내에 부산 출신 대통령이 또 나올 수 있겠는가. 당선돼도 지역 맹주가 되기 십상이다. 종로에서 다시 당선돼 탈(脫)지역 하는 것이 대선에 유리하다. 그러면 오히려 영남 출신 이점을 살릴 수 있다. 박찬종 씨도 부산을 떠나 서울에서 국회의원 하면서 대선후보로 부상하지 않았는가" 이런 취지였다. 다시 낙선의 고통을 겪는 것을 보고 싶지 않은 심정도 작용했을 것이다.

그러나 고집을 꺾을 수 없었다. 지역주의를 직접 깨트려 보겠다는 의지가 워낙 강했다. 95년 부산시장 선거 때 주변사람들, 참모들까지도 무소속 출마를 권유했지만 그렇게 해서 당선되면 무슨 의미가 있냐며 끝까지 거부한 분이다.

그는 그가 가치 있다고 여기는 일을 해 나갔고,
나는 나대로 내가 보람 있다고 여기는 일을 해 나갔다.

실제로 그가 2000년 총선에서, 부산에서 당선됐다면 대선가도는 좀 더 미뤄졌을 것이라고 생각한다.

그러나 세상일의 조화를 누가 알겠는가? 그는 또 떨어졌고, 오히려 엄청난 지지와 성원이 답지했다. 이전에 받던 지지와는 성격이 좀 달랐다. 그를 국가지도자로 기대하는 지지였다. 단순한 지지를 넘어서서 그를 그 길로 끌어내려는 집단적인 지지였다.

드디어 2001년 9월 6일, 그는 부산에서 대선 출마를 공식 선언했다.

* **YS** 김영삼 전 대통령의 영문 이니셜을 딴 애칭

2002년의 감격

그 후 그는 대선 행보를 본격 시작했는데, 그 내용이 여느 정치인들과 달랐다. 주변의 참모들은 당연히 조직을 키우고 돈을 준비할 것을 권유했다. 그러나 그는 그 대신 각 분야별 전문가들로 학습팀을 꾸려 국정 운영에 필요한 학습을 열심히 했다.

외교·안보, 교육, 복지, 경제 등 분야별로 젊은 전문가들을 청해 브리핑을 듣고 토론했다. 아마 전체 일정의 절반 이상을 학습에 몰입했을 것이다. 그때 학습에 도움을 줬던 전문가들 중에 후일 참여정부에 발탁된 이들도 꽤 있다. 외교·안보 분야의 이종석 장관 같은 분이 대표적이다. 대선 때 그가 보여 준 발군의 토론 능력과 대통령 재임 중에 보여 준 탁월한 지적능력은 그 학습을 통해 이뤄졌다. 참으로 노무현다운 대선 준비였다.

민주당 후보 선출 국민경선 때 나는 부산과 울산의 국민경선을 도왔다. 당시 경선 선거인단은, 선거인으로 등록을 하면 그중에서 정해진 선거인만큼 추첨을 통해 선정하는 방식이다. 당에서 연락이 갈 때 투표에

시민들의 우레와 같은 박수 속에 연단에 오른 노 후보는 당당했다.

연설은 사람들의 마음을 휘어잡았다.

과거 국회의원이나 부산시장 선거에 출마했을 때의 연설과 격이 달랐다.

직접 참여할 의사가 확실한 선거인단을 최대한 많이 확보해 등록하는 것이 관건이다. 충성도 높은 사람을 많이 확보하는 게 중요하지, 과거 직능단체 위주로 명단이나 마구 넣어선 될 일이 아니었다. 실제 지지의사와 실제 투표의지를 가진 사람들을 확보하는 데 총력을 기울였다.

부산·경남에서 할 수 있는 방법을 총동원했다. 원래 우리가 가지고 있던 민주화 운동 인맥을 모두 활용했다. 특히 울산 쪽은 노동계가 강세여서 자신 있었다. 나와 노 의원이 오랫동안 해 왔던 노동운동의 인맥과 그에 대한 성원이 그대로 결과로 나타났다. 부산도 민주화 운동 진영 전체가 나섰다. 거기에 노 의원 모교인 부산상고 인맥은 물론 기존의 민주당 인맥이 다 호의적이었다. 선거인단 등록 경쟁에서 확실히 이겼다.

감동의 드라마는 다름 아닌 광주였다. 나중에 보니 광주나 다른 지역에서도 바닥의 많은 분들이 우리 못지않은 노력을 기울여 성공을 일궈냈다. 드디어 그가 민주당 대선 후보로 확정됐다. 하지만 시작이었다.

각 지방별로 선대본부가 출범할 때 나는 부산선대본부장을 맡게 됐다. 초기의 좋았던 지지율이 그대로 유지됐다면 내가 맡을 필요가 없었다. 노 후보도 그랬다면 굳이 나에게 부탁을 안 했을 것이다. 하지만 아주 어려운 상황이 됐다. 맡지 않을 수가 없었다.

후보가 되고 나서의 지방선거 참패, 지지율 하락, 민주당 국회의원들의 후보 흔들기, 또다시 지지율 하락, 당내에서의 후보교체론, 일부 탈당, 다시 지지율 하락……. 대선 과정에서 제일 힘든 시기였다.

부산에 있는 우리가 달리 도울 길이 없었다. 우리가 할 수 있는 것은, 후보를 흔들어 낙마시키려는 거대한 음모에 맞서 후보를 지켜내는 운동

밖에 없었다. 절박한 상황이었다. 대학교수들이나 다양한 지식인 그룹에 도움을 요청했다. 부산의 여러 영역별로 지지선언이 이어졌다. 전국적으로 마찬가지였다. 그 때문에 서울을 자주 오갔다. 노 후보는 당당하게 잘 헤쳐 나갔다. 흔들림이 없었다. 뚝심과 배짱으로 여러 난관에 정면으로 맞섰다.

분수령은 정몽준 씨와의 후보단일화였다. 나는 고민하는 노 후보에게 정몽준 후보와의 단일화가 반드시 필요하다는 의견을 말씀드렸다. 단일화 방식으로는 여론조사 방식을 받는 게 좋겠다는 생각도 말씀드렸다.

그 당시 여론조사 방식의 단일화는 큰 모험이었다. 노 후보는 여론조사에서 꽤 뒤지고 있는 상황이었다. 그래서 민주당이나 서울 쪽에선 여론조사 방식의 단일화에 걱정이 많았다. 그러나 불리한 방식을 담대하게 수용한 것이 결과적으로 사람들에게 호감을 불러일으켰다.

정작 노 후보의 고민은 다른 데 있었다. 여론조사 등 단일화 방식에 대한 결정 자체가 아니었다. 그는 '그렇게 해서 내가 이길 수 있는가, 안 되면 어떻게 하는가'를 고민하지 않았다. 만약 당신이 질 경우 정몽준 후보를 위해 마음에서 우러난 진정과 열심으로 선거 운동을 할 수 있겠는가를 고심했다.

정몽준 후보와는 정체성이 크게 달랐다. 자기 선거처럼 그를 위해 뛰어 준다는 결심은 쉬운 일이 아니었다. 그러나 단일화에 나서는 이상, 지는 경우 정 후보를 돕는 건 당연한 도리이고 의무라고 받아들였다. 그런 마음가짐이 없으면 아예 단일화에 나서지 말아야 한다고 생각했다. 만약 노 후보가 졌으면 실제로 정 후보를 위해 당신 선거처럼 열심히 뛰었을 것이다. 후보단일화에서 극적인 반전 드라마가 다시 연출됐다.

그러나 난관이 또 기다리고 있었다. 단일화 과정보다 더 어려운 난관이었다. 정몽준 씨가 '연합정부', 사실상 '권력의 반'을 내놓으라고 요구했다. 뿐만 아니라 그걸 명문화해 달라고 했다. 그냥 반이 아니라 내각의 어느 어느 자리를 나누자고 특정을 하자는 것이다. 수용하지 않으면 판을 깬다는 것이었다.

민주당 사람들은 대부분 그냥 그렇게 하자고 했다. 어차피 '정치적 약속'이니 나중에 상황에 따라 대처하면 된다는 논리로 노 후보를 설득했다. 설득 정도가 아니라 압박이었다. 하도 많은 사람들이 같은 얘기를 하니, 노 후보는 버티는 것을 대단히 힘들어했다. 내게 의견을 물었다.

나는 '원칙' 얘기를 했다. "우리가 쭉 살아오면서 여러 번 겪어 봤지만, 역시 어려울 때는 원칙에 입각해서 가는 것이 가장 정답이었다. 뒤돌아보면 늘 그것이 최선의 선택이었다. 그땐 힘들어도 나중에 보면 번번이 옳은 것으로 드러났다. 노 후보님의 생각이 옳다고 생각한다"고 말씀드렸다. 외로우셨던지 당신 생각을 지지하자 매우 기뻐했다.

선거는 막바지로 치닫고 있었다. 선거 이틀 전, 부산 서면 사거리엔 엄청나게 많은 시민들이 모였다. 인산인해였다. 마지막 부산 유세였다. 시민들의 우레와 같은 박수 속에 연단에 오른 노 후보는 당당했다. 연설은 사람들의 마음을 휘어잡았다. 과거 국회의원이나 부산시장 선거에 출마했을 때의 연설과 격이 달랐다. 언변뿐이 아니었다. 국가경영 전반에 대한 식견이 과거와는 비교가 되지 않았다. 대선 출마를 결심한 후 얼마나 치열하게 공부하고 사색했는지를 느낄 수 있었다. 발군의 경지였다. 정치연설에서 우리말을 저렇게 잘 구사할 수 있을까 생각했을 정도였다. 서면 사거리에 모인 시민들은 노 후보의 연설에 다 빠져든 것처럼 보였다. 나조차 한 사람의 시민으로 돌아가 연설에 같이 빠져들고 함께 감동하고 열광했다. 그날 같아서야 질 수 없는 선거였다.

2002년 대선에서 운명의 날은, 대선 당일이 아니라 전날이었다. 그런 선거가 또 있을까.

선거 전날 밤, 정몽준 씨가 전격적으로 후보단일화 약속을 파기하고 지지를 철회했다. 전국이 요동쳤다. 선거는 이제 망친 것처럼 참담한 분위기였다.

서울의 주변 핵심 인사들이 모두 노 후보에게 정몽준 씨를 직접 찾아가라고 종용했던 모양이다. 잘 안 됐던지, 나에게 전화가 왔다. 김원기 전 의원이셨다. 그렇게 권유를 하는데도 노 후보가 움직이지 않고 잠을 잔다고 하니, 내가 깨워서 설득을 좀 하라는 것이다. 어쨌든 가시게 됐다. 문전박대를 당했다. 씁쓸하게 돌아오는 모습이 오히려 지지자들을 분노하게 했다.

이튿날, 우리가 할 수 있는 건 하나밖에 없었다. 투표 참여를 독려해 투표율을 높이는 것이다. 부산은 전날 밤 선대본부 전화팀을 해산시킨 상태였다. 급히 다시 불러 모았다. 그들뿐 아니라 선대본부 누구라고 할 것 없이 모든 사람들은 하루 종일 전화통을 붙잡고 아는 지인들에게 투표 참여를 호소했다. 우리만 그런 줄 알았더니 많은 국민들이 같은 일을 했던 모양이다. 국민들의 마음이 움직이기 시작한 것이다. 나는 그것을 느

당선이 결정되자
거리에 사람들이 쏟아져 나왔다.
부산은 축제 분위기였다.
어깨동무를 하고 행진하는 사람들,
끌어안고 만세를 부르는 사람들,
노래를 부르거나 구호를 외치며
자축하는 사람들로 거리가 넘쳐났다.

낄 수 있었다.

선대본부 사무실에서 매 시간별로 투표율과 출구조사 결과를 계속 입수해 분석하고 있었다. 통상 아침에는 연세 많은 분들이 먼저 투표를 하기 때문에, 우리 쪽이 열세이기 마련이다. 오전 11시 정도쯤, 출구조사 결과는 여전히 지고 있었지만 달라지는 추세가 보였다. 격차가 줄어드는 것이 역력했다. 오후 1~2시를 넘어서자 이기겠다는 판단이 들었다. 서울 상황실의 이광재도 같은 판단을 말해 줬다.

오후에 출구조사 결과가 역전됐다. 확신이 섰다. 오후 6시 선대본부 사무실 TV 앞에 모두 앉았다. 최종 출구조사 결과가 발표됐다. 예상대로였다. 우리의 승리였다. 모두 끌어안고 환호했다. 누구는 울먹이며 승리를 자축했다. 가슴이 벅차올랐다. 내 생애 가장 기쁜 날 중 하나였다.

당선이 결정되자 거리에 사람들이 쏟아져 나왔다. 부산은 축제 분위기였다. 어깨동무를 하고 행진하는 사람들, 끌어안고 만세를 부르는 사람들, 노래를 부르거나 구호를 외치며 자축하는 사람들로 거리가 넘쳐났다. 오늘만큼은 나도 그 속에 들어가 시민의 한 사람으로 휩쓸리고 싶었다.

하지만 걱정이 됐다. 혹시 불상사가 생기진 않을지 염려가 앞섰다. 부산경찰청장에게 전화를 걸어 협조를 구했다. 그러고도 마음이 안 놓여, 내내 거리의 상황을 살피며 돌아다녔다. 시민들은 질서를 지키며 그 밤을 만끽했고, 경찰도 그런 시민들을 이해했다. 나를 알아본 사람들이 몰려와 같이 축하를 나눴다. 아름다운 밤이었다.

노 변호사와 함께 최루탄을 맞으며 누빈 거리였다. 민주화를 외치며 이 거리에서 드러눕기도 했다. 그 거리에 기쁨이 가득했다. 영원히 계속

되었으면 싶은 순간이었다. 앞으로 겪게 될 고통이나 고난은 생각하지도 못했다.

1 만남

2 인생

3 동행

4 운명

아버지와 어머니

내 부모님 고향은 함경남도 흥남이다. 우리 집안은 여러 대에 걸쳐 흥남에서 살았다. 문씨 집성촌(集姓村)이 있을 만큼 친척들이 많이 모여 살았다고 한다. 문씨 집성촌은 소나무 숲이 둘러싸인 마을이어서 '솔안마을'로 불렸다. '솔안마을' 하면 인근에서 알아줬다고 한다. 집성촌을 이루면서 오순도순 모여 살던 부모님과 친척들의 행복은 전쟁으로 끝이 났다.

부모님은 1950년 12월, 흥남 철수* 때 고향을 떠났다. 아직 젖먹이였던 누나를 업고 피난을 내려왔다. 국군과 미군이 두만강까지 올라갔다가 예상치 못한 중공군 개입으로 후퇴하게 된 상황이어서, 전열만 가다듬으면 금방 수복할 것으로 전망했다고 한다.

그래서 노인들은 남고 젊은이들만 잠시 난을 피한다는 생각으로 떠난 집들이 많았다. 우리 집도 조부모님은 남았다. 아버지는 조부모님 생사를 끝내 모른 채 돌아가셨다. 나중에 조부모님이 돌아가셨다는 소식은 전해 들었지만, 정확한 시기는 알지 못한다.

피난은 미군 LST* 선박으로 이뤄졌다. 그러나 정작 피난민들은 미군이 자신들을 어디로 데려가는지도 몰랐다. 2박 3일 동안 배 밑창에서 생활했다. 중간에 미군의 통제가 느슨해졌을 때 사다리를 타고 갑판 위로 올라가 볼 수 있었다. 그때 육지 쪽의 불빛이 가깝게 보였는데, 포항이라고 했다. 그제서야 행선지가 남해안 지역임을 짐작했다.

도중에 크리스마스라며 미군이 사탕을 몇 알씩 나누어 주기도 했다. 미군이 피난민들을 데려다준 곳은, 경남 거제도에 임시로 마련된 피난민 수용소였다. 어머니는 흥남을 떠날 때 어디 가나 하얀 눈 천지였는데, 거제에 도착하니 온통 초록빛인 것이 그렇게 신기했다고 한다. 상록수림에 푸른 보리밭이 고향의 풍경과 너무 달랐던 것이다. '여기는 정말 따뜻한 남쪽 나라구나'라는 것이 거제를 본 어머니의 첫인상이었다.

겨울인데도 고향에 비해 무척 따뜻한 남도의 날씨와 더불어 거제도 사람들의 넉넉한 인심이 아무 준비 없이 내려온 피난민들을 품어 줬다. 그들이 솥이나 냄비 같은 취사도구와 먹을거리를 나눠 주며 피난 생활 초기의 어려움을 넘길 수 있도록 도와줬다. 나중에 각지로 흩어진 집안사람들이 어쩌다 한데 모여 피난살이 시절의 추억담을 주고받는 것을 들어보면, 그때 거제도 사람들의 따뜻한 인심을 고마워하는 얘기가 많았다. "거꾸로 남쪽 사람들이 흥남으로 피난 왔다면 우리가 그렇게 잘해 줄 수 있었을까"라고 말하곤 했다. 거제도를 거쳐 간 흥남 피난민들은 그 고마움을 잊지 못해 보은(報恩)운동을 하기도 했다. 흥남시민회나 성공한 사람들이 개인적으로 거제 지역 학교에 장학금을 보냈다.

어머니 아버지는 2~3수 정도 예상하고 고향을 떠났다고 한다. 그러니 그야말로 적수공권(赤手空拳) 빈털터리로 내려온 것이다. 아무 연고 없는 남쪽에서 제대로 생활할 수 있는 준비도 전혀 없이 낯선 땅의 삶을 시작했다. 뿌리 잃은 고단한 삶이었다.

아버지 집안은 그래도 가까운 친척들이 함께 피난을 내려왔지만 어머니네 쪽에서는 아무도 내려오지 못했다. 외가 동네는 흥남의 북쪽을 흐르는 성천강 바로 건너에 있었는데, 흥남으로 들어오는 '군자교' 다리를 미군이 막았기 때문이다. '흥남 철수'를 다룬 글에서 읽은 기억에 의하면 '흥남 철수'를 앞둔 가운데 피난민이 감당할 수 없이 몰려드는 것을 막기도 하고, 적(敵)이 피난민에 뒤섞여 침투하는 것을 막으려고 그렇게 한 것이라고 했다. 어쨌든 어머니는 이남에서 혈혈단신이었다. 피난살이가 너무 힘들고 고달파서 도망가고 싶을 때가 많았는데, 세상천지에 기댈 데가 없어서 도망가지 못했노라고 농담처럼 말씀하시곤 했다.

나는 거제에서 피난살이 중에 태어났다. 시골집 방 한 칸에 세 들어 살 때였다. 하필 주인집 아주머니도 함께 임신을 한 바람에, 출산 때는 임시로 구한 다른 집에서 나를 낳았다고 했다. 같은 집에서 애를 낳으면 안 된다는 속설 때문이었다. 큰집에 아들이 없어서 큰집과 우리 집을 통틀어 첫 아들이었다. 모두들 기뻐하고 축복하는 가운데 태어났다.

나중에 어머니 회갑 때 어머니를 모시고, 내가 태어난 곳을 비롯해 부모님이 피난살이하던 곳을 둘러본 일이 있다. 30년 세월이 흘렀는데도 어머니는 살던 동네, 살던 집들을 모두 기억했다. 어머니와 연세가 비슷하거나 더 많은 할머니들이 어머니를 알아보고는, 누나 이름을 붙여 옛날 부르던 호칭대로 '재월네!'라고 부르며 서로 반가워하는 것을 보았다.

아버지는 포로수용소에서 노무 일을 했다. 어머니는 거제에서 계란을 싸게 사서 머리에 이고, 나를 업은 채 부산에 건너가 파는 행상을 했다. 그걸로 조금씩 저축을 했고, 돈이 약간 모이자 내가 초등학교에 입학하기 조금 전에 부산 영도로 이사했다. 이사를 벼르다가 내가 초등학교에 입학할 때가 되자 그걸 계기로 실행에 옮기신 것이다.

이사 올 때 큰 배에서 내린 다음 조가 누렇게 머리를 숙인 밭들을 지나 이사가는 집에 도착했던 기억이 난다. 그때 영도는 행정구역상으로 부산시였지만 논밭이 많은 농촌이었다.

거제는 내가 태어난 곳이지만 어릴 때 떠나왔기 때문에 기억이 별로 남아 있지 않다. 함께 피난 온 집안들도 비슷한 시기에 모두 떠나서, 연고가 남아 있지도 않다. 그래도 나에게는 태어난 고향이고 부모님이 피난살이를 한 곳이어서 늘 애틋하게 생각되는 곳이다. 청와대에 있을 때, 그래도 거제 출신이라고 거제 지역 현안에 대해 도와달라는 요청이 오면 늘 신경을 쓰곤 했다.

* **흥남 철수** 한국전에서 중국인민군이 투입돼 전세가 불리해지자, 1950년 12월 15일에서 12월 24일까지 열흘간 동부전선의 미국군 제10군단과 국군 제1군단이 흥남항에서 피난민들을 선박 편으로 철수시킨 작전

* **미군 LST** 병력이나 전차를 상륙시키는 군용 함정

가난

아버지는 일제 때 함흥농고를 나왔다. 그곳 분들은 '함흥농업'이라고 불렀다. 함흥고보와 함께 함경도 지역의 명문이었다. 아버지는 인근에서 수재라는 말을 들었다고 했다. 어릴 때 아버지를 업어 키우기도 했다는 큰어머니 말씀에 의하면, 입학시험을 앞두고도 별로 공부하는 모습을 못 봤는데 집안에서는 물론 인근에서 혼자 '함흥농업'에 입학했다고 한다. 졸업 후 아버지는 공무원 시험에 합격했고, 북한 치하에서 흥남시청 농업계장을 했다.

그때 공산당 입당을 강요받았으나 끝까지 버티고 안 했다고 한다. 유엔군이 진주한 짧은 기간 동안 농업과장도 했다. 그리고 피난을 내려왔다. 이북에서 공무원 생활한 사람들을 공무원으로 채용하는 기회가 있었던 모양이다. 그러나 아버지는 농업계장 시절 공산당 입당을 강요받으며 시달렸던 경험 때문에 다시는 공무원 생활을 않겠다고 결심했다고 한다. 그래서 부산으로 이사 나온 후 장사를 했다. 그러나 아버지는 내가 보기에도 장사 체질이 아니었다. 조용한 성품이었고 술도 마실 줄 몰랐다. 그저 공무원이나 교사를 했으면 체질에 맞을 분이었다.

아버지가 한 장사는 부산의 양말 공장에서 양말을 구입해 전남 지역 판매상들에게 공급해 주는 일이었다.

그러나 아버지는 몇 년간 장사하면서 외상 미수금만 잔뜩 쌓였다. 여러 곳에서 부도를 맞아 빚만 잔뜩 지게 됐다. 공장에서 매입한 대금은 갚아야 했기 때문에 오랫동안 그 빚을 갚느라 허덕였다. 혹시 나중에라도 돈을 받을 수 있을까 싶어 전표 같은 것을 꽤 오랫동안 보관했지만, 결코 그런 날은 오지 않았다. 그것으로 아버지는 무너졌고 다시 일어서지 못했다. 아무 연고 없는 타향이니 기댈 데도 없었다. 이후 아버지는 경제적으로 무능했다. 가난에서 헤어나지 못했다.

아버지는 원래 조용한 성격이었는데 실패한 이후에는 더욱 말수가 없어졌다. 나는 우리 집의 가난도 아팠지만, 분단과 전쟁 때문에 아버지가 당신의 삶을 잃은 것이 늘 너무 가슴 아팠다. 아버지는 내가 대학에서 제적당하고 구속됐다가, 출감 후 군대에 갔다 왔는데도 복학이 안 되던 낭인 시절, 내가 제일 어려웠던 때에 돌아가셨다. 불행했던 삶이 불쌍했고, 내가 잘되는 모습을 조금도 보여드리지 못한 게 참으로 죄스러웠다. 뒤늦게 내가 잘된다 해도 만회가 되는 일이 아니어서 평생의 회한으로 남아 있다.

아버지의 장사 실패 후, 집안 생계는 거의 어머니가 꾸려 나갔다. 어머니도 경제적으로 능력이 없기는 마찬가지였다. 그저 호구지책을 근근이 유지하는 수준이었다. 이 일 저 일 열심히는 하셨지만 별로 돈은 안 되는 고만고만한 일을 했다. 어머니가 처음 한 일은 구호물자 옷가지를 시장

좌판에 놓고 파는 것이었다. 우리가 사는 동네에서 작은 구멍가게를 한 적도 있었는데, 다들 가난한 데다 몇 집 되지도 않는 동네였다. 잘될 리가 없었다. 연탄배달도 했다. 좀 규모 있게 공장에서 연탄을 공급받아 팔았으면 몸은 고달파도 장사가 됐을 텐데 그게 아니었다. 가게에서 조금씩 떼다가 인근 가구에 배달해 주는 식이었다. 그러니 늘 근근이 먹고 사는 수준에서 벗어날 수 없었다.

그래도 어머니는 아버지에게 연탄배달을 거들게 하는 일은 없었다. 도움이 필요하면 나나 남동생에게 말씀했다. 하교 후나 휴일이면 연탄 리어카를 끌거나 연탄을 손에 들고 배달하는 일을 돕기도 했다. 나는 검댕을 묻히는 연탄배달 일이 늘 창피했다. 오히려 어린 동생은 묵묵히 잘도 도왔지만 나는 툴툴거려서 어머니 마음을 아프게 했다.

한번은 리어카에 연탄을 잔뜩 싣고 내가 앞에서 끌고 어머니가 뒤에서 잡아 주면서 내리막길을 내려가다가 힘이 달린 어머니가 손을 놓치고 말았다. 그 바람에 내가 무게를 감당 못해 길가에 처박힌 적이 있다. 연탄이 좀 깨어졌을 뿐 다치지는 않았는데도 어머니는 크게 상심하셨다.

우리 집뿐 아니라 다들 가난하던 시절이었다. 그때 영도에는 이북 피난민들이 많았다. 우리가 살던 산복도로 주위에는 토박이보다 우리 같은 피난민들이 더 많이 살았다.

부산 용두산공원 아래 피난민 판자촌에 큰 화재가 발생해 판자촌이 모두 불타 버렸다. 이재민들을 위한 수용촌이 몇 군데 만들어졌다. 우리 아래 동네도 그중 하나였는데, 정말 찢어지게 가난한 동네였다.

흔히 이북 피난민들이 생활력이 강해 성공한 사람이 많다는 말을 많이 한다. 내가 보기엔 그렇지 않다. 전쟁 전에 북한 체제가 싫어 내려온 사람들은 대개 상류층이고 가산을 정리해 내려왔기 때문에 대체로 형편이 괜찮았다. 전쟁 통에 갑자기 피난 온 사람들은 그렇지 못했다. 맨손의 피난살이에서 성공한다는 것이 결코 쉬운 일이 아니었다. 대부분, 당대에는 가난을 벗어나지 못했다.

가난한 사람들이 많아 근처에 있는 성당에서 구호식량을 배급해 주기도 했다. 미국이 무상 원조하는 잉여 농산물이었을 것이다. 주로 강냉이 가루였고, 전지분유*를 나눠 줄 때도 있었다. 끼니 해결에 도움이 됐다. 내가 초등학교 1~2학년 때 배급 날이 되면 학교를 마친 후 양동이를 들고 가 줄 서서 기다리다 배급을 받아오곤 했다. 싫은 일이었지만, 그런 게 장남 노릇이었다.

꼬마라고 수녀님들이 사탕이나 과일을 손에 쥐어 주기도 했다. 그때 수녀님들이 수녀복을 입고 있는 모습은 어린 내 눈에 천사 같았다. 그런 고마움 때문에 어머니가 먼저 천주교 신자가 됐다. 나도 초등학교 3학년 때 영세를 받았다. 영도에 있는 신선성당이었다. 나는 그 성당에서 결혼식을 올렸다. 어머니는 지금도 그 성당에 다니신다. 신앙심이 깊은 데다 워낙 오래 다녔기 때문에 사목회 여성부회장을 하기도 했고, 성당의 신용협동조합 이사를 지내기도 했다.

가난하기는 학교도 마찬가지였다. 내가 다닌 남항초등학교는 원래 작은 학교였다. 그런데 피난민이 몰려들어 한 학년 학생 수가 1,000여 명이 될 정도로 늘어났다. 어쩔 수 없이 운동장 주변에 판자와 함석지붕으로 임시교실을 지었다. 가교사(假校舍)라고 불렀다. 입학 때부터 3학년까지

가교사에서 공부했다.

교실바닥이 맨땅이어서 비가 많이 오면 물바다가 되었다. 그러면 수업을 중단하고 아이들을 귀가시켰다. 초등학교 1학년 추석(1959년 9월) 때 기상관측 이후 최대의 태풍이라는 '사라'가 부산 지역을 덮쳤다. 연휴 끝나고 등교했더니 가교사들이 강풍에 모두 날아가고 없었다. 그때부터 교실이 있던 곳 땅바닥에서 수업을 했다. 책상이 없으니 그림 그리는 화판을 목에 걸고, 그 위에 책과 공책을 올려놓고 수업했다. 지붕이 없어서 비가 오면 수업을 그만두고 귀가해야 했다. 나중에 6학년들이 졸업한 후에야 그 교실을 임시로 쓰면서 가교사를 다시 지었다.

태풍 사라에 우리 집도 지붕이 날아갔다. 지금도 그 일이 기억에 생생하다. 그때 우리 집은 흙벽돌로 지었고 지붕은 판자에 루핑*이 씌워져 있었다. 하필 아버지가 장사를 떠났다가 미처 돌아오지 못해 집에 안 계실 때였다.

세찬 태풍이 몰아쳐 나무로 된 부엌문을 계속 흔들자 문이 견디지 못해 장석*이 떨어져 나갔다. 어머니와 내가 문이 열리지 않도록 붙잡았고 누나도 거들었다. 그러다가 바람의 힘을 이기지 못해 문을 놓쳤다. 문이 확 열리면서 남은 장석마저 떨어져 나갔다. 그러자 바람이 순식간에 집 안으로 밀고 들어왔다. 바람이 집에 가득 차서 집 안이 팽창하는 듯하더니 어느 순간 바람이 위로 빠져 나가는 것이 느껴졌다. 지붕이 통째로 날아갔다. 그 지붕은 어디로 날아가 버렸는지 찾지도 못했다.

초등학교 다닐 때 학교에 매달 내는 돈이 있었다. 처음에는 '월사금'이라고 했다가 '사친회비'로 이름이 바뀌었다. 6학년 무렵엔 다시 '기성회

그때 수녀님들이 수녀복을 입고 있는 모습은 어린 내 눈에 천사 같았다.

그런 고마움 때문에 어머니가 먼저 천주교 신자가 됐다.

나도 초등학교 3학년 때 영세를 받았다.

비'로 이름이 바뀐 것으로 기억한다. 가난 때문에 그 돈을 제때 못 내는 아이들이 많았다. 담임 선생님이 돈을 내지 않은 아이들의 이름을 부르며 독촉을 했다. 불러 일으켜 세워서 야단을 치기도 했다. 그래도 계속 못 내면 집에 가서 돈을 받아 오라며 수업 중에 학교에서 내쫓았다.

한 반이 80명 정도였는데 쫓겨나는 아이가 20여 명이나 됐다. 우리 집은 가난해도 학교에 내는 돈만큼은 어떡하든 마련해 줬다. 그래도 어쩔 수 없이 늦을 때가 있었고, 다른 아이들과 함께 집으로 쫓겨 가기도 했다.

가난하면 일찍 철이 들기 마련이다. 선생님이 쫓아 보낸다고 집으로 가는 아이는 거의 없었다. 집으로 간다고 해결될 일도 아니었고, 어른들 마음만 아프게 할 뿐이었다. 그냥 우리끼리 이송도 바닷가에 가서 놀다가 학교 마칠 때쯤 교실로 돌아갔다. 선생님에게는 "집에 아무도 안 계시데요"라거나 "엄마가 언제 준다 하데요"라고 집에 다녀온 양, 다들 거짓말을 했다.

초등학교 6학년 때 그렇게 쫓겨나서는 우르르 만화방에 가서 만화를 보고 나오다 바로 만화방 문 앞에서 담임 선생님과 딱 맞닥뜨렸다. 모두 학교로 끌려가서 실컷 두들겨 맞았다. 그렇게 늘상 시달리다가 아예 학교를 그만두는 아이들도 있었다. 나중에 만나 보면 제화점이나 양복점 같은 데서 '시다'(조수)로 일한다고 했다. 졸업이 다가왔을 무렵에야 알게 됐는데, 사친회비나 기성회비를 전원 다 내야 하는 건 아니었다. 기억이 정확하지 않지만 학급 인원 중 3분의 2만 내면 됐다. 그보다 초과 납부되면 담임 선생님 수입이 되기 때문에 그렇게 독촉을 한 것이었다.

가난한 아이들은 설과 추석 때나 겨우 목욕탕에 갔다. 선생님들이 위생검사를 한다며 한 번씩 웃통을 벗겨 보고는, 때가 많으면 아이들 앞에서 창피를 주기도 했다. 나는 그런 일을 한 번도 겪지 않았지만 다른 아이가 겪는 것을 보면서도 모멸감과 함께 반항심을 느끼곤 했다.

초등학교에서 도시락이 필요한 학년이 됐을 때 아이들 태반은 도시락을 싸오지 못했다. 도시락을 싸오지 못하는 아이들에게 학교에서 급식을 했다. 학교가 공급받는 급식재료 양이 일정하지 않았던지 강냉이떡을 한 개씩 줄 때도 있었고, 반 개씩 줄 때도 있었다. 그나마도 안 될 때는 강냉이죽을 끓여서 줬다.

그런데 급식을 나눠 주는 그릇이 없었다. 강냉이떡은 그래도 괜찮았지만 강냉이죽일 때가 문제였다. 도시락을 싸온 아이들의 도시락 뚜껑을 빌려서 죽을 받아먹도록 했다. 도시락 뚜껑이 부족할 때엔 2명이 교대로 사용하기도 했다. 나도 그렇게 급식을 받았다. 도시락 뚜껑을 빌릴 때마다 자존심이 상했다. '학교에서 그릇을 제공해 주거나, 그게 어려우면 집에서 그릇을 가져오게 하면 될 텐데……'라는 생각을 했다.

그런 개인적 경험 때문에 요즘 무상급식 논쟁을 관심 있게 본다. 참여정부 때 '방학 중 결식아동'에 대한 급식을 처음 시작했다. 첫 방학이 끝난 후 점검해 봤는데 전달률이 뜻밖에 낮았다. 원인을 알아보니 아이들의 자존심을 상하게 하지 않는 전달방법이 강구되지 않아 차라리 굶는 쪽을 선택한 아이들이 많았기 때문이다. 급식 못지않게 중요한 것이 아이들의 자존심을 지켜 주는 일임을 확인했다.

가난 때문에 하고 싶어도 못 한 것이 많다. 돈이 드는 일은 애당초 부모님께 말씀드릴 수가 없었다. 지금도 나는 자전거를 타지 못한다. 집에 자전거가 있었던 적이 없기 때문이다. 중학교 때 학교 앞에 자전거 대여점이 있어서 방과 후 빌려 타는 아이들도 있었지만, 그것도 돈이 없어서 해 볼 수가 없었다.

어릴 때 좋아했던 팽이치기, 자치기, 연날리기 같은 것도 놀이도구를 사지 못해 집에서 만들어 써야 했다. 다른 아이들은 아버지나 형이 만들어 줬다. 나는 아버지가 늘 장사 가서 집에 계시지 않았기 때문에 내가 직접 만들었다. 아버지가 집에 계셨어도 워낙 손재주가 없는 분이어서 별 도움이 되지 않았을 것이다.

연실을 감는 '자세'(얼레)를 만드는 데, 내 재주로 '일자 자세'는 만들 수 있었지만 감는 속도가 훨씬 빠른 '통 자세'는 목공 기술이 필요했다. 도저히 만들 수가 없어서 해마다 아쉬웠던 기억이 난다. 굴렁쇠도 여러 번 시도했지만 굴렁쇠 굴리는 채를 만드는 데 끝내 실패했다.

초등학교 3학년인가 4학년 무렵에 부엌칼로 자치기용 자를 깎다가 실수로 왼손 집게손가락을 내려쳐서 손톱의 거의 3분의 1가량이 잘려 나갈 정도로 크게 다친 일이 있다. 엄청나게 아프기도 하고 피가 많이 나서 무서웠지만, 집에 아무도 없어서 혼자 헝겊을 감고 처치를 했다.

그 후 아물 때까지 '아까징끼'라고 불렸던 머큐로크림*을 바르며 버텼다. 견딜 만해서 끝내 어른들께 말씀드리지 않고 숨겼다. 아마 요즘 같았으면 병원에 가서 몇 바늘은 꿰맸어야 했을 것이다. 가능하면 혼자서 해결하는 것, 힘들게 보여도 일단 혼자 해결하려고 부딪혀 보는 것, 이런 자세가 자립심과 독립심을 키우는 데 많은 도움이 됐다고 생각한다. 가난이 내게 준 선물이다. 가난이 내게 준 더 큰 선물도 있다. '돈이라는 게 별로 중요한 게 아니다'라는 지금의 내 가치관은 오히려 가난 때문에 내 속에 자리 잡은 것이다. 아마도 가난을 버티게 한 나의 자존심이었을지 모르겠다. 부모님도 마찬가지였다. 우리를 가난 속에서 키우면서도 돈을 최고의 가치로 여기지 않게 가르쳤다. '돈이 중요하긴 하지만 돈이 제일 중요한 건 아니다.' 그런 가치관이 살아오는 동안 큰 도움이 됐다.

부모님은 교육열이 특별히 높은 분들이었다. 좀 늦어서 그렇지, 어떻게든 월사금을 마련하셨다. 그래도 가난은 나를 주눅 들게 만들었다. 선생님 질문에 학생들은 저마다 "저요, 저요!" 하고 손을 들었다. 나는 한 번도 손을 들어 본 적이 없다. 선생님이 시키면 마지못해 대답하지만, 내 스스로 손 들고 발표하는 일은 한 번도 없었다. 물론 부모님이 학교에 찾아오는 일도 없었다.

* **전지분유** 우유를 그대로 건조시켜 분말로 만들어 첨가물을 넣지 않은 것. 물을 부으면 다시 우유로 환원되는 환원유로 쓰이며, 고소한 맛을 냄

* **루핑** 시트 모양으로 된, 길이가 긴 지붕 재료

* **장석** 목조가구나 건축물에 부착해 결구나 모서리를 보강하는 금속제 부재

* **머큐로크롬** 붉은 갈색을 띤 유기 수은 화합물로 된 살균 소독제

문제아

초등학교 때 나는 눈에 띄지 않는 아이였다. 키도 작고 몸도 약했다. 아주 내성적이어서 선생님 관심을 받아 본 적도 없고, 수업 시간 외에 선생님을 따로 만난 기억도 없다. 하기야 선생님들도 가난한 동네에 한 학급 학생 수가 80명이 넘으니 일일이 관심을 기울일 수도 없었을 것이다.

학기 말과 학년 말 방학 때 선생님이 '통지표(성적표)'를 나눠 줬다. 5학년 때까지 '수, 우, 미, 양, 가'로 표시되던 성적에서 '수'는 드물고 대부분 '우'나 '미'에 '양'도 있었다. '가, 나, 다'로 표시하던 행동발달 사항도 그저 그랬다. 성적에 별 관심이 없었다. 부모님도 통지표를 보고 나무라거나 하지 않았다.

중학교 입시가 있던 시절이어서 6학년이 되자 학교에서 늦게까지 아이들을 공부시켰다. 시험도 매일 치다시피 했고, 모의시험도 자주 쳤다. 그렇게 해서 4월쯤 되자 내가 공부를 잘하는 편이라는 사실을 처음 알았다.

하루는 담임 선생님이 부르더니 성적이 매우 좋다고 칭찬했다. 자기에게 과외 수업을 받으면 일류 학교에 갈 수 있을 것이라며, 집에 가서 말씀드리라고 했다. 알고 보니 반에서 공부 잘하는 아이들은 대개 5학년 2학기 무렵부터 담임 선생님에게 과외 수업을 받고 있었다. 방과 후에 선생님 댁에 모여 밤늦게까지 공부한다고 했다. 과외 수업료가 우리 집 형편으로는 불가능한 액수였다. 형편이 안된다고 말씀드렸다. 집에 가서는 아예 말도 꺼내지 않았다.

순진하던 때여서 다른 생각 없이 열심히 공부했다. 입학시험 과목이 음악, 미술, 체육까지 포함해 전 과목이었다. 체육만 실기였고, 음악과 미술은 필기시험이었다. 초등학교 내내 풍금 같은 악기로 음악 교육을 받은 적이 한 번도 없었다. 그냥 '미솔 도미솔 파라라 솔시레파 미레도……' 하며 '태정태세 문단세……' 하듯이 계명을 외워 시험을 쳤다.

체육시험 종목은 달리기, 넓이뛰기, 던지기, 턱걸이 등이었다. 팔 힘이 약해 턱걸이가 전혀 되지 않았다. 친구가 식초를 많이 먹으면 뼈가 유연해져서 턱걸이를 잘할 수 있다고 했다. 솔깃해서 어머니가 안 계실 때 부엌에서 식초를 한 모금 마셨다. 요즘과 같은 양조식초가 아니고 빙초산이었다. 입에 들어가는 순간 입속에서 불이 났다. 순간적으로 내뱉은 덕분에 위로 넘어가지는 않았다. 만약 그랬으면 더 큰일이 났을 것이다. 그래도 입술과 입 안, 식도까지 부풀어 올라 며칠 동안 음식을 제대로 먹을 수 없었다. 아픈 것보다 한동안 창피해서 얼굴을 들 수 없었다. 그 일이 나중에 후배들에게 입시 준비에 악착같았던 사례로 얘기되기도 했다는 말을 들었다.

다행이 그 무렵 부산에서 최고 일류 학교로 꼽히던 경남중학교에 합격했다. 내가 다니던 초등학교에서 합격자가 몇 명 되지 않았다. 부모님도 정말 기뻐했다. 아마 내가 태어난 후 가장 큰 기쁨을 드린 때였을 것이다. 아버지가 나를 데리고 국제시장에 있는 교복 맞춤집에 가서 교복을 맞춰줬다. 그럴 때 아버지는 언제나 함경도 사람이 하는 집을 찾아가곤 했다. 교복집 주인이 학교를 물어보고는 아버지에게 축하 말을 건네자, 아버지가 자랑스러워하던 모습이 지금도 기억에 남아 있다.

일단 중학교 입시관문을 넘어서자 고등학교 입시는 수월했다.

경남중학교는 시내 잘사는 동네에 있었고 아이들도 대체로 부유했다. 처음 등교해 보니 입학 전에 학원에서 영어를 배워 온 아이들이 많았다. 중학교에서 배우기도 전에 영어책을 술술 읽는 아이들이 많았다. 복도에 "Boys, be ambitious!" 같은 글을 붙여 놓았는데, 저희들끼리 읽고 해석하는 걸 보며 나는 처음부터 기가 죽었다. 가난한 아이들이 많았던 초등학교 때와는 분위기가 완전히 달랐다.

노는 문화가 전혀 달랐고 용돈 씀씀이도 큰 차이가 나서 함께 어울리기가 어려웠다. 어쩌다 친구들 집에 따라가 보면 나로서는 처음 보는 호사스러운 집에, 정원에, 가구가 놀랍기만 했다. 그에 더해 일하는 사람들로부터 도련님으로 떠받들어지는 모습에 더 주눅이 들곤 했다. 그 무렵 부잣집에는 '식모'라고 부르던 가사고용인을 두는 집들이 많았다. 세상의 불공평함을 처음으로 크게 느꼈다.

점차 학교 도서관에서 보내는 시간이 많아졌다. 책을 읽을 때가 가장 행복했다. 책 읽기를 좋아하는 습성은 아버지 덕이 컸다. 아버지가 장사를 다닐 때 한번 장사를 떠나면 한 달여 만에 돌아오시곤 했다. 그럴 때마다 꼭 내가 읽을 만한 동화책이나 아동문학, 위인전 등을 사 오셨다. 안데르센 동화집, 강소천 선생의 아동문학, 어린이용 플루타르크 위인전 같은 책들이었다. 「집 없는 아이」 같은 외국작가의 장편 아동문학도 있었다. 교과서 말고 처음 접하는 책이어서 그런 책을 읽는 것이 너무 재미있었다. 아버지가 다음 책을 사 올 때까지 두 번, 세 번 되풀이해 읽었다.

책 읽는 재미를 알게 된 후로는 늘 책에 굶주렸다. 아버지가 장사를 그만두면서 책을 사 오는 것도 끝났기 때문이다. 새 학년이 되면 나는 내 책뿐 아니라 3년 위인 누나 책까지 뒤져 읽을거리들을 한꺼번에 다 읽어치우곤 했다. 국어나 사회생활 책에 있는 '이야기'들이었다. 그러다 중학교에 들어가면서 도서관을 알게 됐다. 읽을 책이 그야말로 무궁무진했다. 닥치는 대로 읽어 나갔다. 그 재미에 빠져 2학년 때 3개월가량을 매일 도서관 문 닫을 때까지 있다가 의자 정리까지 도와준 다음 집으로 돌아오기를 계속한 일도 있었다.

시간이 날 때마다 학교 도서관에 가거나 책을 대출받아 읽는 것은 고등학교를 마칠 때까지 계속됐다. 처음에는 우리나라 소설에서 시작해 외국소설로, 그리고 점차 다른 책들로 독서 영역이 넓어졌다. 닥치는 대로 읽었기 때문에 「사상계」*같은, 의식을 깨우치는 잡지도 비교적 일찍 접했다. 야한 소설책도 일찍 읽어 봤다. 체계적인 계획이나 목표 없이 마구 읽었다. 중·고등학교 6년간 무척 많은 책을 읽었다. 독서를 통해 세상을 알게 되고 인생을 알게 됐다. 사회의식도 생겼다.

중학교 때 읽은 김찬삼 교수의 『세계일주 무전여행기』 같은 책들은 내게 세계 여행의 꿈을 심어 줬다. 물론 지금까지 꿈에 그치고 있는 일이다.

그래도 네팔·인도의 트레킹 여행과, 실크로드 여행 정도라도 하게 된 것은 그 꿈의 작용일 것이다.

지금도 나는 책읽기를 좋아한다. 아니 좋아하는 차원을 넘어, 어떨 땐 활자중독처럼 느껴진다. 어디 여행을 가도 가져가는 책 때문에 짐이 더 무거워진다. 쉴 때도 손 닿는 곳에 책이 없으면 허전하다.

자연히 학교 공부는 뒷전이었다. 입시공부를 별로 중요하게 생각하지 않았다. 그냥 상위권의 등수를 유지하는 것에 만족했다. 부모님도 시험 기간에조차 다른 책을 읽는 것을 보고서도 나무라지 않았다. 괜찮은 등수를 유지하고 있으니 제 할 일은 하고 있을 것으로 믿으셨던 모양이다.

부모님은 중·고등학교 6년 내내 나에게 공부하라고 잔소리하거나 간섭하지 않았다. 그냥 믿고 맡겨 주셨다. 나는 그 자유를 학교 공부에 쓰지 않고 엉뚱한 데 쓴 셈이다. 결국 나중에 대학 입시 때 학교 공부를 열심히 하지 않은 대가를 치렀다. 그래도 독서를 통해 나의 내면이 성장하고 사회의식을 갖게 됐으니, 그 대가를 보상받기에 충분한 것이었다고 생각한다.

내가 사회의식을 비교적 일찍부터 키워 나갈 수 있었던 것은, 상당히 일찍 신문을 읽기 시작했던 것도 작용했을 것이다. 책에 굶주렸던 것과 같은 이유로, 나는 아버지가 보는 신문을 어릴 때부터 읽기 시작했다.

읽을거리가 궁해서였다. 당시 신문엔 한자(漢字)가 꽤 많이 섞여 있었다. 처음에는 한자가 없는 연재소설 같은 부분만 골라서 읽다가, 차츰 한자가 섞인 기사까지 읽게 됐다. 자꾸 읽다 보니 문맥으로 뜻을 알 수 있었고, 자주 쓰이는 쉬운 한자는 깨우칠 수 있게 됐다. 아버지는 그 당시 대

부모님은 중·고등학교 6년 내내
나에게 공부하라고 잔소리하거나 간섭하지 않았다.
그냥 믿고 맡겨 주셨다. 나는 그 자유를
학교 공부에 쓰지 않고 엉뚱한 데 쓴 셈이다.
결국 나중에 대학 입시 때
학교 공부를 열심히 하지 않은 대가를 치렀다.
그래도 독서를 통해 나의 내면이 성장하고
사회의식을 갖게 됐으니,
그 대가를 보상받기에 충분한 것이었다고 생각한다

표적 야당지로 이름 높았던 「동아일보」 고정 독자였다. 나도 그 신문을 오랫동안 보면서 사회현실에 대한 비판의식을 키워 나갈 수 있었다. 그런 의미에서 나는 요즘 너무 많이 달라져 버린 「동아일보」가 안타깝다. 옛날의 모습으로 되돌아가기를 바라 마지않는 옛 독자 중 한 명이다.

고등학교에 입학하고 머리가 굵어지면서 사회에 대한 반항심 같은 게 생겼다. 고3 올라가선 술 담배도 하게 됐다. 내가 다닌 경남고등학교는 걸핏하면 "한강 이남에서 제일"이라 말할 정도로 일류 학교라는 자부심이 강했다. 대학 입시를 중시했지만, 요즘과는 달랐다. 공부는 학생들이 각자 알아서 하도록 했다. 입시 과목이 대학마다 달랐기 때문이기도 했다. 서울대는 입시 과목이 전 과목이었지만, 연·고대만 해도 주요 과목만 시험을 쳤다. 학생들도 요즘처럼 오로지 공부에만 매달리지 않았다. 서클활동을 했고, 방학 때 무전여행이나 캠핑을 가기도 했다. 고3쯤 되면 술 담배를 하는 학생도 꽤 있었다. 학교에서도 웬만하면 모른 척했다. 술 담배를 하게 되면서 '노는 친구들'과도 어울렸다. 축구를 좋아해 공 차는 애들과도 가깝게 지냈다. 공부는 더 뒷전이 됐지만 친구들을 폭넓게 사귀게 됐다.

그러다 학교에서 처벌을 받기도 했다. 고3 봄 소풍 때였다. 대학입시 때문에 가을 소풍이 없어서 학창시절 마지막 소풍이었다. 자유 시간에 친구들과 인근 마을에서 술을 사와서 마셨는데, 한 친구가 몸을 가누지 못할 정도로 많이 취했다. 들킬까 봐 걱정이었는데, 아니나 다를까 집합 시간에 이 친구가 담임 선생님 앞에서 인사불성 뻗어 버렸다. 할 수 없이 함께 술을 마셨다고 이실직고한 후, 몇 명이 그 친구를 업고 병원에 갔다.

위세척까지 하고서야 깨어났다. 학교에서 처벌을 하니 마니 하다가 그래도 의리를 지켜 이실직고한 정상이 참작돼, 뻗은 친구만 정학 받는 것으로 끝났다.

그 후 여름방학 끝날 무렵 친구들과 축구시합을 한 다음, 학교 뒷산에서 술 마시고, 담배 피우며 고성방가 하다가 하필 당직을 하고 있던 지도부 주임 선생님에게 걸렸다. 그리고 몽땅 유기정학을 받았다. 중·고등학교 때 내 별명은 '문제아'였다. 처음엔 그냥 이름 때문에 생긴 별명이었는데, 그 두 번의 일로 진짜 문제아가 됐다.

부모님은 그런 일이 있는 줄도 까마득히 몰랐다. 어쩌다 술을 마시고 담배를 피우기도 한다는 정도는 눈치채고 있었지만, 크게 엇나갈 것으로 생각하지 않았던지 모른 척해 주셨다.

내가 고등학교에 다닐 무렵은 지금처럼 대학생 수가 많지 않았다. 고등학생이면 많이 배운 축에 속했다. 사회에서 고등학생들을 요즘처럼 어리게만 보지 않고 꽤 어른 대접을 해 줬다. 4·19 전통이 아직 생생할 때여서, 중요 시국상황을 맞이하면 고등학생도 시위 대열에 동참했다. 우리학교에서도 내가 2학년 때 전교생이 3선 개헌* 반대 데모를 하고 교문 밖 진출을 시도했다. 그 무렵 막 도입된 페퍼포그 차*까지 출동해 교문을 막는 바람에, 밖으로 나가지는 못했다. 그 일로 꽤 오랫동안 휴교를 했다. 한편 그해 초부터 고등학교에서도 교련*이 실시됐다. 장기집권을 위해 학교를 병영화하고, 학생들을 장악하려는 의도였다. 그에 대한 불만도 많았다. 교련시험 때 백지 답안지를 집단으로 낸 일도 있었다. 그런 일들이 우리의 사회의식과 정치의식을 크게 키워 줬다.

어쨌든 순수하고 좋은 시절이었다. 경남고등학교 동기들 가운데 나중에 잘된 친구들이 많다. 박맹우 울산시장, 한나라당 서병수 최고위원, 박종웅 전 의원, 최철국 전 의원, 진익철 서초구청장 등이 정치권에 있는 동기들이다. 건축가 승효상, 연출가 이윤택 같은 문화예술계 인사들도 있다. 행정고시를 거쳐 고위관직을 지낸 동기들도 꽤 여럿이고 법조계에 몸담고 있는 친구들도 있다. 대학에서 학생들을 가르치는 친구들도 많고 대학교 총장을 역임한 친구도 있다. 어느덧 고등학교를 졸업한 지 40년이 지나, 얼마 전 졸업 40주년 홈커밍 행사를 했다.

* **빙초산** 식초에서 신맛을 내는 성분이 '아세트산'인데, 아세트산이 99퍼센트 이상 든 것. 희석시키지 않은 액체 상태의 빙초산이 피부에 닿을 경우 피부의 단백질이 녹게 되며, 주요 장기까지 흘러 들어가면 손상을 일으켜 사망까지 이를 수 있음

* **「사상계」** 1950년대, 재야의 백낙준, 장준하 선생 등이 사재를 털어 만든 독립적 잡지. 이후 이승만·박정희 독재 정권에 맞서 싸우는 양심세력의 대변 잡지가 됨. 당시 지식인층과 학생층에서 폭발적인 인기

* **3선 개헌** 1969년 대통령 박정희의 3선 연임을 목적으로 추진된 제6차 개헌. 박정희는 이를 통해 1971년 4월 제7대 대통령선거에 다시 출마할 수 있는 법적 근거를 마련했고, 또 당선됨으로써 1972년 이후 유신체제와 함께 장기집권에 돌입

* **페퍼포그 차** 시위진압용 최루가스 연기가 뿜어져 나와 시위대를 해산시킬 수 있도록, 가스 발사 장치를 장착한 경찰 특수 차량

* **교련** 과거 군사교육 이수자가 아닌 일반 학생들에게 실시된 군사 관련 교육훈련 과목. 주로 고등학생이나 대학생들을 대상으로 실시됨

대학, 그리고 저항

나는 원래 대학에서 역사를 전공하고 싶었다. 학교 다니는 내내 역사 과목이 가장 재미있었고, 성적도 제일 좋았다. 지금도 나는 역사책 읽는 걸 좋아한다. 처음 변호사할 때 '나중에 돈 버는 일에서 해방되면 아마추어 역사학자가 되리라'는 생각을 한 적도 있다. 그래서 대학입시 때에도 역사학과를 가고자 했다. 그런데 담임 선생님과 부모님이 반대했다. 내 성적이 법·상대에 갈 수 있는 등수라는 게 이유였다. 할 수 없이 방향을 틀었는데, 입시공부를 등한히 한 대가를 톡톡히 치렀다. 대학 입시에서 실패했다. 재수 끝에 당시 후기였던 경희대 법대에 입학했다. 학교 부근에서 하숙생활을 시작했다.

시대는 점점 암울해졌다. 1학년 때, 박정희 정권이 10월 유신을 선포했다. 3선 개헌으로 집권을 연장한 것으로도 모자라, 아예 영구집권을 하려는 것이었다. 전날 밤 탱크들이 시내를 질주했다. 다음 날 아침엔 대학마다 탱크가 진주해 있었고, 유신 선포와 동시에 무기 휴교령이 내려졌다. 대학생들은 강의실 대신 술집이나 하숙집에서 모여 시국을 개탄했고 울분을 토했다.

10월 유신은, 법대생에게는 더더욱 황당한 일이었다. 유신헌법이 만들어지자 기존의 법전과 교과서들이 무용지물이 돼 버렸다. '그래도 법학이 학문이라고 할 수 있는가', '법학이 과연 학문인가'라는 회의가 법대생들을 짓눌렀다. 수업에 들어가기 싫었다.

새 학기가 돼 학교 문이 다시 열렸을 때 있었던 헌법교수의 첫 강의가 오래 기억에 남아 있다. 당시 꽤 유명한 헌법학자였던 그분은 자신이 쓴 헌법학 책을 강의 교재로 썼는데, 휴교 기간에 유신헌법 책을 새로 쓰고 새 책으로 강의를 했다.

100분 강의 내내 학생들을 바라보지 못하고, 교실 천장만 바라보면서 강의했다. 유신헌법 책을 쓰고 유신헌법 강의를 할 수밖에 없는 부끄러움을 제자들에게 그렇게 표현한 것이다.

그 시절 나의 사회의식을 키운 것은 하숙생활이었다. 일상생활에 아무 통제가 없는 자유에다 대학생들끼리 모여 있으니 밤늦게까지 시국담론을 나누기 일쑤였다. 나는 고등학교 선배들과 함께 하숙을 했다. 여러 대학이 섞여 있어서, 다른 대학의 학내저항운동 소식을 들을 수 있었다. 현실비판적인 사회과학 서클 또는 농촌운동 서클들의 소식, 지하신문들, 학내 시위 소식과 시위 때 뿌려진 선언문 같은 것도 접했다. 선배나 친구들을 따라, 그 시절 학생운동이 가장 강했던 서울대학교 문리대와 고려대 시위를 구경 가기도 했다.

대학 시절 나의 비판의식과 사회의식에 가장 큰 영향을 미친 분은, 그 무렵 많은 대학생들이 그러했듯 리영희 선생*이었다. 나는 리영희 선생의 『전환시대의 논리』가 발간되기 전에, 그 속에 담긴 '베트남 전쟁' 논문을 「창작과 비평」* 잡지에서 먼저 읽었다. 대학교 1, 2학년 무렵 잡지에 먼저 논문 1, 2부가 연재되고, 3학년 때 책이 나온 것으로 기억한다. 처음 접한 리영희 선생 논문은 정말 충격적이었다. 베트남 전쟁의 부도덕성과 제국주의적 전쟁의 성격, 미국 내 반전운동 등을 다뤘다. 결국은 초강대국 미국이 결코 이길 수 없는 전쟁이라는 것이었다.

처음 듣는 이야기는 아니었다. 우리끼리 하숙집에서 은밀히 주고받은 이야기였다. 그러나 누구도 부인할 수 없는 근거가 제시돼 있었고, 명쾌했다. 한 걸음 더 나아가 미국을 무조건 정의로 받아들이고 미국의 주장을 진실로 여기며 상대편은 무찔러야 할 악으로 취급해 버리는, 우리 사회의 허위의식을 발가벗겨 주는 것이었다. 나는 그 논문과 책을 통해 본받아야 할 지식인의 추상(秋霜)같은 자세를 만났다. 그것은 두려운 진실을 회피하지 않고, 직시하는 것이었다. 진실을 끝까지 추구하여, 누구도 부인할 수 없는 근거를 가지고 세상과 맞서는 것이었다. 목에 칼이 들어와도 진실을 세상에 드러내고, 진실을 억누르는 허위의식을 폭로하는 것이었다.

리영희 선생은 나중에 월남 패망* 후 「창작과 비평」 잡지에 베트남 전쟁을 마무리하는 논문 3부를 실었다. 결국 월남 패망이라는 세계사적 사건을 사이에 두고 논문 1, 2부와 3부가 쓰인 셈이었다. 논리의 전개나 흐름이 그렇게 수미일관(首尾一貫)할 수 없었다. 1, 2부는, 누구도 미국의 승리를 의심하지 않을 시기에 미국의 패배와 월남의 패망을 예고했다. 3부는 그 예고가 그대로 실현된 것을 현실에서 확인하면서 결산하는 것이었다. 적어도 글 속에서나마 진실의 승리를 확인하면서, 읽는 나 자신도 희열을 느꼈던 기억이 생생하다.

노 변호사도 리영희 선생 영향을 많이 받았다. 노 변호사가 인권 변호사로 투신한 계기가 되었던 '부림사건'은 청년과 학생들이 수십 권의 기초 사회과학서적 또는 현실비판 서적을 교재로 공부한 것이 빌미가 됐다. 기소 내용엔 '그 책들을 읽으면서 북한 또는 국외 공산계열의 활동을 찬양·고무했다'는 내용이 포함돼 있었다. 노 변호사는 변론을 위해, 수십 권의 서적을 깡그리 독파했다. 그 가운데 리영희 선생의 책 『전환시대의 논리』와 『우상과 이성』도 있었다. 변호사로서 변론을 위해 읽은 책을 통해 많은 영향을 받은 셈이다. 이후 노 변호사는 더욱 폭넓은 사회과학 서적을 탐독하게 됐고, 그것을 통해서 이른바 '의식화' 됐다. 리영희 선생 책이 그 출발이었다.

그 후 우리가 부민협을 할 때, 리영희 선생 초청 강연회를 두세 번 한 적이 있다. 뒤풀이 자리에서 내가 리영희 선생에게 질문했다. "중국의 문화대혁명*을 높이 평가했던 것이 오류가 아니었는가"라고. 그는 망설임 없이 분명하게 대답했다. "오류였다. 글을 쓸 때마다 객관성을 확보하기 위해 무척 노력했는데, 그 시절은 역시 자료접근의 어려움 때문에 한계가 있었던 것 같다. 또 그때는 정신주의에 과도하게 빠져 있었던 것 같다." 그 솔직함이 참으로 존경스러웠다.

당시 경희대는 학생운동이 약했다. 의식 있는 학생들은 개별적으로 흩어져 있었다. 스터디 그룹 같은 것도 형성돼 있지 않았다. 제대로 된 사회과학 서클도 없었다. 2학년 때인 1973년 하반기부터 전국적으로 유신 반대 투쟁이 본격화됐다. 서울대학교 문리대 시위를 시작으로 대학생들의 시위가 전국 각 대학으로 확산됐다. 개헌청원 100만 명 서명운동, 긴급조치 1호, 긴급조치 4호와 민청학련 사건, 인혁당 사건 등이 이어졌다. 그런 동안에도 경희대는 시위라고 할 만한 것이 없었다. 시위 시도는 간헐적으로 있었으나, 이끄는 중심세력이 없어 불발에 그쳤다.

3학년 가을, 학교에서 재단 퇴진 농성이 있었다. 그걸 계기로 뜻이 맞는 친구들과 유신 반대 시위를 기획했다. 우리 팀이 선언문을 준비해서 배포하고 학생들을 교내 '교시탑'(校是塔) 앞까지 모으는 일을 맡았다. 그 후 시위 주도는 부학생회장단이 맡기로 했다. 우리 팀은 아무도 모르게 시위 준비만 해 준 후 잠적해 버리고, 부학생회장단이 현장에서 직책 때문에 어쩔 수 없이 앞장서게 된 것으로 역할을 나눔으로써 처벌을 피하자는 계획이었다.

그 선언문을 내가 작성하게 됐다. 다른 이유는 없었다. 우리 가운데 그나마 내가 다른 대학의 여러 선언문을 자주 접해서, 어떤 식으로 쓴다는 정도는 알고 있었기 때문이다. 물론 처음 써 보는 선언문이었다.

친구 집에서 등사기를 밀어 등사하는 방법(당시 유인물을 수(手)제작하는 통상적인 방법)으로 밤새 유인물을 4,000부가량 준비했다. 그 유인물을 다음 날 새벽, 아무도 모르게 모든 강의실에 뿌렸다.

정해진 시간이 되자 500~600명의 학생들이 교시탑 앞에 모였다. 이제 부학생회장단이 학생들을 이끌 순서였다. 어찌된 일인지 아무도 나타나지 않았다. 학생처 직원들이 학생들을 해산시키려 했다. 그때만 해도 경찰은 학내로 들어오지 못할 때였다. 참다못한 학생 몇 명이 연단 위로 올

3학년 가을, 학교에서 재단퇴진 농성이 있었다.
그걸 계기로 뜻이 맞는 친구들과 유신 반대 시위를 기획했다.
우리 팀이 선언문을 준비해서 배포하고 학생들을 교내 '교시탑'(校是塔) 앞까지
모으는 일을 맡았다.

라가 선언문을 읽으려 했으나, 학생처 직원들이 끌어내렸다. 그대로 두면 시위는 실패로 돌아갈 것 같았다.

할 수 없이 내가 올라가 선언문을 읽었다. 학생처 직원들이 몰려왔으나 학생들이 막아 줬다. 비가 내려 선언문이 젖었다. 그래도 내가 쓴 글이어서 문제없이 읽을 수 있었다. 그런 다음 학생들을 교문으로 이끌었다. 금세 학생들이 2,000여 명으로 불어났다.

교문을 사이에 두고 경찰과 대치하면서 최루탄과 투석(投石) 공방이 시작됐다. 경희대 입학 후 제대로 된 시위는 이때가 처음이었다.

우리는 시위가 본궤도에 오른 것을 확인한 후 학교를 빠져나와 며칠 동안 잠적했다. 경찰은 시위 현장에서 앞장선 몇 사람을 붙잡아 갔으나, 시위를 준비한 팀과의 연계성이 안 나오자 구류* 정도로 사건을 종결했다. 그때 잡혀가 고생한 학우 중 한 명이 민주당 국회의원인 정범구다. 그는 정치외교학과 4학년 졸업반으로 총학생회 간부였는데, 현장에서 앞장서다가 붙잡혀 갔다. 형사처벌은 구류로 끝났지만, 학교에서 무기정학 처분을 당해 졸업도 늦어지고 취업도 못해 고생을 많이 했다. 지나고 보니 그 고생이 그를 단련시켜 더 큰 인물로 만들어 준 것 같다.

나와 친구는 경찰의 사건 처리가 일단락된 후 학생과장의 주선으로 경찰에 자진 출두해 역시 구류로 끝냈다. 학생과장은 내가 비에 젖은 유인물을 읽는 모습을 보고 내가 작성자라는 것을 눈치챘다고 했다. 학교로부터는 아무 처벌도 받지 않았다. 그 일로 우리는 학내에서 일약 학생운동의 중심인물이 됐다. 그 후 우리는 각 단과대학별로 학생들을 이끌 만한 친구들을 규합해 학교 전체를 망라하는 조직을 갖췄다. 한편으로 사회과학 서클을 만들어 저변을 넓혀 갔다. 시국은 터질 듯이 긴장이 높아져 가고 있었고, 우리는 그렇게 다음 해를 준비했다.

* **리영희 선생** 언론인 출신의 한양대 교수. 진보적 지식인의 상징. 수많은 저서를 통해 모든 금기를 깨뜨리고 당대의 진실을 전한 실천적 지성. 군사정권 시절, 4번 해직과 5차례 구속을 당함. 2010년 지병으로 타계. 장례는 민주사회장으로 치러졌고 광주 5·18 국립묘지에 영면

* 「**창작과 비평**」 1966년 1월에 창간된 계간 문예지로 민족문학의 산실. 70년대와 80년대에 민주화를 열망하던 지식인 사회의 통로 역할을 맡음

* **월남 패망** 남북으로 갈라져 전쟁을 치른 베트남에서 남베트남이 패망하고 현재 베트남으로 통일된 사건

* **문화대혁명** 1966년부터 1976년까지 10년간 중국의 최고지도자 마오쩌둥(毛澤東)에 의해 주도된 중국의 사회주의운동. 사회주의 계급투쟁을 강조하는 대중운동이었으나 중국은 일시에 경직된 사회로 전락. 마오쩌둥에 반대되는 세력은 모두 실각되거나 숙청. 마오쩌둥 사망 후 중국공산당은 문화대혁명을 '극좌적 오류'였다고 공식 평가

* **구류** 1일 이상 30일 미만의 기간 동안 교도소 또는 경찰서 유치장에 구치하는 형벌

구속, 그리고 어머니

1975년 새 학기가 시작될 때 대학가는 어느 학교라고 할 것 없이 유신 정권과 전면전을 벌여야 한다는 분위기가 넘쳐흘렀다. 1973년 하반기부터 시작된 대학생들의 반(反)유신 투쟁 열기가 재야와 기독교권, 그리고 언론 쪽의 자유언론 수호운동 등과 맞물리면서 최고조에 달한 느낌이었다. 베트남에서 독재 정권에 저항하는 승려들의 분신 소식이 이어졌다. 그런 투쟁까지 가야만 유신정권을 깨트릴 수 있을 것 아니냐는 말까지 나돌았다. 1975년 4월 서울대 농대 김상진 열사의 할복은 그런 분위기가 현실로 나타난 것이었다.

경희대에서는 마침 그해 4월 초, 오랜만에 실시되는 직선제 총학생회장 선거가 있었다. 그전까지는 대의원 간접선거였다. 우리는 총학생회를 장악해, 총학생회 주관으로 유신 반대 시위를 하기로 했다. 우리 쪽에서 후보를 내고 조직 역량을 총동원해 총학생회장을 당선시키기로 했다. 성공했다. 그때 당선된 총학생회장이 후일 민자당과 신한국당 사무총장을 지내고 한나라당 부총재까지 했던 강삼재 전 의원이다. 나는 총학생회 총무부장을 맡았다. 친구들도 이런 저런 간부를 맡았다. 그렇게 총학생회가 출범하자마자 총학생회 주도로 비상학생총회를 개최했다.

역시 시위 준비는 우리 팀이 맡고, 당일 비상총회와 시위는 총학생회장이 이끌기로 했다. 교내에서 총학생회 등사기로 밤새 유인물을 만들었다. 총학생회 명의의 시국선언문이었다. 다음 날 교문에 총학생회 이름으로 비상학생총회 소집 공고를 내걸었다. 유인물은 아예 교문에서 총학생회 간부들이 등교하는 학생들에게 내놓고 배포했다. 처벌을 각오했다. 직선제로 선출된 총학생회가 앞장서서 유신 반대 시위를 주도하자 엄청난 규모의 학생들이 운집했다. 학생처 집계로만 5,000명이 넘었던 것 같다. 경희대생 전체가 7,000~8,000명 규모일 때였다. 학생들이 다 모였는데 총학생회장이 오질 않았다. 학교로 오다가 경찰에 붙잡혀 예비 구금됐다고 했다. 총무부장인 내가 총학생회장 대행으로 비상학생총회를 개최했다. 시국토론을 하고 유신독재 화형식까지 한 후 대열을 이끌고 교문으로 향했다. 태극기를 들고 대열의 선두에 섰다. 경찰은 학교 앞을 봉쇄하고, 교문에 페퍼포그 차량 가스 발사구를 들이민 채 기다리고 있었다.

우리가 교문에 접근해 밀어붙이려 하자 경찰이 갑자기 페퍼포그를 발사했다. 최루탄도 일제히 쏴 댔다. 맨 앞에 있던 내가 페퍼포그 발사구에서 뿜어져 나온, 확산되기 전의 가스를 얼굴 정면에 맞았다. 순간 정신을 잃었다. 학우들이 후퇴하다가 내가 쓰러져 있는 것을 보고 되돌아와 나를 학교 안으로 옮겼다. 물수건으로 닦아 주고 돌봐 줘서 한참 만에 정신을 차렸다. 시위 분위기가 더 달아올랐다. 오후 늦게까지 정문과 후문을 오가며 격렬한 시위가 이어졌다.

오후 늦게 총학생회장이 경찰의 눈을 피해 겨우 도망쳤다며 맨발 차림으로 학교에 왔다. 그때부터 시위 마무리를 그에게 맡기고 쉴 수 있었다. 당시 학내 시위가 벌어지면 학교별로 주동자 3명 정도를 구속하는 것이 보통이었다. 나를 비롯해 구속될 3명을 확정하고 서로 말을 맞췄다. 경찰이 학내 진입을 못 할 때여서, 학교 주변을 지키며 주동자를 체포할 준비를 하고 있었다. 시위가 끝난 후 우리 발로 걸어가 체포됐다. 청량리경찰서 유치장에 구속·수감됐다. 처음부터 각오했던 일이었다.

구속과 동시에 학교에서도 제적됐다. 구류를 당한 학생들까지 포함해서 한꺼번에 16명이 제적됐다. 1980년에 가서야 복학이 이뤄졌다. 지금은 다들 잘 살지만, 오랫동안 그들에게 미안했다.

구치소로 넘어가기 전까지는 가족 면회를 시켜 주지 않을 때였다. 응당 그러려니 했고, 그것이 부당하다는 생각도 하지 못했다. 나는 집에 알리고 싶지도 않았다. 언젠가 알게 되겠지만, 가능한 한 늦게 알게 되기를 바랐다.

경찰에서 열흘가량 조사를 받고 검찰로 넘어갔다. 검찰로 이송되는 날 오랜만에 유치장 밖으로 나오니 눈이 부셨다. 호송차에 올라탔다. 100원짜리 동전만 한 구멍이 숭숭 뚫린 철판이 둘러쳐진 호송차였다. 오랜만에 보는 바깥 풍경이 궁금했다. 차 뒤편 구멍으로 밖을 내다봤다.

차가 막 출발하는 순간이었다. 어머니가 차 뒤를 따라 달려오고 있었다. 소리는 들리지 않았지만, 팔을 휘저으며 "재인아! 재인아!" 내 이름을 부르고 있었다. 호송차가 떠나면서, 어머니는 금방 멀어졌다. 시야에서 보이지 않을 때까지 멀어지는 호송차를 바라보고 있었다. 내 소식을 듣고 부산에서 급히 올라오신 모양이다. 면회를 안 시켜 주니 헛걸음을 하다가, 그날 검찰로 넘어간다는 말을 듣고 혹시 볼 수 있을까 하여 일찍부터 와서 기다렸고, 그러다가 호송차에 올라타는 내 모습을 멀리서 보고 달려오신 것이다.

나는 그것도 모른 채 차에 올라타느라 어머니와 눈도 맞추지 못했다. 마치 영화 장면 같은 그 순간이 지금까지도 뇌리에서 떠나지 않는다. 혼자서 어머니를 생각하면 늘 떠오르는 장면이다.

서대문 구치소에 수감되고 나니 오히려 마음이 편했다. 다만 고통스러운 건 부모님에 대한 죄송함이었다. 어려운 형편에 무리해서 대학까지 보내 주신 건데, 내가 그 기대를 저버렸다는 괴로움이었다. 어머니가 호송차 뒤를 따라 달려오던 장면을 뇌리에서 지울 수 없었다. 가끔씩 면회 오는 어머니를 뵙는데, 영 미안하고 괴로웠다. "옳은 일이라 하더라도 왜 하필 네가 그 일을 해야 했느냐?"라고 묻는 것 같았다. 할 말이 없었다. 아버지는 아예 면회를 오지 않으셨다.

아내와의 만남

구치소에 있을 때, 아내가 뜻밖의 면회를 왔다. 아내는 같은 대학교 음대생이었고, 나보다 2년 후배였다. 해마다 5월 초 '법의 날'에 맞춰 열리던 '법(法) 축전'이란 이름의 법대 축제에서 파트너로 처음 만났다. 내가 3학년, 아내는 1학년 갓 입학했을 때였다. 처음 만난 사이였는데도 축제 시간을 즐겁게 보냈다. 호감이 갔다. 그러나 이후 만남을 이어 가진 않았다. 내가 마음의 여유가 없었다. 교내에서 오가며 한 번씩 만나면 눈인사를 나누는 정도였다.

1975년 4월 시위 때 아내와의 인연이 이어졌다. 비상학생총회에서 시국토론을 할 때, 자원(自願) 발언이 끊길 경우, 분위기가 식지 않도록 나설 발언자를 몇 명 확보해 둘 필요가 있었다. 토론을 마무리할 마지막 발언자는 여학생이 좋겠다고 생각했다. 총회 개최 시간을 기다리며 여학생 발언자를 확보해 두려고 살피는데 마침 아내가 노천광장에 와 있었다. 같은 과(科) 과대표와 같이 있었다. 둘이 친한 친구 사이라고 했다. 둘 중 누구라도 좋으니 한 사람이 마무리 발언을 해달라고 부탁했다. 과대표가 나와서 발언했다. 그녀가 발언을 끝내며 '나가자!'라고 외쳤다. 그것으로 비상학생총회를 끝내고 행진에 들어갔다. 그 일로 그녀는 구류를 살았고, 학교에서 정학을 당했다.

비상학생총회 후 교문 앞까지 행진했다가 내가 페퍼포그를 맞아 실신했을 때, 한참 후 누군가 물수건으로 얼굴을 닦아 주는 것을 느끼며 정신을 차렸다. 눈을 떠 보니 아내였다. 시위 행렬에 있다가 앞장선 내가 걱정돼 지켜보고 있었던 모양이다.

그랬다가 면회를 온 것이다. 뜻밖의 일이었다. 구속됐다는 말을 듣고 걱정이 돼 와 봤다고 했다. 그런데 아내가 면회 시간 내내, 접은 신문을 품에 안고 있었다. 나에게 보여 주려고 가져온 것이었다. 내 모교인 경남고등학교가 무슨 대회인지 전국 야구대회에서 우승했다는 스포츠면 톱기사였다. 고교야구가 인기절정이던 시절이다. 야구를 대표 스포츠로 여기던 학교 출신이어서, 나는 그때 야구를 매우 좋아했다. 아내가 파트너를 했던 '법 축전' 때 학년대항 야구시합에서 내가 우리 학년 주장을 맡아 우승하기도 했다. 아내는 그런 일을 기억하고 있다가 내가 기뻐할 뉴스를 가져온 것이다. 세상에, 내가 아무리 야구를 좋아한들 구치소에 수감된 처지에 야구 소식에 무슨 관심이 있을까? 그래도 그런 생각을 한 아내가 귀여웠다. 감방에서 그 생각을 하면 웃음이 나곤 했다.

그런 일이 있고 나서 석방 후 아내와 더 가까워졌다. 그러나 곧 입대해야 했다. 아내는 이번엔 군대로 면회를 왔다. 제대 후 고시 공부를 할 땐 또 공부하는 곳으로 면회를 다녔다. 아내는 나와의 연애사(史)를 면회의

해마다 5월 초 '법의 날'에 맞춰 열리던
'법(法) 축전'이란 이름의 법대 축제에서 파트너로 처음 만났다.
내가 3학년, 아내는 1학년 갓 입학했을 때였다.
처음 만난 사이였는데도 축제 시간을 즐겁게 보냈다.
호감이 갔다.

역사라고 말하곤 했다. 나는 아내에게, 내가 경희대에 가게 된 건 오로지 아내를 만나기 위함인가 보다고 대답했다. 진심으로 한 말이었다.

구치소 수감 생활

서울 구치소 수감 생활은 견딜 만했다. 잘 지낸 편이었다. 원래 시국 사범은 노란딱지 요(要)시찰이어서 독방(獨房)에 수감된다. 그때는 시국 사범이 넘쳐서 일반 사범 방에 수용했다. 한 방에 8명 정도였다. 어떤 사람들은 독방이 좋다고 했는데, 나는 일반 사범과 함께 있는 혼거(混居)방이 좋았다. 세상 공부, 인생 공부가 됐다.

옆방에 한승헌 변호사가 계셨다. 잡지에 쓴 '어떤 조사(弔辭)'라는 글로 필화(筆禍)를 당해 반공법 위반으로 구속됐을 때였다. 내가 옆방에 수감되자 교도관을 통해 러닝셔츠와 팬티 한 벌씩을 보내 주셨다. 아무 준비가 없던 때여서 큰 도움이 됐다. 그러리라고 예상하고 마음을 써 주신 거였다.

나중에 다시 인권 변호사 하실 때, 같은 변호사로 만났다. 대우조선 사건으로 노무현·이상수 변호사가 구속됐을 때 공동변호인이 되기도 했다. 서울 구치소 시절을 말씀드리니 기억을 하셨다. 그때 서울 구치소엔 한 변호사 외에도 박형규 목사, 김관석 목사, 김지하 시인 등 쟁쟁한 재야인사들이 많았다. 동아일보에서 자유언론 운동을 하다 해고된 '동아투위' 해직기자들도 있었다. 내가 구속된 지 3주쯤 후, 4월 말 무렵에 긴급조치9호가 발동됐다. 관련 위반사범이 쏟아져 들어왔다. 누군가 면회를 오면 면회 전후의 대기 시간에 그분들을 만나서 인사드리고 소식 나누는 게 즐거움이었다.

감방에선 재소자를 속칭 돈 많은 '범(虎)털'과 돈 없는 '개(犬)털'로 나눈다. '범털'과 '개털'은 징역살이가 다르다. 세상에서 감옥만큼 돈이 적나라하게 위력을 발휘하는 곳도 없다. 우리 방은 '범털'과 '개털'이 반반쯤 돼 형편이 괜찮은 편이었다. '범털 방'과 '개털 방'은 아침에 허용하는 세면 시간도 달랐다.

같은 방 사람들은 모두 나를 '학생'이라고 부르며 잘 대해 줬다. 나도 명색이 법대 4학년이고 사법고시 1차 시험에 합격한 경력이 있어서, 재소자들이 탄원서나 진정서를 쓸 때면 도움을 줬다. 그러자 다른 감방 사람들까지 도움을 청하곤 했다.

감방 생활 중 잊히지 않는 일이 있다. 그때 구치소 주변엔 비둘기가 많았다. 수감된 사동(舍棟) 앞마당에 비둘기가 떼로 내려앉곤 했다. 심심할 때 내려다보면 구경거리였다. 남긴 밥을 비둘기에게 던져 주는 사람도 있었다. 우리 방은 여유가 좀 있어서 '사식'(私食)을 사 먹는 사람이 많았다. 간식도 많이 사 먹었다. 간식이래야 건빵이었는데, 마가린에 달걀노른자를 버무려서 크림처럼 만든 것에 찍어 먹으면 먹을 만했다. 자연히 식사 때마다 구치소에서 주는 '관식'(官食)이 꽤 남았다. 내가 그걸 모아서 비둘기에게 던져 줬다.

그게 계속되자, 비둘기들은 시간이 되면 우리 방 근처로 모여들어 밥을 기다리곤 했다. 그런데 내가 밥을 던져 줄 때마다 건너편 소년수 감방의 소년수들이 창가에 모여 비둘기들이 서로 다투며 밥을 받아먹는 광경을 구경했다. 나는 처음에 그들이 재미삼아 그 광경을 구경하는 줄 알았다. 그게 아니었다. 재미로 구경하는 것이 아니었다. 비둘기에게 던져 주는 밥덩이가 아깝고 먹고 싶어서 그렇게 보는 것이라고 누군가 알려 줬다. 깜짝 놀랐다. 그런 줄도 모르고 비둘기에게 남는 밥을 던져 주면서 좋아했던 내가 정말로 부끄럽고 미안했다. 소년수들은 모두 '개털'이어서 '관식' 말고는 먹을 게 없었다. 그러니 늘 배가 고플 수밖에 없었다. 그 후부터는 감방 동료들의 협조를 받아 관식을 한 두 덩이 손대지 않고 통째로 남겨 소년수 감방으로 보내 줬다.

'필요는 발명의 어머니'라는 말을 절감한 것도 그곳이다. 구치소 감방이란 게 마룻바닥에 벽만 있는 곳이다. 그런데 그 작은 공간에서 못 만드는 게 없었다. 빵 봉지에 들어 있는 작은 상표지(紙) 뒷면을 모아 벽지를 바르고, 비닐 빵 봉지로 빨래 끈을 만들어 달았다. 칫솔대를 갈아서 칼도 만들어 썼다. 바둑판과 바둑알, 장기판과 장기알도 만들어 바둑이나 장기도 뒀다. 밥알을 짓이겨 바둑돌을 만들었는데, 먹지의 먹물을 입히면 검은 돌이 됐다. 그렇게 만든 바둑알과 장기알이 어찌나 단단한지 놀랄 정도였다.

선고(宣告)일이 다가오자 그들은 석방을 기원하면서 내게 줄 선물을 만들기 시작했다. 두세 사람이 며칠 동안 뭔가를 열심히 만들었다. 구경을 해 보니, 비닐 빵 봉지를 새끼처럼 꼰 다음 손으로 마찰열을 가하면서 잡아당겨 비닐 끈을 만들었다. 빵 봉지 무늬색깔에 따라 빨간색 끈도 되고 연두색 끈도 되는 게 희한했다. 끈 굵기는, 잡아당기는 정도에 따라 조절했다. 그렇게 만든 굵고 가는 여러 색깔의 비닐 끈을 엮어, 예쁜 꽃 항아리를 만들어 내게 선물했다. 세상에 억울한 사람이 많으니 판·검사가 되면 잊지 말라면서. 또 책상에 놓아 두고 어려웠을 때를 늘 생각하라면서.

재판에서 나는 징역 2년을 구형받았다. 한승헌 변호사가 유머 있게 풍자했듯 이 당시 선고 형량은 '정찰제'(正札制)라고 할 만큼 일률적이었다. 그때는 또 거의 무조건 실형이 선고될 때였다. 그런데 판사가 징역 10월의 집행유예*를 선고했다. 그때 여러 대학 중에서 집행유예를 선고받은 것은 우리밖에 없었다. 판사가 소신 판결을 내린 것이다. 아니나 다를까, 그분은 얼마 후 판사 재임용에서 탈락했다. 시국 사건 소신 판결이 이유였을 것으로 짐작들을 했다.

나중에 사법시험에 합격한 후 내가 수사를 받은 서울 북부지청에서 검사 시보를, 재판을 받은 서울 북부지원에서 판사 시보를 했다. 그것도 기이한 인연이었다.

* **집행유예** 단기(短期)의 자유형(自由刑)을 선고할 때 정상을 참작해 일정 기간 형의 집행을 유예하는 제도. 따라서 집행유예가 선고되면 석방됨

강제징집

석방된 지 얼마 안 돼 입영 영장이 나왔다. 신체검사도 안 받은 상태였다. 신체검사 통지서와 입영통지서가 함께 날아왔다. 입영 전날 신체검사를 받고 다음 날 입영하는 일정이었다. 강제징집이었다.

부당한 일이 또 있었다. 검사가 우리의 집행유예 판결에 불복해 항소했다. 나는 그 사실도 모른 채 입대했다. 나와 공범이었던 친구는 서울에 살고 있었는데, 검사의 항소 때문에 입영이 연기됐다. 항소심에서 검사의 항소는 기각됐다. 나는 그런 일이 있었는지도 몰랐다. 나중에 '민주화운동 관련자 명예회복 및 보상 심의위원회'에 신청할 때 자료를 봤는데, 나에 대한 항소 역시 기각 판결이 나 있었다. 나는 군대에 가 있었는데, 모르는 사이에 나 없이 항소심 재판을 한 셈이다. 내가 군대에 가 있으니, 재판을 꼭 하려면 군사재판으로 사건을 이송하거나 검사가 항소를 취하해야 했는데, 그냥 항소 기각을 선고해 버린 것이다. 결과적으로 피해는 없었지만 당시 법원이나 검찰이 하는 일이 그랬다.

신체검사는 나 혼자 부산국군통합병원에서 요즘 건강진단 받듯 이리

저리 다니면서 받았다. 시력검사 때였다. 어쩌는지 반응을 보려고 일부러 모두 안 보인다고 해 봤다. 그러자 검사관은 씩 웃더니 정밀검사를 하지도 않고 "그래도 갑종*!" 하면서 신검용지에 '갑종' 도장을 꽉 찍었다. 그러곤 준비돼 있던 입영영장을 다시 내줬다. 원래 날짜보다 1주일 연기된 영장이었다.

부모님께 이미 큰절 올리고 떠나온 터여서 그 길로 경남 하동 갈사리, 선배가 야학을 하고 있는 곳으로 갔다. 당시엔 아주 외진 곳이었는데 중학교에 진학하지 못한 아이들을 가르치는 야학이었다. 밤에 초등학교 교실을 빌려 수업을 했다. 나이가 다양한 아이들이 교실 하나에 가득 찼다.

인상적이었던 것은 아이들이 학교에 오면서 시멘트 포대를 하나씩 들고 오는 것이다. 갈사리는 원래 섬진강 하구의 섬이었다가 둑을 쌓아 육지와 연결한 곳이었다. 둑으로 막힌 곳에 강물이 고여 있어서 모기가 엄청나게 많았다. 모기가 그렇게 많은 곳은 처음 봤다. 1㎥당 100마리라고 표현했을 정도였다. 밤에 학교 운동장에 서 있으면 모기떼가 금방 천지사방에서 모여들었다. 아이들은 시멘트 포대로 하반신을 덮고 수업했다. 모기가 옷을 뚫고 물기 때문이었다.

그렇게까지 하면서 밤늦도록 공부하는 아이들을 보면 마음이 숙연해졌다. 그 아이들에 비하면 나는 혜택받은 사람이었다. 그 아이들이 중학교 진학을 못 한 것은 가난 탓도 있지만 학교가 너무 먼 이유도 있었다. 그때 갈사리가 속해 있는 금남면 전체에 중학교가 하나밖에 없었다. 선배가 언제까지 야학을 할 수 있을지, 선배가 야학을 그만두면 이 아이들은 또 어떻게 할지 답답한 일이었다.

그때 그곳으로 갔던 것은, 학생운동을 같이 한 친구 몇 명과 함께 농촌활동을 하면서 야학교실이라도 하나 지어 주자고 의논됐기 때문이다. 나는 며칠밖에 있을 수가 없어서 낮에는 농촌활동, 밤에는 아이들 수업을 돕기도 하고 놀기도 하다가 입대를 위해 그곳을 떠났다. 아내도 그곳에 함께 갔다가 나와 함께 떠나 훈련소 문 앞까지 동행해 줬다.

갈사리는 원래 김 양식으로 유명했다. 옛날에 알아줬던 '하동 김' 산지가 그곳이었다. 광양제철소 건설을 위해 광양만을 매립할 때 토사가 흘러와 김 양식장이 거의 폐사했다. 어민들이 손해배상청구 소송을 해야 할 일이었다. 나중에 내가 변호사 할 때 상담을 해 줬다. 거리가 멀어서 소송을 직접 돕진 못했지만 나중에 승소했다는 말을 들었다. 근래 거기에 조선단지 조성이 추진됐는데 지금은 어떻게 변했는지 궁금하다.

입대한 훈련소는 향토사단이라는 창원 39사단이었다. 1975년 8월 초였다. 함께 입대한 사람들은 모두 하동 지역의 장정*들이었다. 나와 똑같은 케이스의 강제징집자 네 명이 끼어 있었다.

군 복무는 당연한 일로 생각하고 있었다. 게다가 복학이 언제 될지도 모르니 오히려 잘됐다고 생각했다. 전혀 겪어 보지 못한 낯선 생활이어서 긴장됐지만 적응할 수 있었다. 훈련소에서는 선임 분대장을 했다. 논산 훈련소에서는 향도라고 불렸다. 대학 다니다 왔고 나이도 많은 편이어서 지명된 것이다. 나는 대학 4학년까지 입영이 연기되다 입대했기 때문에 훈련소 동기들보다 나이가 두어 살 많았다. 나이를 따지는 문화가 남아 있어서 우리 소대원들은 나를 형처럼 대했다.

더위와 땀 이외엔 훈련소 생활에 큰 어려움은 없었다. 화생방 훈련 때 최루탄을 자욱하게 터뜨려 놓은 대형 천막 안에 들어가 방독면을 착용한 다음 일정 시간 견디는 훈련이 있었다. 원래 훈련 과정이 그런지, 조교가 골탕을 먹이려고 그랬는지 모르지만 마지막에 방독면을 벗고 군가를 합창하게 했다. 다들 토하기도 하고 고통스러워했는데 나는 그것이 견딜 만해서 신기했다. 데모하면서 최루탄에 단련된 덕분일 거라 생각했다.

6주간의 훈련소 생활에서 가장 기억에 남는 것은 수료 직전에 있었던 '소원 수리'*다. 군대 갔다 온 아들에게 들어 보니 요즘도 그 제도가 있다고 한다. 훈련병들이 훈련을 마칠 때 하는 것인데, 훈련소에서 겪었던 고충이나 애로사항을 적어 내게 하고 그것을 바탕으로 병영을 개선해 나간다는 취지였다. 조교나 기간병들의 구타, 기합, 각종 비리 등이 주 대상이었다.

구타는 그때도 근절대상이었다. 적발을 위해 상급부대에서 불시에 들이닥쳐 훈련병들의 엉덩이에 '빠따'* 맞은 자국이 있는지 확인하기도 했다. 그래서 내가 훈련병 때는 조교가 '빠따'를 엉덩이에 치지 않고 발바닥에 쳤다. 발바닥 '빠따'는 엉덩이보다 몇 배로 아팠다. 나는 선임 분대장이었기 때문에 소대 훈련병들이 잘못할 때마다 대표로 맞았다. 그래서 발바닥을 꽤 여러 번 맞았다.

소원 수리를 앞두고 조교들은 "소원 수리에 적어 내는 놈은 필적 조사해서 가만두지 않는다!"라며 겁을 줬다. 드디어 수료를 2~3일 앞두고 상급부대에서 '소원 수리'가 나왔다. 조교나 기간병들은 일체 가까이 오지 못하도록 내쫓고는 종이를 나눠 준 후 고충이나 개선을 바라는 사항, 보거나 겪은 구타나 비리 등을 적어 내라고 했다. 다들 머뭇거리자 "여러분들은 훈련소 생활이 끝났지만 고쳐야 할 사항을 적어 줘야 후배들이 같은 고충을 겪지 않고 우리 군이 더 좋은 군대로 발전할 수 있다"면서 진지하게 설득했다.

기간병이 상황을 살피러 기웃거리자 크게 야단쳐서 내쫓기도 했다. "무기명이니까 일체 불이익이 없다"고 했다. "조교들이 겁을 줬을 테지만 그들은 소원 수리 내용을 전혀 볼 수 없으니 염려 말라"고도 했다. 그 분위기에 넘어가 결국 대부분의 훈련병들이 적기 시작했다. 사실 솔직하게 쓰자면 몇 장을 써도 모자랄 시절이었다.

그런데 그들이 돌아가자마자 조교들이 우리가 써 낸 종이를 들고 들이닥쳤다. 가짜 소원 수리였던 것이다. 남은 일과 시간 내내 기합을 받았다. 심각한 내용을 쓴 작성자를 색출한다며 공포 분위기를 조성했다. 다음 날 다시 '소원 수리'가 나왔다. 똑같은 분위기에 똑같은 말을 했다. 이번에는 속지 않고 아무도 써 내지 않았다. 알고 보니 그것이 진짜 소원 수리였다. 그 좋은 취지의 소원 수리를 따돌리는 수법이 어찌나 교묘한지, 글 쓰는 재주가 있다면 그걸 소재로 단편소설이라도 쓰고 싶을 정도였다.

훈련소 퇴소 때, 훈련병들을 모두 연병장에 모아 놓고 군장을 꾸리게 한 후 배치될 부대를 차례로 발표했다. '문재인, 특전사령부!'라고 발표됐다. 다들 특전사령부가 어디에 있는지 뭐하는 곳인지 몰랐다.

중학교 동기가 당시 사단 인사처 고참 병장으로 있었다. 39사단에서 훈련받은 친구들 가운데 그 친구 '빽'으로 의무병 등 편한 곳으로 빠진 친구들이 여럿 있었다. 그 친구가 찾아와서 "강제징집자 다섯 명은 '신원 특이자'로서 인사기록카드를 특별히 관리하고 있어서 좋은 곳으로 보내 줄 수가 없었다"고 내게 미안해했다. 그리고 "과거에는 데모하다 끌려온 학생들을 보안사 같은 곳에 배치해 활용했는데, 요즘은 고생시키는 쪽으로 방침이 바뀌었다"고 일러줬다. 그 친구도 특전사가 공수부대란 말은 해주지 않고 수도경비사령부(수경사)나 수도방위사령부(수방사)처럼 서울에 있는 특별사령부라고 얼버무렸다. 다른 강제징집자 네 명도 기갑부대나 전방부대 등 못지 않게 힘든 곳으로 배치됐다.

특전사가 공수부대라는 걸 알게 된 것은 용산으로 가는 군용열차가 삼랑진을 지날 무렵이었다. 훈련병들이 마지막으로 함께 있는 시간이라고, 군용열차 안에서 술을 마음껏 마실 수 있도록 허용해 줬다. 힘든 부대에 배치되는 사람에게는 훈련병들끼리 술을 더 권했다. 내게 동기들의 위로주가 계속 몰렸다.

* **갑종** 징병 검사에서 정하는 신체 등급의 최상위 등급

* **장정** 병역소집 대상의 남자

* **소원 수리** 군대에서 병사들의 고민이나 불편한 점 등을 알아보기 위해 의견을 묻는 것

* **빠따** 골프 퍼터나 야구 배트의 일본식 발음. 통상 몽둥이나 각목으로 엉덩이 등에 가하는 체벌을 말함

공수부대

특전사령부 예하 제1공수 특전여단 제3대대에 배치됐다. 자대*로 바로 가지 않고 4주간의 공수 훈련과 6주간의 특수전 훈련, 2주간의 여단 전입훈련을 다 거친 다음에야 자대에 배속됐다. 관등성명부터 외게 했는데 '여단장 준장 전두환', '대대장 중령 장세동'이었다. 훗날 대통령이 된 전두환의 경호실장까지 한 장세동 대대장은 내가 후반기 훈련을 마치고 돌아간 사이에 바뀌어 함께 근무해 보지 못했다. 얘기만 들었는데, 군인으로서의 평판은 매우 좋았다. 5공화국 당시 장세동 씨 후임으로 청와대 경호실장을 했던 안현태 씨가 바로 옆 대대 대대장이었다.

특수전 훈련 때 폭파 주특기를 부여받았다. 나는 공수병이자 폭파병이 됐다. 6주간의 특수전 훈련을 마칠 때 정병주 특전사령관으로부터 폭파 과정 최우수 표창을 받았다. 정 사령관은 나중 12·12 신군부 쿠데타* 때 끝까지 저항하다가 반란군의 총에 맞아 참군인의 표상이 된 인물이다. 전두환 여단장은 그 쿠데타를 이끌고 성공해 대통령까지 됐다. 관등성명을 외웠던 두 직속상관의 운명이 그렇게 극적으로 엇갈렸다.

낙하산이 펼쳐져서 공중에 떠 있는 동안엔 정말 황홀했다.
그 기분이 너무 좋아서 긴장이나 두려움을 얼마든지 감수할 수 있었다.
패러글라이딩을 하는 사람들도 그런 기분 때문에
무거운 장비를 메고 높이 올라가는 고생을 감수하지 않나 싶다.

사실 폭파 과정 최우수 표창은 별것 아니었다. 어떤 시설을 폭파하려면 어느 부분에 어떤 폭약을 얼마만큼 설치해야 하는지 계산하고, 비정규전에 대비해 화공약품을 배합해 사제 폭약 만드는 법을 익히는 등 공부에 해당하는 것이 8할이었다. 그러니 동기들 가운데 '가방끈'이 제일 긴 내가 잘하는 건 당연했다. 자대로 돌아온 후 전두환 여단장으로부터 화생방 최우수 표창을 받은 일도 있었다. 어쨌든 그 덕분에 나는 자대에 첫발을 디딜 때부터 단연 A급 사병이 돼 있었다. 여단 본부에서 나를 빼가려 하고 대대에서는 붙잡아 두려는 줄다리기가 벌어지기도 했다.

나는 학교 다닐 때 개근상 말고는 상을 받아 보지 못했다. 오히려 정학을 당했고 대학에서는 급기야 제적되고 구속됐다. 그런데 군대에 가 보니 군대가 요구하는 기능을 상당히 잘 해내는 편이었다. 사격, 수류탄 던지기, 전투 수영 등 생전 처음 하는 일을 내가 잘하는 것이 스스로도 신기했다.

딱 하나 힘든 게 무장구보였다. 공수부대 무장구보는 보병부대와는 다르다. 당시 육군 'FM'*은 12킬로그램 군장에 10킬로미터를 61분 안에 뛰는 것이다. 반면 공수부대는 정예 강군이라고 해서 20킬로그램 군장에 10킬로미터를 57분에 주파해야 했다. 출발선에 저울을 두고, 출발과 도착 때 무게를 재곤 했다. 영내 생활을 할 동안에는 무장구보가 매주 있었다. 무장구보만큼은 힘들었다. 고참이 되고는 약간 요령을 부리기도 했다. 빈 사물함을 배낭에 넣어 빵빵하게 보이도록 하고는 출발할 때와 도착할 때만 그 속에 돌을 채우는 방법이었다. 무장구보만 어찌어찌 넘기면 나머지 교육훈련은 할 만했다.

점프(공중낙하)도 공수 훈련은 무척 힘들었지만, 그 후 자대에서 하는 점프는 할 만했다. 부대 안에서 사역을 하느니 점프 나가는 게 더 좋았다. 공수 훈련 마지막에 네 번의 점프가 있었다. 첫 두 번은 보통점프, 세 번째가 야간점프, 네 번째가 무장점프였다. 첫 점프 나가기 전날 혹시 사고가 날 경우 부모님이나 가족에게 남길 글을 머리카락, 손톱과 함께 봉투에 넣게 했다. 수송기를 타기 전에 군목(軍牧)이 기도도 해 줬다. 내가 훈련받을 때 군목은 기도뿐 아니라 자신이 훈련병들보다 먼저 1번으로 점프를 하기도 했다. 멋있는 사람이었다. 그 첫 점프 때 동기 한 명이 낙하산이 펴지지 않아 땅에 떨어져 사망한 사고가 있었다.

나는 그때 먼저 낙하를 마치고 지상에 있었기 때문에 그 사고를 생생히 목격했다. 지상에 있던 우리가 올려다보면서 보조 낙하산을 펴라고 소리쳤지만 그는 끝내 보조 낙하산을 펴지 못한 채 사고를 당하고 말았다. 두 번째 낙하 때는 장교 한 명이 뇌진탕으로 후송되기도 했다. 그런 일을 겪었기 때문에 공중낙하를 나가면 늘 긴장됐다. 수송기나 헬기에서 뛰어 나갈 때는 겁도 났다. 또 땅에 도착할 때 많이 다치기 때문에 그때도 긴장된다.

그렇지만 낙하산이 펼쳐져서 공중에 떠 있는 동안엔 정말 황홀했다. 그 기분이 너무 좋아서 긴장이나 두려움을 얼마든지 감수할 수 있었다. 패러글라이딩을 하는 사람들도 그런 기분 때문에 무거운 장비를 메고 높이 올라가는 고생을 감수하지 않나 싶다.

옛날 군대 얘기라 요즘은 달라졌을지 모르겠다. 미군과 '독수리 훈련'이나 '팀스피리트 훈련'을 합동으로 하곤 했다. 점프도 함께 할 때가 있었는데, 미군들이 하는 모습을 보면 마치 스포츠 하듯 편하게 했다.

낙하산도, 수송기 안에서 낙하 지역 '5분 전' 신호가 나오면 그때 비로소 착용했다. 수송기 안에서도 편하게 기다렸다. 반면 우리는 수송기 타기 전에 미리 낙하산을 착용하고 안전검사를 받았다. 수송기 안에서도 시종 차렷 자세로 옆사람과 대화도 나누지 못했다. 그러니 잔뜩 긴장된 가운데 점프하다 오히려 사고가 더 많이 났다.

공수부대는 연중 절반을 영외에서 야영훈련으로 보낸다. 그중 하이라이트가 천리(1,000里)행군이다. 400킬로미터 이상을 행군하는 훈련이다. 지리산이나 문경새재 같은 곳에서 한 달가량 야영훈련을 한 후 9일 동안 야간을 이용해 400킬로미터 이상 산길로 부대까지 걸어서 돌아오는 강행군이다. 천막과 침낭, 식량 등이 잔뜩 든 무거운 배낭을 메고 매일 야간에 40~50킬로미터씩 산길을 걷는 매우 힘든 과정이었다. 다들 공수부대에서 가장 고된 훈련이라고 했다. 그러나 나는 영내에 있는 것보다 야영훈련이 좋았고 또 산길을 걷는 것이 좋았다. 다들 고되다는 천리행군조차 좋았다. 내가 가 보지 못한 산과 강 그리고 마을을 보는 즐거움도 있었다.

매년 2주씩 바다에서 수중 침투 훈련을 했다. 수영 실력에 따라 조를 나눠 초급 수영부터 스쿠버 훈련에 이르기까지 단계별 훈련을 했다. 나는 부산 출신이라 수영을 좀 하는 편이었다. 첫해에 바로 인명구조원 훈련을 받고 대한적십자사로부터 고급 인명구조원 자격도 취득했다. 이틀간 자격시험을 쳤는데 첫날은 물에 빠진 사람을 구조하는 상황별 요령을 실연하는 것이었다. 둘째 날은 2마일(3.2킬로미터)을 헤엄쳐 가는 원거리

매년 2주씩 바다에서 수중 침투 훈련을 했다.
첫해에 바로 인명구조원 훈련을 받고 대한적십자사로부터
고급 인명구조원 자격도 취득했다.

수영이었다. 헤엄치는 방법은 마음대로였다. 바깥 사회에서는 아예 엄두도 못 낼 일이다. 그것도 군대니까 해냈다. 성공한 후 헤엄친 거리를 뒤돌아보니 역시 혼자서는 못 할 것 같았다.

다음 해는 기초 스쿠버 훈련을 받았다. 공기통을 메기 전에 20킬로그램 모래주머니를 안고 헤엄치기, 맨 몸에 12킬로그램 납 벨트를 허리에 차고 헤엄치기 같은 훈련이 있었다. 역시 처음 해 보는 일이라 겁났지만 막상 해 보니 물은 좀 먹었어도 어떻게든 해내게 되는 것이 신기했다.

전투수영이라는 것도 있었다. 군화 신고 탄띠에 총까지 어깨에 메는 단독군장 상태로 헤엄치는 것이다. 그 상태로 고무보트를 타고 침투해 들어가다가 헤드라이트를 비추면 그 즉시 보트를 뒤집어 들키지 않게 하고 헤드라이트가 지나가면 다시 보트를 바로 해서 올라타는 훈련이었다.

아내가 몇 번 면회를 왔다. 제1공수여단에 배치된 후 처음 온 면회는 평생 잊지 못할 것이다. 그 시절 군대 면회는 무조건 먹을 것을 잔뜩 준비해 오는 것이었다. 아무리 가난한 어머니의 면회라도 통닭은 기본이었다. 그런데 아내는 먹을 건 하나도 가져오지 않고 안개꽃만 한 아름 들고 왔다. 아무리 오빠가 없어도 그렇지, 정말 세상물정 모르는 아가씨였다. 면회소에서 아무것도 팔지 않을 때이니, 꽃을 가운데 놓고 얘기만 나누다 돌아왔다. 나도 우스웠지만 음식 대신 꽃을 들고 내무반으로 돌아온 걸 본 동료들이 배꼽을 잡고 웃었다. 아마 대한민국 군대에 이등병 면회 가면서 음식 대신 꽃을 들고 간 사람은 아내밖에 없을 것이다. 그래도 그 꽃을 여러 내무반에 나누어 꽂아 줬더니 다들 좋아했다. 안개꽃이라 오래갔다. 공수부대 내무반에 꽃이 꽂힌 것도 유례없는 일이었을 것이다.

많은 세월이 흐른 후 아들이 군복무를 할 때 아내와 함께 면회를 갔다. 청와대 민정수석 시절이었는데, 부대 상급자들이 나를 알지 못하도록 각별히 신경 써서 면회를 했다. 옛날처럼 음식을 싸 가지고 면회 온 사람도 있었지만, 면회소에서 피자나 탕수육 같은 것을 배달시켜 먹을 수도 있었다. 그런 탓에 빈손으로 면회 온 사람들이 더 많았다. 면회소 벽에 배달 음식점 전화번호가 잔뜩 붙어 있었다. 우리도 과일만 준비해 갔고, 아들이 원하는 대로 피자를 시켜 먹었다. 참으로 격세지감이 느껴졌다.

상병 때 '판문점 도끼 만행 사건'*이 일어났다. 그 사건에 대한 대응으로 미루나무를 자르는 작전을 우리 부대가 맡았다. 한국전쟁 이후 처음으로 데프콘이 상향됐다. 준(準)전시태세였다. 나무를 자를 때 북한이 제지하거나 충돌이 일어나면 바로 전쟁이 발발하는 상황이었다. 그런 상황까지 대비해 부대 내 최정예 요원들이 미루나무 제거조로 투입되고 나머지 병력은 외곽에 배치됐다. 더 외곽엔 전방사단이 배치됐다. 다행히 북한은 미루나무 자르는 것을 못 본 척 아무 대응을 하지 않았다. 작전이 무사히 완료됐다. 그때 잘라 온 미루나무 토막을 넣은 기념물을 '국난(國難) 극복 기장(紀章)'이라고 하나씩 나눠 줬다.

야영 훈련을 하지 않고 영내에 있을 때엔 폭동 진압 훈련도 했다. 제1공수여단은 육군본부 직할이고 서울의 위수부대였다. 모든 장병에게 폭동진압봉을 기본장비로 지급했다. 폭동 진압 훈련 과정 중에 한 번씩 시범훈련을 하기도 했다. 가상의 폭동조를 만들어 시위 같은 것을 하게 하고 공수부대의 진압으로 폭동이 궤멸되는 시나리오였다. 가상의 폭동조는 진압조와 식별이 되도록 운동복을 입혔다. "야, 문재인! 너 데모

많은 세월이 흐른 후 아들이 군복무를 할 때 아내와 함께 면회를 갔다.
옛날처럼 음식을 싸 가지고 면회 온 사람도 있었지만,
면회소에서 피자나 탕수육 같은 것을 배달시켜 먹을 수도 있었다.
그런 탓에 빈손으로 면회 온 사람들이 더 많았다.
참으로 격세지감이 느껴졌다.

많이 했지? 네가 폭동조장 맡아"라고 해서 폭동조장을 하기도 했다. 총에 착검까지 한 상태로 대열이 앞으로 전진하면서 구령에 맞춰 일제히 '찔러 총' 동작을 하는 폭동 진압 훈련은 보기에도 섬뜩했다.

그래도 내가 복무할 동안은 훈련만 했을 뿐 실제로 폭동 진압에 출동한 일은 없었다. 제대 후 부마민주항쟁*이 일어났을 때 내가 근무하던 제1공수여단 제3대대가 부산에 투입됐다. 내 조수였던 후임병도 그때 부산에 왔다. 광주항쟁 때는 다른 공수여단이 진압군으로 투입됐다. 폭동 진압은 아니지만 12·12 군사 쿠데타 때는 정병주 사령관에게 항명하고 반란군 주력부대로 투입되기도 했다. 군복무를 좀 더 늦게 했다면 나도 역사를 거스르고 국민을 향해 총을 겨누는 역할에 동원됐을지도 모를 일이다.

어쨌든 무사히 제대했다. 공수부대 복무 중에 특히 공중낙하를 하다가 허리나 다리를 다치는 사고가 종종 일어났다. 공수부대 전입동기들 가운데엔 도중에 다쳐서 보병부대로 전출 간 친구들이 몇 명 있었다. 나는 운이 좋았다. 다들 나보고 군대 체질, 공수부대 체질이라며 말뚝 박으라고 농담을 했다. 대학 3학년 때까지 교련을 한 혜택으로, 동기들보다 3개월 먼저 제대했다. 후임병들이 폭동진압봉을 가져와서는, 내가 한 번도 '빠따'를 친 적이 없으니 '기념 빠따'를 한 대씩만 쳐 달라고 했다. 한 대씩 기념으로 때려 준 것 같기도 하고 그냥 웃어넘긴 것 같기도 하고, 기억이 가물가물하다.

육군병장 문 병장, 공수병장 문 병장으로 제대 신고를 했다. 동기들과 후임병들이 도열해서 배웅해 주는 것을 뒤로하고 부대 정문을 나섰다. 아내가 정문 밖에서 기다리고 있었다. 1978년 2월, 입대한 지 약 31개월

만이었다. 그러고 보면 아내는 그 긴 기간 동안 고무신 거꾸로 신지 않고, 입대와 제대를 함께 한 셈이었다.

얼마 전 인터넷에 내 군대 시절 사진이 올라온 걸 봤다. 함께 군(軍)생활 했던 동기가 우리 사진을 딸에게 줘 인터넷에 올라가게 된 모양이다. 수소문해 그 동기와 실로 오랜만에 통화를 했다. 지금도 공수부대 동기나 후배들을 가끔 만나 그 시절 얘기를 나누곤 한다. 여자들이 제일 싫어한다는 군대 이야기, 군대에서의 축구 이야기 등을 주로 한다. 사실 군대 이야기를 쓰자면 책을 한 권 쓸 수도 있을 것 같다.

제대 후 한동안 꾼 꿈이 '다시 군대에 가는 꿈'이었다. 그냥 군대 생활 꿈이 아니라, 꿈속에서도 분명히 제대했는데 제대가 취소되든지 해서 다시 군대에 가게 되는 내용이었다. 알고 보니 나만 그런 게 아니었다. 군대 갔다 온 사람들 대부분이 공통적으로 꾸는 꿈이었다. 의무 복무한 대한민국 남자들에게 군대란 그런 게 아닐까 싶다. 아무리 군대에서 잘나갔니, 재미있었니 해도 더 하라면 피하고 싶을 것이다.

그래도 나는 군대 경험이 제대 후 내 삶에 큰 도움이 됐다고 생각한다. 입대 후 많은 일은 생전 처음 해 보는 것이었지만, 막상 해 보니 다 해낼 수 있더라는 경험. 그것이 나를 훨씬 긍정적이고 낙관적인 사람으로 만들었다. 변호사를 할 때나 청와대에 있을 때 처음 겪는 일이 많았다. 내 개인적으로 처음일 뿐 아니라 참고할 만한 선례가 없을 때도 많았다. 스스로의 판단으로 부딪쳐 가야 했는데, 그럴 때 그런 마음가짐이 큰 도움이 됐다.

그런 경험 때문에, 나는 지금과 같은 징병제가 계속 유지된다면 신체

검사등급 기준을 크게 완화하면 좋겠다는 생각이다. 즉 도저히 신체적으로 불가능한 사람을 제외하곤 모두 입대할 수 있게 하는 것이 좋지 않을까. 물론 전제가 있다. 군대에도 체력을 요하지 않는 직무가 얼마든지 있으므로, 각자 체력으로 감당할 수 있는 직무를 적절히 부여하는 것이다. 그러면 군복무 기간도 단축할 수 있고, 병역 비리나 특혜 문제도 해결될 것이라고 생각한다. 국민개병제(皆兵制)* 정신에도 충실해져, 병역가산제 같은 논란도 필요 없어질 것이다.

* **자대** 병력이 '본래' 소속돼 있는 부대
* **12·12 신군부 쿠데타** 1979년 12월 12일 전두환·노태우 등이 이끌던 군부 내 사조직인 '하나회' 중심의 신군부세력이 일으킨 군사반란사건. 이 사건의 주도세력인 전두환과 노태우가 대통령으로 재임한 1993년 초까지 12·12사태는 집권세력에 의해 정당화됐으나, 그 후 김영삼 정부 때 '하극상에 의한 쿠데타적 사건'으로 규정됨
* **FM** 정해진 규정이나 원칙을 일컫는 은어
* **판문점 도끼 만행 사건** 1976년 8월 18일, 미군과 한국군 장병들이 초소 시야를 가리는 미루나무의 가지를 치는 한국인 노무자 5명의 작업을 지휘하고 있었다. 이때 북한군 장교 2명과 수십 명의 사병이 나타나 작업 중지를 요구하였다. 이를 무시하고 작업을 계속하자 수십 명의 북한군 사병들이 트럭을 타고 달려와서 도끼와 몽둥이 등을 휘두르며 폭행, 미군 장교 2명을 도끼로 살해하고 나머지 9명에게는 중경상을 입힌 뒤 사라짐
* **부마민주항쟁** 부마항쟁. 1979년 10월 부산 및 마산 지역을 중심으로 박정희의 유신독재에 반대한 시민들의 항쟁. 박정희 정권은 경찰력으로는 도저히 사태를 진압할 수 없다고 판단, 18일 새벽 0시를 기해 부산 일원에 비상계엄을 선포하고 공수부대 병력을 투입해 시위 군중을 해산
* **국민개병제** 일정한 연령에 달한 남자 모두에게 병역의 의무를 부과하는 제도

고시 공부

집에 돌아왔지만 갑갑한 상황이었다. 내 인생에 가장 난감하고 대책 없는 기간이었다. 제대는 했는데 복학도 안 되고, 마냥 집에서 쉬기도 그렇고, 졸업도 못 한 채 취업을 하기도 그렇고……. 모두 진퇴양난이었다.

고생하시는 부모님을 생각하면, 언제일지 모를 복학을 기다리며 빈둥빈둥 놀 수도 없었다. 부산 해운업계에 있던 선배들이 취업 권유를 했다. 대학 졸업장 없이도 대졸 사원 처우를 해 줄 테니 오라는 것이다. 그러기로 하고 준비를 하고 있었다.

그런데 갑자기 아버지가 돌아가셨다. 지병이 있는 것도 아니었는데, 심장마비라고 했다. 그때 아버지는 친척이 하는 회사 일을 도와주고 계셨는데, 출근했다가 밖에서 변을 당하셨다. 일을 마치고 목욕을 한 후, 저녁을 드시는 자리에서 맥주 한 잔 정도 마시고는 옆으로 고개를 떨궜는데, 한참 동안 그러고 계셔서 보니까 돌아가셨다는 것이다.

그때 아버지 연세는 겨우 쉰아홉, 지금 내 나이였다. 어머니도 나도 유언은커녕 임종도 지키지 못했다.

피난 내려온 후 평생 고향을 그리워했지만, 고향땅을 다시 밟아 보지도 못하고 당신 부모님의 생사 소식조차 듣지 못한 채 눈을 감아야 했던 불행한 분이었다. 삶의 뿌리를 잃고 낯선 땅의 새로운 삶에 적응하지 못해 무력하게 고단한 삶으로 여생을 마쳐야 했던 불쌍한 분이었다.

생각해 보면 아버지와의 추억이 많지 않았다. 별로 말씀이 없는 분이어서 살가운 대화를 많이 나누지 못했다. 드물게 하시는 말씀을 들어 보면 사회의식이 깊은 분이었다. 한일회담 때 이웃 대학생에게 왜 한일회담에 반대해야 하는지 설명해 주시는 걸 들은 기억이 있다. 우리나라는 농촌을 살리는 중농(重農)주의적 성장을 추구해야 하는데, 박정희 정권이 거꾸로 저곡가로 농촌을 죽이는 정책을 하고 있다고 말씀하신 게 어린 내게 강하게 와 닿았다. 장준하 선생이 발행하던 「사상계」 잡지를 때때로 읽기도 하셨는데, 그 시절 주변에서는 매우 드문 일이었다. 나도 모르는 사이 아버지가 나의 사회의식, 비판의식에 영향을 미쳤다는 걸 뒤늦게 깨달았다. 나는 아버지를 별로 닮지 않았다고 생각했다. 그런데 나이 들면서 거울을 보면 때때로 내 얼굴에서 아버지의 모습이 보여 놀랄 때가 있다. 알게 모르게 많은 걸 내 안에 남기고 가신 분이었다.

나는 아버지의 삶과 죽음이 너무 가슴 아팠다. 돌아가시는 순간의 이야기를 듣고는, 나는 아버지가 삶에 너무 지쳐서 생명이 시나브로 꺼져간 것같이 느껴졌다. 그렇게 생각하니 내게 기대를 걸었던 아버지에게 잘되는 모습이나 희망을 보여 드리지 못한 것이 너무나 죄송스러웠다.

아버지를 위해서도 그냥 취업하는 정도로는 안 된다고 생각했다. 늦게 나마 잘되는 모습을 보여 드리고 싶었다. 사법시험을 보기로 결심했다.

어머니께 이왕 고생하신 거, 조금만 더 고생하시라고 말씀드렸다. 49일을 치르고 다음날 바로 집을 떠났다. 전남 해남의 대흥사로 갔다.

그때 나는 하숙비를 집에서 도움받을 형편이 못 됐다. 마침 대흥사에 묵을 수 있도록 도움을 주신 분이 있었다. 그래서 대흥사로 가게 됐다. 대흥사 내 대광명전이라는 암자였다. 대흥사가 도립공원으로 지정되기 전이어서 참으로 고즈넉하고 아름다운 절이었다. 절 경내에 일체 시멘트가 없이 자연 그대로였고, 길도 포장되지 않은 흙길이었다. 경상도 땅에 있었으면 스님이 200명은 북적거릴 규모인데도 20여 명밖에 되지 않아 한적한 느낌이 들었다.

그곳에서 열심히 공부했다. 중학교 입시공부를 하던 초등학교 6학년 이후 처음으로 공부답게 했다. 대학 재학 중 3학년 겨울 방학 때 사법고시 1차 시험에 합격한 경험이 있었다. 그해 가을 교내 시위를 주도한 뒤여서, 공부도 결코 소홀히 하지 않겠다는 각오로 본 시험이었다. 다행히 합격했고, 게다가 우리 학년에서 유일한 합격자여서 나는 단번에 '고시 유망주'가 됐다. 그러나 법률 과목은 거의 공부가 안 된 상태였고 나머지 암기 과목들을 잘해 합격한 것이어서, 제대로 된 고시 공부는 새로 시작하는 것이나 진배없었다.

대흥사도 좋았지만 둘러싸고 있는 두륜산도 매우 아름다운 산이었다. 공부에 지치면 산길에서 보이지 않는 계곡으로 가서 벌거벗고 목욕을 했다. 때로는 두륜산 정상에 올라 그 너머로 내려다보이는 '땅끝'을 바라보기도 했다. 해남 땅끝마을에서 보면 그냥 바다와 방파제가 보일 뿐이다. 두륜산에 올라가서 봐야 '땅끝'임이 실감난다. 한반도의 끝부분이 바다와 맞닿아 있는 모습, 그리고 그 너머의 다도해를 멀리서 바라보면 가슴이 뭉클해지곤 했다.

그곳에서 우리 차 '작설차'를 배웠다. 대흥사 일지암은 『동다송(東茶頌)』* 으로 우리 차의 맥을 되살려내고, 차를 매개로 다산 정약용과 추사 김정희와 교유했던 초의선사가 계셨던 곳이다. 말하자면 우리 차 문화의 본산이라고 말할 수 있는 곳이다. 내가 대흥사에 머물 때에도 일지암에서 만든 차가 전국 사찰에 공급되고 있었다. 머물던 암자의 주지스님이 때때로 불러서 차를 같이 마시자고 했다. 작설차를 그때 처음 마셨다. 차를 우려내는 방법도, 차를 마시는 다도(茶道)도 그때 처음 배웠다. 야생 찻잎을 손으로 덖어* 만든 수제차였다. 입안의 차향이 어찌나 오래 남는지, 다른 음식을 먹거나 담배를 피우지 않으면 종일 입속에 차향이 남아 있었다. 차향이 사라질까 아쉬워 담배를 피울 수 없을 정도였다. 그 후로는 그런 차를 다시 맛보지 못했다. 그래도 그때의 차 맛에 매료돼 지금까지 우리 차를 즐기고 있다.

계곡에 버들치가 많았다. 세숫대야에 비닐을 씌워서 구멍을 뚫고 그 속에 된장을 넣어 계곡물에 담가 두면 목욕하는 사이에 세숫대야 안이 버들치로 바글거렸다.

암자에서 하숙하는 사람들과 함께 그렇게 버들치를 잡아 매운탕을 두어 번 끓여 먹었다. 그런데 나중에 암자로 돌아가면 주지스님이 "처사님, 오늘 살생(殺生) 꽤나 하셨네요"라고 귀신처럼 알아맞춰 놀라곤 했다. 그래도 나를 좋게 봤는지 자신은 마시지 않으면서 절 마당에 있는 매화나무 매실로 술을 담가 내게 슬쩍 주기도 했다.

또 하나 기억에 남는 일은 예비군 훈련이었다. 그때 나는 동원예비군이어서 훈련에 빠지지 않으려고 대흥사로 주민등록을 옮겼다. 그 지역 예비군중대의 전투소대에 소속됐는데, 훈련을 나가면 대흥사의 젊은 스님들도 여러 명 같은 전투소대에 소속돼 훈련받고 있었다.

신부나 목사들은 지역방위협의회의 일을 돕는 대신 훈련이 사실상 면제됐지만, 스님들은 꼼짝없이 훈련을 받고 있어서 이채로웠다. 게다가 평소 승복 입고 거룩한 모습이던 스님들이 예비군복을 입고 삭발한 머리에 예비군 모자를 쓰고 있는 모습을 보니 절로 웃음이 났다. 전투소대는 다른 예비군과 달리 훈련을 제대로 받았다. 시골이어서 그런지 훈련받는 날이면 지역방위협의회에서 막걸리 두 말씩을 자전거에 실어서 보내 줬다. 훈련을 마치면 두륜산 계곡에 발 담그고 막걸리를 마시는 맛이 일품이었다.

공부하기 좋았던 곳인데, 몇 달 만에 떠나야 했다. 떠나고 싶어 떠난 게 아니라 암자가 하숙을 그만뒀다. 조계종 종정을 지내신 윤고암 스님이 그때 대흥사 조실로 오면서 대광명전을 선원(禪院)으로 바꾸도록 했다고 들었다.

할 수 없이 그곳을 떠나 여기저기 전전하며 고시 공부를 계속했다. 한 곳에 오래 있으면 익숙해져서 안일해지고 사람들과 어울리게 된다. 긴장을 유지하려고 일부러 몇 달에 한 번씩 장소를 옮기곤 했다. 늘 저렴한 곳을 찾아다녔다.

1979년 초 사법시험 1차에 합격했다. 다음해 2차 합격을 목표로 했다. 그런데 그해 10월 부마항쟁이 발발했다. 군 탱크가 시위대를 깔아뭉갰다는 등 소문이 흉흉했다. 급기야 10월 26일 박정희 대통령이 시해됐다.

그리고 그때부터 '서울의 봄'*이 시작됐다. 그때부터는 마음이 들떠서 공부에 집중하기가 어려웠다. 그러다가 1980년 1월 무렵부터 학교 측과 복학 논의가 시작됐다. 나는 내 의사와 무관하게 복학생 대표가 됐다. 그리고 그해 3월 초 복학하면서 곧바로 '서울의 봄'이 일으키는 정국의 소용돌이 속으로 끌려 들어갔다.

* **『동다송(東茶頌)』** 조선 후기의 승려 의순(意恂)이 지은 책으로, 다도(茶道)를 시로 설명한 글. 의순은 호가 초의(草衣)이며, 보통 초의선사라고 부른다. 선(禪) 수행을 차(茶)와 일치시켜 차 문화를 부흥시키는 데 크게 기여했으며, 다성(茶聖)으로 추앙받는다. 제목은 '동쪽나라의 차를 칭송하다'라는 뜻으로, 동쪽나라는 곧 조선을 가리킴

* **덖다** 물기가 조금 있는 고기나 약재, 곡식 따위를 물을 더하지 않고 타지 않을 정도로 볶아서 익힘

* **서울의 봄** 수많은 민주화 운동이 벌어졌던 1979년 10월 26일~1980년 5월 17일 동안을 일컫는 말. 이는 1968년 체코슬로바키아의 프라하의 봄에 비유한 것

다시 구속되다

캠퍼스로 돌아갔다. 18년 군사 독재가 끝나면서 시작된 '서울의 봄'과 함께, 캠퍼스에도 봄이 찾아왔다. 복학은 당연한 일이었고, 복학 조건을 놓고 학교와 협상했다. 학교 측과 여러 번 만났다. 복학 문제는 모든 대학에서 거의 비슷한 시기에 일괄 타결됐다. 학교별로 자율적으로 결정하는 모양새를 취했지만 내용에 별 차이가 없었다. 그동안 복학이 이뤄지지 않은 1974년 하반기부터 1979년 사이에 제적된 학생 전체가 1980년 봄 신학기에 한꺼번에 복학할 수 있게 됐다.

복학 조건이 파격적이었다. 제적됐던 1975년 1학기 4월 초까지 학교에 다닌 것을 한 학기 이수로 인정해 줬다. 나 같은 4학년의 경우 한 학기만 더 이수하면 졸업이었다. 어떻게 그런 처리가 가능했는지는 모르겠다.

거기다 복학 학기 등록금을 면제해 줬다. 나는 그 덕에 1980년 8월에 졸업했다. 당시 '코스모스 졸업'이라고 부르던 가을학기 졸업이었는데, 졸업식에 참석하지 않아 졸업사진이 남아 있지 않다. 그냥 친구·후배들로부터 축하받고 소주 한 잔 하는 것으로 9년 만의 대학 졸업을 자축했을 뿐이다.

경희대는 1980년 신학기가 시작되자 곧바로 족벌재단을 상대로 한 '학원민주화투쟁'에 돌입했다. 한양대와 세종대 같은 사학들도 뒤따랐다. 학교는 장기 휴강으로 대응했다.

무려 5년 만의 복학이었으나, 그 때문에 학교 강의는 한 과목 100분짜리 강의 하나 듣고 끝이었다. 강의가 없는 동안 매일 교내에서 족벌재단 사퇴와 학원민주화를 요구하는 농성을 했다. 그러다가 4월 하순부터 다른 대학들이 반독재 민주화요구 시위를 시작함에 따라, 경희대도 자연히 그 방향으로 전환했다.

학교 측과 복학 협상을 시작하면서부터 고시 공부를 계속하기 어려웠다. 복학하고는 더더욱 그랬다. 사법시험은 다음을 기약하는 수밖에 없다고 생각했다. 그래도 전년도 1차 합격으로 바로 2차 시험을 칠 자격이 있었다. 그동안 공부했던 것이 아까워, 1980년 4월 학내 시위 와중에 제22회 사법시험 2차 시험을 쳤다. 시험을 앞둔 가장 중요한 시기 두세 달 동안 공부를 못 했기 때문에 큰 기대를 하지 않았다. 다음 해를 위한 경험 쌓기 정도로 욕심 없이 임했다.

경희대가 반독재 민주화요구 시위로 전환할 때부터 나는 그 시위에 빠지지 않고 참석했다. 재학생들이 시위 경험이 전혀 없어서 복학생들이 시위 요령을 가르쳐 줘야 했다. 경찰은 처음 며칠간은 정문을 막았다. 서울의 거의 모든 대학이 시위를 시작하고, 광화문 등 시내에서 기습시위가 이어지자 더 이상 정문을 막지 않았다. 청와대와 중앙청,* 세종로 등 시내 요지를 집중 방어하는 쪽으로 전환한 것이다. 곧 나머지 지역은 학

복학 조건이 파격적이었고, 거기다 복학 학기 등록금을 면제해 줬다.
나는 그 덕에 1980년 8월에 졸업했다.
당시 '코스모스 졸업'이라고 부르던 가을학기 졸업이었는데,
졸업식에 참석하지 않아 졸업사진이 남아 있지 않다.
그냥 친구・후배들로부터 축하받고 소주 한 잔 하는 것으로
9년 만의 대학 졸업을 자축했을 뿐이다.

생들이 시위행진을 해도 아무 제지를 받지 않는 해방구처럼 됐다. 대학생들은 매일 서울역 광장으로 집결했다.

경희대는 매일 학교에서 출정식을 갖고 서울역 광장까지 행진해서 대학생 연합시위에 참석한 후, 다시 학교까지 행진해서 돌아와 해산식을 하곤 했다. 서울역에 집결하는 대학생 수는 갈수록 늘어났다. 마지막 5월 15일엔 거의 20만 명에 달했다. 신군부의 군부 독재 연장 책동에 대한 저항이 최고조에 달한 순간이었다.

그 순간 서울대 총학생회를 비롯한 각 대학 총학생회장단이 학생들의 전면퇴각을 결정했다. 군 투입의 빌미를 주지 않겠다는 것이었다. 이른바 '서울역 대회군'이다. 참으로 허망한 일이었다.

그 며칠 전부터 군 투입설이 있었다. 믿을 만한 교수들이 내게도 그런 정보를 전하며, 군 투입의 빌미를 주면 안 된다고 말했다. 그러나 어느 대학이랄것 없이, 복학생 그룹은 대체로 군이 투입되더라도 사즉생(死卽生)의 결의로 맞서 싸워야 한다는 생각이었다. 민주화를 향한 마지막 고비였다. 거기서 주저앉으면 또다시 군부 독재가 연장되는 것이었다. 군이 투입되더라도 국제사회의 눈 때문에 강경 진압에 한계가 있을 것으로 봤다.

복학생들이 총학생회 회장단을 설득하려 노력했지만, 시위 경험이 없는 그들은 군 투입 소식에 겁부터 냈다. 그렇게 해산한 대학생들은 다시 모이지 못했다. 그 중대한 기로에 서울의 대학생들이 싹 피해 버린 가운데, 광주 시민들만 외롭게 계엄군과 맞서야 했다.

나는 서울 지역 대학생들의 마지막 순간 배신이 5·18광주항쟁*에서 광주시민들로 하여금 그렇게 큰 희생을 치르도록 했다고 생각한다.

신군부는 5월 17일 24시부로 비상계엄*을 전국으로 확대했다. 나는 그날 아내와 함께 강화도에 있는 장인어른의 농장으로 놀러갔다. 나와 아내는 연애 기간이 꽤 오래돼, 양가 모두 결혼할 사이로 공인하고 있을 때였다. 장인, 장모님과 우리 두 사람, 그리고 처형과 그의 남자친구, 모두 여섯 명이 강화도 부속섬인 석모도의 보문사에 다녀왔다. 그날 밤 농장으로 돌아오는 버스 안에서, 당일 자정부터 비상계엄이 전국으로 확대된다는 라디오 뉴스를 들었다. 비상계엄은 이미 전년도 10월 27일 자로 제주도만 제외하고 내려져 있던 것이었다. 그런 비상계엄을 제주도까지 확대한다는 것이니, 서울 지역 상황에는 변동이 없는 것이다. 굳이 제주도까지 비상계엄을 확대할 이유가 전혀 없는 상황이었다.

그냥 직감으로 알 수 있었다. 그동안 비상계엄하에서 가두시위가 허용되고 군대도 투입되지 않았으나, 이제는 본격적으로 군대를 투입해 비상계엄을 제대로 하겠다는 뜻이었다. 나는 버스 안에서 아내에게 '돌아가는 대로 잠시 피신해야겠으니 그런 상황이 닥치더라도 당황하지 말라'고 당부했다. 순진한 생각이었다.

농장으로 가는 진입로 입구의 버스정류장에서 우리 일행이 내리는 순간이었다. 갑자기 5~6명의 건장한 괴한이 둘러싸며 권총을 들이댔다. 그리고 "꼼짝 마. 손 들어. 너 문재인 맞지?"라고 소리쳤다. 나를 체포하기 위해 기다리던 청량리경찰서 정보과 형사들이었다.

"영장을 보자"고 했더니 "영장 같은 소리 하고 있네!" 하면서 '계엄'이라고 붉은 글씨로 적힌 '계엄증'을 보여 줬다. 비상계엄하에서 영장제도가 정지되니 군소리 말라는 뜻이었다. 처가 식구들이 다 보는 앞에서 수

갑이 채워지고 차에 태워져, 그길로 청량리경찰서 유치장에 수감됐다.

그 시절 나는 경희대 안에 '장학사'라는 기숙사에서 기숙을 했다. 그런데 연행 전날 밤, 계엄군이 들이닥쳐 나를 찾기 위해 여학생들 방까지 샅샅이 뒤졌다고 한다. 내가 그곳에 없자 형사들이 그날 아침 처갓집에 쳐들어 와 구둣발로 온 방을 뒤진 다음, 혼자 집을 보고 있던 여고생 처제를 닦달해서 강화도 농장에 간 사실을 알아냈다. 그러고선 농장 입구에서 빵으로 요기하며 온종일 기다렸다는 것이다. 장인과 장모님 앞에서, 들이댄 권총에 손을 들기도 하고 또 수갑이 채워져 연행되기도 했으니 참으로 민망한 순간이었다. 떠나는 버스에서 밖을 내다보니 다들 아무 소리도 못 하고 망연자실 서 있었다.

내가 두 분을 놀라게 한 건 그게 처음이 아니었다. 공수부대 제대 말년 고참 병장이던 77년 10월 하순 무렵 아내의 졸업 연주회가 경희대 콘서트홀에서 있었다. 외출을 안 시켜 주는 평일이어서, 인사과 동기에게 받은 가짜 외출증을 가지고 외출을 감행했다. 들키면 영창에 갈지도 모를 일이었지만, 각오했다. 공수부대의 얼룩무늬 군복에 검은 베레모를 쓰고 졸업 연주회장에 갔다. 그때 두 분을 처음 뵙고 인사드렸다. 나중에 들으니 두 분은 내가 대학에서 제적되고 군대에 가 있다는 말을 듣긴 했지만, 막상 딸의 졸업 연주회장에 공수부대 군복 차림으로 나타나자 속으로 '경악'했었다고 한다.

그때 구속 사유는 계엄포고령* 위반이었다. 알고 보니 같은 시기에 전국적으로 많은 사람들이 같은 사유로 구속됐다. 당시 계엄포고령 위반으로 구속된 사람들은 모두 곧장 군법회의*로 넘겨졌다. 그런데 나를 비롯한 경희대생들은 군법회의에 넘기지 않고 계속 미결 상태로 붙잡아 두고 있었다. 대학생들이 서울역 광장에 마지막으로 운집한 5월 15일, 남대문에서 발생한 비극적 사고 때문이었다.

그날 서울역 광장엔 20여만 명의 대학생들이 총집결했다. 경찰은 모든 병력과 화력을 남대문-시청 앞-세종로-광화문-청와대 쪽으로 집중해, 학생들이 남대문을 넘어오지 못하도록 막았다. 수적으로 월등한 학생들이 보도블록을 깨서 던지며 밀어붙였지만, 남대문 양옆으로 방어막을 치고 있는 경찰 저지선은 철벽 같았다. 학생들은 대학별로 번갈아가며 부딪쳐 봤지만, 어느 대학도 저지선을 뚫지 못했다. 그러는 사이 남대문 왼쪽 도로변에는 빈 버스들이 여러 대 늘어섰다. 시위 때문에 도로가 막히자 기사들이 오도 가도 못 하게 된 버스를 세워 두고 가 버린 것이었다.

처음엔 학생들이 그 버스를 밀어서 경찰 저지선을 뚫어 보려고 시도했다. 그런데 운전석에서 핸들을 잡아 주지 않고서는 버스가 똑바로 나아가지 않았다. 경찰 저지선까지 버스를 똑바로 밀고갈 수 없었다. 자연히 '누구 운전할 줄 아는 사람 없나?'라는 말들이 돌았다. 그 순간 추리닝 차림의 한 청년이 용감히 나서서 운전대를 잡고 버스를 운전했다. 그가 앞에서 버스를 살살 몰아 앞장서면 저지선의 경찰 병력이 길을 열 수밖에 없을 것이고, 그러면 그 순간 버스를 뒤따르는 학생들이 저지선을 돌파하려는 계획이었다.

그런데 그가 긴장했는지, 아니면 운전이 서툴렀는지 버스를 너무 빨리 몰았다. 그 바람에, 버스가 저지선을 넘은 후 학생들이 뒤따르기도 전에 저지선이 다시 닫히고 말았다. 버스만 달랑 경찰 속으로 들어간 셈이 됐다. 우리는 그가 걱정됐지만 도울 방법이 없었다. 그런데 붙잡히리라 생각했던 그 버스가 잠시 후 반대편으로 돌아 나왔다. 남대문의 왼쪽으로 들어갔다가 오른쪽으로 빠져나온 것이다. 그때 그 버스가 빠져나올 때 남대문 오른쪽에서 우리 쪽을 향해 서 있던 전경대열의 뒤를 그만 덮쳤던 모양이다. 우리는 그때 그 사실을 전혀 몰랐다. 그저 그 사람이 무사히 돌아온 것에 안도했다.

그날 밤 뉴스를 보고서야 알았다. 버스가 돌아 나올 때 전경들의 뒤를 덮쳤다는 것이다. 전경 1명이 사망하고 4명이 중상을 입었다고 했다. 그때까지 시위대로 인해 경찰 병력이 사망한 사례가 없었기 때문에 대단히 충격적이었다.

이후 그 사고는 학생시위의 과격성·폭력성·극렬성을 보여 주는 상징적인 사례로 이용됐다. 당국은 특별수사본부를 설치해 범인을 반드시 색출하겠다고 발표했다. 당시 언론은 시위의 폭력성을 부각시키기 위해 "버스기사로부터 강제로 버스를 탈취해 몰았다"고 보도하기도 했다. 전혀 사실이 아니었다. 그때 현장엔 빈 버스가 20여 대나 방치돼 있었기 때문에 그럴 필요도 없었다.

나는 계엄포고령 위반 피의자이면서, 동시에 그 사건 참고인으로 특별수사본부 조사 대상이었다. 당시 경찰이 인근 빌딩에서 찍은 채증사진에 의하면, '버스 돌진' 당시 경희대 플래카드가 맨 선두에 나와 있었다. 대학별로 번갈아가며 경찰 저지선 돌파를 시도했기 때문에, 사진으로만 보면 경희대가 경찰 저지선 돌파를 시도하는 동안 '버스 돌진'이 있었던 것으로 판단할 만했다. 게다가 버스를 운전한 사람은 주리닝을 입고 있었고, 경희대는 체대가 유명했다. 그래서 경찰은 우선 운전자가 경희대 학생일 가능성을 조사했다. 경찰의 또 다른 용의선은 한국체육대학이었다. 그날 한국체대생들이 추리닝 차림으로 시위에 참여한 일이 있었기 때문이다.

어쨌든 특별수사본부는 채증사진에 의해 내가 운전자가 아니라는 것은 이미 확인했지만, 운전자가 경희대생이라 의심하며 '복학생 대표로서 그날 시위를 이끌었던 너는 적어도 그가 누구인지 알 것 아니냐?'고 추궁했다. 그러나 나는 그가 누군지 몰랐고, 또 경희대 플래카드 역시 다른 학교가 저지선을 뚫는 차례였는데도 플래카드만 그 자리에 남아 있었던 것에 지나지 않았다.

결국 나는 '운전자가 누구냐'를 찾는 데 아무 도움도 안 되는 참고인이었다. 하지만 특별수사본부의 수사 성과가 전혀 없는 상태였기 때문에, 그냥 붙잡혀 있었다. 그 때문에 20일이 넘도록 군법회의에 회부되지 않고 미결(未決)로 남아 있었다. 그런데 그런 상황이 오히려 나를 살렸다.

* **중앙청** 현재의 광화문 바로 뒤에 있던 과거의 중앙정부청사. 일제 강점기에 조선 총독부 건물로 사용되던 것을 광복 후 중앙청으로 개칭하고 정부 청사로 사용하다가 헐었음
* **서울역 대회군(大回軍)** 1980년 5월 15일까지 연일 최고조에 달했던 서울역 등에서의 대학생시위를 당시 학생운동 지도부가 군 투입 빌미를 주지 않겠다며 자진해산을 결정한 일
* **5·18광주항쟁** 1980년 5월 18일에서 27일까지 전라남도 광주 일원에서 시민들이 계엄령 철폐와 전두환 퇴진 등을 요구하며 벌인 민주화 운동. 신군부가 계엄군을 투입해 무력 진압하면서 양민 수백 명이 사망. 한국전쟁 이래 최대 희생자를 낸 민간인 학살극
* **비상계엄** 대통령이 전시, 사변 또는 이에 준하는 국가비상사태로 사회질서가 극도로 혼란된 지역에 군사상의 필요에 의하거나 공공의 안녕질서를 유지하기 위하여 선포하는 계엄
* **계엄포고령** 계엄령을 선포하면서 계엄사령관 명의로 널리 알리는 법령이나 명령
* **군법회의** 군법을 근거로 설치되는 군사법정

유치장에서 맞은 사법고시 합격

구속된 지 이십삼, 사 일쯤 됐을까, 뜻밖의 낭보를 받았다. 반가운 소식을 가장 먼저 듣고 온 사람은 아내였다.

내가 사법시험에 합격했다는 것이다. 나는 그 무렵 합격자 발표가 있다는 사실조차 까마득히 잊고 있었다. 아내는 합격자 발표일을 잊지 않고 있다가 결과를 알아봤던 모양이었다. 내가 그런 처지였으니, 더 간절한 마음으로 결과를 기다렸을지도 모를 일이다.

얼마 후 학교 학생처장, 법대 동창회장 같은 분들이 면회를 와서 축하해 줬다. 경찰은 나를 유치장 밖으로 내보낼 수는 없으니 대신 그분들을 유치장 안으로 들여보내 축하할 수 있게 해 줬다. 그분들이 소주와 안주를 가져와서 유치장 안에서 축하주까지 마실 수 있도록 해 줬다. 경찰 허가하에 외부인사가 유치장 안으로 들어와서 수감자와 함께 축하주를 마신 일은 경찰 역사상 전무후무한 일이라고 했다.

그 며칠 후 석방되었다. 군사재판에 이미 회부됐다면 석방은 불가능했을 것이다. 합격도 취소되거나 3차 시험 불합격으로 처리되고 말았을 것이다. 다행히 미결상태였기 때문에 석방의 여지가 생겼다. 그 사법시험에서 경희대 합격자는 단 두 명이었다. 그중 한 명이 합격이 취소될 상황이라 학교 측은 총력을 기울여 구명 노력을 했다고 한다.

마침 그때 경희대 대학원장이 육사 1기 출신 김점곤 교수였다. 한국전쟁 때 평양에 제일 먼저 진입한 연대장으로 전사(戰史)에 기록돼 있는 분이다. 그분이 중대장일 때 육사 2기인 박정희 전 대통령이 밑에서 소대장을 했다고 한다. 그 분이 계엄사* 쪽으로 노력을 많이 했다는 말을 들었다. 석방은 아마 그 덕택이었을 것이다. 덕분에 특별수사본부의 '참고인'도 끝났고, '계엄포고령 위반' 조사도 유야무야됐다.

개인적으로 매우 기쁜 일이었다. 그러나 유치장에서 들은 '광주 5·18' 소식은 암울하기 짝이 없었다. 잡혀 들어간 이틀 뒤 무렵부터 정보과 형사들이 매일 광주 상황을 전해 줬다. 신문을 보여 주고 자기들이 정보라인을 통해 알게 된 정보도 알려주었다. 뜻밖이었던 것은, 그들이 군에 대해 대단히 비판적 태도를 보이는 것이었다. 군인들의 민간인 학살에 대해선 분개하기까지 했다. 광주의 경찰서장이 무기고를 열어 시민들이 무기를 가져갈 수 있게 해줬다는 얘기를 자랑스럽게 하기도 했다.

그런데 출감해 보니 사람들이 광주 상황에 대해 너무 모르고 있어, 이상할 정도였다. 그동안 언론은 국민들에게 정보과 형사가 나에게 알려준 것에도 훨씬 못 미치는 수준으로 보도했고, 심지어 왜곡하기까지 했기 때문이었다.

사법시험 최종 합격까지 한 번 더 고비가 있었다. 3차 면접시험이었다. 3차 면접시험은 그야말로 신원에 큰 문제가 없으면 백 퍼센트 합격하던 시절이었다. 그런데 면접시험을 며칠 앞두고 안기부 요원이 '인터뷰'를 하자고 했다.

그가 지정한 호텔에 나가 '인터뷰'에 응했다. 묻는 핵심은 하나였다. '지금도 옛날 데모할 때와 생각이 변함없느냐'는 것이 요지였다. 일종의 사상 검증이었다. 대답하기 정말 곤혹스러웠다. 머릿속으로 온갖 생각이 오갔다. 그러나 젊을 때였다. 자존심을 굽히는 것이 죽기보다 싫었다. '에라, 모르겠다' 하고 "그때 생각이 옳았다고 생각하고, 지금도 생각이 변함없다"고 버텼다. 그러고는 최종 합격자 발표 때까지 그렇게 대답한 것을 후회했다.

다행히 최종 합격됐다. 그가 좋게 보고해 준 것인지, 아니면 그의 보고가 결과에 영향을 미치지 않은 것인지는 모르겠다. 그때 3차 시험 불합격자가 한 명도 없는 걸 보면 대세가 다른 방향으로 흘러간 것인지도 모르겠다.

어쨌든 나의 사법고시 합격은 여러모로 운이 따랐다. 실제로 그 다음 해부터는 시위 전력자들이 3차 면접시험에서 마구 떨어졌다. 그들 중에는 많은 세월이 흐른 후에 '과거사위원회'에서 부당한 공권력 행사였다는 진실규명 결정을 받아, 다 늙어서 사법연수원에 들어가게 된 사람도 있다.

2차 시험 합격도 운이 좋았다. 시험 전 마지막 두세 달을 공부에서 손을 뗐기 때문에, 전형적인 시험문제들이 출제됐으면 합격이 불가능했을 것이다. 그런데 그해 2차 시험에는 전형적이지 않은 문제들이 많이 출제됐다. 특히 헌법 과목은 마지막 두세 달의 집중공부가 아무 소용없는 듯

밖의 문제가 출제됐다.

나는 헌법 과목에서 거의 최고득점을 했다. 그것으로 나머지 과목의 낮은 점수를 만회해 간신히 합격할 수 있었다.

* **계엄사** 계엄사령부. 계엄이 선포됐을 때 해당지역의 행정권과 사법권의 일부 또는 전부를 가지게 되는 계엄사령관의 계엄업무 수행을 보좌하기 위한 군사기관

변호사의 길로

사법연수원 시절은 평탄했다. 생소한 법률 문장과 판결문 문체도 별로 어렵지 않게 익숙해졌다. 적은 액수지만 봉급을 받게 돼 처음으로 경제적 자립을 했다. 아내와 결혼하고, 첫 아이를 낳았다. 처음 만난 때로부터 만 7년, 긴 연애 끝의 결혼이었다.

박원순 변호사, 박시환 대법관, 송두환 헌법재판관, 이귀남 법무부 장관, 천성관 전 검찰총장 후보, 이번에 새로 대법관이 된 박병대 판사, 박정규 전 민정수석 등이 모두 연수원 동기들이다. 정치의 길로 들어선 사람도 여럿이다. 조배숙, 박은수, 고승덕, 이한성 의원과 함승희 전 의원 등이 동기다. 합격자 수가 141명, 적게 뽑던 마지막 기수여서 동기들 간의 유대감이 좀 돈독한 편이다. 연수원 마치면 거의 전원 판·검사로 임용되던 때여서 사법연수원 교수들도 판·검사 후배 대하듯 해 줬다.

작고한 조영래 변호사*도 연수원 동기였다. 한참 선배였는데, '서울대생 내란 음모사건'으로 사법연수원에서 제명됐다가 우리 때 복적이 이뤄져 연수원을 함께 나왔다. 내게 많은 영향을 줬다. 판사 임용이 거부됐을

아내와 결혼하고, 첫 애를 낳았다.

처음 만난 때로부터 만 7년, 긴 연애 끝의 결혼이었다.

때, 〈김앤장〉을 비롯해 두어 군데 법무법인과의 만남을 주선해 준 것도 그였다.

1984년과 1985년 울산 온산공단에서 다수의 주민들에게 온산병(病)* 으로 불린 공해병이 발생했을 때, 그의 연락을 받고 온산공단에 가서 함께 역학 조사를 벌였다. 발병자의 머리카락을 채취해 중금속 검사를 의뢰하기도 했다. 그의 노력으로 '온산병'은 사회 이슈화되기에 이르렀다. 공해병이 아니라고 일관하던 당국도 결국 공해 관련성을 인정해 주민들을 집단 이주시켰다. 엄혹했던 군부 독재 아래서 주민들의 집단 공해병을 처음 사회문제로 부각시킨 사건이었다.

1987년 대선 때 그는 '후보단일화 운동'*을 주도했다. 재야의 다수가 김대중 후보에 대한 '비판적 지지'*로 기울어 있을 때였다. 나는 부산 지역에서 그와 입장을 같이했다. 그때 노무현 변호사는 특별한 입장을 가지지 않고 공정선거 감시 활동에 주력했다. 끝까지 후보단일화가 이뤄지지 않아 결국 노태우 후보가 당선되고 말았을 때 우리는 크게 낙망했다. 얼마 후 '민변'*을 창립할 때도 함께 의논했다.

민변을 처음부터 전국조직으로 만들기 어려워 '서울 민변'을 창립할 때 나는 부산에서 별도로 '부산·경남 민변'을 창립했다. 조계종 소장개혁파 스님들이 비상개혁 종단을 범어사에 뒀을 때, 그의 소개로 내가 범어사 고문 변호사를 3년가량 맡은 적도 있다. 그리고 그 인연으로 부산불교인권위원회가 설립됐을 때, 불교신도도 아니면서 인권위원으로 참여했다.

그는 엄청난 골초였다. 특히 글을 쓸 때 담배를 입에서 떼지 않았다. 그의 명(名)칼럼, 명(名)변론문이 모두 자욱한 담배 연기 속에서 쓰였다. 어느 날 부산에 와서 함께 생선회로 점심을 먹었다. 웬만한 골초라도 음식을 먹는 중에는 담배를 피우지 않는데, 그때 그는 음식을 먹다가도 이야기를 할 때면 담배를 피워 물었다. 담배를 절반쯤 피운 다음 껐다가 나중에 남은 담배를 다시 피우는 흡연 습관도 독특했다. '체인 스모킹'이 심각할 정도로 심해졌기에 내가 걱정을 했는데도 듣지 않았다. 그가 말기 폐암이라는 말을 들은 건 그로부터 20여 일 후였다.

나는 연수원 시절 판사를 지망했다. 체질에 맞을 것 같았다. 연수원에서 모의 기록으로 판결문을 쓰는 공부를 했는데, 재미있었다.

판사 시보를 서울 북부지원에서 했다. 대학 시절 구속돼 재판받았던 곳이어서 감회가 남달랐다. 그곳에서 실제 재판에 참여해 보기도 했다. 합의부 판사들간에 의견이 엇갈려 합의가 잘 안 될 경우 '시보 의견도 한번 들어 보자'고 해서 합의에 참여해 보기도 했다. 또 실제 사건기록으로 판결문을 쓰는 훈련도 했다. 당시 윤관 지원장(支院長)은 훗날 대법원장이 된 분인데, 시보들이 쓴 판결문을 일일이 손본 후 한 명씩 불러 평을 해 줬다. 내게는 "판사를 잘하겠다"고 칭찬을 많이 해 주셨다. 내가 판사 임용이 안 되자 그때는 거꾸로 "해 보면 판사가 별로 좋은 직업이 아니다. 변호사가 더 좋은 점이 많다"고 위로해 주시기도 했다. 훗날 그 인연으로, 참여정부 시절 발생한 대법관 파동 때 중재 역할도 해 주셨다.

검사 시보도 좋은 경험이었다. 검사 시보 역시 내가 구속돼 조사받았던 서울북부지청에서 했다. 검사 시보는 검찰청법에 의해 검사 직무대리로 임명돼, 검사와 똑같이 사건처리를 하게 돼 있었다. 그때 북부지청은 시보에게도 많은 사건을 배당했다. 물론 상대적으로 가벼운 사건들이었다.

대학 때 여러 번 피의자로 조사받았던 경험이 검사 직무대리로 사건을 처리하는 데 큰 도움이 됐다. 맨 처음 피의자를 조사하고 조서를 작성할 때, 옆에서 지켜본 지도검사가 "여러 번 해 본 사람 같다"고 감탄했을 정도였다. 여러 번 조사받은 경험이 주는 익숙함 때문이었는지, 연수원 때 검찰 과목에서 1위를 했다. 그러나 검사가 되고 싶은 생각이 들진 않았다. 검사의 직무를 부정적으로 생각했던 건 아니었다.

오히려 판사가 하는 일은 소극적이고 수동적이다. 검사는 적극적이고 능동적으로 사회정의를 세우는 일을 할 수 있어, 더 좋게 생각되는 면이 있었다. 그러나 검사 직무대리로 사건을 처리하면서, 검사가 내 성격에 맞지 않는다는 판단을 하게 됐다.

한번은 교통사고치사 구속사건을 배당받았다. 지금은 대규모 아파트 단지가 들어선 상계동이 허허벌판이던 시절, 그곳에 블록*공장이 몇 군데 있었다. 갓난애가 딸린 젊은 부부가 블록공장에서 함께 인부로 일했다. 아기를 맡길 데가 없어 블록 더미 사이에 아기를 놓아두고 엄마가 때때로 가서 젖을 주거나 돌봤다.

그런데 어느 날 트럭이 블록을 싣고 떠날 때, 그만 아기가 트럭 바퀴에 치어 죽는 사고가 발생했다. 아기가 트럭 밑으로 들어가는 건 아무도 보지 못했다. 전후 사정으로 보면, 아기가 블록 더미 사이에서 기어 나와, 어른들이 트럭에 블록을 싣느라 미처 못 보는 동안 트럭 밑으로 들어간 것으로 짐작됐다.

죽은 아기 부모의 사정도 딱하고, 구속된 운전기사 사정도 딱했다. 구속영장에는 차를 출발시킬 때 차량 밑을 살펴봐야 할 주의 의무를 위반

했다고 돼 있었다. 관념적인 판단일 뿐 실제 그 상황에서 어떻게 사고를 예상할 수 있겠는가? 게다가 그 운전기사도 고아 출신으로, 블록공장 사장의 호의로 그곳에서 차량을 운전하고 있는 가난한 청년이었다.

고심하고 있었는데 마침 블록공장 사장이 운전기사 대신 아기 부모에게 보상을 해 주고 합의를 해 왔다. 나는 운전기사를 무혐의 처리는 못 하더라도 적어도 약식처리는 해 줘야 한다고 주장했다. 부장검사와 차장검사는 '교통사고 치사 사건은 나중에 법원이 석방하더라도 검찰은 구속기소를 하는 것이 사건처리 기준'이라며 난색을 표했다. 지청장을 찾아가 내 의견을 관철했다. 그랬더니 부장과 차장은 '약식처리는 해 주는 대신 벌금액이 많아야 한다'고 했다. 또 우겨서 벌금액을 최소화하고, 분납까지 할 수 있도록 해 주고 석방했다. 그때만 해도 시보들의 기를 살려 주는 분위기가 있어 가능했던 일이었다.

그 사건을 처리하면서 사람을 처벌하는 일이 내 성격에 맞지 않다고 느꼈다. 늘 부담스럽고 마음이 불편했다. 식품위생법 위반사건 같은 것을 처리할 때도 소행으로 보면 처벌해야 마땅한 일인데도, 막상 사정을 살펴보면 장애인이라거나 생계형 범죄라는 등의 딱한 사정 때문에 단호한 처벌을 결정하기 어려울 때가 많았다. 내 무른 성격 때문에 검사는 안 맞겠다고 생각했다.

시위 전력으로 결국 판사 임용이 안 돼 변호사의 길로 나서게 됐다. 그때 나만 판사 임용이 안 된 게 아니었다. 연수원 동기 중에 여성이 딱 2명 있었다. 그중 한 명이 연수원 전체 3등으로, 대한변협회장상까지 받았다. 그녀의 아버지가 반공법 위반으로 복역 전과가 있고 보호관찰 대상자라고 했다. 연좌제*가 없어진 후였는데도 아버지의 반공법 전과 때문에 판사 임용이 안 됐다. 그 때문에 다른 여성 동기와 함께 검찰로 갔고, 둘이 사상 첫 여성검사가 됐다.

심지어 그때 법원은 소아마비 장애가 있는 동기생 4명을 임용에서 제외해 엄청난 여론의 비판을 받기도 했다. 결국 법원은 3개월 후에 그들을 판사로 추가임용하는 것으로 손을 들었지만, 당시 법원의 의식 수준이 그 정도였다.

그런 것들을 보면 내가 판사로 임용되지 않은 것이 외압 때문은 아니었다. 법원, 특히 당시 대법원의 시대에 뒤처진 의식이 스스로 낙후된 결정을 내리게 한 것이다. 그래서 어쩔 수 없이 변호사의 길로 들어서게 됐다. 그 길목에서 노무현 변호사를 만났다.

내가 변호사가 된 그 모든 과정들이, 결국은 노무현 변호사를 만나기 위해 미리 정해진 운명적 수순처럼 느껴진다.

* **조영래 변호사** 『전태일 평전』을 집필한 한국의 대표적 인권 변호사. 1990년 작고
* **온산병(病)** 1980년대 초 울주군 온산 지역에서 발생한 공해병
* **'후보단일화'와 '비판적 지지'** 1987년 처음 치러진 직선제 대선에서 군사 독재를 종식시키기 위해 야권의 김대중-김영삼 두 후보의 단일화를 요구한 시민들의 운동. 당시 다른 한쪽에선 김대중 후보가 김영삼 후보에 비해 상대적으로 민주적 지도자라며 비판적이지만 지지 여론을 모아야 한다는 '비판적 지지' 입장으로 갈림
* **민변** 민주사회를 위한 변호사 모임. 1988년 그동안 민권 및 인권, 시국 사건의 변론을 맡아 활동하던 소장 변호사들이 결성
* **블록** 시멘트로 네모지게 만들어서 벽면 따위를 쌓아 올리는 데 쓰는 일종의 큰 벽돌
* **연좌제** 범죄인과 특정한 관계에 있는 사람에게 연대책임을 지게 하고 처벌하는 근대 형법 이전의 제도. 법에서는 금지하는데도 과거 독재시절, 사상범의 가족 또는 친족임이 신원조회에서 밝혀지면 고급공무원으로 임명하지 않는 등 악용사례가 빈번

1 만남

2 인생

3 동행

4 운명

청와대로 동행

2002년 대선 승리의 여운은 오래갔다. 특히 노 당선인의 정치적 고향인 부산에선 더욱 그랬다. 선거 끝나고 한동안은 축하전화를 내가 다 받는 듯했다. 당선인에게 직접 연락하거나 만나기가 여의치 않은 탓에 내가 많은 인사를 받았다. 내가 감사인사를 드려야 할 분들도 많았다.

좋기만 한 것은 아니었다. 세상인심이 그런 것인지는 몰라도, 정말 고마운 분들은 부담 줄까 봐 또는 내가 바쁠 것을 배려해 연락을 삼갔다. 반면 뭘 어떻게 도왔는지 알 수 없는 분들이 오히려 공치사를 하며 만나자고 했다. 감사인사를 적절하게, 그러면서 분별 있게 하는 것은 부담스럽고 피곤한 일이었다. 그동안 노 당선인이 치렀던 선거마다 총괄하다시피 해 온 이호철은 '선거 치르고 나면 몇 년 동안 빚쟁이가 된다'면서 선거에 다시는 관여하고 싶지 않다는 심정을 토로하곤 했었는데, 그 말이 실감났다.

당선된 후 노 당선인에게 연락이 왔다. 연말을 앞둔 때였다. 저녁을 사겠다며 서울로 오라고 했다. 아내와 함께 모처럼의 서울 나들이를 했다.

당선인과 권 여사님, 나와 아내 넷이 만났다. 높은 층의 호텔 음식점이었는데, 창밖으로 북악산과 청와대가 바라보이는 방이었다. 일부러 청와대가 잘 보이는 방을 예약했다면서, 우리 부부에게 창밖 전망이 잘 보이는 자리를 내줬다. 청와대를 그렇게 바라보기는 처음이었다. 근사한 식사를 하면서 축하를 드리고, 고맙다는 인사를 들었다.

선거 과정에 있었던 이런저런 얘기들을 아무 부담 없이 추억 삼아 나눌 수 있으니 정말 좋았다. 인수위*나 정치 이야기는 하지 않았다. 취임 전에 아이들을 모두 결혼시키려 한다는 말을 듣고, 역시 그분답다고 생각했다.

2003년 1월 13일, 이호철과 함께 당선인을 다시 만났다. 그 모임을 어찌 알았는지 어느 지방신문이 보도를 하기도 했다. 사직동 근처의 어느 한정식 집이었다. 당선인은 무거운 얘기를 꺼냈다. 나에게 청와대 민정수석비서관*을 맡아달라고 했다. 달리 맡길 만한 사람이 없다는 말씀이었다. 이호철에게도 무슨 일이든지 맡아서 도와달라고 했다.

즉답을 할 수 없었다. 며칠 시간을 달라고 부탁드렸다. 이호철도 마찬가지였다. 우리 반응이 떨떠름하고 미지근하게 보였던지, 당선인은 "당신들이 나를 정치로 나가게 했고, 대통령을 만들었으니 책임져야 할 것 아니냐"는 말씀까지 했다. 내려와서 1주일 정도 고민했다. 나는 인권 변호사란 말을 들으면서 권력을 비판하는 역할만 해 왔을 뿐, 국정 운영이나 행정 경험이 전혀 없었다. 법률가로서 법을 알 뿐 국정에 관해서는 백면서생이나 진배없었다. 정치세계도 알지 못했고, 관여해 본 일도 없었다. 부산선대본부장을 했지만, 민주당에 입당하지 않고 했다.

그런 내게 민정수석을 부탁한 당선인의 뜻이 무엇인지, 내가 민정수석이 되면 무엇을 어떻게 해서 그가 하려는 개혁을 도울 수 있을지 깊이 생각했다.

그 시기 민정수석실의 첫째 과제는 군림하지 않는 청와대를 만드는 것이었다. 참여정부에선 '권위주의 타파'란 말로 표현했다. 과거 군림하는 청와대의 상징이 민정수석실이었다. 그래서 국민의 정부는 출범 때 아예 민정수석실을 폐지해 버렸다. 나중에 안 되겠다고 판단해서 부활을 시키면서도 역시 군림하지 않는 민정수석실을 지향했다. 그러면서 민주화 운동 진영의 김성재 한신대 교수(나중에 문광부 장관을 역임했고, 현재 김대중 기념도서관장)를 민정수석으로 임명했다. 그때 김성재 민정수석 내정자로부터 민정비서관을 맡아 달라는 부탁을 받은 적이 있었다. 자신이 비법조인이니 민정비서관은 법조인이 맡되 비검찰 출신 인권 변호사가 바람직하다고 판단했다는 것이다. 그러나 그때는 그 일보다, 내가 하고 있는 일이 더 중요하다고 판단해 고사했다.

그랬던 국민의 정부도 중반으로 가면서부터는 역시 검찰을 관리하고 통제할 필요성을 절감했는지, 고위 검찰 출신을 민정수석으로 임명하는 과거 체제로 되돌아가 버렸다. 심지어 민정비서관조차 현직 검사로 임명했다. 따라서 한때 민정수석실을 폐지하기까지 했던 국민의 정부 초기 정신을 되살릴 필요가 있었다.

다음 과제는 검찰과 국정원을 비롯한 권력기관 개혁이었다. 이는 특별법을 만들거나 없던 제도를 새롭게 만드는 게 아니었다. 청와대가 권력기관을 정권의 목적으로 활용하지 않는 것으로부터 시작하는 것이었다.

우리는 그것을 대통령이 헌법과 법률에 없는 '초과권력'을 내놓는 것이라고 표현했다. 그것이 이뤄져야 권위주의 체제가 비로소 타파되고, 정치적 시민적 민주주의가 완성된다.

당선인이 그날 그런 말씀을 하신 건 아니었다. 그는 저출산 문제에 대한 심각한 고민 등 우리 둘과 별 관련은 없지만 그 시기 당신이 갖고 있던 생각을 장시간 말씀했다. 내게는 단지 민정수석을 맡길 만한 사람이 달리 없다면서 짧게 부탁했을 뿐이다. 그러나 국민의 정부에서도 여전히 남아 있는 권위주의와 민정수석실 개혁의 후퇴, 그리고 미흡한 권력기관 개혁을 아쉬워하는 대화는 평소 많이 나눴다. 굳이 말씀하지 않아도 그의 뜻을 알 수 있었다.

그뿐 아니었다. 그는 나의 소신만 생각한 것이 아니었다. 권력에 취하면 소신도 잊어버리기 십상인 것이 사람이다. 민정수석실 업무내용 때문에 법조 출신은 반드시 필요하다고 생각하면서도, 검찰을 장악할래야 할 수 없는 비검찰 출신을 민정수석으로 임명하고자 한 것이 당선인 생각이었다. 더 나아가 나 같은 사람을 민정수석으로 임명함으로써, 검찰을 장악할 의사가 없다는 대통령 의지를 분명하게 천명하고자 한 것이다.

당선인의 뜻을 그렇게 헤아리게 되니 몸을 사리기 어려웠다. 민정수석은 법률관련 업무가 근간이므로 법조활동의 연장이라고 생각하기로 했다. 한 1~2년 눈 딱 감고 '죽었다' 생각하고 일하다 내 자리로 다시 돌아오면 되겠지 하고 순진하게 생각했다.

그리고 당선인께 이렇게 말씀드렸다. "제가 정치를 잘 모르니, 정무적 판단이나 역할 같은 것은 잘하지 못할 것 같습니다. 그러나 원리원칙을

"제가 정치를 잘 모르니, 정무적 판단이나 역할 같은 것은 잘하지 못할 것 같습니다.
그러나 원리원칙을 지켜 나가는 일이야 할 수 있지 않겠습니까.
제가 해야 하는 역할을 그렇게 생각하신다면 저를 쓰십시오."

지켜 나가는 일이야 할 수 있지 않겠습니까. 제가 해야 하는 역할을 그렇게 생각하신다면 저를 쓰십시오." 그러면서 두 가지 조건을 말씀드렸다. "민정수석으로 끝내겠습니다." "정치하라고 하지 마십시오." 정치 이야기는 당선인의 후보시절 2002년 지방선거 때 부산시장 후보로 나서라는 압박을 강하게 받은 적이 있기 때문이었다. 당선인은 매우 기뻐하면서 그러자고 했다.

2003년 1월 23일, 인수위 기자실에 가서 민정수석으로 내정됐다는 인사를 하고 일을 시작했다. 민정수석실 진용을 갖추는 게 급했다. 인수위 시절 수석으로 내정된 다른 분들은 대개 비서관 인사를 자신의 의중대로 하기 어려웠다. 당선인을 오래 모셨던 사람들, 당선인이 직접 기용하고자 하는 사람들이 적지 않았다. 그 사람들 중심으로 일괄적 큰 구성이 이뤄지고 나면 수석 개개인이 별도의 사람을 발탁할 여지가 많지 않았다. 그런데 민정수석실은 영역이 좀 특수해서 그랬는지, 대체로 내 추천을 존중해 줬다.

민정비서관은 일찌감치 이호철을 점찍고 본인 수락을 받았다. 진용을 짜기 전에 국민의 정부 마지막 민정수석을 만나 자문을 구했다.

민정수석실 업무의 80퍼센트가 대(對)검찰 업무라고 했다. 그래서 수석과 민정비서관은 검찰 출신이 바람직하다고 했다. 특히 수석이 검찰 출신이 아닐 경우 민정비서관은 반드시 검찰 출신으로 해야 한다고 강조했다. 그리고 대통령에게 올라가는 보고서 중 민정비서관 보고서가 가장 중요하다며, 보고서 작성 능력이 무엇보다 중요하다고 했다. 그 점에서도 훈련이 잘 돼 있는 검사 출신이 좋고, 마땅한 사람이 없으면 현직 검사

중 A급을 뽑아 쓰다 나중에 검찰로 돌려보내면 된다고 했다. 보고서를 잘 써서 김대중 대통령께 칭찬을 많이 받았다는 당시 민정비서관도 만나 봤다. 그는 현직 검사 출신으로서 발탁됐고, 참여정부 출범과 동시에 검사로 되돌아간 사람이었다. 그의 의견도 비슷했다.

그들의 조언을 따르지 않았다. 민정수석실 역할을 다르게 설정했기 때문이다. 검찰과의 소통이 필요하면 내가 직접 하거나 사정비서관이 해도 된다고 생각했다. 특히 민정비서관은 총무비서관을 제외하면, 전체 비서관들의 군기반장 역할도 할 수 있어야 했다. 그 점에서 이호철만 한 사람이 없었다. 실제로 참여정부 기간 동안 대통령비서실이 나름대로 도덕적 긴장을 유지한 데는 그의 공이 컸다.

다른 비서관들도 노 대통령과 참여정부가 하려는 개혁에 뜻을 함께할 수 있는 법조인들로 구성했다. 검찰 개혁 소신이 분명하고 공부도 많이 한 박범계 전 판사를 민정2비서관으로 선임했다. 그는 '법무부의 비검찰화'를 강력히 추진했다. 여성비서관도 일부러 발탁했다. 강금실 장관이 추천한 황덕남 변호사를 법무비서관으로 발탁했다. 청와대가 해야 할 각종 법률쟁점을 검토하는 일을 총괄했다.

가장 신경을 쓴 것은 공직기강비서관과 사정비서관이었다. 공직기강비서관은 우리와 호흡이 맞으면서도, 인사 검증 업무만큼은 어떤 경우라도 '공(公)은 공, 사(私)는 사'라는 엄격성을 지킬 수 있는 인물이 필요했다. 당시 민변 부회장이었고 나중에 회장까지 역임한 이석태 변호사는 인권 변호사로 오래 활동한 선비 같은 사람이었다. 마음에 들지 않으면 피해 버릴지언정 영합하지 않는 성품이었다.

그에게 참여정부가 하려는 인사 절차가 과거와 얼마나 다른지, 그 절차에서 인사 검증이 얼마나 중요한지 누누이 설명하면서 삼고초려하다시피 공직기강비서관으로 발탁했다.

그는 인사 검증 결과를 민정수석인 나에게도 사전에 알려 주지 않았다. 인사 검증보고서를 바로 인사추천회의에 올리고, 내게는 인사추천회의 전날 오후나 당일 아침에 업무보고를 했다. 내가 바빠서 미처 그 보고를 받을 수 없을 때엔 나도 검증 결과를 알지 못한 채 인사추천회의에 들어가기 일쑤였다. 다만 검증 결과를 놓고 가부판단을 어떻게 할지 기준이 없거나 애매한 경우에만 나와 의논했고, 때로는 민정수석실 비서관회의에 올려 중지를 모았다. 인사 검증에서 민정수석의 영향조차 최대한 배제하려는 것이었다. 그가 그렇게 원칙을 세워놓으니 나중에 후임 공직기강비서관들도 그 원칙에 따랐다.

단 한 사람, 사정비서관만큼은 우리와 잘 모르고 인간관계도 없던 사람을 발탁하고자 했다. 그 자리는 대통령의 특수 관계자, 고위공직자 및 청와대 내부 감찰을 맡는 중책이었다. 이념적 성향은 물론이고 기존의 당선인 인맥과도 아무 연고가 없는 사람이 맡아야 한다고 생각했다. 그래야 인정에 치우치지 않고 엄정하게 그 일을 처리할 수 있다고 믿었다. 그렇게 해서 인선한 사람이 검사 출신이면서 퇴직한 지 꽤 된 양인석 변호사였다. 나도 전혀 모르는 사람이었다. 여러 통로로 평가를 수집했다. 특히 '옷로비 사건'* 특검보를 했기 때문에 특별검사였던 최병모 변호사로부터도 평가를 들었다. 내가 직접 두 번 만나 겨우 설득했는데, 인수위 안에서 강한 반발이 있었다. 특히 신계륜 당선인 비서실장이 강력히 반대했다. 그 중요한 자리에 왜 우리 쪽 사람을 안 쓰느냐는 것이다. 일리있는 말이었다. 요즘 와서 생각하면, 그 말이 맞을지 모른다는 생각이 들기도 한다. 사정에도 코드가 필요하다는 생각, 그것이 현실적인 생각인지도 모르겠다. 어쨌든 나는 그 당시엔 그래서는 안 된다고 생각했다. 내 생각을 고집하고 설득해서 관철시켰다. 그 때문에 사정비서관만 인선 확정이 좀 늦어졌다.

우여곡절 끝에 인선을 마무리했다. 드림팀이었다고 생각한다. 그 팀에 의해 참여정부의 권위주의 타파와 권력기관 개혁, 그리고 참여정부 청와대의 도덕성 기조가 세워졌다.

인수위 시절 납득하기 어려웠던 것은, 내정자들의 정부 출범 준비활동에 대해 제도적 뒷받침이 전혀 없다는 것이었다. 민정수석실의 경우 수석과 비서관 내정자들은 정부 출범과 동시에 내각이 구성될 수 있도록 인선과 인사 검증 작업을 해야 했다. 정부 출범 후 직무와 전혀 다를 바 없는 업무를 인수위 때부터 시작했다. 그것은 엄연한 국가 공무였다.

그러나 인수위 외의 정부 출범 준비활동 자체가 제도화돼 있지 않았다. 보수도 지급되지 않았고, 사무실 임차비용 등 활동경비도 전혀 지급되지 않았다. 내 경우에는 관련 비용을 개인적으로 부담해야 했다. 이 정도로 발전한 나라에서 국가를 위한 핵심 업무에, 그런 제도적 공백이 있다는 게 이해하기 어려웠다.

그런 불합리는 정부 출범 후에도 이어졌다. 수석비서관을 비롯한 청와대 비서실 직원 중 정무직*과 별정직*은 정식임명 전 반드시 신원조회를 거쳐야 했다. 정부 출범 때 한꺼번에 많은 사람에 대해 신원조회를 하다

보니 2003년 4월 초순, 정부 출범 후 거의 한 달 반이 지나서야 정식임명이 가능했다.

문제는, 그때까지 실제 근무를 했는데도 불구하고 급여가 지급되지 않는 것이었다. 말이 안 되는 일이었고, 노동법에도 위반되는 일이었다. 대통령도 그 일엔 무심했다. 내가 급여를 소급해 지급해야 한다고 말씀드렸지만 "어쩔 수 없지. 청와대에 근무하기 위해 투자한 것으로 쳐야지"라고 넘어갔다.

할 수 없이 민정수석실 별정직 직원들에게 내 사비로 교통비를 조금씩 지급해 줬다. 그 후 신원조회를 담당하는 경호실을 닦달해 신원조회 기간을 7일 정도로 대폭 단축시켰으나 근본적 해결을 하지 못한 채 넘어갔다.

* **인수위** 대통령직인수위원회. 선거를 거쳐 당선이 확정된 대통령 당선인은 취임 전까지 지위를 보장받으며 차기정권 출범을 위한 정권인수 등의 역할을 수행. 인수위는 대통령 당선인을 보좌해 대통령직 인수와 관련한 업무를 담당하기 위해 설치

* **청와대 민정수석비서관** 대통령비서실에서 국민여론 및 민심동향 파악, 공직·사회기강 관련 업무 보좌, 법률문제 보좌, 민원 업무를 처리하는 핵심요직. 대통령 친인척 관리와 고위공직자 인사 검증도 맡고 있으며 아래에 민정비서관, 사정비서관, 공직기강비서관, 법무비서관을 둠

* **'옷로비' 사건** 1999년, 외화밀반출 혐의를 받고 있던 신동아그룹 회장의 부인이 남편의 구명을 위해 고위층 인사 부인들에게 고가의 옷 로비를 했다는 의혹사건

* **정무직 – 별정직** 정무직은 중앙정부의 차관급 이상 공무원. 별정직은 그 아래 직급에서 특정한 업무를 담당하기 위해 별도의 자격기준에 의해 임용되는 공무원. 청와대의 경우 수석 이상은 모두 정무직, 그 아래는 통상 별정직과 일반직이 반반으로 구성

참여정부 조각(組閣) 뒷얘기

참여정부 조각 인선작업도 숨 가쁘게 진행됐다. 조각 과정 자체가 민정수석실 검증을 필요로 하는 일이어서 나로선 사실상 첫 당면과제였다. 특히 내각의 사회분야 쪽엔 상당부분 관여하게 됐다. 당선인에게 직접 의견을 말씀드리기도 했고, 당선인 지시에 따라 내가 대신 후보자를 만나 설득하는 일도 하게 됐다. 어떤 때는 당선인이 후보자를 만나 면접 비슷하게 하는 자리에 배석하기도 했다.

다양한 경로로 추천이나 제안도 받았다. 국민의 정부 민정수석실에서 자신들이 추천할 수 있는 인물을 검증자료와 함께 5배수 정도 보내왔다. 인수위에 설치했던 '국민참여 제안센터'*에서 아예 국민들로부터 인사추천을 받기도 했다. 넘어온 자료를 인수위 해당 분과별로 걸렀다. 압축된 후보자들을 놓고 인사회의를 열었다.

인수위원장, 비서실장 내정자, 정무수석 내정자, 민정수석 내정자, 인사보좌관 내정자 등이 참여한 회의였다. 그 회의에서 다시 후보자를 압축했다. 이 단위가 나중에 청와대에서 인사추천위원회*(인추위)로 이어졌다. 그분들을 대상으로 민정수석실 내정팀이 검증작업을 벌였다. 검증결과를 놓고 인사회의에서 최종 후보자 2배수 혹은 3배수를 당선인께 보고했다. 물론 당선인도 이런저런 분들을 추천하면서 검증해 보도록 당부한 경우도 있었다.

첫 조각은 파격 그 자체였다. 특히 사회분야 쪽은 거의 다 파격이었다. 문민정부와 국민의 정부 때 개혁적 인사들이 한두 명씩 내각이나 청와대에 발탁됐다가 견디지 못하고 물러나오는 모습을 봤다. 그래서 나는 개혁적 인사들이 일거에 내각과 청와대의 대세를 장악해야 한다고 생각했다. 당선인의 생각도 같았다. 사회분야 쪽은 그것이 가능했다. 우리에게 인재풀이 있었기 때문이다. 그러나 외교·안보·국방·경제 등의 분야는 그렇게 할 수 없었다. 그 분야 인재풀이 약했다. 나도 그쪽 분야는 잘 알지 못해서, 거의 기여하지 못했다.

최대 파격은 강금실 법무부 장관이었다. 당시 판사를 거쳐 민변 부회장을 하고 있던 강금실 변호사를 추천한 건 나였다. 여성 법조인 중 발탁할 만한 인물을 찾던 당선인 뜻에 따른 것이었다. 당선인은 민변 활동을 통해 그녀를 알 뿐 깊이 알지는 못했다.

내 추천은 그녀를 법무부 장관으로 염두에 둔 건 아니었다. 그동안 여성 장관을 발탁해 온 방식대로 환경부나 보건복지부의 장관으로 발탁할 수 있으리라 생각했다. 그런데 당선인은 그녀에 대해 자세히 묻더니, 그렇다면 법무부 장관으로 하자고 했다. 내가 깜짝 놀랐다. 법무부 장관 후보로 먼저 검토했던 최병모 변호사가 일신상 사정 때문에 불가능해진 상황이기는 했다. 그래도 너무 부담이 컸다.

환경부나 보건복지부 쪽을 먼저 맡겨 본 다음에, 법무부 쪽을 생각해 보는 게 좋지 않겠느냐고 말씀드렸다. 당선인은 생각이 달랐다. 여성 몫으로 환경부, 보건복지부, 여성부 또는 교육부를 벗어나지 못했던 고정관념을 깨야 한다는 것이었다. 남성 전유물처럼 생각돼 왔던 자리에까지 여성들을 과감하게 발탁해야 한다는 게 당선인의 뜻이었다. 당선인의 여성관은 진취적이었다. 우리 사회에서 어느 여성의 능력이 남성과 비슷하다면, 그 여성은 훨씬 더 능력 있다는 생각이었다.

강금실 변호사도 당찼다. 그 전까지는 입각 권유를 수락하지 않더니, 법무부 장관을 말하자 해 보겠다고 했다. 당선인도 걱정이 되긴 했는지 강 변호사를 직접 한 번 만났다. 내가 배석했다. 내가 관여한 분야에서 당선인이 장관 후보자를 직접 만난 것은 그게 유일했다. 그때 당선인은 법무부의 비검찰화와 검찰 개혁을 말했다. 강 변호사는 긴장이 됐던지 평소처럼 당찬 모습을 보여 주지는 못했다. 나는 임명 여부를 최종적으로 판단하기 위한 면접인가 생각했는데, 당선인 취지는 그게 아닌 모양이었다.

그녀를 법무부 장관으로 임명해서 추진하려는 법무부 개혁의 방향을 정확하게 알려 주려는 것이었다. 또 그녀를 임명할 때 예상되는 검찰의 반발이나 여론의 반발 등을 내다보고 용기를 북돋아 주려는 취지였다.

그때 강 변호사와 함께 발탁된 사람이 박주현 변호사였다. 박 변호사도 연배로는 비서관급 또는 그보다 아래였다. 그러나 여성 수석을 기용하려는 당선인 의지에 따라 국민참여수석*으로 파격적 발탁을 했다.

여러 사정으로 실현되지 못했지만, 당선인은 국민의 정부 마지막 환경부 장관을 했던 김명자 씨를 건설교통부 장관에 임명하려고 했다. 여성의 적극적 발탁 의미와 함께 환경마인드에 입각한 건설행정이라는 새로운 패러다임으로 나아가야 한다는 생각 때문이었다. 당시 새만금사업과 경인운하 등이 큰 사회적 갈등요인이어서, 건설과 환경의 조화라는 어려운 과제를 염두에 둔 구상이었다. 고건 총리 내정자와의 협의 과정에서 불발로 끝났다.

여성의 본격적 발탁이라는 당선인 의지는 참여정부 출범 후 최초의 여성 헌법재판관, 최초 및 복수의 여성 대법관, 최초의 여성 국무총리 순으로 이어졌다. 모두 내가 관여한 인사여서 큰 보람을 느꼈다. 청와대를 잠시 떠나 있을 동안 최초의 여성 헌법재판소장 후보까지로 나아갔는데, 한나라당의 정략적 반대로 무산됐다. 대한민국 최초의 여성 헌법기관장이 배출돼 여성들의 사회진출의 새로운 장이 열릴 기회였는데, 참으로 아쉬운 일이었다.

문화관광부 장관으로 발탁된 이창동 감독 카드도 신선한 파격이었다. 2002년 대선 때 당선인은 문화예술계에서 압도적 지지를 받았다. 그들은 문화예술계 내부의 지지에 그치지 않고, 그 지지가 일반 국민에게까지 확산되도록 성원을 아끼지 않았다. 당선의 일등공신이 문화예술인들이라고 할 만했다.

우리는 프랑스 예술부 장관으로 전 세계에 신선한 모습을 보여 준 앙드레 말로*처럼, 우리도 문화예술인 가운데 그런 장관을 발탁했으면 좋겠다고 생각했다. 당선인 생각도 같았다. 문화예술계에 추천을 부탁했다. 그들은 논의 끝에 본인 의사와 무관하게 이창동 감독과 황지우 시인

우리는 프랑스 예술부 장관으로
전 세계에 신선한 모습을 보여 준 앙드레 말로처럼,
우리도 문화예술인 가운데
그런 장관을 발탁했으면 좋겠다고 생각했다.

을 추천해 왔다. 의사를 타진했는데, 황지우 시인은 자신보다 이창동 감독이 더 적임이라며 고사했다. 이창동 감독도 현장 예술 활동에 대한 의욕 때문에 고사했다. 여러 사람이 거듭 설득해 수락을 받았다. 그는 대통령으로부터 임명장을 받을 때에도, 취임 첫날 등청할 때에도 캐주얼 양복 차림이었다. 그 후에는 아예 노타이 콤비패션으로 다녀 화제가 됐다.

그의 첫 출근 날 얘기에 우리는 배꼽을 잡았다. 취임 첫날, 연락이 어긋났던지 출근 전 그의 집으로 장관 관용차가 가지 못했다. 그는 무심히, 장관이든 누구든 출근은 당연히 자기가 알아서 하는 것으로 생각했다. 평소처럼 자신의 차를 몰고 집을 나선 후, 먼저 총리실에 가 국무총리에게 신고했다. 그사이 문화관광부는 난리가 났다. 부랴부랴 차관과 기획실장이 장관 승용차를 가지고 총리실이 있는 정부종합청사로 모시러 갔다.

그들이 이 장관에게 장관 관용차로 문화관광부까지 모시겠다고 했다. 그런 일이 익숙하지 않았던 이 장관은 "그럼 내 차는 어떻게 하구요?"라고 물었다. 차관과 기획실장은 "장관님 차는 우리가 나중에 청사에 갖다 놓겠다"며 관용차를 타라고 거듭 권했다. 이 장관은 "내 차는 내가 운전하는 거지, 서로 번거롭게 그럴 필요가 뭐 있냐"면서 자기 차로 향했다. 이 장관이 자기 차로 출발하려는데, 차관과 기획실장은 어쩔 줄 몰라 했다. 장관이 안 탄 관용차에 자신들이 탈 수도 없고, 장관이 운전하는 차에 슬쩍 타기엔 더욱 민망하고, 장관보다 먼저 가 있거나 같이 모시고 가야 하는데 다른 차편은 없고……. 그런 고민도 모르는 이 장관은 엉거주춤 서 있는 그들을 보며 "타세요. 내 차로 같이 가요"라고 말하고 그들과 함께 문화관광부로 향했다. 그리하여 장관이 운전하고 옆 좌석엔 기획실장을, 뒷좌석엔 차관을 '모시고' 청사에 가는 진풍경이 연출됐다. 문화부 청사 앞엔 기자들이 영화감독 출신 장관의 첫 출근을 카메라에 담기 위해 진을 치고 있었다. 전후 사정을 모르는 기자들 눈에 그 모습이 얼마나 이채로웠을까? 다음 날 언론엔 이창동 신임 문광부 장관이 자신의 레저용 산타페 차량에 기획실장을 옆자리에 태우고 첫 출근을 했다고 보도됐다. 다행히 뒷좌석에 있던 차관은 기자들을 보고 차에서 늦게 내려 기자들 눈에 포착되지 않았다는 것이다.

이 장관은 취임식을 별도로 하지 않고 자신이 국실별로 직원들을 찾아가 인사를 나누는 것으로 취임식을 대신하기도 했다. 근엄한 사람들은 혀를 찼을지 모르겠지만, 우리는 권위주의를 벗어던지는 자연스러운 과정으로 받아들였다.

언론에 충격적으로 받아들여진 김두관 행정자치부 장관 발탁은, 전적으로 당선인 아이디어였다. 이장과 군수 등 기초 지방행정에서 성공한 그를 중앙행정과 지방행정을 총괄하는 수장으로 임명해, 행정의 중앙집권적 틀을 근본적으로 바꾸고 과감한 지방화와 지방분권으로 나아가려는 의지였다. 당선인의 대담한 발상이었다.

김두관 장관 재임기간 행자부는 부처의 업무수행평가와 혁신평가에서 1위를 할 정도로, 그는 장관직을 잘 수행했다. 그러나 한나라당은 '이장 출신 군수'라며 끊임없이 비아냥거리고 멸시하더니, 끝내 학생시위를 이유로 국회에서 해임권고 결의를 했다. 나는 워낙 부당한 결의인 데다 구속력이 없는 정치적 결의여서 계속 버텨 나가기를 바랐다. 그러나 자신 때문에 정국 경색이 장기화하는 것을 피하기 위해 김 장관이 스스로 사직을 청해 왔다. 결국 대통령이 사직을 수리했지만, 우리 사회 기득권자들의 횡포가 그와 같았다.

오랫동안 인권 변호사로 활동해 온 고영구 변호사를 국정원장에 발탁한 것도 깜짝 놀랄 만한 인사였다. 당선인은 국정원의 환골탈태를 위해 처음부터 인권 변호사를 발탁하기로 가닥을 잡았다. 거기서 더 나아가 한참 선배 인권 변호사이자 성품이 깐깐한 분을 국정원장에 임명함으로써, 청와대는 물론 대통령 자신까지도 법에 어긋나는 지시나 부탁을 하지 않도록 방어망을 쳐 버린 것이다. 내가 당선인을 대신해 고 변호사를 뵙고 요청을 드렸는데, 취지를 말씀드리자 기꺼이 수락해 줬다.

청와대 수석·보좌관 가운데엔 정찬용 인사보좌관의 발탁이 특별했다. 당시 당선인은 이미 인사의 독점을 막고 견제와 균형기조를 유지하기 위해, 추천과 검증을 분리해 가는 원칙을 세워 놓고 있었다. 인사 검증을 담당할 내가 영남이므로 인사 추천을 담당할 인사보좌관은 호남이 좋겠다고 판단했다.

호남 지역 인사들은 한결같이 이학영 순천YMCA 사무총장과 정찬용 광주YMCA 사무총장을 추천했다. 이학영 총장은 적임이었지만 과거 민주화 운동 과정에서 있었던 일로 수구언론의 공격을 심하게 받게 될 소지가 있어, 정찬용 총장으로 가닥을 잡았다. 당선인도 과거 거창고등학교 교사로 재직 중이던 그를 만난 인연이 있어, 잘 알고 있었다. 내 생각을 말씀드렸더니 매우 기뻐하면서 받아들였다. 당선인도 이미 그를 점찍고 있었던 것 같았다.

경제부처 장관으로는 진대제 정보통신부 장관의 발탁이 특별했다. 당시 언론은 주한미상공회의소 회장이던 제프리 존스를 그 자리에 거론하며 추천하기도 했다. 당시 우리 법 제도상 외국인의 공무원 임용이 불가능했기 때문에 검토 대상이 되진 않았다. 하지만 글로벌한 관점으로 장관을 발탁해야 한다는 문제 의식만큼은 공감했다. 그런데 그를 장관 후보로 내정하자 언론에서 아들의 이중국적 문제를 결격 사유로 지적하고 나섰다. 외국인의 발탁까지도 주장했던 언론의 놀라운 표변이었다. 인사검증 기준이 모든 부처 장관에게 동일한 잣대로 작용할 수는 없는 일이다. 자녀의 이중국적 문제를 놓고도 국방부, 법무부, 교육부 등과 정통부는 기준이 다를 수 있다고 우리는 판단했다.

이용섭 전 관세청장을 초대 국세청장에 발탁한 것은 내 아이디어였다. 그는 우리와 전혀 인연이 없었고, 나하고도 알지 못하는 사람이었다. 당시 국세청장 자리를 놓고 국세청 내부에서 경합하던 유력후보 두 사람이 무리한 경쟁 끝에 모두 배제되었다. 그러는 사이에 4대 권력기관장 후보들을 내정해 가다 보니 지역 안배상 국세청장은 호남 출신이 바람직한 구도가 됐다.

마침 호남 출신인 이용섭 관세청장의 개인 업무평가와 부처 혁신평가가 대단히 좋았다. 비국세청 출신을 통해 국세청의 고질적 문제를 개혁해 보자는 취지도 있었다. 인사회의에서 그렇게 추천했는데 모두 찬성했고, 당선인도 좋아했다. 그는 나중에 자신은 우리 쪽과 인연과 연줄이 전혀 없는데도 발탁된 게 신기했고, 그 때문에 참여정부의 인사 철학을 높이 평가하게 됐다는 심정을 토로하곤 했다.

그는 국세청장 재임 시 박원순 변호사를 위원장으로 하는 세정개혁

위원회를 둬 접대비 상한제, 골프와 유흥업소의 접대비 불인정 등 많은 세정개혁을 했다. 대통령도 그의 혁신능력을 높이 평가해, 이후 청와대 혁신관리수석, 행자부 장관, 건교부 장관 등으로 계속 기용했다. 지금도 국회의원으로 전문성이 돋보이는 의정활동을 하고 있는 것을 보면 흐뭇하다.

반대로, 추천했지만 뜻을 이루지 못한 경우도 있었다. 청와대 대변인 인선 때 우리 쪽에 준비돼 있는 사람이 없었다. 나는 당시 MBC 앵커로 활약 중이던 박영선 기자를 추천했다. 언론계 사정을 잘 아는 분이 내게 추천했다. 내가 보기에도 기자 출신 앵커로서 남녀를 통틀어 균형감각, 문제의식, 비판정신, 좋은 이미지를 겸비한 앵커로 판단됐다. 그러나 언론계는 내가 잘 아는 분야가 아니어서 추천이 받아들여지지 않았다. 대신 다른 분이 발탁되었다. 그런데 그는 노 대통령을 너무 몰랐다.

우리는 과거처럼 대변인이 하고 싶은 발표만 하는 것이 아니라, 매일 오전 오후 정례 브리핑과 함께 발표내용에 대한 배경까지 백그라운드로 브리핑하는 열린 브리핑을 하고자 했다. 그런데 대통령 생각을 알지 못하니 그의 능력과 무관하게 잘 감당이 되지 않았다. 본인도 애를 많이 쓰고, 복잡한 사안은 해당 수석이 춘추관에 가서 '백그라운드 브리핑'을 해주기도 했으나 역부족이었다. 출범 초기 지극히 중요한 시기였는데 참으로 아쉬웠다. 박영선 앵커는 그 후 열린우리당 의원으로 정계에 입문해 지금은 민주당 재선의원으로 맹활약을 하고 있으니, 그 자신으로는 그때 대변인을 하지 않은 게 오히려 더 잘된 일인 것 같다.

외교안보 분야의 파격은 윤영관 서울대 외교학과 교수를 외교부 장관으로 발탁한 것이었다. 당선인의 결단이었다. 그는 인수위 외교통일안보분과 간사였는데, 대미(對美) 편중외교에서 탈피하는 균형외교에 대한 소신이 뚜렷한 것처럼 보였다.

인수위 시절 북핵 문제 논의를 위해 당선인 특사단이 미국에 파견됐다. 특사단의 활동 중 윤영관 교수에 대한 평가가 가장 두드러져, 내가 그 사실을 당선인에게 보고하기도 했다. 대통령은 윤영관 교수를 외교부 장관과 외교보좌관 중 어느 자리에 발탁할지 고심하다가 장관 발탁으로 결론을 내렸다. 당시 그의 동기들이 외교부 국장급으로 있을 때여서 상당한 모험이었으나, 외교 정책의 기조를 바꾸려는 개혁 의지가 크게 작용한 것이었다.

그러나 그는 장관이 된 후 외교부 관료들의 강고한 벽에 둘러싸였는지 기대만큼 개혁적 면모를 보이지 않았다. 외교부 관료들을 장악하지도 못했고 대미 외교 자세에서도 달라진 것이 거의 없었다. 그렇지만 장관 내정 때엔 그 파격성을 염려했다.

당선인은 외교보좌관을 안정적인 인물로 임명해 균형을 갖추고자 했다. 나는 외교부 고위 관료들을 검토한 끝에 반기문 유엔본부 대사를 외교보좌관으로 추천했다. 당선인은 외교안보분야 자문팀 의견까지 들어본 다음 그를 외교보좌관으로 내정했다. 사실 그는 문민정부 때 이미 외교안보수석을 했고 국민의 정부에서도 차관을 해서 이미 차관급 자리를 두 번이나 거쳤다. 차관급인 외교보좌관을 할 '군번'은 아니었다. 그런데도 그는 외교보좌관 자리를 수락했고, 결국 외교부 장관까지 하게 됐다. 그런 다음 노 대통령의 전폭적인 지원에 힘입어 유엔 사무총장이 됐다.

문민정부에서 참여정부에 이르기까지 3개 정부에서 정무직을 하고 유엔 사무총장까지 됐으니, 그는 참으로 관운을 타고난 분이다.

어쨌든 그가 유엔 사무총장이 된 첫 출발선이 외교보좌관이었다. 그 후 한 번 더 결정적 기로가 있었다. 외교부 장관 재임 때 발생한 김선일 씨 피살사건이었다. 야당과 적대적인 언론 등에서 장관 사퇴 요구가 거셌다. 민정수석실 조사 결과 문책할 일이 아니라고 결론 내렸다. 나는 두 번 모두 관여한 셈인데, 나중에 그가 유엔 사무총장이 됐으니 큰 보람이 됐다.

내각에서 파격적 발탁이 많다 보니, 국무총리 인사는 선택 폭이 좁아졌다. 당선인은 조각의 파격성 자체에 대한 염려는 없었지만, 그로 인한 언론이나 한나라당의 공격을 염려했다. 그 때문에 총리는 일종의 안전판 역할을 해줄 인사가 필요하다고 생각했다. 김원기 전 의원 등이 유력하게 거론됐으나, 당선인은 의외로 고건 전 총리를 선택했다. 물론 내부에서도 반대가 많았다. 아무리 그래도 참여정부 정체성과 너무 맞지 않는다는 의견이 참모들 사이에 많았다. 그러나 당선인은 선택의 문제라고 말했다. 만약 총리를 그런 방향으로 하지 않으려면, 조각의 파격성을 완화하는 수밖에 없다는 것이었다.

당선인은 그때까지 유명무실하던 국무총리의 국무위원 임명제청권* 을 보장해야 한다는 소신을 처음부터 갖고 있었다. 헌법을 준수해야 한다는 것이다. 그래서 정찬용 인사보좌관 내정자를 고건 총리 내정자에게 보내 국무위원 임명제청을 협의하도록 했다. 고 총리 내정자는 당선인이 구상하는 인사의 파격성을 크게 염려했다. 당선인의 뜻을 설명해서 동의를 받는 대신 일부 국무위원 임명에 고 총리 내정자의 추천을 반영했다. 국무위원은 아니지만 국무조정실장도 그의 추천을 받아들였다. 내가 보기엔 정체성이 모호한 분이 그 과정에서 참여정부 첫 내각의 각료가 된 사례도 일부 있었다.

분권형 대통령제 또는 실질 총리제를 위해, 국무총리의 국무위원 임명 제청권을 제대로 보장해야 한다는 것이 일반적인 견해인 것 같다. 당선인도 그 소신이 강했다. 헌법에 규정돼 있는 이상 준수하는 것이 마땅하다고 생각한다. 그러나 내가 보기엔 대통령제에 맞지 않는 제도일 뿐 아니라 대단히 위선적 제도라고 생각한다. 대통령제에선 국민에 의해 선출된 대통령이 선거과정에서 국민들에게 제시했던 정치적, 정책적 정체성에 따라 내각을 구성할 수 있어야 마땅하다. 국민들에 의해 선출되지 않은 국무총리가 국무위원 임명에 관여할 합리적 근거가 없다고 본다. 실제로도 연립정부가 아닌 한 대통령의 뜻과 다른 인물의 제청을 고집할 국무총리가 있을 수 있을까?

지금 이명박 정부에선 국무위원 임명제청권이란 말 자체가 아예 사라진 것처럼 보인다. 국무총리의 임명제청권을 실질적으로 보장한다고 해도, 실제 운영은 일부 국무위원 임명에 총리 의사를 반영해 주는 '나눠 먹기'식으로 되기 십상이다. 이는 결코 민주적 제도인 것 같지 않다. 총리의 내각 통솔에 필요하다면 총리에게 국무위원 해임건의권을 주는 정도로 충분하다고 본다. 언젠가 헌법을 전면적으로 손볼 때가 되면 검토할 필요가 있다고 생각한다.

21세기 대명천지에 심각한 제도의 공백이 또 있었다. 대통령 취임 전에 국무총리를 임명할 수 없으니, 당연히 국무위원도 임명할 수 없었다. 우리는 정부 출범을, 이전 정부의 총리 및 국무위원과 함께 해야 했다.

다행히 국회는 노 대통령 취임 다음 날인 2003년 2월 26일 오후 고건 총리 임명 동의안을 통과시켜 줬다.

노 대통령은 다음 날인 27일 그에게 임명장을 수여한 다음 그때부터 국무위원 임명 절차에 공식 착수해, 국무위원 임명을 단시일 내에 마쳤다. 그렇다 해도 대통령 취임 후 며칠간의 공백은 어쩔 수 없었다. 만약 정국 혼란 속에 국회의 국무총리 임명 동의가 늦어지기라도 하면 그 공백이 더 길어질 수도 있었다. 더구나 참여정부 때 국무위원 인사청문 절차가 제도화돼, 정부 출범 초기 공백이 더 장기화될 수 있었다.

그래서 우리는 다음 정부를 위해, 대통령직 인수에 관한 법률을 개정했다. 대통령 당선인이 국무총리 및 국무위원 후보자를 지명해 인사청문 절차를 밟게 함으로써, 취임 즉시 국무총리와 국무위원을 임명할 수 있도록 제도를 고쳐 놓았다.

* **국민참여 제안센터** 참여정부 인수위 시절 다양한 국민적 아이디어와 정책 제안, 인사 추천 등을 광범위하게 받기 위해 설치한 기구
* **인사추천위원회** 참여정부 청와대에서 운용하던 고위공직자 인사 추천 및 검증단위. 비서실장을 위원장으로 주요 수석이 참여
* **국민참여수석** 인수위원회 시절 국민참여 제안센터를 참여정부 출범 후 더욱 확대해 만든 조직. 후에 시민사회수석실로 명칭도 바뀌고 역할도 확대
* **앙드레 말로** 20세기 중반 프랑스의 대표적 소설가. 드골 정권에서 문화부 장관을 역임
* **국무위원 임명제청권** 국무총리가 대통령에게 자신과 함께 내각에 참여할 신임 장관 임명을 요청하는 권한

서울 생활, 청와대 생활

나는 처음에 청와대 민정수석쯤 되면 청와대 근처에 관사 같은 게 있는 줄 알았다. 그런데 경호실 직원들은 직원용 아파트가 있었으나, 비서실 쪽은 비서실장만 공관이 있을 뿐 그 밑에 직급은 관사 같은 게 전혀 없었다. 할 수 없이 세를 얻어야 했다. 마당이 100평 넘는 부산의 집을 팔아도 강남 30평 아파트 전세 값이 안 됐다. 평창동의 조그만 연립주택에 세를 얻었다.

나는 그래도 변호사라 저축도 약간 있고 해서 감당할 수 있었다. 지방에서 대학교수 하다가 올라온 허성관 장관이나 권기홍 장관 같은 분들은 서울에 전세 구할 돈이 없어 고생했다. 공직자가 지방에서 근무할 경우 웬만한 직급이면 관사나 사택이 있다. 경찰서장만 돼도 관사가 다 있다. 그런데 지방에서 서울로 올라오는 경우 청와대 수석은 물론 장관조차 관사가 제공되지 않는다. 서울 사람이 지방 가서 근무하게 될 경우 서울 집을 세놓으면 그 돈으로 지방에서 충분히 주거지를 구할 수 있다. 그러나 반대의 경우엔 따로 저축이 있거나 빚을 내지 않으면 불가능하다. 그런데도 정부 주거지원은 거꾸로다. 서울 중심 사고가 빚어낸 모순이 아닐 수 없다.

청와대 근무시간이 길어 사생활이 크게 없어진 것 말고는, 이전 생활과 아무 차이가 없었다. 달라질 이유가 없었다. 그런데 많은 사람들은 그런 걸 신기하게 받아들였다. 업무 외 시간에 내 차를 직접 운전하고, 방이 따로 없는 대중 음식점에 가서 음식을 먹고, 다른 사람들처럼 줄서서 기다리고, 비행기나 기차의 일반좌석을 이용하는 모습을 신기해했다. 조그만 연립주택에 사는 것도, 수행원 없이 혼자 다니는 것도, 심지어 휴일에 등산 가서 시민들과 맞닥뜨리는 것조차 특별한 일인 양 여겼다. 그동안 고위 공직자들에 대해 갖고 있었던 이미지와 너무 다르다는 것이었다.

사실 참여정부 시절 그렇게 생활하는 것은 나뿐이 아니었다. 업무 외 시간에도 따로 운전기사를 두거나 비서를 둘 수 있는 사람은 드물었다. 한번은 비가 오는 일요일 청계산 등산을 갔다가, 이희범 당시 산자부 장관이 수행원 없이 친구와 함께 우산을 받쳐 들고 등산 온 것을 산길에서 만난 적이 있다. 정찬용 인사보좌관은 북한산 등산 중에 두 번이나 우연히 만났다. 사람들은 참여정부의 공직자들이 과거와 다른 모습이라고 말하기도 했다.

청와대 비서관의 급여는 생각보다 적었다. 같은 급이라도 부처에서 파견돼 온 관료들은 호봉이 높아서 그나마 나았다. 바깥에서 채용된 별정직은 1급, 2급 등으로 급수만 높았을 뿐 호봉이 낮았다. 중간에 시민단체 등의 경력을 호봉에 반영하도록 해 줬지만, 이름 있는 시민단체나 사단법인 등 경력이 뚜렷해야 가능했다. 따라서 같은 급의 관료들에 비해 급여가 적었다. 또 퇴직하는 경우에도 근무기간 동안의 퇴직금만 나올 뿐 연금혜택 같은 것도 없었다. 다들 직책만 그럴듯했지 경제적으로는 여유가 없었다.

그 위의 수석비서관이라고 봉급이 크게 많은 것도 아니었다. 내 경우엔 변호사 수입보다 적었다. 더 아껴 쓸 수밖에 없었다. 실제로 청와대에서 근무하는 동안 그나마 조금 있던 저축을 다 까먹었다. 그러니 고위공직자라고 해도 업무 외의 생활이야 일반인과 다를 바 없는 게 너무 당연한 일이었다.

노 대통령은 스웨덴의 올로프 팔메 전 수상 얘기를 자주하며 부러워하곤 했다. 퇴근 후에 경호원 없이 자전거를 타고 시장에 가기도 해서 화제가 됐던 분이다. 결국 부인과 함께 경호원 없이 극장에서 영화를 보고 나오다 누군가가 쏜 총에 맞아 사망하는 비극을 맞긴 했지만, 업무시간 외의 사생활을 보통사람처럼 자유롭게 했다.

노 대통령은 그런 나라를 꿈꿨다. 일국의 수상도 그럴진대 청와대 수석이나 장관이야 말할 나위가 있을까? 고위 공직자의 삶이 우리네 삶과 다른 사회야말로, 우리 사회가 정상적 사회가 아님을 보여 준다고 생각한다.

청와대 생활은 힘들고 고달팠다. 업무 자체도 벅찬 데다 매일 언론 보도에 신경 쓰고, 무슨 일이라도 터지면 종일 기자들 전화 받고 응대하는 게 너무 힘들었다. 나는 직접 휴대폰을 받았는데, 미묘하고 복잡한 사안의 경우 언론 대응을 어떻게 할지 곤혹스러울 때가 많았다. 그렇다고 전화를 피할 수도 없는 일이었다. 나는 특히 민정수석 고유 업무 외에 청와대가 관심을 가져야 할 노동 사건과 갈등사안까지 담당해, 업무량 자체가 많았다. 어떤 일이 끝나면 다음 일을 하는 식으로 일이 순차적으로 진행되는 게 아니라, 한꺼번에 많은 사안이 동시다발로 진행됐다. 내 한계 용량을 늘 초과하고 있다는 느낌이었다.

평생 변호사를 하면서 늦게까지 일하다, 늦게 자고, 늦게 일어나며, 출근도 다른 직장인에 비해 늦게 하는 생활리듬을 갖고 살았다. 그런데 새벽에 일어나 걸핏하면 조찬회의를 하는 식으로 확 앞당겨진 생활리듬에 맞추는 것도 힘들었다. 일찍 일어나면서도 여전히 늦게 자니 늘 잠이 부족했다.

회의에서도 담당 분야를 벗어난 논의를 지켜보노라면 졸음이 밀려오기 일쑤였다. 임기 첫해, 문희상 비서실장과 유인태 정무수석이 회의 때 자주 졸기로 유명했다. 문희상 실장은 당시 알레르기 약을 먹고 있어서 자주 졸았다. 유인태 수석은 옆에서 보기엔 분명히 졸았던 것 같은데, 본인은 눈만 감고 있었을 뿐이라고 늘 우겼다. 그러면서도 회의에서 논의된 내용을 정확하게 꿰고 있는 걸 보면 놀라웠다.

눈 감고 조는 장면을 기자들이 포착해 한 번씩 고약하게 보도할 때도 있어, 나는 졸지 않으려고 기를 썼다. 그에 비하면 대통령은 회의 때 조는 법이 없었다. 감탄스러웠다. 특히 대통령은 언제나 회의 자료와 논의 내용을 충분히 파악한 다음 회의에 참석하기 때문에, 이미 다 알고 있는 내용이라 따분할 만한데도 그랬다. 한번은 내가 궁금해하자 대통령은 "문수석도 자기 일이 되면 졸리지 않을 것"이라고 말했다. 나는 내 담당 분야만 내 일이지만, 대통령은 회의에서 논의되는 모든 내용이 당신 일이라는 것이었다. 나는 심지어 치과 치료를 받으면서 입을 최대한 벌리고 어금니를 치과 드릴로 긁어내는 극한적 상황에서도 잠이 왔다. 그러면 깜빡 잠에 빠지면서 나도 모르게 입을 순간적으로 다물다가 기구에 다치는 수가 있기 때문에 의사가 "졸지 마세요!" 하며 야단을 치곤 했다.

누군가와 둘이 마주 앉아 대화를 나누는 도중에 상대의 말을 들으며 깜빡 졸음에 빠진 일도 몇 번 있었다. 상대가 눈치채면 실례될까 봐 기를 쓰는데도, 극심한 피로에서 몰려오는 잠이란 게 참으로 무서웠다.

그렇게 고달픈데도 살찌는 게 신기했다. 청와대 근무하는 동안 체중이 10킬로그램 정도 늘었다. 처음엔 운동부족이 원인이라고 생각했다. 결정적인 건 기름지게 먹고 많이 먹는 게 원인이었다. 업무시간엔 도저히 대외적인 만남이나 협의 같은 것을 할 시간이 없어 주로 식사시간을 잡아 만나는 경우가 많았다.

'오찬모임', '만찬모임'이라고 했다. 그런 공식적 만남은 어쩔 수 없이 방이 있는 식당을 이용하게 되는데, 방값을 하느라 성찬(盛饌)을 주문해줘야 했다. 나는 어릴 때 교육받은 대로 음식을 남기지 않아야 한다는 의식이 강해서, 그러지 말아야지 하면서도 자꾸 많이 먹게 됐다. 퇴임 후 된장찌개 같은 간소한 원래 식단으로 돌아오자 체중이 금세 과거 수준으로 되돌아갔다.

특히 첫 1년 동안 건강이 많이 상했다. 나만 그런 게 아니었다. 안 해 본 생활, 안 해 본 일에, 잘해 보려는 의욕과 긴장 때문에 다들 건강이 많이 상했다. 게다가 대통령이 일중독이라 할 정도여서, 일에서만큼은 아랫사람들에 대한 배려가 거의 없었다. 버틸 사람이 없었다. 1년쯤 되자 다들 지쳐서 나가떨어졌다. 지금 생각하면 그렇게 자신을 몰아칠 일이 아니었다. 좀 더 긴 호흡으로 멀리 보면서, 체력관리를 해 나가는 게 바람직했다. 퇴임을 앞두고 업무 인수인계차 이명박 정부의 류우익 비서실장 내정자를 만났는데, 그는 벌써 피로로 입술이 터져 있었다. 내 경험을 이야기하면서, 길게 보고 건강을 지켜가며 페이스를 조절하는 것이 좋다고 충고해 줬다.

취임 첫 해인 2003년 가을, 청와대에서 헌혈행사가 있었다. TV카메라와 사진기자들이 있는 가운데 대통령부터 헌혈하게 돼 있었다. 나는 부속실 요청으로 대통령 바로 다음 순서였다.

그런데 헌혈 사전 체크에서 대통령이 불합격됐다. 혈장이 정상보다 묽다는 것이다. 일종의 과로증세였다. 아주 피로하면 그런 현상이 생길 수 있다고 했다. 대통령이 솔선수범 헌혈하는 그림이 만들어지지 않아 당황스러웠다. 대통령이 피로 때문에 혈장이 묽어져서 헌혈을 못 했다고 알릴 수는 없었다. 잠시 의논 끝에 '그날 헌혈행사 한다는 걸 깜박 잊고 아침에 약을 드신 바람에 헌혈을 못 하게 됐다'고 둘러대기로 했다.

그런데 다음 차례인 나라도 그림을 만들어 줘야 했는데, 나 역시 불합격되고 말았다. 혈압이 높다는 것이다. 나는 그럴 리가 없다고 했다. 평생 혈압이 높았던 적이 없었고, 불과 몇 달 전 청와대 채용 신체검사 때도 정상이었기 때문이다. 냉수 한 컵 마시고 몇 분 동안 마음을 가라앉힌 후 다시 혈압을 쟀지만 마찬가지였다. 그길로 병원에 가 봤더니 혈압이 불과 몇 달 만에 그렇게 높아진 게 사실이었다.

보통 직장은 직책이 높아질수록 일에 여유가 생기는 법인데, 청와대는 아래 행정요원, 행정관, 비서관, 수석비서관 순으로 직책이 높을수록 거꾸로 일이 많았다. 나는 첫 1년 동안 치아를 10개쯤 뽑았다. 나뿐 아니라 이호철 비서관과 양인석 비서관을 비롯해 민정수석실 여러 사람이 치아를 여러 개씩 뺐다.

웃기는 것은 우연찮게도 나부터 시작해서 직급이 높을수록 뺀 치아 수가 많았다. 우리는 이 사실이야말로 직무연관성이 있다는 확실한 증거라며 우스갯소리를 했다.

대북송금 특검

정부가 출범하자마자 난감하고 고통스러운 일이 발생했다. 대북송금* 특검* 문제였다. 이 문제는 이미 인수위 때부터 시작되고 있었다. 현대쪽 관계자들이 문제가 된 내용들을 발설하고 다녔기 때문이다. 6·15남북 정상회담* 때 거액의 송금이 있었고, 그 돈을 현대가 부담했다는 것이었다. 현대가 우선 부담하면 나중에 정부가 사업 등을 통해 보상해 주기로 했는데, 보상이 없었다는 불만이었다. 결국은 액수까지 구체화돼, 송금 사실을 부인하기 어려울 정도로 의혹이 번졌다. 검찰이 미적거리는 상황에서 한나라당이 특검을 발의했다. 대통령 취임식 바로 다음 날이었다. 법적 문제인 만큼 민정수석실이 소관부서가 됐다.

먼저 검토한 것은, 수사를 하지 않고 정면 돌파하는 것이었다. 대북송금이 실정법에 위반된다 하더라도, 남북 관계를 풀기 위한 특단의 대책으로 행해졌을 것임은 의문의 여지가 없었다. 그리고 그에 따라 사상 최초로 남북 정상회담이 이뤄졌고, 역사적 6·15합의를 이끌어 낼 수 있었다. 크게 보면 얼마든지 정당성을 인정할 수 있는 일이었다.

노 대통령의 결단으로 특검 거부권*을 행사하고, 검찰엔 수사해선 안 된다는 특별지시를 내릴 것을 검토했다. 물론 기자회견 등을 통해 국민들에게도 호소해야 할 일이었다. 유일한 명분은, 남북 관계 대전환을 도모하기 위한 김대중 대통령의 '통치행위'*였음을 내세우는 것이었다. 물론 통치행위 이론은 권위주의 시절 낡은 법 이론이고, 요즘은 인정하지 않는 것이 법학계 대세다. 민주·개혁정부를 표방하는 정부가 통치행위 이론을 주장하는 것은 큰 부담이었다. 궁색하지만 다른 방법이 없었다.

그렇게 정면 돌파할 경우 뒷감당이 될 것인지도 사실은 낙관할 수 없었다. 우선 한나라당은 국회재의* 등 특검 관철을 위해 총력을 기울일 것이고, 정부 출범 초부터 정국은 다른 일을 할 수 없을 정도로 꽉 막혀 버릴 것이었다. 계속 버틸 경우 단순한 송금 자체의 위법성을 넘어서서 뭔가 흑막이 있는 것처럼 국민들에게 비칠 가능성도 있었다. 검찰 수사도 대통령 지시로 직권적 수사는 막는다 해도, 사건 관계자들이나 한나라당이 고소·고발을 해 올 경우 그 수사까지 막을 방법은 없었다.

그래도 노 대통령은 그렇게 하기로 했다. 다만 통치행위를 주장하려면 전제가 하나 있었다. 김대중 대통령께서 그 일을 지시했거나, 하다못해 사전에 보고받고 허용 혹은 묵인했다는 사실을 인정해 줘야 했다. 그래야만 김 대통령의 결단에 의한 고도의 통치행위를 주장할 수 있었다.

그때까지 김 대통령 측에서는 사전에 알지 못했던 일로 설명해 왔다. 노 대통령은 문희상 비서실장에게 자신의 뜻을 김 대통령 측에 전하도록 지시했다. 그런데 얼마 후 김 대통령은 기자회견에서 당신은 사전에 몰랐다는 입장을 되풀이했다. 실제로 김 대통령께서 사전에 알지 못하셨기 때문에 어쩔 수 없었던 것인지, 아니면 그쪽 참모들이 혹 김 대통령께 누가 될까 염려해서 그렇게 한 것인지는 모르겠다. 우리는 김 대통령께서 그 일을 직접 지시했거나 허용했다고 해도 당신께 조금도 누가 되지 않는다고 판단했다. 오히려 그분의 정치력과 결단력을 더 돋보이게 하는 것이라고 생각했다. 어쨌든 김 대통령의 마지막 기자회견으로, 그분의 결단에 의한 통치행위임을 주장할 여지가 없어졌다. 안타까웠다.

이제 남은 것은 특검에 의한 수사냐 검찰에 의한 수사냐를 선택하는 것뿐이었다. 동교동* 측에서는 특검법안에 대한 거부권 행사를 요구하고 나섰다. 그 요구대로 하면 정치적 신의를 저버렸다는 비난은 당장 피할 수 있었다. 그러나 검찰 수사로 갈 경우 수사를 제어할 수 있다는 보장이 없었다. 수사가 대북송금과 관련된 절차적 위법 규명에 국한돼야 하는데, 그 보장이 없었다. 송금된 상대 계좌가 어떤 계좌이고, 그 계좌로 송금된 돈이 북으로 어떻게 흘러갔는지 등을 조사하게 되면, 남북 관계 근간이 훼손될 우려가 있었다. 또 송금된 자금의 조성 쪽으로 파고들 경우 기업의 비자금 조성이나 분식회계*로 수사가 번져 나갈 가능성이 매우 컸다. 검찰이 사건 관계자들의 계좌를 들춰볼 경우, 혹시 있을지도 모를 정치자금이나 다른 개인 비리에 수사 초점을 맞출 가능성도 없지 않았다. 그것을 통제하는 것은 불가능했다. 설령 당장은 통제를 한다 하더라도 일단 검찰 손에 파일이 생기면 그것이 언제 폭탄이 돼 터질지 알 수 없는 일이었다.

반면 특검은 법안 자체에 의해 수사의 목적과 범위가 특정(特定)된다. 게다가 공명심에 사로잡히지 않고, 특검의 목적에만 충실하면서 남북 관계에 미칠 파장에 신경을 써 줄 만한 분이 특별검사가 될 경우 더욱 절제된 수사를 기대할 수 있었다. 다행히 특별검사를 추천할 당시 대한변협 집행부는 신망받는 분들이었다. 수사 자체만 놓고 보면 특검에 의한 수사가 더 나을 것임은 두말할 나위가 없었다. 그럼에도 판단이 어려운 것은 사안의 정치적 성격 때문이었다. 동교동 측이 특검 거부를 요구하는데 따른 정치적 부담이 매우 컸다. 물론 다른 쪽으로는 정부 출범 후 국회에서 이송돼 온 첫 법안에 거부권을 행사한다는 부담, 그로 인해 야기될 다수당인 한나라당과의 대치, 정국 경색의 정치적 부담도 적지 않았다. 청와대에선 유인태 정무수석 외에는 대체로 특검 수용에 찬동하는 편이었다. 저간의 사정들을 알고, 또 우리가 고민하는 대목에 대한 이해가 있었기 때문일 것이다.

반면에 내각은 반대가 우세했다. 특히 정세현 통일부 장관의 반대가 강했다. 노 대통령은 쉽게 결단을 내리지 못했다. 수석보좌관회의에서 참모들의 의견을 들은 후 국무회의에서 최종 결정하기로 했다. 우리는 특검을 수용할 경우와 거부권을 행사할 경우 두 가지 버전으로 대통령의 대국민담화문을 준비했다.

국무회의에서는 반대발언이 더 많았다. 대통령은 발언을 다 들은 후, 기탄없이 의견을 말해 줘 고맙다고 말했다. 그리고 가장 강하게 반대 의견을 말한 정세현 통일부 장관에게도 "통일부 장관이 반대하는 것은 직무상 당연하다고 생각합니다. 만약 통일부 장관이 반대하지 않는다면 나는 그것이 오히려 직무유기라고 생각했을 것입니다"라고 말했다. 그러나 대통령은 최종적으로는 특검 수용을 결정했다.

그날 국무회의에서는 말하지 않았지만 대통령이 가장 중요하게 생각한 것은, 무엇보다 그 수사로 인해 남북 관계 근간이 손상돼선 안 된다는 것이었다. 그리고 그 점에서 특검이 검찰 수사보다 낫다고 판단한 것이다.

다행히 대한변협은 기대했던 대로, 특검의 목적에서 벗어나지 않고 남북 관계에 미칠 파장을 충분히 고려하면서 수사를 할 훌륭한 분을 특별검사로 추천해 줬다. 송두환 특검은 송금의 절차적 위법성 부분에만 한정해서 수사를 했고, 언론 접촉도 대단히 신중하게 했다. 수사의 파장을 최소화할 수 있었고, 남북 관계에도 큰 타격을 주지 않았다. 그 일로 고생한 분들에겐 미안했지만, 형이 확정되는 대로 곧바로 사면조치를 취했다. 나름대로 최선의 선택을 했다고 생각한다.

이 문제로 김대중 대통령이나 동교동 측에선 꽤 오랜 시간 서운해했다. 내가 나중에 시민사회수석으로 복귀하면서 인사를 드리러 갔을 때도, 김 대통령께서는 내게 섭섭함을 토로하셨다. 기회 있을 때마다 우리의 의도와 진정성을 설명드렸다. 나중에는 대체로 이해하셨으리라 생각한다. 민주당과 열린우리당의 분당이란 정치상황 때문에 민주당 쪽 정치인들은 두고두고 이 문제를 비난했다. 정치적 목적이 컸다고 생각한다.

지금도 참여정부의 특검 수용이 국민의 정부에 대한 사정 차원에서 이뤄졌다거나, 국민의 정부와 차별화하기 위한 것이었다거나, 국민의 정부의 햇볕정책에 대한 부정이었다고 말하는 분들이 있다. 또 그 때문에 참여정부 초기에 남북 관계가 경색됐다고 말하는 분도 있다. 모두가 사실이 아니니, 이제는 그만 오해를 푸시라고 말씀드리고 싶다.

당시 노 대통령의 판단과 결정에 가장 영향을 많이 미친 것은 소관부서인 민정수석실의 의견이었을 것이다. 위에서 말한 고려 요소들을 소상하게 보고드린 것이 민정수석실이기 때문이다. 그런 만큼 그때 노 대통령의 결정이 혹여 잘못된 결정이었다 해도, 그 책임은 대통령이 아니라 민정수석이었던 내게 있다. 내가 보좌를 잘못한 탓이다. 민정수석실이 그 문제의 소관부서가 된 것은 기본이 법률문제였기 때문인데, 사실은 엄청난 고도의 정치문제였다. 정치영역에서의 판단이 얼마나 어려운 것인지 실감했던 일이었다. 참 어려운 문제였다.

* **대북송금 사건** 2000년 남북 정상회담 당시 국민의 정부가 회담의 성사 과정에서 북에 경제적 편법 지원을 한 의혹이 불거져 2003년 국회가 특검을 발의한 사건
* **특검** 특별검사제도. 고위 공직자 비리나 위법 혐의가 드러났을 때, 검찰 대신 수사와 기소를 한시적으로 맡는 독립 수사기구. 국회가 발의하고 대통령이 임명
* **6·15 남북 정상회담** 2000년 김대중 대통령과 북한 김정일 위원장이 분단 후 처음으로 평양에서 가진 남북 정상 간의 역사적 회담
* **거부권** 대통령이 의회에서 가결된 법률안에 서명하는 것을 거부할 수 있는 권리
* **통치행위(統治行爲)** 기본적인 국가 통치와 관련된 대통령의 정치 행위. 고도의 정치성을 띠고 있기 때문에 사법부에 의한 법률적 심사 대상에서 제외
* **국회재의** 국회가 일단 의결한 안건에 대해 다시 심사·의결하는 절차
* **동교동** 김대중 대통령 혹은 김대중 대통령 측을 지칭하는 정치권 용어. 김 대통령 자택이 동교동에 소재한 데서 연유
* **분식회계(粉飾會計)** 기업이 결산과정에서 거짓 회계자료를 만들어 고의로 자산이나 이익을 부풀려 계산하는 것

검찰 개혁

임기 초반, 초미의 현안은 검찰과의 갈등이었다. 2003년 3월 6일, 정부 출범 직후에 법무부가 고검장 인사를 단행했다. 검찰은 조직적으로 반발했다. 언론은 '검란(檢亂)', '집단항명' 등으로 표현했다. '대통령과 검사와의 대화'* 자리가 마련된 출발점이다.

당시 검찰이 집단적으로 인사에 불만을 제기한 것은 터무니없었다. 그때까지 검찰의 전통은 후배기수가 선배기수를 추월해서 승진하면 추월당한 선배들은 모두 옷을 벗는 것이었다. 동기 중에 한 사람이 검찰총장이 되는 경우에도 나머지 동기들은 모두 그만두고 나갔다. 그런 전통은 지금까지 이어지고 있다. 참여정부는 그런 문화가 바람직하지 않다고 봤다. 그렇게 가는 것을 원하지 않았다. 오히려 없어져야 할 군사문화라고 판단했다. 참여정부가 하려는 검찰 개혁 방향과도 맞지 않았다.

우리는 검찰의 정치적 중립성이 확보되려면, 검사들이 정치적 줄 세우기에 따르지 않아도 되도록 신분을 보장해 주는 것이 필요하다는 생각이었다. 검찰총장의 임기보장도 마찬가지였다. 노 대통령은 정부 출범 후

대통령은 젊은 검사들과의 대화를 통해 검찰 인사를 둘러싼 오해를 풀고,
검찰 개혁 방안을 놓고서도 격의 없는 대화를 나누길 원했다.

에도 이전 정부에서 임용된 김각영 검찰총장을 교체하려는 생각이 없었다. 김각영 총장이 내게 대통령의 의중을 물어 온 일도 있었다. 전혀 그런 뜻이 없으니 임기를 지키시라고 알려 줬다.

하지만 당시 검찰 고위급 간부들은 단단히 오해를 하고 피해의식에 젖어 있었다. 새 정부가 과거 식의 인사로 자신들을 모두 밀어낼 것으로 생각했던 모양이다. 특히 고검장 인사에서 배제된 이들이 인사 불만을 부채질했다. 젊은 검사들까지도 오해를 가졌고 집단적 반발에 가세했다. 그 배경엔 강금실 법무부 장관에 대한 거부감도 크게 작용했다.

그런 사안은 시간을 두고 내버려 두면 될 일이었다. 그냥 장관 선에서 해결될 수 있는 문제였다. 대통령 생각은 달랐다. 정면으로 돌파해 가려고 했다. 뿐만 아니라 그런 과정을 통해 대통령과 젊은 검사들이 검찰 개혁에 관해 공감대를 이루는 전화위복의 계기로 삼고자 했다.

대통령이 그런 생각을 하게 된 다른 이유도 있었다. 인사 불만이 집단적으로 표출되기 전까지만 해도 오히려 검찰 내에선 참여정부 출범에 즈음해 평검사회의 등을 통한 검찰 개혁안이 내부에서 제기되고 있었다. 내부 건의 가운데엔 우리가 생각했던 방향과 맥을 같이 하는 부분도 꽤 많았다.

따라서 대통령은 젊은 검사들과의 대화를 통해 검찰 인사를 둘러싼 오해를 풀고, 검찰 개혁 방안을 놓고서도 격의 없는 대화를 나누길 원했다. 그래서 마련된 자리가 대통령과 검사와의 대화다. 그 자리에서 젊은 검사들이 제기하거나 건의하는 문제에 대해, 대통령은 수용할 것은 수용하고, 그렇지 않은 부분은 검토를 약속할 참이었다. 또 대통령이 젊은 검사들에게 정치적 중립을 확보하기 위한 검찰 내부의 의지와 노력을 당부하는 기회가 될 수도 있었다. 그런 모습을 통해 대통령은 평검사들과 함께 검찰 개혁에 대한 공감과 비전을 국민들에게 보여 주고 약속하는 계기로 삼고 싶어 했다. 그리고 그 과정 자체를 검찰 개혁의 추동력으로 삼으려는 생각이었다.

문제의 행사가 결정될 때 나는 없었다. 장관들과 청와대 수석들이 워크숍을 하는 날이었다. 나는 워크숍에 참석하지 않고 천성산 터널 문제 때문에 1차 단식을 하고 있던 지율 스님을 설득하기 위해 부산에 와 있었다. 대통령이 워크숍 자리에서 전화를 했다. 그런 행사를 하면 어떻겠냐는 것이다. 행사는 좋은데 너무 급하게 하지 말고, 사전에 조율해서 하시는 게 좋겠다고 말씀드렸다. 하지만 바로 발표하고 전격적으로 날짜를 잡았다.

부랴부랴 준비에 들어갔다. 대화가 시작되면 인사를 둘러싼 오해와 불만은 대통령 설명으로 풀릴 수 있다고 생각했다. 나머지 시간에 검찰 개혁안을 두고 충분한 논의가 이뤄질 걸로 예상했다. 대통령도 우리가 준비해 드린 검찰 개혁 관련 자료를 사전에 충분히 검토하고 공부했다.

행사가 시작됐는데, 이건 목불인견(目不忍見)이었다. 젊은 검사들은 끊임없이 인사 문제만 되풀이해 따지고 물었다. 한 사람이 인사 문제에 대해 질문해서 대통령은 충분히 설명했는데, 다음 발언자가 이미 정리하고 넘어간 문제를 똑같이 반복했다. 대통령은 같은 얘기를 계속 반복해야 했다. 인사 불만 외에, 검찰 개혁을 준비해 와 말한 검사는 없었다. 오죽했으면 '검사스럽다'는 말까지 나왔을까.

사실 행사를 준비하면서 법무부 장관에게는 검사들의 인사 불만 발언을 막으려 하지 말라고 부탁했다. 그러면서 이미 일선 검사들 사이에 논의되고 있던 검찰 개혁 방안도 충분히 제기되도록 해서, 검찰 개혁을 주제로 논의하는 자리가 되면 좋겠다는 의견을 전달했다. 뚜껑을 열어 보니 전혀 그리되지 않았다. 참석한 검사들은 각 지역별 또는 그룹별 대표처럼 선출되면서, 각자 주문받은 질문이 있었다. 그게 천편일률 인사 불만이었다. 게다가 '대통령 앞에서 절대 기죽지 말고 인사 문제를 단단히 따지라'는 요구를 받아 온 모양이었다. 그들끼리 발언할 내용에 대한 역할 분담이 전혀 돼 있지 않았다. 각자 자기 그룹 주문에 충실하게 똑같은 말을 반복했다.

그 와중에 대통령의 자제력은 정말로 놀라웠다. 화를 내기도 했지만, 우리 같으면 화가 다 가라앉기 전까진 정상적 대화가 잘 안 될 텐데 그러고도 곧바로 대화를 이어 가려고 노력했다. 입맛이 씁쓸했다. 선배 법조인으로서, 젊은 검사들이 그렇게 바보스러울 수 없었다.

바보스러운 대화가 계속되면서 분위기가 껄끄럽게 돼 버렸다. 대통령이 화제를 돌리려고 애를 썼지만 정작 하고 싶었던 검찰 개혁 논의는 아예 못 하고 말았다. '대통령이 검사들을 제압했다'느니, '검사스럽다'느니 따위의 뒷얘기가 이어졌지만 도움이 되지 않는 일이었다. 국민들 보기에도 민망한 일이었다. 대통령도 행사에 대해 상당히 아쉬워했다. 대통령과 우리는 행사를 앞두고 시간이 별로 없었는데도 검찰 개혁에 관해 상당한 준비를 했다. 헛수고가 돼 버렸다. 국민들에게 검찰 개혁의 제대로 된 비전을 보여 주고 실천할 만한 아주 좋은 기회를 놓치고 만 것이다. 잠

안타까웠다.

그 일과 무관하게 검찰 개혁은 계획대로 추진했다. 그동안 민변이나 참여연대 등 시민사회단체에서 제기해 왔던 개혁 방안들은 거의 대부분 실행했다. 그때 대통령과 우리는 검찰 개혁의 출발선을, 검찰의 정치적 중립으로 봤다. 즉 '정치검찰'로부터 벗어나는 게 개혁의 핵심이라고 본 것이다. 사실 이 목표는 제도의 문제라기보다 정치권력이 검찰을 정권의 목적에 활용하려는 욕망을 스스로 절제하고, 검찰 스스로 정권의 눈치 보기에서 벗어나는 '문화의 문제'로 봤다.

물론 어느 한 정부 기간 동안 그렇게 한다고 해서 뿌리를 내릴 순 없는 일이다. 적어도 두세 번의 정부를 거치면서 거듭돼야 '문화'로서 뿌리를 내릴 수 있을 것이다. 그 기초를 우리가 만들고자 했다.

대통령은 기회 있을 때마다 직간접으로 당신의 그런 의지를 전달했다. 민정수석실도 검찰에 주요 사건의 지시 내지는 조율을 하지 않았다. 이 원칙은 참여정부 기간 내내 철저하게 견지했다. 대선자금 수사로 대통령 측근들에게까지 수사의 칼날이 와도 검찰이 원칙과 소신대로 수사할 수 있도록 모두 허용했다. 우리 쪽의 생살을 도려내는 듯한 아픔을 겪으면서도 검찰 수사의 독립성과 중립을 보장해 줬다. 그렇게 마련된 검찰의 정치적 중립성과 독립성을, 앞으로 검찰 스스로 잘 지켜 나가길 원했다.

여담이지만, 부임했을 때 민정수석실에 검찰과의 핫라인이 있었다. 청와대엔 일반 부처와 연결되는 공용전화 회선이 있다. 유일하게 검찰과의 전용회선이 민정수석실에 연결돼 있었다. 바로 끊도록 했다. 민정수석실에 검찰이 제공한 차량도 있었다. 청와대 업무 차량이 부족하므로 과거부터 검찰이 편의를 제공해 오던 것이다. 돌려보냈다. 사소한 일 같지만 그런 것들이 검찰의 정치적 중립을 훼손한다고 생각했다.

대검 중수부 폐지는 검찰의 탈(脫)정치, 정치중립을 위한 상당히 중요한 과제였다. 그러나 역설적으로 정치중립의 요구 때문에 손을 대지 못했다. 검찰을 정치검찰로 만드는 데 가장 큰 작용을 하는 것이 대검 중수부다. 형사부, 강력부, 공안부 등 대검의 모든 부서는 지검과 고검의 수사를 지휘 감독하는 역할이다. 유일하게 직접 수사 기능을 갖고 있는 게 중수부다. 그 때문에 특수사건 중 정치적 사건을 대검 중수부가 직접 수사한다. 거기서 대검의 정치성과 정치편향성이 저절로 생기게 된다. 정치권력도 검찰의 정치적 중립을 보장하려는 확고한 의지를 갖고 있지 못하면 중수부를 활용하려는 유혹을 떨치기 어렵다. 그래서 대검 중수부 같은 사례는 우리 말고는 세계적으로 없다.

일본도 지검 특수부가 정치적 사건을 수사하는 것이지 대검에 중수부 같은 기구를 두지 않고 있다. 일본의 동경지검 특수부는 정치권력의 눈치를 일체 보지 않는다. 정치적 중립을 철저하게 유지하면서도, 대형 권력형 비리사건 수사에서 우리 중수부보다 혁혁한 실적을 올려 온 것으로 유명하다. 오히려 철저한 정치적 중립이 그런 일을 가능하게 했을 것이다. 중수부 폐지를 검찰 개혁의 매우 중요한 목표로 삼았던 이유다.

그런데 그때 못했던 배경이 있다. 중수부 폐지를 본격 논의하기 전에 대선자금 수사가 있었다. 그 수사를 중수부가 했다. 대통령이나 청와대는 검찰이 정권 눈치 보지 않고 소신껏 수사할 수 있게 보장해 줬다. 이 수사로 검찰이 국민들로부터 대단히 높은 신뢰를 받게 됐다. 그 바람에 중수부 폐지론이 희석됐다. 그런 상황에서 우리가 중수부 폐지를 추진하면 마치 대선자금 수사에 대한 보복 같은 인상을 줄 소지가 컸다. 그 시기를 놓치니 다음 계기를 잡지 못했다. 아쉬운 대목이다. 그렇게 하면서까지 지켜 준 검찰의 정치적 중립이며 독립이다.

그런데 이명박 정부 들어서자마자 그들은 순식간에 과거로 되돌아갔다. 이명박 정부 출범과 함께 한꺼번에 퇴행해 버린 것이 어이없고 안타깝다. 안타깝기만 한 것이 아니다. 검찰을 장악하려 하지 않고 정치적 중립과 독립을 보장해 주려 애썼던 노 대통령이 바로 그 검찰에 의해 정치적 목적의 수사를 당했으니 세상에 이런 허망한 일이 또 있을까 싶다.

* **대통령과 검사와의 대화** 참여정부 초기 검찰 개혁에 대한 검사들의 반발이 계속되자 노무현 대통령이 평검사들과 가진 공개적 대화의 자리. 전국에 TV로 생중계

국정원 개혁

검찰 개혁에 비하면 국정원 개혁은 상대적으로 부담이 덜했다. 대통령 직할기관이고, 일반 국민을 상대로 한 행정작용이 거의 없는 조직이어서 대통령 의지대로 개혁이 용이했기 때문이다. 대통령은 국정원 개혁에 대해서도 의지가 매우 강했다. 인권 변호사 시절 당시 안기부의 고문수사와 사찰·감시 등을 늘 접하면서 분노했던 경험이 있어 더욱 그랬을 것이다.

국정원 개혁의 전통적 과제는 수사상의 인권침해와 위법한 정보수집 활동을 척결하는 것이었다. 이 부분은 이미 국민의 정부 때 큰 진전이 있었다. 참여정부는 국정원의 국가보안법위반 범죄에 대한 수사권을 북한과 관련된 범죄로 한정함으로써, 수사과정의 인권침해 소지를 원천적으로 없애려 했다. 한편 이전 정부 때 발생한 사건이긴 하지만 이른바 안기부 X파일 사건*은 국정원의 불법 도·감청을 철저히 청산하는 계기가 됐다. 어쨌든 참여정부 시절에는 국정원이 인권유린 수사를 했다거나 불법적인 도·감청 등 사찰을 했다는 시비는 단 한 건도 일어나지 않았다.

참여정부가 가장 역점을 둔 개혁은 국정원의 탈정치·탈권력화였다. 대통령은 국정원의 정보활동 영역에서 정치를 아예 배제할 것을 요구했다. '국회의원 누가 어떤 사안에 대해 무슨 언동을 했다'는 식의 정치보고를 극도로 경계했다. 참여정부 때 그런 정보가 거의 사라지긴 했지만, 어쩌다 옛날의 관성 때문에 그런 정보가 섞여 올라오면, 대통령이 여지없이 지적해 내려 보냈다. 국정원 정보활동 탈정치를 위해, 국정원 직원의 관공서와 언론 기관 상시출입도 아예 금지했다.

국정원의 탈권력을 위해 대통령 스스로가 국정원을 정권의 목적으로 활용할 생각을 하지 않는 것은 물론, 국정원에도 초법적이고 월권적 권한을 주지 않으려고 했다. 그래서 국정원장의 주례·대면보고와 독대보고를 없앴다. 그 대신 대통령은 국정원이 생산하는 정보를 대통령과 청와대에만 보고하지 말고, 관련 정보별로 소관부처 및 관련부처에도 보내주도록 했다. 국정원 정보를 정부 전체가 공유하도록 한 것이다.

나중에는 정보 공유 상황을 확인하기 위해 정보보고 때 각각의 정보를 보내줄 유관기관을 '수신처(受信處)'로 표시하도록 했다. 해당 정보를 참고해야 할 기관이 수신처에서 빠진 게 발견되면 그곳으로도 정보를 보내도록 지적해 내려 보내곤 했다.

나는 주례 대면보고와 독대보고를 없앤 대통령의 조치를 지지했지만, 한편으로는 그런 조치가 국정원의 사기를 떨어뜨리고 국정원장의 조직 장악력을 떨어뜨리지 않을까 염려됐다. 국정원 내부에서 대통령이 관심을 가지지 않는 정보보고를 계속 해야 하느냐는 동요의 목소리가 들려왔기 때문이다. 대통령이 국정원장의 직접 보고를 받지 않는다는 것은 정보기관의 존립의미를 상실한 것처럼 여기는 인식이 국정원 내부에 있었다.

대통령도 주례보고와 독대보고를 받지 않겠다는 것일 뿐, 보고할 일이 있을 경우 언제든지 관련수석 등의 배석하에 보고를 받겠다고 했다. 나는 그런 비정례 보고를 매달 한 번씩은 마련해, 국정원장이 실질적으로 월례보고처럼 활용할 수 있도록 했다. 그리고 국정원장이 배석 없는 보고를 특별히 원할 경우, 배석자들이 자리를 피해 줘서 자연스럽게 짧은 시간 동안이라도 사실상 독대보고를 할 수 있도록 운영의 묘를 살리고자 했다. 그런데 대통령은 그럴 때조차도 "민정수석은 남으라"는 식으로, 적어도 한 사람은 배석시키려 할 때가 많았다.

대통령도 국정원의 사기에 신경을 많이 썼다. 노 대통령의 방식은 주례보고나 독대보고 대신 직접 국정원을 방문해 업무보고를 받고, 직원들과 대화를 나누는 것이었다. 그런 뜻으로 재임 중 국정원을 두 번 방문했는데, 나는 두 번 모두 수행했다. 국정원 직원들이 대통령의 방문을 진심으로 반기고 좋아한다는 것을 피부로 느꼈다.

대통령은 거의 강박감을 가진 것처럼 국정원의 탈정치·탈권력 의지가 강했다. 청와대 내부에서 일부 사람들이 나를 국정원장으로 추천하고 대통령께 직접 건의까지 한 일이 있었다. 하지만 대통령은 전혀 귀 기울이지 않았다. 대통령에게 충성심이나 애정이 강한 사람이 국정원 조직을 이용해 대통령을 도우려는 욕심을 혹시라도 갖게 되면, 그게 바로 망하는 길이라는 판단이었다.

국정원장이나 국내 파트를 담당하는 국정원2차장을 임명할 때도 임명장 수여 후 환담하는 자리에서 "뭔가 대통령을 위해 공을 세우려는 생각을 절대 하지 말라"고 당부했다.

나는 부임하는 국정원장마다, 청와대 직원들의 비리 정보가 있을 경우 정보의 신빙성을 따지느라 시간 끌지 말고 입수되는 대로 신속하게 보내줄 것을 늘 신신당부했다. 국정원장들은 그런 정보들을 '민정수석 친전'* 또는 '비서실장 친전'으로 밀봉해 보냈다. 심지어 시중 정보지(속칭 찌라시)에 떠도는 나에 대한 풍문성 첩보도 있었다. 확인해 보면 사실이 아닌 것이 많았지만, 때때로 그런 점검을 하는 자체가 청와대의 도덕성 유지에 도움이 됐다.

* **안기부 X파일 사건** MBC 기자가 국가안전기획부(현 국정원)의 도청 테이프를 보도하면서 촉발된 일련의 불법 도청 사건. 1997년 대선 당시 삼성그룹 고위 임원과 중앙일보 사주가 만나, 특정 후보에게 대선 자금을 불법 지원하기로 공모한 내용 등이 담겨 있음

* **친전(親展)** 편지를 받을 사람이 직접 펴 보라고 편지 겉봉에 적는 표기

권력기관의 개혁

국세청 개혁의 핵심은, 국세청을 '보복성 세무조사', '표적성 세무조사'나 하는 정권운용 수단으로 삼지 않는 것이었다. 실제로 참여정부는 국세청을 그런 일에 동원한 적이 없다. 이명박 정부가 다시 과거 행태로 국세청을 '정권 유지 수단'으로 돌린 것이 유감스럽다.

국세청을 정권 운용의 수단으로 삼지 않는 대신, 조세정의를 세우는 본연의 위치로 돌렸다. 초기에는 민관(民官) 합동으로 개혁 방안을 마련해 내실 있는 세정개혁을 많이 추진했다. 2003년 5월 세정개혁추진위원회를 설치했다. 민간쪽 위원장이 박원순 변호사였다. 1회 접대비 상한을 50만 원으로 정하고, 기업의 접대범위에서 골프장이나 유흥업소 등은 아예 제외했다. 현금영수증 제도도 자금의 투명성을 담보할 수 있었다.

의원입법으로 만들어진 성매매특별법까지 동시에 추진되면서, 실물경기를 어렵게 만든다는 비난도 많이 받았다. 접대비 상한선은 대통령조차 좀 과격한 조치가 아니냐고 우려했지만 나는 원칙대로 강행할 것을 주장했다. 시중에선 참여정부가 3대 산업을 붕괴시켰다는 농반진반(弄半眞

半)의 얘기가 풍미했다. 검은 권력비자금이 사라지면서 '권력산업'이 붕괴되고, 접대비 상한제 등으로 '접대산업'이 붕괴하고, 성매매특별법 도입으로 '섹스산업'이 무너졌다는 얘기였다.

청와대 경제수석실에선 하루하루 특정 산업 부문의 일일매출동향까지 챙기면서 점검하고 실물경기에 미치는 영향을 체크했다. 대개 그런 풍문은 낭설이었다. 하지만 전체적으로 보면 일정 기간 실물경기에 적잖은 영향을 미친 건 사실이다. 하지만 우리 경제의 투명성을 위해 필요한 일이었고, 그때 안 했으면 못 할 일이었다.

감사원의 개혁 방향도 분명했다. 인수위 단계에서, 감사원은 사후약방문식 감사에서 탈피해 일종의 '예방감사', '평가감사', '시스템감사', '정책감사'로 전환해야 한다는 방향이 설정됐다. 대통령도 강한 의지를 갖고 있었다.

그때까지 감사원은 특정 부처나 기관이나 부서의 업무 집행을 사후에 감사하면서, 법 규정 위반 여부를 따져 보는 '위규감사' 위주였다. 대통령이 바랐던 건 그게 아니었다. 예를 들면 어느 정책 분야에 몇 조 몇 천억 예산이 투입됐으면, 예산이 쓰일 만한 곳에 제대로 쓰였는지, 예산을 그만큼 투입할 정도의 성과가 있었는지, 제대로 집행된 사업이면 유사사업에 시스템화할 방안이 뭔지, 잘못됐으면 유사사례를 예방할 대안이 뭔지 등을 종합적으로 감사하라고 주문했다. 감사에서 그런 원칙이 중요하다고 봤다. 그전까지처럼 사업 집행 과정에서 몇 억 원, 몇 천만 원의 잘못된 지출이 있었느니 없었느니 따지고 문책하는 것으로는 감사의 본질을 바꿀 수 없다고 봤다. 그 정도 감사는 각 부처 자체감사로 대폭

넘겼다.

감사원 지휘기능을 아예 국회로 넘기는 방안도 검토했다. 역시 대통령 생각이었다. 미국은 의회 산하에 감사기구를 두고 있다. 행정부 교체와는 무관하게 중립적으로 그리고 전문적으로 감사기능을 수행한다. 독립성과 중립성을 철저히 보장한다. 우리가 그처럼 실행을 못 한 것은, 한국적 정치상황 때문이었다.

다수 정파가 국회 사무총장 갈아치우듯 감사원을 자기들 마음대로 좌지우지하려 할 텐데, 과연 중립을 지켜낼 수 있을까 하는 의구심을 가졌다. 우리 정치 문화상 시기상조라고 보고, 단념했다. 대신 정책평가 감사로 체질을 바꾸도록 집중했다. 여기에 각별히 집착을 가졌던 것은, 감사원의 그 같은 체질개선이 참여정부가 해야 할 여러 개혁의 기반이라고 생각했기 때문이다.

그 분야 연구에 가장 천착해 온 사람이 있었다. 윤성식 교수였다. 그는 『정부개혁의 비전과 전략』이란 저서에서 감사원을 '감사기관'에서 '평가기관'으로 변화시켜야 한다고 역설했다. 또 감사원의 개혁 없이 정부개혁은 불가능하다고 강조했다. 대통령은 그와 감사원 내의 개혁 태스크포스 팀이 공동으로 감사원 개혁 방안을 연구하도록 했다. 그리고 이종남 감사원장 임기가 끝났을 때, 윤 교수를 감사원장으로 내정했다. 개인적 결격 사유는 전혀 없었다. 단지 인수위에 몸담았다는 이유로 한나라당이 청문회에서 부결시켰다. 그 바람에 감사원 개혁의 비전을 제대로 펼치지 못했다. 감사원 내에 평가원을 신설해 평가감사·정책 감사를 담당토록 했지만, 당초 우리가 기대한 만큼 활성화되지는 못했다.

사회적 갈등 관리

나에게 떨어진 또 다른 주요업무 중 하나는 장기 미제(未濟) 국책사업 해결과정에서 발생하는 사회적 갈등 관리였다. 이해 당사자, 갈등의 주체들 얘기를 충분히 들어 주는 일이다. 그래서 합리적 방식으로 대화와 타협을 통한 조정안을 도출하는 일이다.

장기 국책사업들이 미제일 수밖에 없었던 건 심각한 갈등을 유발하기 때문이다. 어느 정권이든, 잘해야 본전이다. 당연히 차일피일 미뤄졌던 것이다. 전시작전통제권 환수*, 용산미군기지 평택 이전, 방폐장*, 사패산 터널 문제*, 천성산 터널 문제* 등이 모두 그랬다. 짧게는 5년, 길게는 십수 년 동안 묵혀 있던 문제들이다.

대통령은 참여정부가 이런 현안들을 회피하지 말고, 할 수 있는 한 다 털고 가야 한다는 의지가 아주 강했다. 가급적 풀 수 있는 대로 다 풀고 가자, 감당할 수 있는 범위 안에서 모두 감당하자는 기조였다. 이미 인수위 때 세운 원칙이다. 그래서 참여정부가 출범하자마자 본격적으로 팔을 걷어붙였다. 그 과정에서 발생하는 갈등 관리, 갈등 조정 업무가 민정수석실에 던져졌다.

사패산과 천성산 터널 문제는 대통령이 대선 과정 중에 노선 재검토를 공약했던 사안이다. 그 공약에 따라 노선 재검토 위원회를 구성했다. 찬·반 양쪽에서 추천하는 전문가들이 모여, 기존 노선의 재검토와 대안노선을 검토했다. 사패산 터널은 양쪽에서 추천한 동수의 전문가들이, 각각 추천한 쪽 입장을 고수하면서 결론을 내리지 못했다. 천성산 터널은 재검토 위원회가 어렵게 결론을 내렸으나 반대쪽이 승복하지 않았다.

두 터널 모두 대안이 마땅찮았다. 기존 노선보다 환경 피해를 줄일 대안을 찾을 수 없었다. 이미 해당 구간을 제외한 나머지 구간 공사가 많이 진행돼, 선택의 여지도 많지 않았다. 나는 여러 번 현장에 가 봤다. 휴일날 혼자 차를 몰고 가기도 하고, 사패산은 일부러 등산 가 산 위에서 내려다보기도 했다. 사패산 터널의 경우 이미 터널 입구까지 고가도로 교각이 세워졌고, 상판도 대부분 올라가 있는 상태에서 노선 재검토를 위해 공사가 장기간 중단돼 있었다. 따라서 노선이 변경될 경우 이미 건설된 도로와 교각을 철거하는 것도 보통 일이 아니었다.

불교계에 협조를 구했다. 불교계에서 환경운동을 하는 분들도 현실적으로 노선 변경이 어렵다는 사실을 수긍했다. 당시 조계종 총무원장인 법장 스님과 불교환경운동연합의 수경 스님 등과 여러 차례 논의 끝에, 대통령이 조계종 법전 종정(宗正)스님*을 정식으로 찾아뵙고 협조를 부탁드리기로 했다.

2003년 12월 5일 대통령은 해인사를 직접 방문해 법전 종정스님을 만나, 노선 재검토 공약을 지키지 못하는 것을 사과했다. 종정스님도 대승적으로 받아들여 국책사업에 협조할 것을 종단에 지시했다. 사패산 터널 문제는 그것으로 풀렸다.

천성산 터널은 정부 출범 때부터 단식을 하며 반대운동을 이끈 지율 스님이 종정스님의 지시나 종단 방침에도 불구하고 입장을 바꾸지 않았다. 그는 참여정부 기간 동안 그 문제로 네 차례 단식을 했다. 처음에는 부산에서 단식을 하다가 나중에는 청와대 앞에서 단식을 했다. 네 번째 단식은 100일을 넘긴, 그야말로 목숨을 건 극한적 단식이었다. 온 사회가 그의 건강을 걱정하며, 행여 불행한 일이 생길까 가슴을 졸였다. 나는 단식 때마다 찾아가 만류하고 설득했지만 소용없었다.

정부가 해야 할 일 가운데 가장 중요한 것 중 하나가 갈등 조정이다. 정부가 정책에 확신을 갖고 있더라도, 반대 의견이 있으면 귀 기울이고 설득하는 노력이 필요하다. 반대 의견이 집단적일 경우는 더 말할 나위가 없다.

참여정부는 권위주의가 해체된 시기여서 그런지 큰 사회적 갈등이 많이 터져 나왔다. 그런 갈등을 합리적으로 조정하고 중재할 수 있는 시스템 마련이 국가적으로 반드시 필요하다고 느꼈다.

방폐장 문제도 첨예한 갈등 현안이었다. 처음에 쉽게 생각하고 부처에 맡겼다가 일이 어렵게 됐다. 방폐장 수용을 신청하는 지역에 보상책으로 3천억 원의 지역지원금과 양성자가속기 사업*및 한국수력원자력*(한수원)의 본사 이전 등을 일종의 반대급부 혜택으로 주도록 했다. 거기에 더해 도로 등 여러 사회간접자본 시설이 들어서면 해당 지역 발전과 주민 복지에도 큰 도움이 될 것으로 생각했다. 정부와 해당 지역 모두 윈윈하

온 사회가 그의 건강을 걱정하며,
행여 불행한 일이 생길까 가슴을 졸였다.
나는 단식 때마다 찾아가
만류하고 설득했지만 소용없었다.

는 방법으로 생각했다.

전북 부안군이 신청을 했다. 나중에 알았지만, 주민들 의견을 충분히 수렴한 게 아니었다. 주무 부처에서 그 점을 자세히 들여다보지 못한 게 실책이었다. 거액의 지원이 붙어 있으니 어디서나 하고 싶어 할 것으로 쉽게 생각했던 모양이다. 청와대는 그것도 모르고 해결의 돌파구가 열렸다고 생각했다. 윤진식 산자부 장관이 부안을 다녀와서, 그 지역 반응이 굉장히 호의적이고 유치 의지가 강하다는 보고까지 했다. 도사리고 있던 갈등을 보지 못한 것이다. 대통령은 가뜩이나 전라북도에 경제적으로 활력을 주기 위한 방안이 뭐가 있을까 고민하고 있던 차에 아주 잘됐다며 반색했다. 그리로 결정했다.

그런데 일이 꼬이기 시작했다. 부안군수의 신청 과정에 다소 독단적인 면이 있었다. 군(郡) 의회 의결도 거치지 않았다. 군민들 반대가 만만치 않았는데, 한수원이 주민들을 설득하는 과정에서도 미숙한 점이 많았다. 거기에 환경운동하는 사람들의 반대운동이 가세했다. 반발과 갈등이 확산되면서, 할 수 없이 청와대가 나서게 됐다.

사실 그 전에 부안을 둘러봤다. 문제없다는 산자부 보고와는 달리, 민정수석실로 올라오는 보고가 심상치 않다고 느껴질 무렵이었다. 아무에게도 알리지 않고 아무 협조도 받지 않은 채 휴일에 아내와 교대로 운전하면서 내려가 상황을 살펴봤다. 가서 본 부안은 정말 아름다운 곳이었다. 자연환경이 특별히 아름다운 곳 주민들은 자신들이 살고 있는 자연환경에 강한 자부심을 갖는다. 자연의 소중함을 알기 때문에, 환경을 지켜야 한다는 사명감이 더 강하다. 그런 정서나 요구를 살피는 게 처음부터 부족했다는 생각을 절실히 했다.

부안 주민들의 반대운동이 거세지자, 정부는 보상책으로 강구했던 지원 규모를 늘려서 민심을 무마해 보려 했다. 수차 논의 끝에 부안까지의 도로를 확장하는 등 그 일대 사회간접자본투자를 2조 원 규모로 확대키로 했다. 그러나 이미 불붙은 반대민심을 되돌릴 수 없었다. 결국 부안 주민들의 반대는 거의 민란 수준으로까지 증폭돼, 많은 주민들이 그 과정에서 다치고, 형사처벌도 받았다. 어쩔 수 없이 시민단체들 중재를 받아들여 주민투표로 판가름하게 됐다. 그리고 부안 주민들의 압도적 반대에 따라 부안군 위도에 방폐장을 건설하려던 당초 계획을 포기했다. 결국 다른 지역에서 신청을 받고 주민투표 절차를 거쳐 경주로 결정하게 됐다. 그 과정에서 부안 주민들에게 남긴 상처가 너무 컸다. 참으로 송구스러운 일이었다.

방폐장 문제는 값비싼 수업료를 치르고 많은 교훈을 얻었다. 우선 반대가 있고 갈등이 잠재돼 있는 사안은, 사전에 반대와 갈등의 소지를 해소하거나 최소화한 연후에 판단하고 결정해야 한다는 것이다. 부안의 경우에도 반드시 군 의회 동의 절차를 밟도록 했어야 했다.

그런 절차 없이 군수가 독단적으로 신청한 사실이 드러났을 때엔 다시 원점으로 돌아가 판단해야 옳았다. 그런데 당시 정부는 수천억 원의 지원사업과 그 이상의 사회간접자본투자로 지역에 큰 도움이 되는 만큼 주민들이 찬성할 것이라는 일방적인 낙관에 빠졌다. 군수가 군 의회 동의 없이 독단적으로 신청한 사실이 드러난 후에도 밀어붙이기만 했다.

다음으로, 역시 현장에 가 봐야 한다는 것이다. 같은 사안을 놓고도 지역마다 받아들이는 정서가 크게 다르다. 사실 방폐장은 원전에서 나오는 작업복과 장갑, 장화 등 중·저준위 폐기물만 저장하는 곳이다. 거기에 더해 그때는 사용 후 핵연료의 임시저장까지 할 수 있게 돼 있었다. 그렇더라도 살아 있는 핵연료를 취급하는 원전시설에 비하면 위험도가 비교할 수 없을 정도로 낮다.

그래서 울진, 삼척, 고리 등 기존의 원전시설이 있는 지역이나 근처 지역 주민들은 원전에 익숙하고 방폐장에 대한 경계심이 상대적으로 적을 수 있다. 반면 원전에 생소하고 자연환경에 대한 자부심이 강한 부안 같은 지역에서는, 방폐장 말만 꺼내도 펄쩍 뛸 수 있다. 그 같은 주민들의 정서를 제대로 헤아리지 못한 게 잘못이었다.

꼭 지적하고 싶은 것은, 청와대와 관료사회의 칸막이식 업무처리 문화였다. 국가적으로나 사회적으로 대단히 중요한 사안은 처음부터 여러 부서가 함께 논의해 지혜를 모으면 좋았을 텐데 그러지 않았다.

방폐장도 국가가 십수 년 동안 해결하지 못했던 엄청난 갈등사안이었다. 부처에선 산자부뿐 아니라 행자부, 환경부, 국정홍보처, 청와대에선 정책실뿐 아니라 민정수석실, 홍보수석실 등이 처음부터 논의에 함께 참여했어야 했다. 민심대책, 홍보대책, 환경단체 설득대책 등을 분담해 나갔으면 상황이 다르게 흘러갈 수도 있었다.

그렇게 하지 않고, 산자부와 정책실 정도의 선에서 논의하고 대응해 가다 도저히 감당 안 될 지경에 가서야 비로소 논의의 참여 폭을 확대했다. 민정수석실이 관여해 보니, 그때까지 홍보를 맡았던 산자부와 한수원의 홍보 능력은 반대운동을 하는 환경단체들보다 못한 실정이었다. 사용 후 핵연료의 임시저장을 놓고 '결국 사용 후 핵연료 재처리 작업까지 그곳에서 하게 될 것'이라는 오해가 주민들 사이에 퍼져 있는 상황이었다. 사용 후 핵연료는 원전시설에서 중·저준위 폐기물이 옮겨지고 나면 임시저장시설에 여유가 생기므로 굳이 옮길 필요가 없었다. 부안을 포기한 후 새로 방폐장 부지를 선정할 때는 처음부터 '중·저준위 방사선 폐기물 처분시설'로 명시해서 사용 후 핵연료를 저장하지 않는다는 것을 분명히 했다.

이라크 파병이나 한미 FTA 같은 사안도 마찬가지였다. 정무적으로 대단히 중요한 사안인 만큼 정무분야 참모들도 처음부터 논의에 참여해야 마땅한데도, 외교안보 부서끼리만 논의해서 결정했다. 나중에 상황이 악화되면 그 뒷감당만 정무분야 참모들 몫으로 넘어오곤 했다.

청와대 민정수석이 갈등사안의 당사자를 직접 만나 설득하는 일은 전례가 없었던 모양이다. 내부 반대 의견도 있었다. 나는 꼭 내가 아니더라도 누구라도 그런 일을 해야 된다고 생각했다. 사회적으로 꼭 주목받지 않는 누군가라도, 어디선가 아주 중요한 사회적 문제에 대해 강렬하게 이야기하고 싶어 한다. 그 이야기가 전달되지 않아 안타까워한다. 그런 일이 많으면 소통을 내세운 참여정부의 모습이 아니라고 봤다. 우리가 다가가서 들어 주기도 해야 하고, 한편으론 고통받는 사람들을 다독이는 일이 민정수석 일 가운데 하나라고 생각했다. 시민사회수석을 할 때도 마찬가지였다. 체면 따지지 않고 나서서 그런 일을 해야 한다고 생각했다.

내가 만나 보고 위로라도 했으면 좋겠다는 생각을 가졌던 사람들이 많았다. 그러나 일에 치여 버르기만 하다 못 한 경우가 많아 늘 아쉬웠다.

서해해전 희생 장병 가족들이 어렵다는 얘기를 들었다. 내가 만나 보려고 하다가 아예 대통령께 말씀드려, 대통령이 직접 만나도록 한 적이 있다. 그중에 누군가는 형편이 어려워서, 취업을 알선해 주기도 했다.

대우건설 고(故) 남상국 사장 가족도 그렇다. 그 가족들을 꼭 한번 만나 위로하고 싶었는데 끝내 못 했다. 청와대 나오고 나서까지, 못 찾아간 게 아쉬웠다. 얼마나 우리를 원망할까 싶어 늘 마음이 무거웠다. 나중에 그분 딸이 조기숙 수석의 학교 제자여서 우리 쪽이 갖고 있는 미안한 마음을 간접적으로 전달했다는 얘기를 들었다.

* **전시작전통제권 환수** 한반도 유사시 한국군의 작전을 통제할 수 있는 권리. 현재 평시에는 작전통제권을 우리가 독자적으로 행사하지만 유사시 한미연합사령관에게 통제권이 넘어가도록 돼 있음. 참여정부는 2006년 미국과 전시작전통제권 이양에 합의했으나, 2010년 이명박 정부가 미국 정부와 이양 시기를 2015년으로 다시 연기해 버림

* **방폐장** 방사성 폐기물 처리장의 줄임말. 방사성 물질 또는 그에 의해 오염된 물질을 원전수거물이라고 하는데 이를 안전하게 관리하는 시설

* **사패산 터널** 경기도 의정부시와 양주시 장흥면 사이에 있는 해발 552m의 산. 서울외곽순환고속도로 송추 나들목과 의정부 나들목을 연결하는 터널 관통에 환경단체들이 반대

* **천성산 터널** 경남 양산시에 있는 해발 922m의 산. 대구와 부산을 잇는 경부고속철도 2단계 사업의 일환으로 터널이 천성산을 관통하는 것에 환경단체들이 반대

* **종정(宗正)스님** 불교 종단의 정신적 최고 지도자. 우리나라 불교계, 특히 대한불교 조계종에서 종단의 신성함을 상징하는 직위

* **양성자가속기 사업** 양성자를 가속해 물질의 특성과 구조를 규명하고 새로운 물질을 탐색하기 위한 최첨단 사업. 극 미세기술, 정보통신기술, 생명공학기술, 우주기술, 신소재 개발 분야에 활용. 과학 선진국들이 앞다투어 추진하는 첨단 연구시설

* **한국수력원자력** 2001년 한전으로부터 분할된 수력 및 원자력 발전사업 전문 공기업

노동 사건

노동 사건은 정책실 산하 노동비서관실 업무였다. 그런데 대통령은 노동비서관실 업무 중 정책에 관한 업무는 직제대로 정책실장 지시를 받되, 노동쟁의나 노사분규에 대한 대응 업무는 민정수석 지시를 받도록 정리했다. 업무의 성격상 정책실보다 민정수석실이 담당하는 게 더 적합하다고 본 것이다. 노동조합이나 노동단체와의 접촉과 현안파악, 검찰·경찰과의 업무협조 등이 민정수석실 업무와 더 가까웠기 때문이다. 내가 노동변호사를 오래해 그쪽 사정을 잘 안다는 것도 감안했을 것이다.

대통령의 그런 지시로 나는 참여정부 출범 첫해 전교조 나이스(NEIS)* 투쟁, 철도 파업, 화물연대 파업, 조흥은행 파업 등의 굵직한 노동 사건 대응을 담당했다. 그 때문에 언론으로부터 '왕(王)수석' 소리를 듣기도 했다.

불법파업에 대해 솜방망이 대응이란 비난도 많이 들었다. 민정수석실 고유업무에 노동 사건 대응 업무가 더해지니 일이 벅찼다. 나뿐만 아니라 민정수석실 직원들까지 업무량이 늘어났다.

그러면서 한편으로는 아쉽기도 했다. 화물연대 파업의 경우, 지나치게 낮은 운송료를 야기하는 구조가 원인이었다. 과거엔 화물운송요금에 일종의 표준요율제가 있어, 운송료가 그 아래로 떨어지는 것을 막아 줬다. 그런데 국민의 정부 초기 규제 철폐 차원에서 그 제도가 없어졌다. 거기에 IMF위기를 겪으면서 구조조정된 노동자들이 지입차주로 몰리면서 화물차량 대수가 크게 늘었다. 과당경쟁 속에서 운임이 크게 낮아지게 됐다. 게다가 화물운송업의 다단계 구조로 인해 운임 중 20~30퍼센트가 운송 주선 수수료로 떨어져 나갔다. 우리가 파악한 바로는, 그런 요인들이 겹쳐 화물차량 운전자들이 실제로 받는 운송료는 몇 년 전 표준요율제가 있던 시기에 비해 60~70퍼센트 수준밖에 되지 않는 실정이었다.

문제를 근본적으로 해결하려면 표준요율제를 되살리고, 다단계 구조를 개선해 화물차량 대수를 줄여 나가는 정책적 접근을 해야 했다. 그건 민정수석실 소관이 아니었다. 문제점을 대통령에게 보고하고, 정책실이나 부처에도 그런 정책적 접근을 부탁했지만, 이후 과정까지 관여할 수는 없는 노릇이어서 답답했다.

화물연대가 파업에 이르기까지 정부 대응에도 문제가 있었다. 화물연대 측에서 꽤 오랫동안 정부에 문제를 제기하며 대화를 요구했지만, 정부부처 어디에서도 그들의 이야기를 들어 주지 않고 회피했다. 주무부서라 할 건교부는 일종의 노동문제로 생각해서 노동부로 미뤘다. 노동부는 그들의 신분이 법적 노동자가 아니고 노동조합도 아니라는 이유로 자신들 소관업무로 보지 않았다.

대통령은 화물연대가 '물류를 멈춰 세상을 바꾸자'라는 구호를 내걸고, 부산항 수출입을 막아 주장을 관철하려는 방식에 화를 많이 냈다. 내

대통령은 화물연대가 '물류를 멈춰 세상을 바꾸자'라는
구호를 내걸고, 부산항 수출입을 막아
주장을 관철하려는 방식에 화를 많이 냈다.
내게 단호한 대응을 지시했고
군(軍) 대체인력 투입도 적극 검토하라고 지시했다.

게 단호한 대응을 지시했고, 군(軍) 대체 인력 투입도 적극 검토하라고 지시했다. 마침 미국 방문과 겹쳤다. 미국으로 떠날 때도 내게 특별히 당부했고, 미국 방문 중에도 매일 전화로 상황을 점검하며 군 인력 투입 검토를 재차 지시했다. 그러나 부산항 수출입 화물의 육로 수송율이 절대적이고, 철도에 의한 수송분담율이 얼마 되지 않는 상황에서, 단호한 대응이 불가능했다. 군이 보유한 트레일러 차량이 많지 않아, 군 인력을 모두 투입해도 부산항이나 컨테이너 야드 내에서 컨테이너 박스 옮기는 역할 정도만 할 수 있었다. 또 군 운전 인력이나 대체 운전 인력을 동원해 화물연대가 도로에 세워 둔 차량을 운전하는 것은 법적으로 불가능했다. 그것이 가능한 길은 대통령이 긴급조치를 선포하는 것뿐이었다. 물론 부산항이 마비되는 사태가 벌어지면 그렇게라도 해야 했다. 그러나 그건 최후의 카드로 유보해 두고 화물연대와 협상하지 않을 수 없었다.

결국 화물연대 파업은 합의 타결됐다. 말이 합의 타결이지 사실은 정부가 두 손 들었다. 부산항 화물 적치율이 계속 올라가, 여유가 하루 이틀밖에 없는 상황이라서 어쩔 수 없었다. 화물연대 요구사항을 대부분 수용했다. 즉각 시행 가능한 사항은 시행하고, 시간이 걸리는 사항은 추진해 나가기로 합의했다. 화물연대가 마치 노조처럼 운송사업자단체, 화주(貨主)단체 등과 매년 교섭할 수 있는 길도 열어 줬다. 화물연대로선 대성공을 거뒀다. 사회적 지위도 높아지고, 조합원도 크게 늘었다.

그런데 그 성공에 도취했는지 불과 두세 달 후에 2차 파업을 했다. 딱한 사정을 이해할 수 있었던 1차 파업과 달리 무리한 파업이었다. 정부도 온정으로만 대할 수 없었다. 속수무책이었던 1차 파업 때와 달리 정부의 대응수단도 많아졌고, 부산항의 화물 적치율도 미리 낮춰 놔 대응력을 높였다. 법과 원칙대로 단호하게 대응하지 않을 수 없었다. 안타까운 일이었다. 그로 인해 화물연대 지도부는 구속됐다. 보다 근본적 제도 개선을 위해 정부와 이뤄지고 있던 대화도 끊겨 버렸다.

철도 파업도 마찬가지였다. 2003년 4월 참여정부 출범 두 달도 채 되지 않은 시점에 총파업을 했다. 그때까지만 해도 '해고자 복직'과 '민영화 중단' 등 이전 정부 때 해결하지 못했던 일을 새 정부에 기대를 걸고 요구하는 것으로 받아들였다. '솜방망이 대응'이란 비난을 들으면서도 요구사항을 대폭 수용했다. 그런데 불과 두 달 만에 공사화(公社化) 반대를 주장하는 2차 파업을 했다. 이번에는 공권력을 투입해 단호한 대응을 하지 않을 수 없었다. 많은 구속자와 해고자가 발생했다. 그들의 복직 문제는 참여정부 마칠 때까지도 해결되지 못했다.

참여정부 초기 그 같은 정부와 노동계의 충돌로 노정(勞政)관계는 첫 단추부터 잘못 채워진 면이 있었다. 노동계가 참여정부에 대한 기대 때문에 처음부터 서두르거나 과욕을 부린 것일지도 모르겠다. 또는 노동계의 높은 기대를 참여정부가 감당하지 못했을 수도 있다. 어쨌든 결과적으로는 노동 분야에 있어서 참여정부 개혁을 촉진한 게 아니라, 거꾸로 개혁 역량을 손상시킨 측면이 크다고 생각한다.

당시 나이스 문제 때문에 만난 전교조 지도부는, 풍모나 자세에서 참으로 헌신적인 분들이었다. 그런데 참여정부가 해야 할 근본적 교육 개혁 과제가 산적한 상황에서, 어찌 보면 기술적 과제라고 할 만한 나이스 문제에 어찌나 비장한 태도로 임하는지, 내가 "마치 만주벌판에서 풍찬

노숙(風餐露宿)하며 독립운동하는 분들 같다"고 표현했을 정도였다.

어쨌든 참여정부 출범 초기 그 중요한 시기에 교육부나 전교조는 그 문제에 발목이 잡혀 한 발짝도 앞으로 나갈 수 없었다. 많은 시간과 노력을 기울여 그 문제는 해결했지만, 첫 조각 때 파격이라는 소리를 들으며 임명했던 교육부 장관은 개혁 역량을 제대로 발휘해 보지도 못한 채 물러나고 말았다. 그렇게 되면 그 후엔 점차 안정적 인사로 가게 마련이다. 참여정부가 교육 개혁을 기대만큼 하지 못한 이유 중 하나였다.

* **나이스(NEIS)** 전국 초·중등교, 시·도교육청 및 산하기관, 교육인적자원부를 인터넷으로 연결해, 교육관련 정보를 공동으로 이용할 전산환경을 구축하는 전국단위 교육행정정보시스템

미국을 대하는 자세

효순·미선양 사건*과 촛불집회를 거치면서, 한미 관계는 2002년 후보 시절부터 이미 핫이슈였다. 한미 관계는 남북 관계와 동전의 양면이기도 했다. 대통령은 당선인 시절부터 북핵 문제의 평화적 해결과 대북화해협력정책의 지속, 한미 동맹과 균형외교, 그리고 자주국방을 주요 외교안보 노선으로 천명했다.

전통적인 한미 동맹관계를 중시하되 지나친 대미(對美)편중 외교에서 벗어나 균형외교를 지향하는 것이었다. 그런 기조에서 윤영관 외교부 장관이 임명되고, 이종석 NSC*사무차장이 임명됐다.

국방부 장관을 임명할 때도 과연 자주국방과 군 개혁 의지가 있는지를 가장 중요한 인선 기준으로 삼고자 했다. 대통령은 '본격적인 국방개혁은 문민장관으로 가능하다'는 인식을 갖고 있었다. 그래서 처음엔 전통적 방식의 인사를 하고, 임기 후반쯤 민간 출신을 국방장관으로 임명하려고 구상했다. 우리는 첫 국방장관으로 준비된 카드가 없었다. 몇 명의 후보가 경합을 벌이다 두 명으로 압축됐을 때, 대통령은 정찬용 인사

보좌관에게 두 사람 모두를 직접 만나 자주국방과 군 개혁 의지가 어떤지 확인해 보도록 지시했다. 정 보좌관 보고에 따라 조영길 장관을 낙점했다.

2003년 5월 대통령의 첫 미국 순방은 기억에 남는다. 정부 출범 초, 북한 핵문제는 심각한 위기 국면으로 치닫고 있었다. 미국의 네오콘* 사이에서 북한 폭격 얘기가 나올 정도였다. 대통령은 미국의 부시 대통령을 만나 어떻게든 평화적 해결로 방향을 틀도록 하는 것을 미국 방문 목표로 잡았다.

당시 미국이 준비한 한미공동성명 초안엔 북핵 문제에 대해 "모든 옵션을 배제하지 않는다"는 미국 입장이 포함돼 있었다. 쉽게 말하면 '(전쟁을 포함해) 모든 수단을 불사(不辭)한다'는 뜻이다. 물론 미국도 무력 사용을 실제 선택하겠다는 것은 아니었다. 그것을 옵션에 두는 것이 북한을 견제하는 카드로 도움이 된다는 것이었다. 그러나 그런 가능성이 언급되는 것만으로도 불안심리가 높아져, 외국인들의 한국투자를 포함한 우리 경제에 악영향을 미칠 위험이 컸다. 실제로 미 일각에서 북폭(北爆) 얘기가 나오는 것만으로도 무디스*가 한국의 신용등급 전망을 한 등급 낮춘 일도 있었다.

그 문장을 '대화를 통한 평화적 해결'로 바꾸고자 안보팀이 무진 애를 썼다. 그 협상을 위해 한미정상회담 이틀 전에 NSC와 외교부 당국자들을 워싱턴으로 보냈다. 윤영관 장관조차 미국이 우리 요구를 받지 않을 것으로 비관했다. 하지만 대통령은 뚝심으로 밀어붙였다. 결국 정상회담 과정에서 우리 요청이 수용됐다. 대통령은 크게 안도했고, 부시 대통령에게 고맙게 생각했다. 다음 날 워싱턴에서 한미 동맹의 중요성을 거듭 강조하는 발언을 한 것도, "미국이 도와주지 않았더라면 한국전쟁 때 살아남기 어려웠을 것"이라는 발언도, 고마움의 표시였다. 그 발언이 진보진영에서 논란이 됐다. 나는 이해한다. 북폭마저 거론되던 상황에서 평화적 해결 기조에 합의해 준 미국에 대한 고마움을 외교적 수사로 표시한 게 좀 지나쳤을 뿐이다.

대통령은 한미 동맹을 중시하면서도, 동시에 한국이 국력 신장에 걸맞게 자주국방 의지를 가져야 한다는 입장이었다. 2002년 11월부터 부시 행정부가 국민의 정부를 향해 주한 미군 감축 가능성을 거론하며 한미 동맹 조정을 요구하던 상황이었다. 당선인이 인수위 시절 계룡대*를 방문해 '주한 미군이 갑자기 감축하거나 철수할 경우 과연 한국군 지휘부는 어떤 대비책을 갖고 있느냐'는 질문을 한 것이 언론에 새 나간 적이 있다.

홍보라인에서는 그 발언이 논란이 되는 걸 피하려고 당선인의 발언 내용과 취지를 완화해서 내보냈다. 그러나 당선인은 우리 사회에 문제제기를 하려고 의도적으로 던진 발언이었다. 나는 홍보라인에게 쓸데없는 걱정을 했다고 말했다. 당선인도 그 사실을 알고 홍보팀을 크게 나무랐다.

한미 동맹과 주한 미군 관련 문제는 임기 첫해에 여러 핫이슈를 만들어 냈다. 부시 행정부는 계속 새로운 의제를 던졌다. 대처 방안을 둘러싸고 관계부처간, 청와대와 부처 간, 청와대 수석실 간 뜨거운 토론이 이어졌다. 갈등도 있었다. 민정수석으로서 주한 미군기지 이전비용 분담 협상, 미국이 요구하는 주한 미군의 전략적 유연성 문제에 대한 대응, '개념계획 5029'*를 '작전계획 5029'*로 개정하는 문제를 둘러싼 갈등에도 관여했다.

이처럼 안보 문제는 사안의 중요성 때문에 청와대 안에서도 의견 차가 컸다. 청와대 내부는 물론 청와대와 부처, 부처와 부처 사이의 입장 차이를 좁히기 위해 중재해야 하는 일도 많았다. 나중에 비서실장이 되고 나선 매주 목요일 오후 개최되는 장관급 회의체인 안보정책조정회의 멤버로도 비슷한 역할을 했다.

청와대 내부며 부처 사이의 의견이 획일적이지 않고 다양했던 것, 다양한 의견 사이의 기탄없는 토론을 통해 결론을 도출했던 게 참여정부 강점이었다고 생각한다. 재미있었던 점은 안보정책 조정회의에서 통일부뿐 아니라 국정원도 북한의 입장을 좀 더 이해하려는 입장이었던 데 비해, 외교부와 국방부는 한미 동맹을 보다 우위에 놓고 입장이 나뉘는 것이었다. 통일부 장관과 외교부 장관이 토론 끝에 얼굴을 붉히는 일도 있었다. 청와대가 가운데에서 중재하고 조정하는 역할을 했다.

* **효순·미선양 사건** 2002년 6월 미군 장갑차에 우리 여중생 두 명이 압사당한 사건. 처리과정에서 한미행정협정 등 한미 불평등 문제가 커다란 사회 이슈로 부각

* **NSC** 국가안전보장회의. 우리나라 국가 안보·통일·외교와 관련된 최고 의결기구. 헌법에 명시된 기관이지만 기능이 유명무실했다가 참여정부가 그 위상을 크게 강화

* **네오콘(neocons)** 'neo-conservatives'의 줄임말. 공화당을 중심으로 한 미국의 신보수주의자 또는 그 세력을 일컫는 용어

* **무디스(Moody's)** 미국의 국제적 신용평가기관

* **계룡대** 충청남도 계룡시에 있는 육군·해군·공군 3군 통합기지

* **개념계획 5029, 작전계획 5029** 북한의 돌발적인 급변사태(쿠데타, 대량 탈북, 북한 정권 붕괴 등)를 가정해 만든 미군의 계획. '5'는 미군이 한반도 작전에 붙이는 숫자. 다소 추상적이고 개괄적 성격이었던 '개념계획 5029'와 달리 '작전계획 5029'는 한반도 유사시 병력 동원, 부대 배치 등 매우 구체적인 내용까지 포함

고통스러운 결정, 파병

임기 첫해, 대통령이 가장 고통스러워했던 결정이 이라크 파병이었다. 청와대 전체가 큰 진통을 겪었다. 청와대와 내각의 외교·국방·안보라인은 미국 요청을 받아들여 파병해야 한다고 주장했다. 미국은 파병을 요청하면서, 공식적으로는 규모를 이야기하지 않았다. 물밑으로 말하는 규모는 5천~7천 명 선의 전투보병이었다. 외교·국방·안보라인은 한술 더 떠서 '1만 명 이상의 전투병을 보내야 한다'고 주장했다. 적어도 사단급 규모가 돼야 독립된 구역을 맡아 독립된 작전을 수행할 수 있다는 것이었다. 안 그러면 미군 밑에 예속돼 미군의 지휘를 받게 된다고 했다.

반면 청와대 내의 정무분야 참모들은 파병을 반대했다. 나도 반대였다. 정의로운 전쟁이라고 보기도 어렵고, 파병했다가 희생 장병이 생기면 비난여론을 감당하기 어렵게 될 것이라고 생각했다.

대통령 생각도 다르지 않았다. 개인적으로는 파병을 마땅치 않아 하는 입장이었다. 파병을 반대하는 우리들 주장을 백번 수긍하고 공감했다. 그러나 그때 한국은 북핵 위기의 평화적 해결을 위해 미국의 협조를 절실히 필요로 하는 상황이었다. 미국 일각에서 네오콘을 중심으로 북폭(北爆)이나 제한적 대북공격설이 나오고 있었다. 대북봉쇄 등의 제재조치도 제기되고 있었다. 한반도에 전쟁의 어두운 그림자가 드리우고 있었다. 한반도 정세 불안을 이유로 무디스가 한국의 신용등급 전망을 한 등급 하향하자 외국인투자가 감소하는 등 경제에도 악영향을 미쳤다.

물론 대통령은 미국에 시종일관 '무력에 의한 대북문제 해결을 반대한다'는 입장을 명확히 천명했다. 북핵 문제는 철저하게 대화를 통해 외교적 방법으로 풀어 가야 한다는 대통령의 소신은 확고했다. 그러나 그렇게 이끌어 가기 위해선 미국 정부의 협조가 반드시 필요했다. 그러자면 우리도 그들의 요구를 어느 정도 들어줄 수밖에 없는 처지였다. 대통령도 우리도 심각하게 고민했다.

대통령의 고민을 누구보다 잘 알고 있던 NSC사무처 이종석 차장이 묘안을 내놨다. '미국의 파병 요구를 받아들이되, 파병 규모는 최소한으로 한다. 파병은 비전투병 3천명으로 한다. 파병 성격도 전투작전 수행이 아니라 전후재건사업 지원이다.' 이런 방안이었다. 고건 총리가 회의에서 '평화재건 지원부대'로 파병 성격을 분명히 정리했다. 고심에 고심을 거듭하던 대통령이 그 방안을 수용했다. 우방에 대한 최소한의 도리는 하는 셈이다. 파병 지역도 최대한 위험하지 않은 곳으로 한다. 그러면 우리 장병들의 고귀한 인명 피해도 막을 수 있다. 대통령은 내게, 그 방안으로 먼저 청와대 내의 반대파를 설득하고 시민사회 진영도 설득해 달라고 당부했다. 나도 찬성했다.

외교부와 국방부 실무책임자를 미국으로 보내 실무협의를 하고, 넌이어 이종석 NSC 차장을 협상대표로 보냈다. 돌아와서 보고하기를, 국무부 쪽은 대체로 이해하는 반응이었지만 국방부 반응은 시니컬하다고 했다. '1만 명 이상 전투병 파병' 운운한 우리 내부의 주장이 미국 쪽 기대치를 높여 놓은 것이었다. 나중에 비공식 루트로 들어온 부시 행정부 반응은 '고맙다'였다. 부시 행정부 입장에서도 동맹국의 파병 동참이란 모양 갖추기가 절실했던 것이다.

파병 방침 발표 문안을 외교부가 준비해 왔다. 초안엔 '이라크의 대량살상무기 때문에 치러지는 이번 전쟁이 정의로운 전쟁이며, 우리의 파병이 향후에 전후재건 복구사업 등에 유리한 고지를 점하면서 경제적으로도 크게 도움이 된다'는 내용이 포함돼 있었다. 대통령은 "나는 이 전쟁이 정의로운 전쟁인지 모르겠다"면서 그 표현을 쓰지 못하게 했다. 또 "경제적으로 도움이 될지 안 될지 모르지만, 경제적 이익을 위해 우리 젊은이들의 고귀한 생명을 사지에 내모는 일은 할 수 없다"고 했다. 경제적 이익은 파병 이유가 될 수 없다는 것이었다. 대신 국민들에게 한반도 평화와 한미 동맹이라는 현실적 이해 때문에 파병한다는 점을 솔직하게 밝히라고 지시했다.

어렵고 고통스런 결정이었지만, 파병을 계기로 북핵 문제는 대통령이 바라던 대로 갔다. 미국의 협조를 얻어 6자회담이라는 다자외교 틀을 만들어냈다. 6자회담을 통해 북핵 문제를 대화를 통한 외교적 방법으로 풀어 갈 수 있었다. 한때 북폭까지 주장했던 네오콘의 강경론을 누그러뜨리면서 위기관리를 해 나갈 수도 있었다. 그 바탕엔 우리가 이라크에 파병을 했다는 것이 큰 힘이 됐다. 훗날 대통령은 파병에 대해 '나도 개인이었다면 반대했을 것이다. 그러나 대통령으로서는 불가피했다'고 술회했다. '옳지 않은 선택이었지만 회피할 수 없는 선택이었다'고도 했다.

진보·개혁 진영은 지금도 노 대통령과 참여정부가 잘못한 일 가운데 대표적 사례로 이라크 파병을 꼽는다. 나는 동의하지 않는다. 파병이 논의될 당시 진보·개혁 진영의 반대는, 정부가 최소 규모의 비전투병 파병으로 결정하게 하는 데 큰 도움이 됐다. 그러나 진보·개혁 진영의 반대가 그와 같은 방식으로 반영되고, 그것이 6자회담을 통한 북핵위기의 해결에 결정적인 기여를 한 사실이 드러난 지금에 와서도 파병이 잘못이었다고 평가하는 데엔 동의할 수 없다. 물론 이라크 전쟁은 정의롭지 못한 전쟁이었다. 따라서 우리가 파병하지 않을 수 있었다면 좋았을 것이다. 그러나 더 큰 국익을 위해 필요하면 파병할 수도 있다. 그것이 국가경영이다. 진보·개혁 진영이 집권을 위해선 그런 판단도 할 수 있어야 한다고 생각한다.

아픔

내부적으로 가장 아팠던 사건은 나라종금 사건*과 대선자금 수사였다. 대통령 측근들은 물론, 대통령 선거를 함께 치렀던 집권의 일등공신들이 줄줄이 십자가를 져야 했다. 대통령은 공개적으로 그 부분을 조사받겠다고 했다. 우리 힘으론 어쩔 수 없었던 한 시대의 선거 관행을 우리 시대에 끊고자 했다. 말이 그렇지 스스로의 살을 도려내는 일이었다. 하지만 대통령은 그렇게 했다. 검찰엔 '개의치 말고 조사하라'고 공개적으로 천명도 했다. 어차피 수사가 이뤄졌겠지만, 그 바람에 수사가 더 앞당겨진 면도 있었을 것이다. 피할 수 있는 잔이 아니었다.

당시 검찰의 소환 과정은 정말 문제였다. 안희정 씨의 경우 처음에 구속영장이 기각됐는데, 나중에 영장이 발부돼 수감될 때까지 거의 한 달 가까이를 공개적으로 망신을 줬다. 망신 정도가 아니고 마녀사냥을 하듯 했다. 지켜보는 우리도 참담한 심정인데 본인은 어땠을까. 가족들은 가슴이 찢어졌을 것이다. 나는 지금도 안희정 씨가 검찰에 출두하던 모습을 잊지 못한다. 당사자를 한가운데 두고 수많은 기자들이 밀고 당기고 붙잡으며 그를 누추하고 끔찍한 지경의 처지로 만들었다. 그런 식의 인격적 모욕이 몇 차례나 이어졌다. 인격은커녕 인권도 없었다. 그 일을 계기로 주요 피의자가 검찰에 소환될 때 인권보호를 위한 최소한의 절차가 갖춰졌다. 청사 안에서는 일체 취재할 수 없게 하고, 청사 밖에서만 포토라인을 설정해 취재하도록 했다.

지금도 그 방식이 계속되고 있다. 그러나 그것도 근본적 해결이 아니다. 수사 중인 피의자는 아직 무죄다. 따라서 그 기간에 언론에 노출되면서 언론에 의해 인권이 유린될 이유가 없다. 국민의 알 권리나 언론의 취재활동 자유라는 말로 인권 유린을 정당화할 수 없다. 적어도 검사가 기소하기 전까지는 언론의 취재로부터 보호받아야 마땅하다.

사법처리된 분들의 처지는 모두 딱하고 억울했다. 특히 안희정 씨는 더욱 그렇다. 어쨌든 대선 과정에서 본인이 자금을 책임졌던 데다 나라종금건도 있고 해서 언젠가는 타깃이 될 가능성이 높았다. 대통령에게 부담을 드리지 않기 위해 아예 청와대에 안 들어왔다. 누구는 그에게 당분간 외국에 나가는 게 어떠냐는 제안도 했다. 그러나 본인은, 청와대엔 안 들어가지만 닥쳐올 상황과 정면으로 부딪치겠다고 했다. 그러곤 정면으로 부딪쳤지만, 정말로 가혹하게 당했다. 심지어는 본인 책임이 아닌 일까지도 본인이 안아 버렸다. 가족들이 겪은 고통의 과정을 접하면서, 민정수석으로서 그저 지켜볼 수밖에 없는 내 처지가 원망스러웠다. 그뿐 아니라 강금원, 염동연, 정대철, 이상수, 이재정 등 고초를 겪은 분들을 생각하면 미안하기 짝이 없다.

나도 선거 때 부산선대본부장을 맡았다. 무슨 큰 차이가 있겠는가. 단지 나는 선대본부장을 하면서 회계담당을 별도로 뒀기 때문에 내가 직접 돈을 만지지 않았다는 차이뿐이다. 실제로 당시 사법처리당한 분들과 나 사이에 근본적인 차이가 있는 게 아니었다. 그래서 더 미안했다.

모두들 대통령을 지키기 위해 스스로를 희생했다. 한 시대의 어떤 관행과 잔재를 털어내려는 대통령 의지를 존중해서 각자 십자가를 기꺼이 져 준 고마운 분들이다. 그들의 희생을 바탕으로 선거문화가 바뀌었고 선거혁명이 가능해졌다.

가슴 아프기로는 참여정부 청와대 첫 부속실장을 지냈던 양길승 씨 사건도 마찬가지였다. 대통령의 청남대* 반환행사를 수행하러 내려갔던 그가 일과 시간 이후 지인들의 술자리에 초대받았다. 그런데 누군가가 그걸 몰래 카메라로 찍었다. 졸지에 '총선 대비 사조직 점검', '부적절한 인물들로부터 청탁을 받고 향응을 제공받은 자리'로 부풀려졌다.

그 사건이 뒤늦게 문제된 8월, 늦은 여름휴가를 갔다. 휴가는 1주일이었지만 2박 3일만 쉴 생각이었다. 경북 문경으로 아내와 짧은 여행을 떠났다. 내가 좋아하는 곳이다. 봉암사에서 하루 묵었는데 휴대폰이 안 되는 곳이었다. 다음 날 휴대폰이 되는 곳으로 나오자마자 어느 기자가 취재전화를 해 왔다. 그래서 처음 알게 됐다. 내가 휴가를 간 것과 하루 동안 전화를 안 받은 것까지 비난하는 기사가 실렸다.

사실을 말하자면, 부속실장 직책에 있으니 술자리 참석 자체가 부적절한 처신이라고 할 수 있었지만 그 이상으로 비난받을 일은 없었다. 부적절한 부분이 있다면 부적절한 만큼만 비난받아야 하는데, 그 역시 마녀사냥을 당해야 했다. 그리고 스스로 옷을 벗었다. 소환조사를 당하는데 밀고 당기는 과정에서 파렴치범도 당하지 않을 갖은 모멸을 당했다. 언론은 청와대 내부의 은폐·축소 의혹까지 제기했다. 어처구니가 없었다.

언론 보도는 춤을 췄고, 그런 일이 처음이었던 청와대 내부에선 사실 관계도 잘 모른 채 언론 보도만 보고 그를 원망하는 사람도 있었다. 하도 답답해 청와대 직원들에게 처음으로 '양 실장 관련 은폐·축소·부실조사 의혹에 대한 민정수석의 견해'라는 제목의 이메일을 보내 사건의 사실 관계를 설명했다. 청와대 내에서조차 동료의 억울함을 몰라줬다. 그만큼 언론 보도가 진실을 압도하면서 여론 재판을 해 버렸다. 나중에 수사 결과 사실 관계가 밝혀졌지만, 훼손된 그의 명예를 회복시켜 주기에는 부족했다.

* **나라종금 사건** 2조 원대의 공적자금 투입을 유발하고 퇴출된 나라종금의 대주주 김호준 전 보성그룹 회장이 안희정 씨와 염동연 씨 등에게 퇴출 전인 1999년 무렵 로비 자금을 전달했다는 사건

* **청남대(青南臺)** 충북 청원군 대청댐 부근 약 55만 평에 지은 대통령 전용 별장. 남쪽에 있는 청와대라고 해 붙은 이름. 5공 때부터 대통령의 별장으로 쓰였으나 참여정부 시절인 2003년 4월 18일 국민 휴양시설로 반환

대통령, 재신임을 묻다

대통령은 2003년 10월 6일부터 9일까지 '아세안+3' 정상회담 참석을 위해 인도네시아를 방문했다. 그 기간에 SK비자금 사건이 터졌다. 검찰은 최도술 전 총무비서관 연루 사실과 소환조사 방침을 발표했다. 언론은 연일 최 전 비서관의 비자금 수뢰 의혹 기사로 시커멓게 뒤덮였다. 사실, 최 전 비서관 연루 사실은 이미 민정수석실이 오래전에 포착해 대통령에게 보고한 내용이었다. 2003년 8월 비서실 인사 때 최 전 비서관이 총선 출마 준비를 명분으로 청와대를 떠난 것도 민정수석실의 사전 대비 조치였다.

예상했던 일이 닥쳐 온 것이었다. 그러나 막상 현실이 되자 그 충격은 매우 컸다. 대통령이 정치를 하는 기간 내내 회계를 담당하면서 보좌를 해 '대통령의 영원한 집사'라고 불리던 인물이었다. 참여정부의 도덕성이 휘청거렸다. 대통령은 인도네시아 발리에서 국내 언론 보도를 보면서 내내 고심하셨던 모양이다. 대통령은 해외 순방에서 돌아오면 환영 나갔던 수석·보좌관들과 늘 관저에서 티타임을 가졌다. 가볍게 환담도 나누고, 그간의 국내상황 중 필요한 일을 보고하는 기회도 됐다. 인도네시아에서 귀국한 10월 9일 밤에도 관저에 참모들이 모였다. 사안이 사안인 만큼 최 전 비서관 사건에 관한 간단한 보고가 있었다. 대통령은 아무래도 당신이 직접 입장 표명을 하는 것이 좋겠다고 했다. 입장 표명의 내용과 방법을 두고선 따로 말씀이 없었다. 대국민사과를 하면서 대선자금 문제 전반에 대해 다시 한 번 강하게 입장을 밝히려는 정도로 다들 받아들였다. 참모들은 "검찰 수사가 진행 중인 상태에서 대통령이 먼저 입장을 밝히는 것은 적절치 않다"고 만류했다. 대통령은 "내가 적절하게 알아서 하겠다"며 이야기를 매듭짓고 자리를 파했다.

관저에서 나오려는데 대통령이 나를 붙잡았다. "별일 없으면 얘기를 좀 더 합시다." 이미 밤늦은 시간이었다. 다들 대통령이 최 전 비서관 건에 대해 민정수석으로부터 더 자세한 보고를 듣고자 하는 줄 알았을 것이다. 모두 떠나고 조용해지자 대통령은 "국민들에게 재신임 국민투표를 제안하는 것에 대해 어떻게 생각하느냐"고 물었다. 깜짝 놀랐다. 그야말로 충격적인 말씀이었다. 최 전 비서관 일을 바로 당신의 책임으로 여기는 대통령의 심정은 이해했지만, 아무리 그래도 지나친 대응이라고 생각했다. 자칫하면 나라가 극심한 혼란으로 빠져들 수도 있었다. 그렇게 생각나는 대로 대답했다. 대통령은 고개를 끄덕이면서 "인도네시아에 있는 내내 생각한 건데, 다른 방법이 없는 것 같다"고 말했다. 이쯤 되면 내 의견을 묻는 게 아니었다. 이미 결심을 굳힌 것이다. 그럴 땐 바로 반대해봤자 소용이 없었다.

사람들은 노 대통령이 고집이 매우 셀 것으로 생각하지만, 꼭 그런 건 아니었다. 시간을 두고 여러 번 거듭 반대 의견을 말하면 생각을 바꾸는 경우가 많았다. 그래서 때로는 시간을 갖는 것이 필요했다. 나는 "재신임을 묻자면 국민투표밖에 없는데, 헌법에 국민투표를 할 수 있는 경우가 정해져 있어서 논란이 있을 것 같다. 재신임을 묻는 국민투표를 할 수 있는지 검토해 봐야 한다. 그리고 재신임을 묻더라도 지금은 검찰이 수사중이므로 때가 이르고, 적어도 기소가 될 때까지는 지켜봐야 할 것 같다"고 말씀드렸다. 대통령도 수긍하는 것 같았다. 나는 시간을 벌었다고 생각했다.

다음 날 오전 10시가 좀 지났을 때 부속실에서 황급히 전화가 왔다. 대통령이 지금 바로 춘추관*으로 가서 재신임을 묻겠다는 기자회견을 하려 한다는 것이다. 무조건 막아야 된다고 했다. 당장 갈 테니 대통령 바짓가랑이라도 잡고, 내가 도착할 때까지 막고 있으라고 했다. 그때까지 민정수석실은 청와대 안에 있지 않고 임시로 외교통상부 청사에 있었다. 곧바로 춘추관으로 달려갔으나 대통령은 이미 기자회견을 시작하고 있었다.

대통령의 예고 없는 기자회견은 원고조차 준비되지 않은 것이었다. 그러나 대통령의 말은 폐부를 찔렀다. "최도술은 20년 가까이 저를 보좌해 왔고, 최근까지 저를 보좌했습니다. 수사 결과 사실이 다 밝혀지겠지만 그 혐의에 대해 제가 모른다고 할 수 없습니다. 그에게 잘못이 있으면 제가 책임을 지겠습니다. 국민 여러분께 사죄합니다. 아울러 책임을 지려 합니다. 수사가 끝나면 그 결과가 무엇이든 간에 이 문제를 포함해 그동안 축적된 국민들의 불신에 대해 재신임을 묻겠습니다. 저는 모든 권력적 수단을 포기했습니다. 도덕적 신뢰 하나만이 국정을 이끌어 갈 수 있는 밑천일 뿐입니다. 그 문제에 적신호가 왔기 때문에 이제 국민들에게 겸허히 심판받는 것이 필요하다고 생각합니다. …… 그리고 제 스스로 이 상태로 국정을 운영해 가기는 어렵습니다. 언론 환경도 나쁘고, 국회 환경도 나쁘고, 지역적 민심 환경도 안 좋습니다. 이 많은 것들을 극복해 나가기 위해서 필요한 것은 권력에 대한 단순한 욕심이 아니라 내가 하는 일에 대한 도덕적 자부심입니다. 지금 최도술 전 비서관 사건으로 해서 빚어진 문제는 제가 그런 자신감을 가지고 국정을 힘차게 추진해 나가기에 상당히 어려운 상황이라고 생각합니다."

참모로서, 참으로 착잡했다. 참모들의 배석 없는 기자회견이었다. 노 대통령은 자신의 결정에 참모들이 반대할 기미가 있거나 틀림없이 반대할 것으로 예상될 경우, 반대할 기회를 주지 않고 결행해 버릴 때가 가끔 있었다. 그런 일은 대단히 드물었지만, 재신임 발표가 그랬고, 대연정*제안이 그랬다. 참모들의 반대 의견을 듣기 시작하면 자신의 뜻을 지키기가 어렵다고 생각해서였을 것이다. 어쨌든 그런 경우 대체로 결과가 좋지 않았다.

* **춘추관** 청와대 내에 있는 언론의 취재 공간. 대통령 담화나 회견, 대변인의 브리핑 등이 이뤄지며, 출입기자들의 취재 및 송고 공간으로도 이용

* **대연정** 의회 주요 다수 정당이 연합해 구성하는 연합정부. 이와 다르게 군소정당과의 연합정부를 뜻하는 것은 '소연정'이라고 부름

자유인

2003년 12월이 되면서, 이듬해 4월로 다가온 총선 얘기가 본격적으로 나오기 시작했다. 사실 청와대는 그해 8월 인사 및 조직 개편 때 총선 출마자들을 미리 내보냈다. 과거 정권처럼 총선이 임박한 시점에 나가 '청와대 프리미엄'을 최대한 누리거나, 반대로 청와대 업무도 총선 영향을 받는 것을 최대한 차단하려는 방침이었다. 이해성 홍보수석, 문학진 정무비서관, 김현미 국내언론비서관, 김만수 춘추관장, 백원우 민정수석실 행정관 등이 그때 떠났다. 그러나 막상 선거가 닥쳐오자 나에 대해서도 내 의사와 무관한 '징발론'이 당에서 나오기 시작했다. 정찬용 수석도 함께 거론됐다. 대통령이 국정 운영을 안정적으로 하기 위해선 원내 과반 의석이 절대적으로 필요하고, 경쟁력 있는 자원은 모두 출마해서 국회로 진출해 대통령을 도와야 한다는 것이었다. 특히 열린우리당에 영남지역 출마 자원이 절대적으로 부족하니 나 같은 사람이 출마해 바람을 일으켜야 한다는 것이다. 받아들이긴 어려웠지만, 충분히 이해는 할 수 있는 요구였다.

내가 여전히 뜻이 없다고 밝히자, 당의 요구 수위와 표현이 점점 강해지다 못해 거칠어졌다. 물론 내게 직접 말하는 게 아니라 언론에 대고 말하고, 언론 보도를 통해 나를 압박했다. 나중엔 심지어 "영화는 누리고 희생은 하지 않으려 하느냐"는 식의 험한 말로 비난하는 단계까지 이르렀다. 그 배경을 짐작할 수 있었다. 차제에 나를 청와대에서 내보내고 싶은 생각도 일부 작용했다. 민정수석 자리에 있는 나의 원칙주의가 여러모로 불편했던 것이다. 그것도 이해할 수 있었다. 검찰의 수사 등에 대해 도와주지 않는다는 불만, 당 쪽의 인사 부탁을 잘 들어주지 않는다는 불만 등을 그전부터 듣고 있었다.

그러나 나는 민정수석만으로도 원래 내 삶에서 너무 벗어난 것 같아 벅찼던 터였다. 더 나아가 정치를 할 생각은 전혀 없었다. 차라리 민정수석을 그만둘 생각을 했다. 특히 대통령도 겉으로 말씀은 안 했지만, 내가 출마하기를 바라는 분위기가 역력했다. 말씀하지 않아도 느낄 수 있었다. 그 뜻을 받아들일 수는 없고, 대통령의 뜻을 뻔히 알면서 그냥 버티고 있는 것도 도리가 아니라고 생각했다. 건강을 핑계로 사의를 표명했다. 마침 민경찬 펀드사건*으로 일부 언론과 야당이 터무니없는 의혹을 제기하고 나와서, 그것을 사직의 계기로 삼았다. 2월 12일 정식으로 사퇴했다.

떠나면서, 마음에 담아 둔 얘기를 '사직의 변' 형식으로 남겼다. "끊임없이 이어지는 근거 없는 폭로와 의혹제기들, 그로 인해 매일매일 비상사태 같은 긴장과, 일일이 대응할 수도 없고 대응할 길도 마땅찮은 무력함 때문에 저는 정말 지쳤습니다." 양길승 실장 사건, 민경찬 펀드사건에서 보여 준 황당한 의혹제기에 대한 유감의 마음을 털어놓았다. 건강과 출마 문제도 솔직히 말했다. "건강도 많이 상했습니다. 근래 점점 거세지는 출마 압력도 저로서는 감당하기 어려운 고통이었습니다. 그런저런 이유로 체력과 정신이 고갈되어 저는 이제 힘에 부치는 무거운 직책을 내려놓고 저의 원래의 자리로 돌아가고자 합니다."

청와대 들어온 지 거의 1년 만의 해방이었다. 대통령과 안에서 고생하는 분들에게 미안했지만 어쩔 수 없었다.

바깥 공기는 참으로 자유로웠다. 모처럼의 꿈같은 자유였다. 곧바로 아내와 강원도 여행을 떠났다. 예전부터 가 보고 싶었던 곳을 자동차로 돌았다. 영월, 정선, 인제, 백담사와 설악산을 돌아다녔다. 얽매일 필요가 없으니 발길 내키는 대로 가고 머물고 싶은 곳에서 묵었다. 최민식 씨가 나왔던 광고처럼 "나는 자유인이다!" 소리치고 싶은 기분이었다.

* **민경찬 펀드사건** 2004년 초, 노 대통령의 형 노건평 씨 처남인 민경찬 씨가 650억의 펀드를 모집했다는, 아무 실체가 없는 의혹 제기 사건

히말라야

2월 28일, 네팔 히말라야로 향했다. 청와대에서 나왔지만 앞으로 뭘 할지 계획이 서지 않았다. 당분간 변호사를 하는 건 안 된다고 생각했다. 변호사로 돌아갈 때까지 조용하게 살아야겠다고 생각했다. 오랫동안 꿈꿨던 네팔, 티베트, 북인도 쪽 트레킹을 하면서 마음의 때도 씻고, 앞으로 뭘 하며 살지도 생각해 보려고 했다.

내가 근무하던 법무법인에 안식휴가제가 있었다. 10년 근속 때 3개월, 20년 근속 때 6개월 휴가를 준다. 10년 됐을 때 바빠서 휴가를 쓰지 못했다. 그러다 1997년, 변호사 한 지 만 15년 되던 해에 가서야 3개월 휴가를 썼다. 그때 스웨덴의 생태환경운동가 헬레나 노르베리 호지가 쓴 『오래된 미래』의 무대 라다크와 네팔의 에베레스트에서 트레킹을 했다. 가이드나 포터 없이, 마침 안식년을 맞은 내 또래 목사님 한 분과 단둘이 지도를 보면서 다녔다. 너무 좋았다. 그 후로 시간만 생기면 다시 트레킹을 하고 싶어서, 눈에 띄는 대로 트레킹 자료를 수집해 두고 있었다. 드디어 기회가 왔다. 지난번에 에베레스트를 갔으니, 이번엔 안나푸르나도 목적

안나푸르나 트레킹은 보통 네팔의 제2도시
포카라에서 출발한다.
아열대 기후면서 해발고도가 900미터쯤 돼,
사시사철 기후가 온화하다.
'페와'라는 자연호수가 있고
호수 주변에 호텔과 산장이 늘어서 있는
대단히 아름다운 곳이다.

지를 정했다.

오랜만에 가 보는 네팔은 지난번과 분위기가 많이 달랐다. 수도 카트만두 시내 곳곳에 총을 든 군인이 경비를 서고 검색을 해 분위기가 삼엄했다. 그사이 있었던 왕궁 내 총격 사건으로 국왕과 국왕의 아들이 사망하면서, 국왕의 동생이 왕위를 계승했다. 전 국왕이 취했던 민주화 조치를 많이 퇴행시켜 민심이 좋지 않았다. 그런 민심을 업고 반정부 무장반군인 마오이스트들의 활동이 활발해져, 총을 든 군인이 수도 시내를 경비하게 됐다고 했다.

우리 부부가 네팔에 있는 동안 마오이스트들이 전 국민에게 총파업령을 내렸다. 수도 카트만두를 제외한 지방에서는 거의 모든 사람들이 총파업령에 따르는 듯이 보였다. 차량도 군용차량과 구급차, 그리고 'Only Tourist'라고 표시한 관광객 운송차량 외에는 일체 다니지 않았다. 카트만두에까지 총파업령이 미치진 않았지만, 지방에서 식품이나 채소류가 반입되지 않아 타격이 크다고 들었다. 가이드 말에 의하면 정부 측에서는 반군이 총파업에 동참하지 않는 사람들에게 보복을 가하기 때문에 참여율이 높은 것처럼 보일 뿐이라고 홍보한다고 했다. 실제 보복 사례도 있어서 두려움이 있는 것은 사실이라고 했다. 그러나 그렇게만 보기엔 지방에서의 가담이 너무 광범위했다. 정부가 과감한 민주화 조치 등으로 민심을 잡지 못하면 왕정이 위태로워질 것 같았다.

안나푸르나 트레킹은 보통 네팔의 제2도시 포카라에서 출발한다. 아열대 기후면서 해발고도가 900미터쯤 돼, 사시사철 기후가 온화하다. '페와'라는 자연호수가 있고 호수 주변에 호텔과 산장이 늘어서 있는 대단히 아름다운 곳이다. 2~3월이면 호텔 마당엔 남방의 꽃들이 만발하는데, 원경(遠景)은 설산(雪山)이 둘러서 있는 이국적 조화가 환상적이다. 다른 데 가지 않고 그냥 머물러서 쉬기만 해도 참 좋은 곳이다. 얼마 전 작고한 박완서 선생이 십수년 전에 『모독』이란 제목의 티베트와 네팔 기행기를 냈다. 거기서 포카라를 묘사한 글을 본 후 늘 가 보고 싶었다.

안나푸르나 트레킹에서 원래 목적했던 코스는 해발 4,700미터 높이에 있는 베이스캠프까지 올라가는 것이었다. 1997년 에베레스트와 라다크 트레킹 때엔 해발 5,900미터까지 올라갔었다. 높이 올라가고 싶은 욕심보다 베이스캠프라는 곳을 가 보고 싶었다. 그러나 체력에 자신이 없었다. 푼힐 고개로 해서 해발 3,500미터 정도까지만 오르고 산간마을을 순회하는 코스를 선택했다. 1주일 일정이 무난했는데, 5일로 단축했다. 체력이 형편없이 떨어져 있어서 아주 고생했다.

여행사를 통해 가이드를 배정받고 포터도 부탁했다. 가이드는 한국에 취업했던 경험이 있는 사람이라 우리말을 꽤 했다. 추울 때여서 파카며 침낭이며 짐이 많았기 때문에 포터를 2명 부탁했다. 그런데 트레킹 출발 지점에 가니 포터가 1명만 와 있었다. 우리 짐을 본 다음에 1명을 더 부를지 판단하려는 것 같았다. 한국등반대가 히말라야 등반을 할 때도 포터로 따라간 경험이 있다고 했다. 몸은 매우 탄탄해 보였지만 체구가 작은 사내였다.

우리 짐을 살펴보더니 혼자 다 질 수 있다고 했다. 가이드 말에 의하면 네팔 노동법에 포터의 짐 무게를 20킬로그램인가로 제한해 놓았는데, 지켜지지 않고 30~40킬로그램씩 지는 게 예사라고 했다. 자기가 보기에도 우리 둘의 짐을 합쳐도 한 사람이 지기에 충분하니, 웃돈을 더 주고 그 사람에게 다 맡겨도 될 것 같다고 했다. 하긴 우리 짐은 파카니 침낭이니 부피가 컸을 뿐 무게가 그리 무거운 건 아니었다. 그러자고 했다. 그래도 두 사람 짐을 합치면 무게가 20킬로그램은 훨씬 넘을 것 같았다. 무엇보다 부피가 거의 포터의 체구만 했다. 그렇게 맡기고 빈손으로 산길을 오르자니 영 마음이 불편했다. '에이 대한민국 남자 체면이 있지' 하고 내 짐의 절반쯤은 내가 지기로 했다. 10킬로그램도 안 되는 무게였는데, 트레킹 내내 그렇게 무거울 수 없었다. 그렇다고 도중에 다시 넘길 수도 없고, 아내에게 떠넘길 수도 없고……. 끝까지 메고 갔는데 참 힘들었다. 포터는 자기 체구만 한 짐을 메고서도 전혀 힘든 기색 없이 잘만 갔다. 자꾸 걸음이 늦어지는 우리를 기다리다 못해 먼저 가 버리곤 했다. 걱정했던 아내도 별 문제 없었다. 정작 고생한 건 평소 취미가 등산이라 하고, 해발 5,900미터 등산 경력까지 있다고 큰소리친 나였다. 트레킹을 고행하듯 했다. 그래도 히말라야의 경관이며, 산간마을의 아름다움이며, 밤하늘의 별이며, 맑은 공기며, 보상은 충분했다.

또 하나 큰 소득이 있었다. 안나푸르나 트레킹을 하면서 담배를 끊었다. 고등학교 때부터 피웠던 담배였다. 공공건물을 금연 건물로 지정한 규정을 따르자면 청와대 있을 때 이미 끊어야 했다. 나는 더구나 처음에 대통령과 함께 담배를 피웠는데, 점점 그게 우리네 예의에 어긋나는 것 같아 부담이 됐다. 그런데 대통령이 담배를 권하기도 하고, "문 수석, 담배 한 개비 주지" 하며 내 담배를 가져가시기도 하니, 함께 피우지 않을 수 없었다. 대통령도 늘 여사님으로부터 잔소리를 듣는 처지였다. 담배를 끊는 게 상책이라고 늘 마음먹었지만, 청와대 있는 동안엔 도저히 끊을 수가 없었다. 끊기는커녕 평생 하루 반 갑 정도를 유지했는데, 청와대에 있는 동안 늘어서 한 갑이 넘게 됐다.

금연의 필요성을 절감한 것은 취미로 스킨스쿠버를 할 때였다. 처음에 아내와 함께 했는데, 아내의 스노클은 몇 달이 돼도 달라지지 않았다. 내 스노클만 한두 달 만에 호흡대롱이 노랗게 니코틴 색으로 변색됐다. 흡연할 때뿐 아니라 그냥 숨을 쉴 때도 내뿜는 숨 속에 니코틴이 섞여 있다는 사실, 내가 평소에도 이 세상에 니코틴을 내뿜고 있다는 사실이 실감났다. 그때부터 끊어야지 하며 벼르던 담배였다. 안나푸르나를 걸으며 드디어 끊었다.

땀 흘리며 산길을 걷다 전망 좋은 곳에서 쉬면서 피우는 담배 한 개비, 담배가 가장 좋을 때가 그럴 땐데 아쉽기는 했다. 그러나 워낙 공기가 깨끗해, 그곳에 담배 연기를 내뿜으면 죄를 짓는 것 같은 생각이 들었다. 그 트레킹 때 했던 고생 속엔 금단 증세가 섞여 있었는지도 모르겠다. 어쨌든 그러고 나니 담배가 끊어졌다.

히말라야 얘기를 하면 다들 고소증세를 궁금해한다. 전문산악인들의 8,000미터 등반까지는 모르겠지만, 내 경험에 의하면 보통사람들이 오르는 높이 정도는 천천히 걸어 올라가면서 다 적응이 됐다. 고소증세는 보통 해발 3,000미터 이상부터 느껴진다. 비행기나 차량으로 곧바로 올라가거나, 걷더라도 빠른 속도로 올라갈 때 생긴다. 그래서 서양 사람들을 상대로 트레킹 코스를 설명해 놓은 걸 보면 아주 천천히, 그야말로 히말라야 만보(漫步)로 걷도록 설정돼 있다.

그런데 우리나라 사람들은 워낙 등산을 좋아하고 또 속도도 빠르다. 그중에서도 히말라야까지 가서 트레킹 하는 사람들은 등산깨나 한 사람들이다. 그래서 우리나라 사람들을 상대로 한 트레킹 상품은 서양 사람들 것보다 일정을 절반 정도 단축해 놓기 일쑤다. 훨씬 빠르게 강행군하는 것이다. 고소증세는 두통, 구토, 설사 등 체질에 따라 다양한데, 신기하게도 내려오면 금방 낫는다. 그래서 고소증세가 느껴지면 멈춰 서서 적응을 하거나 안 되면 내려오면 되는데, 우리는 또 의지의 한국인이 아닌가. 고통스러워도 이를 악물고 계속 간다. 다른 일행에게 폐를 끼치지 않으려는 의지 때문에도 더 그렇다. 그러다 자기 발로 내려올 수 없을 정도의 심각한 증세까지 가게 된다. 우리가 안나푸르나에 발을 들여놓은 날에도 한국인 두 사람이 헬기로 후송돼 내려왔다. 가이드가 말했다. 한국 사람들이 '빨리빨리' 때문에 그런 일이 제일 많이 생긴다고. '빨리빨리'라는 말을 몇 번이나 했다. 산을 즐기며 오르면 얼마나 좋을까.

1997년 에베레스트 트레킹 때도 그런 생각을 했다. 에베레스트 쪽은 해발 5,800미터 높이까지 롯지(산장)가 있을 정도로, 높은 곳까지 산간마을이 산재해 있다. 그 때문인지 우리나라 시골 5일장 같은 장이 여러 곳에서 열렸다. 특히 해발 4,000미터쯤 되는 '남체'라는 마을에서 열리는 '남체바자르'는 세계적으로 유명하다. 매주 수요일인가에 열렸는데, 그보다 낮은 마을과 높은 마을에서 토산품, 먹거리, 관광기념품 등을 가져와 열리는 장이 볼만했다. 산간마을 주민들이 팔 물건들을 엄청난 부피의 등짐으로 지고 모여들었다. 우리처럼 멜빵을 어깨에 메지 않고, 이마에 베고 산길을 걷는 모습도 이색적이었다. 서양 사람들은 일부러 그 장을 보려고 며칠씩 기다리곤 했다. 그러나 우리나라 사람들은 위로 올라가는 데만 관심이 있어서, 시간이 맞으면 보고 그렇지 않으면 지나치는 게 보통이었다. 트레킹뿐 아니라 그런 풍물에도 관심을 갖고 여행 목적으로 삼으면 좋겠다는 생각을 했다.

안나푸르나 트레킹을 마치고 포카라에서 치트완 국립공원으로 가, 코끼리 사파리와 조류 탐사를 했다. 코끼리를 타고 공원 안 숲길을 돌아다니며 코뿔소 같은 야생동물이나 아열대 지방 조류들을 구경하는 것이다. 카누 같은 긴 보트를 타고 강을 내려가면서 강가의 악어류나 조류도 구경한다. 거기서 카트만두로 이동하기 위해 인근 공항으로 가는데, 마침 반군이 총파업령을 내렸다. 버스조차 운행을 멈춰 버려 공항까지 갈 수가 없었다. 가이드가 급하게 지프를 한 대 수배해 몇 사람이 함께 공항으로 갔다. 기사는 앞 유리에 큼직하게 'Only Tourist' 표시를 써 붙였다. 공항까지 가는 도로에는 구급차와 군용트럭 외에는 차량을 볼 수 없었다. 간혹 우리처럼 'Only Tourist'라고 써 붙인 차량만 눈에 띌 뿐이었다.

도로 곳곳에 나무나 폐타이어가 불에 타고 있기도 했고, 지키고 서서 지나가는 차량들을 검문검색하는 사람들도 있어 살벌했다. 지프차 기사는 검문을 만날 때마다 뭐라고 변명하는 듯하더니, 급기야 공항을 십여 킬로미터 남겨놓고는 더 못 가겠다고 했다. 가이드가 자전거에 사람 태우는 칸을 만들어 붙인 릭샤*를 또 구해 와서 두 시간가량 그것을 타고 공항까지 갔다.

* **릭샤(Rickshaw)** 동남아시아에 흔한 이동수단. 사람이 직접 수레와 사람을 끄는 인력거

카트만두에서 접한 탄핵

카트만두에서 시장과 인근 사원을 구경 다니며 쉬던 중, 우연히 탄핵* 소식을 접했다. 청와대에서 나온 후 일체 소식을 끊고 지냈다. 아예 그렇게 작심했다. 연락하고 때때로 만나기도 하면, 청탁이나 하게 되고 누가 되기 십상이었다. 내게 뭔가 부탁해 봤자 도움 안 되는 사람으로 주변에 하루빨리 인식되게 해야 한다고 생각했다. 네팔로 갈 때도 영사관 같은 곳에 일체 연락하지 않았고 휴대폰도 가져가지 않았다. 한국 소식을 오랫동안 듣지 못했다.

카트만두의 호텔에서 아침마다 방문 밑으로 영자지를 한 부씩 서비스로 넣어줬다. 「인터내셔널 헤럴드 트리뷴」(International Herald Tribune)으로 기억한다. 그 신문을 보며 아침식사를 하는데, 영어가 짧아 대충 제목만 훑어봤다. 꽤 굵은 제목으로 'South Korea President Roh'가 눈에 띄었다. 뭔가 하고 보니 그 뒤에 'impeached'라는 단어가 붙었다. 모르는 단어였다. 기사를 찬찬히 읽어 보니 국회에서 야당이 노 대통령 탄핵소추안을 발의했다는 뜻임을 짐작할 수 있었다. 깜짝 놀랐다.

심각한 위기로까지 생각했던 건 아니었다. 한나라당은 대통령 취임 후 한 달이 채 안 됐을 때부터 탄핵을 말했다. 내가 그만두기 얼마 전에도 민주당 조순형 대표가 탄핵을 말한 적이 있었다. 늘 반복되는 정치공세였다. 이번에도 정치공세일 것으로 생각했다. 실제로 탄핵소추 의결까지 하리라고는 생각하지 않았다.

그러나 정치공세라고 해도 말로만 할 때와 달리 탄핵소추안을 발의까지 했다면, 정국이 매우 어려운 상황일 것으로 짐작됐다. 그런 상황에서 그냥 여행을 계속하기는 어려웠다. 일단 돌아가서 상황을 본 다음, 여행을 이어가기로 했다. 카트만두와 서울 간의 직항로가 없어 방콕이나 홍콩에서 환승할 때였다. 환승을 위해 방콕공항에서 몇 시간을 보냈는데, 「방콕포스트」라는 영자신문에 같은 기사가 톱으로 다뤄져 있었다.

귀국한 지 얼마 안 돼, 대통령 기자회견이 있었다. 인터넷 기사를 보니 탄핵 반대 여론이 압도적이었고, 대통령의 사과를 전제로 한 탄핵안 철회 해법이 주장되기도 했다. 나는 그래서 야당에게 탄핵안을 처리하지 않거나 철회할 명분을 삼도록 적어도 유감을 표명하는 등 유화적이고 타협적인 기자회견이 될 줄 알았다.

그런데 아니었다. 강경하고 원칙적인 입장을 밝혀 오히려 야당이 전의를 가다듬도록 만들었다. 노 대통령다웠다. 어려운 상황 속에서 더 강인하고, 막히면 정면 돌파하는 대통령 기질이 그대로 드러난 기자회견이었다. 틀림없이 참모들은 타협적 기조로 가자고 건의했을 텐데, 듣지 않았을 대통령 모습이 머릿속에서 훤히 그려졌다. 어쨌든 타협은 물 건너갔다. 대통령은 할 말을 다한 셈이었고, 이제 결과를 기다릴 수밖에 없었다.

옥에 티는, 그날 회견에서 대우건설 남상국 전 사장의 실명을 거명해 투신자살의 빌미가 됐던 점이었다. 내가 나중에 '그건 잘못이었다'고 지적하자, 대통령은 그 사실을 기억하지 못했다. 실명을 말한 적이 없다는 것이다. 내가 틀림없다고 하자 기자회견 녹취록을 가져오게 해 확인했다. 대통령은 처음엔 실명을 언급하지 않았지만, 나중에 기자의 질문에 답변하면서 그만 실명을 언급하고 말았다. 대통령도 그 사실을 확인한 후엔 두고두고 후회했다.

* **탄핵** 대통령, 국무총리, 법관 등 신분이 보장돼 있는 공무원의 비행(非行)에 대해 국회의 소추로 이를 처벌 또는 파면하는 준사법적 절차. 국회 재적의원 과반수 발의로 소추가 이뤄지고 재적의원 3분의 2 이상 찬성이 있어야 의결. 탄핵심판은 헌법재판소가 담당하고 위원 6인 이상의 찬성이 있어야 결성

탄핵대리인

결국 탄핵소추안이 국회에서 의결됐다. 대통령은 내게 탄핵대리인단 구성을 비롯해 법적 대응 전반을 맡아 달라고 부탁했다. 대리인단을 구성했다. 지금 생각해도 당시 우리가 갖출 수 있는 최고의 진용이었다. 대리인들은 중립적이면서 명망과 실력을 두루 갖춘 분들을 모시기로 했다.

어떤 분들이 좋을지 여러 사람과 상의한 후, 한 분 한 분 찾아가 부탁을 드렸다. 다들 흔쾌히 동의해 줬다. 단 한 분만 고사했다. 본인이 헌재소장과 잘 아는 사이여서 오해를 살 수 있고, 모양도 안 좋을 것 같다는 말씀이었다. 대신 보이지 않게 도울 일이 있으면 돕겠다고 했다. 그분은 실제로 뒤에서 많은 조언과 조력을 보태 줬다. 모두 고맙기 이를 데 없었다.

본격적으로 일을 시작했다. 나부터 개업 신고를 냈다. 청와대 들어가면서 변호사를 휴업한 상태라, 부랴부랴 다시 변호사 재개업 신고를 했다. 나로선 노무현 변호사의 대우조선 사건 구속 이후, 의뢰인과 변호인의 인연으로 이어진 게 두 번째였다. 내가 서울 변호사가 아니라 사무실도 없었다. 서초동에 임시 사무실을 구했다. 탄핵 대리인으로 함께한 분들은 하나같이 법조계에서 명망이 높은 분들이라 서로 잘 아는 사이였고 마음이 잘 맞았다. 모인 면면에 대해 서로 만족스러울 만큼 법률적 역량이 뛰어난 분들이었다. 처음 모였을 때 회의 분위기는 자신감과 사명감으로 충만했다. 법적으로 제대로만 하면 반드시 이긴다고 확신했다. 다수당의 수적 횡포일 뿐, 법적으로는 말이 안 되는 탄핵이었다. 민의를 거스른 다수당의 쿠데타였다. 민주 헌정의 위기였다. 그런 일을 바로잡지 못하면 우리 헌정의 앞날이 암울해질 것이었다.

역할을 분담했다. 유현석 변호사께서 좌장 역할을 맡았다. 한승헌 변호사가 총괄을 자임했다. 나머지 분들은 논점별로 분야를 나눠 맡았다. 어떤 분야는 이용훈 변호사, 또 어떤 분야는 박시환 변호사 식으로 역할을 나눴다. 나눠 맡은 논점별로 연구도, 발제도, 서면도 직접 작성했다.

법정 변론도 분담했다. 재판 때마다 발언할 대리인의 수와 순서, 발언할 내용, 돌발 상황에 대한 대응 등 세부적 부분까지 모두 의논해 재판에 임했다.

민변에서도 가장 실력 있고 꼼꼼하기로 발군의 평가를 받는 조용환, 백승헌 두 변호사는 대리인으로 나서지 않는 대신 법리적 연구와 실무적 뒷받침을 헌신적으로 해 줬다. 두 분은 대리인단이 본격 가동되기 전 초기에, 탄핵재판 제도에 대한 연구와 함께 우리 쪽 법적 대응의 뼈대를 세워 줬다. 김선수 변호사도 함께 도왔다. 그들은 민변 소속 변호사들이 대리인으로 전면에 나서는 게 바람직하지 않다는 생각으로 자신들을 드러내지 않았다.

나는 대리인단 간사로서 실무적 역할과 함께 홍보를 맡았다. 여론전도 중요했다. 언론을 담당하는 역할은 고역이었다. 헌법재판소에 들어갈 때마다 포토라인에 서서 당일 재판에 임하는 우리의 입장이나 쟁점에 대해 설명해야 했다. 끝나고 나올 때엔 그날 진행된 재판에 대해 설명하고 코멘트를 했다. 포토라인을 정해 놓긴 했지만 기자들이 워낙 많아 정신이 없었다. 카메라 조명을 비추면 기자들이 보이지도 않았다. 안 해 본 일이라 부담이었다. 포토라인에 서 보니 그 일이 얼마나 어려운지 실감났다. 탄핵재판의 대리인으로 포토라인에 서는 것도 그런데, 검찰에 피의자로 소환돼 출두할 때 포토라인에 서면 오죽하겠는가? 아무리 언론이라 해도, 또 국민의 알 권리라 해도 원하지 않는 사람을 포토라인에 억지로 세워서 답변을 강요할 권한이 있는 것일까? 이제는 그런 상황에서도 타인의 명예를 더 존중해 주는 사회가 되어야 한다는 생각이다.

나는 한편으로 헌법학자들을 비롯한 법학자들과 법률가들의 탄핵 반대 의견을 이끌어 내는 노력도 했다. 헌법재판이 정치적 성격을 갖지 않을 수 없으므로, 전문가들의 여론에서도 우위에 서기 위해서였다. 자발적으로 뜻을 모아 다수의 연명으로 또는 학회 이름으로 탄핵 반대 성명을 내준 분들도 많았다. 가장 중요한 헌법학계는 안경환 서울법대 교수가 중심 역할을 해 줬고, 소장파 학자들도 대부분 뜻을 함께해 줬다.

탄핵재판 중에 있었던 탄핵 반대 촛불시위 현장에도 자주 갔다. 나도 한 사람의 시민으로 촛불시위에 힘을 보태고 싶었다. 탄핵재판의 정치적 성격과 헌법재판관들의 보수적 성향을 감안하면 여론에서 압도할 필요가 있었다. 법정 변론 못지않게 중요한 일이었다. 민의가 곧 헌법이란 생각을 하면 그것이 곧 변론을 준비하는 일이기도 했다. 연일 시청 앞 도로

나는 대리인단 간사로서 실무적 역할과 함께 홍보를 맡았다.
여론전도 중요했다. 언론을 담당하는 역할은 고역이었다.
헌법재판소에 들어갈 때마다 포토라인에 서서
당일 재판에 임하는 우리의 입장이나 쟁점에 대해 설명해야 했다.

탄핵재판 중에 있었던 탄핵 반대 촛불시위 현장에도 자주 갔다.
나도 한 사람의 시민으로 촛불시위에 힘을 보태고 싶었다.
탄핵재판의 정치적 성격과 헌법재판관들의 보수적 성향을 감안하면
여론에서 압도할 필요가 있었다.

를 가득 메운 촛불 인파는 장엄했다. 대통령과 함께했던 6월항쟁이 떠올랐다. 사람들도 탄핵 반대 촛불시위를 '제2의 6월항쟁'이라고 했다. 촛불시위에 나간 모습이 언론에 보도되기도 했다. 아내와 함께 나갔다가 나란히 사진이 찍힌 것이다. 그것도 나름대로 힘을 보태는 것이라고 생각했다. 어느 인터넷 언론에 내가 말한 소감이 보도되기도 했다.

'헌법이 무엇인가. 저 멀리 높은 곳에 있는 게 아니지 않은가. 국민들이 가지고 있는 민주주의에 대한 가장 보편적이고 소박한 소망, 그것을 상징적으로 표상화(表象化)한 것이 헌법이다. 결국은 헌법에 대한 해석도 일반 국민들의 민주주의 의식과 법의식에서 출발해야 한다. 그것이 헌법에 반영돼야 한다. 그렇다면 거리로 나선 이 많은 시민들의 탄핵 반대 촛불시위가 이미 탄핵재판이 가야 할 방향을 보여 준 것 아닌가.'

재판을 준비하면서 대통령과 대리인들이 한 번 같이 만났다. 대통령이 고마움을 표하기 위해 마련한 자리였다. 재판 준비 얘기는 별로 할 필요가 없었다. 기껏해야 대통령의 직접 출석 문제를 놓고 의견을 나눈 정도였다. 저쪽에선 대통령이 직접 헌재 법정에 나오도록 신청했다. 대통령은 못 나갈 거 없다며 나가겠다고 했다. 그것도 도움이 될 수 있을 테지만, 우리는 그럴 필요조차 없다는 의견을 피력했다. 나중에 헌법재판소도 그 청구를 받아들이지 않았다. 대통령은 오랜 유폐 생활로 지치고 마음이 불편했을 텐데도 유머를 잃지 않았다. 환담 끝자락에 내가 "마지막으로 대리인단에게 당부하실 말씀이 있으면 하시라"고 했다. 대통령이 벌떡 일어나 "저 대통령 다시 하게 좀 해 주십시오"라며 인사를 했다. 무거운 자리일 수도 있었는데, 일행 모두가 웃으며 헤어질 수 있었다.

탄핵재판 도중인 4월 15일, 제17대 국회의원 총선이 있었다. 나는 선거 막바지에 부산 지역의 몇몇 선거구에서 유세를 지원했다. 선거 결과 열린우리당이 전체 299석 중 152석을 석권해 단독으로 원내 과반수 정당이 됐다. 민주노동당도 비례대표에서 8석을 얻어 모두 10석으로 원내 제3당으로 크게 약진했다. 선거 막바지에 불거진 정동영 의장의 '노인 발언' 역풍이 없었다면, 열린우리당은 더 많은 의석을 얻어 압도적 과반수 정당이 될 뻔했다. 영남 지역에서도 몇 석 더 당선될 수 있었으리라는 게 일반적 관측이었다. 한마디로 탄핵에 대한 무서운 민의의 심판이었다. 나는 이 총선 결과야말로 헌재의 탄핵재판 결정에 쐐기를 박을 것이라고 생각했다.

5월 14일, 드디어 헌재 결정이 내려졌다. 기각이었다. 함께 고생한 대리인들과 감격의 포옹을 하며 기쁨을 나눴다. 기자들이 소회를 물었다. "말할 수 없이 기쁘다. 우리 정치 문화가 한 단계 더 발전하고 국민이 통합되는 계기가 되면 좋겠다. 헌재에서 탄핵 사유 중 일부를 인정하는 판단도 있었던 만큼, 그런 헌재의 결정을 존중하고 겸허히 받아들이는 자세도 필요하다. 헌재 결정은 대체로 예상한 결과였다. 국민들의 건강한 상식을 법적으로 설명한 것으로 본다"고 소감을 말했다.

슬픈 일도 있었다. 대리인단의 좌장 역할을 하셨던 유현석 변호사가 최종변론 후 쓰러져서, 끝내 일어나지 못하고 5월 25일 타계하셨다. 평생을 인권 변호사로 살다 탄핵재판에 마지막 불꽃을 사르셨다. 헌재 결정일에 대리인단이 병실을 방문해 기쁜 소식을 전해 드리려 했지만, 이미 혼수 상태여서 뵙지 못하고 가족들에게 소식을 전해야 했다. 장례미

사 때 내가 시민사회수석으로 참석해 대통령의 조의를 전했다.

탄핵재판에 대해 꼭 생각해 봤으면 하는 부분이 있다. 노 대통령에 대한 탄핵소추는 다행히 기각됐다. 하지만 만약 인용됐으면 어떻게 됐을까? 헌법재판관 중 3명은 인용의견이었다. 같은 의견을 가진 재판관이 다수였다면 대통령은 탄핵되는 것이다. 그런데 누가 그들에게 그런 권한을 줬을까. 국민이 선출한 대통령을 탄핵할 수 있는 권한의 정당성이 어디에 있을까. 국민이 그들을 헌법재판관으로 선출한 것도 아니다. 그들은 대한민국 최고의 재판관인가. 꼭 그런 것도 아니다. 헌법재판관 9인 중 3인은 국회에서 선출하고, 3인은 대통령이 지명하므로, 적어도 그 6인은 정치적으로 임명된다.

지금은 많이 좋아졌지만, 과거에는 정당에 기여를 많이 한 사람을 임명하거나 심지어 공천탈락자에 대한 배려 차원에서 헌법재판관으로 임명한 사례도 있었다. 탄핵은 헌법과 민주주의를 수호하기 위해 마련된 고도의 헌법적 장치인데, 정작 헌법재판을 담당할 재판관들은 대단히 허술하게 정치적으로 임명될 수도 있다. 그리고 그들의 정치적 판단과 결정으로 국민들이 선출한 대통령을 축출할 수도 있다. 헌법과 민주주의를 파괴하는 장치로 작동될 수 있는 것이다. 탄핵은 필요한 제도다. 그러나 지금과 같은 헌법재판관 임명 제도는 정말 위험하다고 생각한다.

시민사회수석

탄핵재판이 끝난 3일 후, 청와대에 다시 들어갔다. 이번엔 시민사회수석이었다. 대통령이 간곡하게 부탁을 했다. 청와대 조직을 개편하면서 기존의 국민참여수석실을 시민사회수석실로 확대 개편했다. 나를 염두에 두고 만든 거라며, 꼭 맡아야 한다고 말씀했다. 그 말씀은 사실이 아니었다. 기존의 국민참여수석실 한계를 넘어서서, 시민사회와 새로 잘해보기 위해 조직을 개편한 것이었다. 그러나 그런 식으로 사람을 꼼짝 못하게 말씀하시니 뿌리칠 도리가 없었다.

대통령이 시민사회수석실을 새로 만들고 내가 그 자리를 맡으면서, 서로 뜻한 바가 있었다. 참여정부는 시민사회 힘으로 출범한 정부였다. 노 대통령은 대선 때 소속 정당인 민주당의 뒷받침보다는 시민사회 지지에 힘입어 당선됐다. 그런데 이라크 파병, 부안 사태, 새만금 문제, 평택미군기지 이전 문제 등을 겪으면서 시민사회와의 관계가 크게 손상됐다. 실망하다 못해 아예 등을 돌린 이들도 많았다.

그랬던 시민사회가 다시 촛불집회로 모여 대통령을 탄핵에서 구해냈다. 4·15총선으로 열린우리당을 다수당으로 만들어 줬다. 이제야말로 시민사회와 다시 손잡고 잘해 볼 때였다. 마침 '거버넌스'(Governance. 협치)란 말이 유행이었다. 우리는 시민사회와의 거버넌스를 꿈꿨다. 대통령은 청와대 참모들에게도 '거버넌스' 관련 책들을 읽어 보도록 권했다.

대통령은 내가 부산 지역에서 시민사회 활동을 오래했고, 민정수석을 하면서 서울쪽 시민사회 인사들과도 잘 알게 됐으니, 첫 시민사회수석 적임자라고 했다. 나도 그 기대에 부응하려고 노력했다. 중요한 사회적 갈등 과제를 비서관실별로 분담해, 청와대가 직접 관심을 가지도록 했다. 국가적 갈등 조정 시스템을 위해 '지속가능발전위원회'가 갈등조정 기구의 역할을 하게 했다. 또 법제화를 위해 갈등관리기본법 제정도 추진했다. 지속가능발전위원회뿐 아니라 '국가에너지위원회' 등 국가정책을 논의하는 기구에 시민사회 참여를 크게 확대했다.

뒤돌아보면 우리의 노력이 충분한 것은 아니었다. 그러나 방향은 옳았다. 복지국가로 나아가면서도 정부가 지나치게 비대화하지 않는 길은, 정부가 해 왔던 기능을 민간에게 넘겨주는 것이다. 시민사회가 건강하게 되도록 육성하는 길이기도 하다.

다만 시민사회수석실은 업무 자체가 다른 수석실과 달리 정형화돼 있지 않았기 때문에 맡아서 하는 사람에 따라, 또 하기에 따라 굉장히 많은 차이가 났다. 그런 문제를 어떻게 극복하느냐가 과제였다.

시민사회수석을 하면서 특별히 기억에 남는 것은 어머니의 이산가족 상봉이었다. 2004년 7월 어머니는 남북이산가족 상봉행사에 뽑혀 금강산에서 북한의 여동생을 만났다. 6남매의 장녀였던 어머니에게 마지막 남은 혈육인 막내 여동생이었다. 어머니는 노태우 정부 때부터 신청을 하고 있었지만 어머니의 신청이 뽑힌 게 아니라, 북쪽 여동생의 신청으로 뽑혔다. 상봉가족으로 선정된 것은 내가 청와대를 떠나 있을 때였는데, 행사는 시민사회수석이 된 후 열렸다. 금강산으로 어머니를 모시고 가 이모를 만나는 기쁨을 누렸다. 이모는 내가 청와대에 있다는 사실을 알고 내 직책을 물었다. 시민사회수석이라고 답했는데, 아무리 궁리해도 시민사회수석이 무슨 일을 하는지 이모가 이해하시도록 설명할 길이 없었다.

결코 잊을 수 없는 일은 이기준 교육부총리 인사파동*이었다. 참여정부 인사에서 최대의 실패사례였다. 그분의 흠결을 검증 과정에서 몰랐던 게 아니었다. 검증 과정에서 다 확인해 놓고도 부적격 사유라고 판단하지 않았던 것이다.

하필 그 결정을 하는 인사추천회의에 내가 빠졌다. 청와대에 있는 동안 매주 하는 인사추천회의에 딱 한 번 빠졌는데, 바로 그 회의였다. 인사추천회의는 무엇보다 중요한 회의였기 때문에 빠지는 일이 없었다. 그날 지방에 중요한 일이 있어 갔다가 회의 시간까지 돌아오지 못했다. 처음부터 늦을 줄 알았으면 회의 시간을 늦췄을 텐데, 예상하지 못했다. 또 내가 인사 검증을 담당하는 민정수석이었으면 내가 도착할 때까지 기다렸을 텐데, 시민사회수석이었기 때문에 나 없이 열린 회의에서 문제의 결정이 내려졌다.

내가 참석했으면 반대했을 것이기에 안타까웠다. 내 기준에 맞지 않았고, 그분 흠결이 서울대에서 문제되고 언론의 비난을 받았던 것을 기억하고 있었다. 그런 문제는 누군가가 지적만 하면 다들 공감하기 마련

시민사회수석을 하면서 특별히 기억에 남는 것은
어머니의 이산가족 상봉이었다.
2004년 7월 어머니는 남북이산가족 상봉행사에 뽑혀
금강산에서 북한의 여동생을 만났다.
6남매의 장녀였던 어머니에게 마지막 남은 혈육인 막내 여동생이었다.

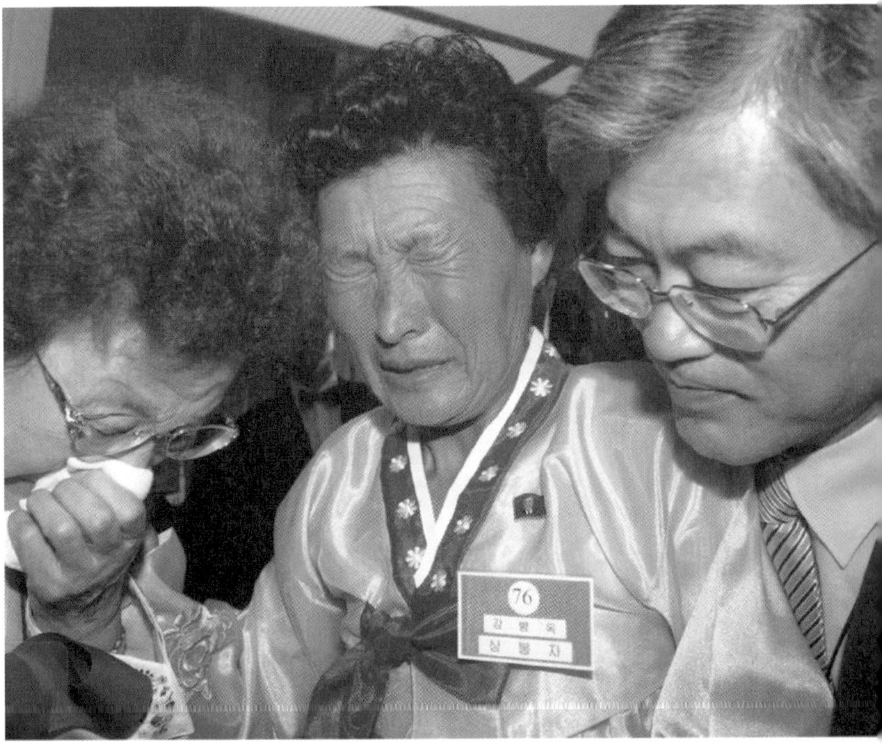

이다. 비서실장이 잘 아는 분이고, 추천하다시피 하니 다들 심각하게 생각하지 않고 간과해 버린 것이다. 그 일로 비서실장, 민정수석, 인사수석, 홍보수석, 그리고 나까지 인사위원 전원이 사표를 냈다. 민정수석과 인사수석이 그만두는 것으로 마무리했지만, 우리 모두가 대통령을 잘못 보좌해 큰 부담을 드린 일이었다.

그 일을 빼면 참여정부의 인사 추천과 검증 시스템은 자랑할 만했다. 추천과 검증을 분리하고, 회의에서 결정을 합의해 나가는 상호견제 시스템이었다. 무엇보다 중요한 건 시스템을 존중해 준 대통령의 의지였다.

대통령의 의중을 앞세우면 시스템은 금방 무력화된다. 노 대통령은 시종일관 시스템을 존중했다. 대통령은 인사 때 어떤 사람을 검토해 보라고 할 때가 있었다. 또는 어떤 사람을 높이 평가하는 말을 할 때도 있었다. 대통령을 가까이서 모시다 보면 사람에 대한 대통령의 생각을 자연히 알게 되기도 한다. 우리도 가능하면 그런 대통령의 의중을 헤아려, 대통령이 좋아하거나 높이 평가한 사람을 후보군에 포함시키려 했다.

그러나 검증과 검증에 대한 평가에는 예외가 없었다. 대통령이 검토를 지시한 인물도, 평소 의중에 두고 있는 것으로 알고 후보군에 포함시킨 인물도, 평가가 낮거나 검증에 문제가 있으면 배제됐다. 대통령께 배제된 이유를 말씀드리면 모두 받아들였다. 한 번도 당신의 의중을 고집한 적이 없었다. 참여정부의 인사 시스템이 제대로 작동된 이유이다.

* **이기준 교육부총리 인사파동** 이기준 부총리 겸 교육인적자원부 장관은 2005년 1월 취임했으나 서울대 총장 재직 시절 사외이사 겸직과 판공비 과다사용, 아들의 이중국적 문제 등의 도덕성 시비와 여론의 비판으로 이틀 만에 사퇴

대연정, 대통령의 고뇌

2005년 1월 자리를 옮겼다. 다시 민정수석이었다. 정부 출범 후 시간이 많이 흐르면서 자연히 엄정함이 좀 풀어지고 분위기도 이완된 면이 있었다. 그런 분위기 속에서 이기준 교육부총리 인사파동으로 민정수석과 인사수석이 책임을 지고 그만두는 일이 발생했다. 초심으로 돌아가 다시 분위기를 다잡을 필요가 있다고 해서 그 일을 또 맡게 됐다.

다시 민정수석을 하는 동안 참여정부에서 가장 아팠던 일이 있었다. 대통령의 대연정 제안이었다. 지역 구도 타파를 위한 선거제도 개혁이란 전제가 달려 있긴 했지만, 한나라당과 연정하고 한나라당에게 내각구성 권한을 넘겨줄 수도 있다는 대통령의 제안은 탄핵 반대 촛불을 거쳐 열린우리당을 다수당으로 만들어 준 우리 측 지지자들을 경악시켰다. 시민사회 진영도 허탈해했다. 호남 지역에서는 아예 호남에 대한 배신이라고 했다. 나를 비롯해 참모들도 반대했던 일이어서, 대통령의 진정성을 말하며 옹호하려 나섰지만 감당이 되지 않았다. 우리 스스로도 설득되지 않으니, 다른 사람을 설득할 수가 없었다. 대통령도 나중에 참여정부 기간 중의 가장 큰 실책이었다고 인정했다.

사실 대연정 제안은 대통령도 의도하지 않은 가운데 시작된 일이었다. 당시 국정현안에 관한 당-정-청 간의 상시적 협의를 위해 매주 금요일 저녁 총리공관에서 총리 주재로 당정청 핵심인사 8인의 만찬 모임이 있었다. 당에서는 당의장과 원내대표, 정부에서는 정동영, 김근태, 천정배, 정세균 장관 중 두어 분, 청와대에서는 비서실장, 정책실장, 그리고 나였다. '8인 회의'라고 불렀지만, 멤버가 고정돼 있지는 않아서 당 정책위의장 등 한두 분이 더 올 때도 있었다. 드물게는 대통령도 '얼굴들이나 한번 봅시다' 하며 예고 없이 중간에 불쑥 참석하는 경우도 있었다.

2005년 6월 말 모임 때 느닷없이 대통령이 참석했다. 이런저런 이야기를 하다가 지역 구도 타파를 위한 선거제도 개혁을 전제로 한 대연정 이야기를 꺼냈다. 사실 대통령의 그 말 자체는 과거에도 했던 이야기였다. 그러나 상황이 달랐다. 과거에는 여당이 형편없이 소수당일 때여서 이해할 수 있었지만, 그때는 다수당이어서 이해하기 어려웠다. 재보선에서 의석을 잃어 과반수가 무너졌지만, 그래도 민노당과 공조하면 과반수였다. 다들 대통령의 얘기에 뜨악했다. 너무 갑작스러워서 토론도 없이 대통령의 말을 듣기만 했다. 대통령은 '당장 하겠다는 거 아니니까 생각을 해 보시라'며 자리를 떴다. 대통령이 떠나자 다들 큰일 날 이야기라고 했다. 이해찬 총리가 참석자 모두에게 이 이야기가 새 나가면 안 되니까 없었던 것으로 하고 발설하지 말라고 신신당부했다.

그런데 며칠 후 어느 신문에 그 이야기가 특종으로 보도됐다. 당에서 오신 분이 발설한 것으로 추측됐다. 그 보도를 보고 나를 비롯해 청와대 참모들은 다들 아이디어 차원에서 해 본 이야기일 뿐으로 덮자고 건의했다. 그러나 대통령은 당원들에게 보내는 공개편지 등의 방식으로 연정을 공식적으로 제안하고 나섰다. 참모들이 반대하니 공개편지 등을 직접 써서 홈페이지에 올려 버렸다. 파장이 걷잡을 수 없이 커졌다.

대통령은 어떤 구상이 떠오르면, 가까운 사람들에게 그 구상을 말하고 의견을 들으면서 구상을 가다듬는 경우가 많았다. 그 과정에서 정리되기도 하고, 수정되기도 하고, 스스로 거둬들이기도 했다. 그래서 대통령의 어법을 잘 모르는 사람들은 가다듬어지기 전의 대통령 말을 대통령의 의중으로 오해하는 경우도 있었다. 그날의 만찬 모임 이야기가 바로 그런 경우였다. 대통령은 구상이 정리되지 않은 상태에서 운만 뗀 정도였다. 나중에 대통령에게서 들은 바에 의하면, 열린우리당의 과반수가 무너져 다시 여소야대로 된 데다, 한나라당이 윤광웅 당시 국방부 장관 해임건의안을 제출하는 등의 정치상황을 너무 예민하게 생각했었다고 했다. 어쨌든 그냥 있었으면 대통령은 십중팔구 스스로 생각을 매듭지었을 것이다. 그렇지 않더라도 참모들과 논의하고 적절한 정치상황을 쟀을 것이다. 그러면서 생각이 달라졌을 것이다. 하다못해 생각을 바꾸지는 않는다고 해도, 훨씬 더 내용을 가다듬고 더 정리된 형태로 더 적절한 시기에 구상을 내놓을 수 있었을 것이다. 그런데 예기치 않게 불거져 나오는 바람에 대통령은 진정성부터 의심을 받았다. 정당의 반응과 여론도 정상적 논의가 불가능하게 흘러가 버렸다. 설령 연정 제안 부분은 무시되더라도, 적어도 지역 구도 타파를 위한 선거제도 개혁만큼은 메시지로 살아남아야 그 제안의 보람이 있었다. 그마저 실패하고 말았다.

대통령은 어떤 구상이 떠오르면,
가까운 사람들에게 그 구상을 말하고
의견을 들으면서 구상을 가다듬는 경우가 많았다.
그 과정에서 정리되기도 하고, 수정되기도 하고,
스스로 거둬들이기도 했다.

사실 대통령이 지역 구도 타파를 위한 선거제도 개혁과 연정을 연계시킨 제안은 그때가 처음이 아니었다. 2002년 12월 26일 대통령 당선 며칠 후, 노 당선인은 민주당 중앙선대위 당직자 연수회에 참석해 "지역 대결 구도를 깨기 위해서는 대통령의 권한을 절반으로 줄이더라도 무엇이든 양보할 생각이 있다"며 지역 구도 극복을 위한 선거제도 협상을 정치권에 제안했다. 2003년 1월 18일 당선인은 TV인터뷰에서 "어느 지역도 한 정당이 70~80퍼센트 이상 석권하지 못하도록 해 지역 구도가 극복되면 프랑스식으로 과반수 정치세력이 총리를 결정할 수 있도록 하겠습니다"라고 말했다.

그리고 4월 2일 대통령 취임 후 첫 국회 시정연설에선 기존의 발언을 더 발전시켜 다음과 같이 말했다.

"지역 구도는 반드시 해소되어야 합니다. 지역 구도를 이대로 두고는 우리 정치가 한 발짝도 앞으로 나아갈 수 없습니다. 내년 총선부터는 특정 정당이 특정 지역에서 3분의 2 이상의 의석을 독차지할 수 없도록 여야가 합의하셔서 선거법을 개정해 주시기 바랍니다. 이러한 저의 제안이 내년 17대 총선에서 현실화되면 저는 과반수 의석을 차지한 정당 또는 정치연합에게 내각의 구성 권한을 이양하겠습니다. 이는 대통령이 가진 권한의 절반, 아니 그 이상을 내놓는 결과가 될 것입니다. 많은 국민들이 요구하는 분권적 대통령제에 걸맞는 일이기도 합니다. 헌법에 배치된다는 주장도 있습니다만, 국무총리의 제청을 받아 대통령이 국무위원을 임명하는 현행제도 아래서 국무총리의 제청권을 존중하면 가능한 일입니다. 나라의 장래를 위해 충심으로 드리는 저의 간곡한 제안입니다. 받아

주시면 좋겠습니다."

그 끝이 대연정 제안이었다.

대통령이 일관되게 주장했던 것은, 지역 구도 타파를 위한 선거제도 개혁이었다. '총리결정 권한', '내각구성 권한', '연정' 같은 것은 그렇게 될 경우 자신의 권한을 양보할 용의를 밝힌 것으로, 선거제도 개혁을 촉구하기 위한 것이었다. 그러나 정치권은 노 대통령의 거듭된 선거제도 개혁 요구에 아무 답이 없었다. 시민사회 진영도 마찬가지였다. 옳은 말, 필요한 일이라며 동의는 했지만 별 노력을 기울여 주지 않았다. 내가 보기에 서울의 시민사회 진영은 지역 구도 타파나 지방화, 분권화, 국가균형발전 같은 과제에 대해 큰 관심이 없었다. 옳다고 동의는 했지만 절실한 문제로 생각하지 않았다. '그게 무슨 우선순위가 있는 문제냐'라고 말하기도 했다. "양극화 해소가 시급한 마당에 대통령이 지역 구도 타파 같은 우선순위가 덜한 문제에 너무 매몰돼 있는 것 같다." 그렇게 평가하기도 했다. 우리 진보·개혁 진영의 현주소라고 생각한다.

수사지휘권 발동

10월에 검찰이 동국대 강정구 교수 국가보안법 위반사건* 수사에 나섰다. 수사도 할 수 있고, 혐의가 있으면 기소도 할 수 있는 것이지만, 문제는 구속영장을 청구하려는 방침이었다. 천정배 법무부 장관이 김종빈 검찰총장에게 불구속 수사를 지시하는 수사지휘권*을 발동했다. 법무부 장관은 구체적 사건에 대해서는 검찰총장만을 지휘·감독한다는 검찰청법 규정에 따른 것이었다.

천 장관의 수사지휘권 발동은 그 사건이 불구속 수사가 타당하다는 판단을 넘어, 우리의 형사사법 절차가 형사소송법 정신에 따라 불구속 수사 원칙으로 가야 한다는 소신에 따른 것이었다. 그 사건이 불구속으로 수사되느냐 여부가 불구속 수사 원칙으로 가는 데 중요한 분수령이 된다고 본 것이었다. 그런데 김 총장이 장관의 수사지휘권 발동에 항의해 사표를 제출했다. 나중에 검찰총장이 된 당시 정상명 차장 등 여러 사람이 만류하고, 나도 설득했지만 끝내 고집을 꺾지 않았다. 참여정부에 적대적인 언론들은 그를 영웅처럼 다뤘다.

나는 그의 처신을 이해할 수 없었다. 지금도 잘 이해가 안 된다. 참여정부 이전과 참여정부, 그리고 지금 정부를 대비해 보면 더더욱 그렇다. 참여정부 이전까지는 법무부 장관이 검찰총장에게 이런저런 지휘를 하는 건 아주 다반사였다. 수사권 지휘라는 절차조차 필요 없었다. 그냥 말만 하면 됐다. 지금 정부는 또 어떤가. 법무부 장관은 검찰총장만 지휘할 수 있는데도, 장관 또는 법무부 간부가 지검장이나 수사검사에게 직접 전화해서 수사에 관한 지시를 했다고 알려지고 있다. 참여정부에서는 그런 일이 전혀 없었다. 그래서 법이 정한 방법을 쓴 것이다. 따라서 당시 수사권 지휘야말로 법무부 장관이 평소 검찰총장에게 일체 간섭하지 않았다는 것을 극명하게 보여 주는 일이었다.

검찰총장 입장에선 누가 물밑에서 압력을 가해, 자신이 받아들이기 힘든 일을 강요했다면 과감하게 내용을 공개하고 옷을 벗을 수도 있다. 그게 검찰의 정치적 중립을 위해 필요하다. 하지만 천 장관은 공개적이고 공식적으로 절차를 밟았다. 검찰총장은 자기 소신과 달라도 법무부 장관 지시에 의해 처리하는 게 절차다. 본인 소신은 얼마든지 별도로 밝히면 될 일이다. 검찰총장과 검찰의 '체면', '자존심'을 손상하는 일도 아니었다. 뿐만 아니라 법무부 장관이 구체적 사건에 대해 검찰총장을 지휘할 때는 반드시 수사권 지휘라는 공식 절차를 밟도록 관행을 확립해 나갈 절호의 기회였다. 김 총장의 반발로 인해 바람직하지 못한 과거의 관행으로 되돌아가 버렸다. 더구나 검찰의 정치적 중립을 위해 마련된 중요한 제도가 검찰총장 임기제다. 임기를 지키는 것 자체가 굉장히 중요한 일이다. 임기제가 아직 확립되지 않은 시기에 총장이 그런 일로 임기를 포기한 것은 지금도 이해하기 어렵다.

물론 천 장관의 수사권 지휘가 현명했는지도 의문은 있다. 강금실 장관 때부터 법무부와 검찰 개혁을 위해 비검찰 출신 법무부 장관이 바람직하다고 생각했다. 그런데 문제는 검찰조직과 융화가 잘 안 됐다. 검찰을 통솔해서 개혁대열로 이끄는 데 어려움이 있었다. 비검찰 출신 장관이 계속되지 못한 이유였다. 천 장관은 검찰 개혁 의지와 소신이 매우 강한 분이었지만 마찬가지의 어려움이 있었다. 그런 마당에 수사권 지휘 문제 때문에 검찰조직과 더 간격이 벌어지게 됐다. 끝까지 검찰조직과 융화하지 못했고, 검찰 개혁을 제대로 추진하기 어려웠다. 그런 점을 생각하면 수사권 지휘로 인해 치른 희생도 컸다.

* **강정구 교수 국가보안법 위반사건** 2005년 10월 동국대 강정구 교수가 인터넷 매체를 통해 '한국전쟁은 북한 지도부의 조국통일 해방전쟁'이라는 주장을 펼쳐 국가보안법으로 고발된 사건

* **수사지휘권** 검찰청법 8조 '법무부 장관은 검찰 사무의 최고 감독자로서 일반적으로 검사를 지휘·감독하고, 구체적 사건에 대해선 검찰총장만을 지휘·감독한다'는 규정

사법개혁의 계기

처음 민정수석을 할 때 시작했던 사법개혁 문제는 복귀했을 때도 여전히 진행 중이었고, 민정수석이 챙겨야 할 가장 큰 현안이었다. 다행히 참여정부는 사법개혁 방안을 잘 마무리해 대부분을 입법화하는 데 성공했다. 그것을 통해 우리나라 사법제도는 크게 선진화됐다. 문민정부와 국민의 정부 때도 각각 많은 노력을 기울였으나 논의만 하다가 만 일이었다. 물론 우리도 다 못 한 부분이 있다. 군(軍)사법제도 개혁은, 방안까지 만들었으나 시간이 부족해 입법화하지 못했다. 대법원의 '정책법원화'는 논의를 하나로 모으지 못했다. 언젠가 다시 의지를 가진 정부가 들어서면, 참여정부가 진도를 내놓은 지점에서 다시 시작하면 될 일이다. 사법제도에 관한 개혁이기 때문에 일반인들은 피부에 와 닿지 않는 문제일지 모르겠다. 그러나 법률가인 나로서는 사법개혁을 관장하고 성공시켰다는 것에 큰 보람을 느낀다.

사법개혁은 대법원과 함께 해 나가야 하는 일이어서 정부 단독으로는 추진하기 어렵다. 그래서 대선 때 공약사항도 아니었고, 인수위 때 선정된 국정개혁 과제에도 들어 있지 않았다. 사법개혁은 어찌 보면 우연한 계기로 시작되었다. 물론 그 우연한 계기는 역사의 역동성이 만들어 줬다. 참여정부의 개혁성이 각 분야에 불러일으킨 기대가 만들어낸 일이라고 할 수도 있겠다.

2003년 8월, 대법관 파동이 있었다. 대법관 추천 문제로 청와대와 대법원이 상당히 난감한 상황에 처했다. 당시 법조계 안팎에선 대법관·헌법재판관 구성에서 인권, 여성, 소수자 보호 등 사회다양성이 보장되도록 요구하는 여론이 높았다. 젊은 법관들 사이에서도 연공서열이 아닌, 개혁과 변화의 지향을 담은 다양성의 정신이 인사에 반영돼야 한다는 목소리가 높았다. 대통령이 늘 강조했던 방향이기도 했다. 대법원장이 신임 대법관 후보를 제청하기 위해 인선 작업을 시작할 때, 나는 대통령의 뜻을 대법원측에 전달했다. 인권, 여성, 소수자 보호 등 어느 쪽이든 대법관 구성의 다양성을 지향하는 방향으로 제청해 주길 바라는 것이 대통령의 뜻이라고 했다. 그런데 대법원에선 다른 쪽 이야기를 듣고 대통령의 뜻을 잘못 이해했는지, 그만 전통적으로 해 오던 연공서열 방식으로 후보를 제청했다. 제청된 분도 전통적 기준으로 보면 매우 훌륭한 분이었지만, 다양성이란 시대적 요구 때문에 큰 반발이 생겼다. 대법관 추천회의에 추천위원으로 참석했던 강금실 법무부 장관과 대한변협 박재승 회장이 반발해 퇴장했다. 재야 법조계는 말할 것도 없고 소장 판사들도 문제제기를 했다. 개혁성으로 신망을 받던 서울중앙지법의 박시환 부장판사는 사표를 제출했다. 일부 소장 판사들은 대법관 제청 절차에 반발해 인터넷 연판장을 돌리는 등 집단적 의사표시에 나섰다.

현실적으로 대법원장이 제청을 철회하기도 쉬운 일이 아니었다. 그렇다고 다양성 정신이 반영되지 않은 대법관 제청을 대통령이 그냥 수용하기도 어려운 상황이었다. 만일 대통령이 제청을 거부하면 법원은 사상 초유의 사태를 맞아 극심한 진통을 겪게 될 것이었다. 진퇴양난의 상황에서 윤관 전 대법원장이 중재에 나서 법원과 의논한 해결방안을 내게 제시해 왔다. '대통령이 마뜩치 않더라도 이번 대법관 제청을 받아 주시면 첫째, 대법원이 앞장서서 청와대와 함께 사법개혁을 추진하겠다. 둘째, 대법원장에게 추천권이 있는 다음번 헌법재판관 후보 추천부터 시작해 다음 대법관 제청을 다양성의 기준으로 하겠다. 그리고 전국 판사회의를 소집해 의견수렴과 함께 차기 헌법재판관 인사와 대법관 인사를 다양성의 기준으로 할 것을 공개적으로 약속하겠다'는 것이었다. 법원 쪽 의지를 확인하고 그 방안을 수용했다.

우리나라 최초의 여성 헌법재판관, 최초의 여성 대법관이 그렇게 해서 탄생했다. 그 후에도 대법관과 헌법재판관의 다양한 구성을 위한 노력은 꾸준히 진행돼 참여정부 기간 동안 큰 진전이 있었다. 한나라당의 정략적 반대 때문에 좌절되고 말았지만, 최초의 여성 헌법재판소장 후보까지 나왔다.

한편으로 2003년 10월 여러 번의 사전 논의 끝에 대법원과 청와대가 '사법개혁위원회(사개위)'를 함께 구성해 사법개혁 대장정에 들어갔다. 사개위 위원장은 조준희 변호사가 맡아 줬다. 사개위 논의가 끝난 후에는 역시 대법원과 청와대가 '사법개혁추진위원회(사개추위)'를 함께 구성해, 사개위에서 논의한 방안을 입법화하는 작업을 했다. 한승헌 변호사가 위원장을 맡았다.

과거사 정리 작업

처음 민정수석을 할 때 시작된 일 가운데, 과거사 정리 작업도 중요한 숙제였다. 우여곡절 끝에 '과거사 정리 기본법'이 국회에서 통과됐다. '진실·화해를 위한 과거사 정리 위원회(과거사위원회)'도 설립됐다. 이 과정에서 과거사 정리를 위해 노력해 온 시민사회 쪽 힘이 결정적이었다.

오랫동안 많은 노력을 기울였는데, 한나라당 반대 때문에 입법도 늦어지고 내용도 누더기가 됐지만 통과 자체에 큰 의미가 있었다. 물론 특별법에 의해 만들어진 '과거사위원회'의 한시적 활동만으로는 전방위적으로 걸쳐 있는 방대한 과거사 정리 작업을 도저히 해낼 수 없었다. 해결 방법을 강구했다. 법적인 최종정리는 과거사위에서 하는 것이지만 정부 내 기관별로 과거사 정리 작업을 뒷받침하도록 했다.

기관별로 자체적인 과거사 정리 작업을 병행시켜, 그 결과가 과거사위원회 쪽으로 취합되도록 하자는 취지였다. 대단히 효과적인 방법이었다. 과거사를 극복해야 할 일이 가장 많은 국정원, 경찰, 군에 각각 자체 과거사위원회를 설치하도록 했다. 내부 반발로 진통이 있었지만 잘 설득했

대통령은 그것만으로 성이 차지 않았는지,
2003년과 2006년 제주도를 방문해 국가원수로서 사과했다.
유족들은 수십 년 남몰래 숨어서 혼자 삼켜야 했던 설움과 눈물을
대통령 앞에서 쏟아냈다.

다. 결국 이들 기관의 자체 과거사 정리 작업은 아주 성과가 좋았다.

법원도 재심판결을 통해 나름대로 과거사 정리를 하고 있다. 과거사위원회의 진실규명 결정에 따라, 많은 사건에서 재심을 통해 잘못된 과거 판결을 바로 잡았고, 지금도 해 나가고 있다.

과거사 정리 작업이 반드시 필요한데도, 아직까지 못한 기관이 검찰이다. 검찰은 그 시기에 함께 하기 어려운 사정이 있었다. 공권력을 통해 사건이 조작되고 고문 등 사람들의 기본권을 침해했던 사건들은, 절차상으로는 국정원 또는 경찰에서 먼저 수사가 이뤄졌고 검찰이 기소를 담당했다. 때문에 국정원이나 경찰에서 먼저 사건 조작에 대한 과거사 정리 작업이 이뤄지고, 다음에 법원이 재심을 통해 무죄를 선고하면, 검찰은 그것을 받아서 스스로의 과거사를 정리하는 순서로 갈 수밖에 없었다. 그런데 참여정부 임기 동안 거기까지 진도를 못 나갔다. 결국 많은 사건이 조작되었다는 게 드러났고, 법원에서 무죄로 확정되기도 했다. 국가가 엄청난 손해배상 책임까지 물고 있는 상황인데도, 검찰만 아무 반성을 안 하고 있는 형국이다.

단일 사건으로, 범정부적으로는 물론 대통령이 직접 나서서 아픈 역사의 매듭을 푼 것도 있다. 바로 4·3*이다. 과거사 문제의 일환이었지만, 국민의 정부 이전부터 논의가 시작된 일이다. 그들이 바라는 것은 명예회복이었다. 참여정부 때 종합보고서가 나왔다. 그 보고서만으로도 상당한 명예회복이 됐다.

그러나 대통령의 의지는 거기서 머물지 않았다. 과거사 문제를 풀어나가는 시금석 같은 일로 여겼다. 두 번의 사과가 이뤄졌다. 먼저 국무총리가 기념식에 참석해서 정식으로 정부를 대표해 사과했다. 대통령은 그것만으로 성이 차지 않았는지, 2003년과 2006년 제주를 방문해 국가원수로서 사과했다. 유족들은 수십 년 남몰래 숨어서 혼자 삼켜야 했던 설움과 눈물을 대통령 앞에서 쏟아냈다.

'과거사위원회'는 5년간 모두 8,000여 건에 대한 진실을 규명했다. 항일독립운동과 한국전쟁 전후의 민간인 집단희생사건, 국외 동포사(史), 반민주적·반인권적 행위에 의한 인권유린, 폭력·학살·의문사 등이 규명대상이었다. 특히 한국전 당시 좌익운동 관련자 수천 명을 대량 학살한 '보도연맹사건' 조사와, 한국전 전후 민간인이 적법절차 없이 전국적으로 군경에 희생된 사실을 모두 밝혀냈다.

좌익 또는 인민군에 의한 민간인 학살 사건들도 규명했다. 묻혀 있던 역사적 진실을 찾아내는 데 큰 성과를 거뒀다.

과거사 정리 작업을 지켜보면서 많은 생각을 했다. 결국 국가가 많은 개인들에게 참으로 몹쓸 짓을 한 것이다. 한 개인의 인생을 완전히 망쳐 놓기도 했다. 사건을 조작해 새파란 젊은이들을 잡아 가뒀다. 늙어 백발이 될 때까지 감옥에서 인생을 썩게 했다. 본인은 말할 것도 없고 가족들 삶까지 파탄으로 몰았다. 간첩의 가족이라고 공직은커녕 취업도 못 하게 했다. 주변에선 손가락질 당하고 한 집안 전체가 풍비박산된 잘못이 다름 아닌 국가에 의해 자행됐다.

국가가 그 잘못을 인정하고, 피해자들의 명예를 회복시켜 주고, 금전적으로 배상을 한들 그들의 빼앗긴 삶과 인생이 돌아오겠는가. 가장 중요한 것은 잘못을 인정하는 국가의 진정성이다. 국가가 잘못을 진심으로 사과하고 그들의 명예를 회복시켜야 가해자와 피해자 사이의 진정한 화해가 가능하다. 또 그런 정리를 하고 넘어가야 국민들 사이에서도 화해와 통합이 이뤄진다. 그 일을 위해 우리는 기구의 이름도 '진실·화해를 위한 과거사 정리 위원회'로 지었다. '진실'과 '화해'라는 양립하기 힘든 가치를 동시에 추구하는 것을 목표로 삼았다. 그 목표가 얼마나 이뤄졌을까.

그나마 그 정도라도 한 것이 우리 역사에서 대단한 진전이라고 위안을 삼는다. 한국처럼 아픈 과거를 가진 나라는 많다. 과거에 비슷한 역사를 겪었던 나라들은 다들 그런 작업을 하고 있다. 그중에서 우리만큼 성공적인 과거사 정리 작업을 한 나라가 많지 않다. 스페인, 남아공, 아르헨티나 모두 마찬가지다. 다만 이명박 정부 들어서서 중단된 것이 아쉽다.

과거사 정리법엔 신고 기간이 정해져 있다. 그런데 과거 의문사 진상규명법이나 광주 보상법 등 유사한 성격의 법들이 신고 기간을 설정해도 그 뒤에 법 개정을 통해 2차, 3차로 추가 신고할 수 있게 기간을 연장해줬다. 과거사 정리도 미처 신고 못 한 분들에게 추가 신고 기회를 줘야 했다. 정권이 바뀌면서 다 끝이 나 버렸다.

* **4·3** 1948년 4월 3일부터 1954년 9월 21일까지 제주도에서 일어난 민중항쟁. 일본 패망 후 한반도를 통치한 미군정 체제의 사회문제와 남한 단독정부 수립에 반대하는 과정에서 발생. 미군정과 군경이 이를 무력으로 진압하는 과정에서 많은 양민이 억울하게 희생. 희생자 통계는 확실하지 않지만 2만5천~3만 명으로 잠정 추정

공수처와 국가보안법

민정수석을 두 번 하면서 끝내 못 한 일, 그래서 아쉬움으로 남는 게 몇 가지 있다. 고위공직자 비리수사처*(공수처) 설치 불발과, 국가보안법을 폐지하지 못한 일도 그렇다.

공수처 설치는 대선 때 노무현 후보뿐 아니라 이회창 후보도 같은 공약을 했다. 오히려 이회창 후보 공약이 참여정부가 추진했던 법안에 좀 더 가까울 수도 있다. 이회창 후보는 당시에 공수처를 부패방지위원회 산하에 두자는 의견이었다. 노 후보는 별도 조직으로 두자는 거였다. 나중엔 우리가 국가청렴위원회 산하에 두는 쪽으로 추진했으니, 오히려 이회창 후보 공약에 가까웠던 셈이다.

당시 국민들은 문민정부와 국민의 정부 말기에 나타난 대통령 아들 비리 사건과 권력형 비리를 보면서 굉장한 분노와 특단의 대안을 요구했다. 공수처 공약은 당시 국민들의 요구를 반영한 것이었다. 국민들의 지지여론이 높고 양대 후보가 함께 제시했던 공약인데도 법안을 만드는 과정에서 장애가 생겼다. 공수처의 수사대상 때문이었다. 대통령 주변 측근과 친인척, 청와대 주변 권력형 비리의 위험이 있는 사람들이 기본 대상이다. 그 외 고위 공직자들도 망라된다. 국회의원도 당연히 포함됐다. 국회에서 이를 용납하지 않았다.

국회는 이 법안 처리에 거의 파업을 했다. 형평상 문제가 있지만 국회의원을 빼고서라도 추진했어야 할 법안이다. 법안 통과를 목표로 했다면 국회의원을 수사대상에서 빼는 것을 고려했어야 했다. 선출직인 만큼 다른 취급을 하지 못할 바도 없었다. 국회도 문제였지만, 우리 쪽도 유연성이 부족했다고 생각한다.

더 뼈아팠던 것이 국가보안법*이다. 국보법 폐지를 위해 노력하지 않은 건 결코 아니다. 굉장히 많은 노력을 기울였다. 대통령까지도 직접 나서서 모든 노력을 다했다. 여당은 대통령의 '국보법 폐지' 발언 직후에야 부랴부랴 구체적인 작업에 나섰다. 이후 과정은 실망스럽기 짝이 없다. 대안을 내놓겠다고 했으나 결론은커녕 보안법 태스크포스 팀을 해산했다. 내부문건 유출이나 일부 소속 의원의 '언론 플레이'를 핑계로 내세웠지만 실은 당내 이견 조정에 실패했다. 당시 여당은 과반수 가까운 의석을 가지고도 당내 충분한 논의와 공감대를 형성하지 못했다. 야당과의 협상도 부족했다. 국민들에게 제대로 호소하지 못해 여론으로 압도하지도 못했다. 그분들을 탓하자는 것이 아니다. 그 점에 대해선 우리 모두의 반성이 있어야 한다. 우리 역량의 부족을 그대로 보여 준 일이다.

나도 국민의 정부 때 국가보안법을 폐지하지 않는다고 강하게 비판했다. 제대로 노력도 안 하는 것으로 알고 비판했다. 그런 비판이 그야말로 무색해졌다. 국보법을 폐지하지 못한 것이 그 시기에 진보·개혁 진영의 전체적인 역량 부족을 보여 주는 상징처럼 여겨진다.

* **고위공직자 비리수사처** 고위공무원들의 뇌물이나 직권남용을 전문적으로 수사하는 별도 기관

* **국가보안법** "국가의 안전을 위태롭게 하는 반국가 활동을 규제함으로써 국가의 안전과 국민의 생존 및 자유를 확보함"을 목적으로 제정된 특별형법. 실제로는 정권 안보와 이데올로기 통제의 수단으로 악용. 국내는 물론 유엔인권위원회도 인권 제약 소지가 있다며 문제제기

사임

2006년 5월 민정수석을 사임했다. 여러 달 전부터 표명했던 사의가 그때 수용된 것은, 곧 다가올 지방선거를 도우라는 뜻도 담겨 있었다. 부산에 가서 지방선거를 도우려다 구설수에 휘말려 크게 혼이 났다. 참여정부 5년 동안 청와대 안에 있을 때나 밖에 있을 때나 그렇게 구설수에 오른 건 그때가 유일했다. 정치가 더더욱 무섭게 생각되고 환멸을 느끼게 된 일이기도 했다.

열린우리당 부산시(市)당에서 기자간담회를 마련해 놓고 와 달라고 했다. 부산의 지방 선거판이 매우 답답한 상황이니, 선거에 도움이 되게 발언을 '쎄게' 해달라고 부탁했다. 부산시당 홍보책임자와 대변인이 자리를 함께했다. 기자가 "이번 지방선거를 어떻게 예상하며, 어떤 선거가 되기를 바라느냐"고 질문했다. 나는 작심하고 부산 시민들의 지역주의를 비판했다. "노 대통령 당선이 부산의 지역주의를 완화시키는 계기가 될 것으로 기대했는데, 오히려 지역주의가 더 강고해져 유감이다. 대통령이 부산 출신이고 또 부산에 애정을 많이 가지고 있으니, 부산 시민들이 왠

만하면 부산 정권이라 생각하고 애정을 가져 줄 만한데 전혀 안 그렇지 않느냐. 나는 부산 사람들이 왜 참여정부를 부산 정권으로 생각하지 않는지 이해가 안 간다. 이번 지방선거가 그러한 강고한 지역주의를 허무는 선거가 됐으면 좋겠다." 정확하진 않지만 대강 그런 취지로 답했다.

부산 지역 기자와 연합뉴스 기자만 있었기 때문에 처음엔 크게 다뤄지지 않고, 발언 내용만 짧게 단순 보도됐다. 그런데 그 보도가 있었던 다음날 그 자리에 없었던 어느 신문이 내가 한 발언 중 '부산 정권' 부분만 끄집어내, 내가 부산 정권을 내세우면서 지역주의를 부추겼다고 시비를 걸었다.

그런데 열린우리당 사람들이 그 기사를 보고 발끈해서 정색을 하고 나를 비난하고 나섰다. 망국적인 지역감정을 조장하는 발언이라고도 하고, 국민을 모욕하는 발언이라고도 하고, 광주·호남 사람들의 지지로 참여정부가 출범한 것을 잊은 부적절한 발언이라고도 했다. 그러자 거의 모든 언론이 그 비난을 크게 보도하면서 순식간에 엄청난 일이 되었다.

정말 당혹스럽고 후회스러웠다. '부산 정권' 같은 오해, 시비의 소지가 많은 말을 내 입으로 한 것도 후회됐고, 선거 돕는다고 그 기자간담회에 갔던 것도 후회됐다. 더 당혹스러웠던 것은 열린우리당이었다. 그 당의 부산시당이 마련한 기자간담회였고 부산시당의 홍보책임자와 대변인이 함께 있었는데도, 발언의 내용과 취지를 확인해 보지도 않고, 나를 비난한 기사만 보고는 일제히 비난에 나선 것이다. 영남 지역의 지역감정 피해자인 우리가 영남 지역에서 지역감정을 조장한다는 것이 상식적으로 있을 수 없는 일인데도 그랬다.

놀란 부산시당에서 황급히 발언 내용과 취지가 그런 게 아니었다는 보도자료를 냈지만, 아무 소용이 없었다. 내가 실언을 했다 하더라도, 동지의식 같은 게 있다면, 특히 선거 시기인 만큼 더더욱 내 발언의 취지가 그게 아니라고 변명해 주면서 파문을 최소화해야 할 텐데……. 오히려 더 크게 확대시키는 것이 이해되지 않았다.

내가 평생 동안 제일 많이 욕먹은 일이어서, 그 일은 마음속에 상처로 남아 있다. 정치가 더 싫고 무서워졌다. 그 발언의 파문으로 인해 특히 민주당과 대결했던 호남 지역에서는 상대후보의 공격소재가 되면서 어려움을 많이 겪었다고 들었다. 참으로 미안한 일이었다. 피해를 입은 분들께 사과드린다.

남은 참여정부 기간 동안 변호사 복귀를 포기하고, 그냥 쉬기로 했다. 얼마 후 대통령이 정무특보로 임명하는 바람에 변호사를 하는 것이 더 내키지 않게 됐다. 말이 특보지 급여도, 활동비도, 차량도, 방도, 심지어 업무용 휴대폰도 없었다. 실제 활동도 없었다. 요청하는 일도 없었다. 명함을 만들어 줬는데, 명함 쓸 일이 없었다. 나중에 비서실장이 될 때까지 정무특보였는데, 정무특보로서 유일하게 한 일이 남미 에콰도르의 꼬레아 대통령 취임특사로 다녀온 것이었다.

취임특사라는 것이 취임식 행사에 대통령이 보낸 사절로 참석하는 것 말고는 할 일이 없는 출장이었다. 그런데 에콰도르 쪽에서는 '특보' 직함을 미국 백악관의 특보쯤 되는 상당한 고위직으로 받아들였던 모양이다.

아니면 우리 현지 대사가 '특보' 직함을 과장했었는지도 모르겠다. 다른 나라의 면식 상관들을 제지고 장관들보다 윗급의 의전 예우를 받았

취임특사라는 것이 취임식 행사에
대통령이 보낸 사절로 참석하는 것 말고는 할 일이 없는 출장이었다.
그런데 에콰도르 쪽에서는 '특보' 직함을 미국 백악관의 특보쯤 되는
상당한 고위직으로 받아들였던 모양이다.

다. 이동차량도 장관들은 모두 버스 한 대로 모여 움직였는데, 나는 부통령급 수준으로 승용차를 별도 배정받아 타고 다녔다. 취임식에서 대통령에게 인사하고 악수하는 순서도 다른 나라 국가원수와 부통령급 다음 순서였다. 미국 장관보다 앞순서였다.

취임식 다음 날 아침 꼬레아 대통령은 첫 공식 직무수행으로 나를 단독 접견했다. 취임식에 온 국가원수 급들은 취임식 이전부터 취임식 당일까지 접견을 마치고, 그 다음 급의 첫 접견이었다. 접견 시간도 30분 이상으로, 꽤 길었다. 나와의 대화를 위해 상당히 준비한 것을 알 수 있었다.

경제협력과 지원을 요청하는 공식적인 대화에 들어가기 전에 환담을 나눴다. 내가 꼬레아 대통령의 성이 우리나라 이름과 발음이 같으니 각별한 관계라며 친근감을 표시했다. 그러자 그는 기다렸다는 듯이 '안 그래도 옛날에 한국 사람이 이탈리아에 와서 살면서 꼬레아라는 성을 사용하게 됐다는데, 자기 조상도 그쪽과 무슨 관계가 있어서 같은 성을 갖게 된 것이 아닌가 생각한다'면서, 한국과의 각별한 인연을 강조했다. 또 장하준 교수 이야기도 했다. 같은 대학에서 공부했다면서, 최근에 『사다리 걷어차기』라는 책을 읽었는데 대단히 훌륭한 책이라고 극찬을 했다. 나와의 대화 소재를 미리 그렇게 신경 써서 준비할 만큼 우리나라의 국제적 위상이 높아진 것을 실감했다. 파라과이를 거쳐 귀국하면서 파라과이 외교부 장관도 예방했다. 그곳에서도 마찬가지였다. 남미국가들이 바라보는 우리나라의 국가적 위상이 대단하다는 것을 느낄 수 있었다.

민정수석 두 번에, 시민사회수석, 비서실장까지 합치면 거의 청와대에

4년을 있었지만 한 번도 대통령 순방을 수행하지 못했다. 민정수석, 시민사회수석은 순방과 관련 없는 자리였다. 그래도 교포사회를 둘러본다든지 하는 명분을 만들자면 못 만들 것도 없었는데, 참여정부는 그런 일을 할 줄 몰랐다.

비서실장이 되면 대통령 부재 중에 청와대를 지키는 역할을 해야 한다. 따라나서기는커녕 비상근무를 하느라 더 고달팠다. 이름뿐인 특보였지만, 그 덕을 한 번 본 셈이다.

2006년 10월 13일, 밖에서 쉬고 있을 때 반가운 소식이 뉴스로 흘러나왔다. 반기문 전 외교부 장관이 유엔 사무총장으로 선출됐다는 소식이었다. 청와대에 있을 때부터 추진되던 일이어서 궁금했는데, 결실을 잘 맺은 것이 반가웠다.

대통령과 청와대가 처음부터 반 총장을 염두에 두고 외교적 노력을 했던 건 아니다. 당초엔 홍석현 주미대사가 그 자리를 꿈꿨다. 차기 사무총장은 아시아 몫이라는 공감대가 있을 때여서 본인이 상당한 노력을 기울이고 있었다. 그러다 '안기부 X파일' 도청테이프 사건이 생겨 돌연 낙마했다. 그 바람에 반기문 장관이 후보가 됐다. 반 총장으로선 어찌 보면 굉장히 운이 좋았다. 참여정부는 그때부터 '할 수 있는' 외교적 노력을 다했다. 대통령은 모든 순방외교에서 그의 지지를 부탁했다. 총리의 해외방문도 마찬가지였다. 대통령은 김병준 청와대 정책실장을 주요국에 특사로 보내, 지지를 부탁하기도 했다. 임박해서는 다른 국가원수들에게 전화도 많이 했다.

그런 노력들이 효과를 봤을 것이다. 하지만 결정적 역할을 한 것은 고

위급 외교전이 아니었다. 범정부적 외교 노력은 마지막 단계에 꽃을 따는 과정에 불과했다. 반 총장의 당선이 가능했던 건, 당시 참여정부가 일관되게 추진했던 균형외교 정책 때문이다. 아시아권에서 유엔 사무총장이 되려면 중국의 지지가 반드시 필요했다. 중국은 노 대통령과 참여정부가 일관되게 견지했던 균형외교를 높이 평가했고 신뢰했다. 참여정부의 균형외교가 없었으면 중국의 지지를 받기가 쉽지 않았을 것이다. 다른 제3세계 진영도 비슷한 시각이었다. 물론 미국과 서방의 도움을 안 받고서도 불가능한 일이다. 그러나 미국과도 이라크 파병 등 주요 현안에서 동맹간 신뢰가 굳건했기 때문에 폭넓은 지지를 받아낼 수 있었다.

비단 반 총장 문제뿐 아니라 6자회담 등 북핵 문제에서도 중국의 협조를 많이 받았다. 중국의 협조가 없었으면 북한을 설득하기가 쉽지 않았을 것이다. 치러야 하는 대가도 있었다. 달라이 라마* 방한 같은 사안이다. 정상적으로 판단하자면 주권국가로서 얼마든지 허용할 수 있고 허용해야 할 일이다. 그 시기 중국과의 공조가 너무 긴요하고 필요한 상황이어서 허용하지 못했다.

대통령은 반 총장 선출 소식을 듣고 아주 반가워했다. 축하전화로 따뜻한 덕담을 건넸다. 그게 전부였다. 당신이 그렇게 공을 들여 빛을 본 일이라 생색을 낼 법한데도 청와대나 부처에 그리 못 하도록 했다. 대통령과 정부가 기울인 그간의 노력이나 비사(秘史)도, 정부가 생색을 내거나 자축하는 일정도 절제토록 지시했다.

심지어 KBS가 나라의 경사라며 마련한 〈열린음악회〉조차도 정부는 함께하지 말라고 당부했다. 이유는 하나였다. 이제 그가 국제지도자로서 소신껏 일하도록 편하게 놔둬야 한다는 이유였다. 정부가 생색을 내면 낼수록 그의 입지가 좁아질 수 있다는 것이 대통령의 깊고 세심한 마음 씀씀이였다.

* **달라이 라마** 티베트 망명정부를 수립한 티베트의 정신적 지도자. 비폭력 노선을 견지하면서 지속적으로 티베트의 독립운동을 전개. 1989년 노벨평화상 수상

마지막 비서실장

대통령 임기 마지막 해인 2007년 3월, 다시 대통령이 불렀다. 참여정부 청와대 마지막 비서실장이 되었다. 청와대에 세 번째로 들어가게 됐다. 진심으로 맡고 싶지 않았다. 마지막 비서실장은 퇴임 후까지도 생각해야 하는 자리임을 잘 알고 있었다. 솔직히 이제는 자유롭고 싶고, 내 자리로 돌아가고 싶었다. 하지만 대통령의 정치적 상황이 워낙 어려웠다. 이미 정권 교체가 뻔히 예상되는 상황이었다. 그럴수록 마무리가 중요했다. 말년에는 인사 자체가 힘든 법이다. 대통령이 다른 선택을 하기가 쉽지 않았다. '그래, 우짜겠노. 대통령과 마지막을 함께 하자'고 생각했다.

각오가 비장할 수밖에 없었다. 역대 정부를 보면 초기에는 긴장의 끈을 놓지 않고 초심과 기강을 잘 유지한다. 후반기가 가까워져 오면 긴장도 떨어지고 이완된다. 그래서 낭패 보는 일이 많다. 그걸 되풀이하지 않는 게 최우선 과제였다. 끝까지 원칙과 초심과 긴장을 유지하는 게 중요했다.

취임사에서 직원들에게 세 가지를 당부했다. "첫째, 참여정부의 성공

각오가 비장할 수밖에 없었다.

역대 정부를 보면 초기에는 긴장의 끈을 놓지 않고

초심과 기강을 잘 유지한다.

후반기 가까워져 오면서 긴장도 떨어지고 이완된다.

그래서 낭패 보는 일이 많다.

그걸 되풀이하지 않는 게 최우선 과제였다.

에 대한 확신과 자부심을 분명히 갖자. 둘째, 대통령 임기 마지막 날에 이르기까지 어느 하루도 헛되이 보내거나 만만하게 지나가는 허술함이 없어야 한다. 셋째, 끝까지 도덕성을 지켜 나가자."

그러면서 이런 말을 했다. "흔히 임기 후반부를 하산(下山)에 비유합니다. 저는 동의하지 않습니다. 참여정부에 하산은 없습니다. 끝없이 위를 향해 오르다가 임기 마지막 날 마침내 멈춰 선 정상이 우리가 가야 할 코스입니다." 직원들은 실제 그런 마음으로 퇴임 일까지 일을 해 줬다고 생각한다.

대통령 비서실장 직무는 민정수석이나 시민사회수석과는 많이 달랐다. 민정수석만 해도 내가 법률가로서 평생 법을 다루며 살아왔기 때문에 연장선상에 있다는 느낌이 들었다. 시민사회수석 역시 내가 시민사회 영역에서 오래 활동을 한 덕분에 그쪽 분들과 인연이나 친근감이 있었다. 그걸 바탕으로 소통하고 공감대를 이뤄 가는 일이어서 내가 할 수 있는 일이라는 느낌이 있었다.

비서실장은 정무적 역할이 매우 중요했다. 당시 청와대는 일찌감치 정무수석 자리를 없애면서 비서실장이 그 역할을 하도록 돼 있었다. 내가 가장 부담스럽게 생각했던 일이고, 잘할 자신이 없던 일이기도 했다.

돌이켜 보면 정무수석 자리를 없앤 것이 잘한 일 같지 않다. 당·청(黨·靑) 분리를 엄정하게 하고자 하는 대통령 의지가 그리 발현됐지만, 과거와 다른 형태로라도 정치권 특히 여당과 긴밀하게 소통하는 것이 필요했다고 생각한다. 정무수석을 없애면서 일반적 정무기능은 비서실장이 맡고, 정책입법 관련 대(對)국회 대(對)정당 업무는 정책실장이 맡게 됐다.

그것이 그렇게 효율적이었다고는 생각하지 않는다.

당청 분리 상황에서 당과의 관계가 힘들었던 게 사실이다. 대통령은 취임하자마자 당청 분리 원칙을 강조했다. 당청 분리는 2002년 대선 때 대통령이 내걸었던 공약이다. 새로운 정치, 정치개혁의 골간이었다. 제왕적 대통령이 제왕적 총재를 겸하면서 생긴 정치의 실종과 정치의 예속을 바꾸려는 취지다. 정당 민주주의의 출발점이었다. 대통령의 특별한 소신이 만든 선거공약이 아니라, 당시 국민들의 일반적인 요구였다.

대통령은 당청 분리에 대해 처음부터 투철했다. 철학이기도 하고 공약이었기 때문에 반드시 준수해야 한다는 의지가 강했다. 당청 분리 핵심은 당직자 임명권, 공천권을 다 놓겠다는 것이다. 대통령은 중요한 평당원으로 남겠다고 했다. 약속대로 당직 임명이나 공천, 당론 결정, 당의 입법 결정에 일체 관여하지 않았다. 그 대신 당과 정부와 청와대 간의 정책 협의, 입법 협의는 당정청 또는 당청회의를 통해 게을리하지 않았다.

당 지도부나 의원들과의 대화도, 과거처럼 독대를 하지 않을 뿐 다양한 단위별로 만나고 소통했다. 그럼에도 불구하고 '소통이 되지 않는다, 청와대 일방통행이다' 하는 불만이 많았다. 당내 의사소통 구조가 문제였다. 청와대 참모진의 정무기능이 약했던 것도 큰 원인이었을 것이다.

나중에 대통령도 당청 분리에 대해 '우리 현실에서 시기상조가 아니었나' 하는 후회를 조금 했다. 나는 그때나 지금이나 회의를 갖고 있다. 열린우리당은 탄핵 역풍에 힘입어 다수당이 됐고 처음엔 과반을 넘기도 했지만, 효율적이지 못했다. 강력하지도 못했다. 개혁을 위한 입법이나 정책 수립에 일사불란하지 못했다. 보다 과감하고 속도 있는 개혁을 위해서는 여당과의 공조가 반드시 필요했다는 후회를 한다.

일을 하면서, 함께 의논해서 결정해야 할 사안들이 아니면 과감하게 수석들에게 맡겼다. 중요 사안들도 수석뿐 아니라 관련 비서관들을 함께 불러 의견을 청취하고 의논하는 과정에서 결론을 내렸다. 그렇게 안 하면 일이 적체가 돼 감당할 수가 없었다.

임기 마지막 해인데도 정치적 이슈들이 많았다. 2007년 1월, 대통령이 '원(One) 포인트 개헌'을 제안했다. '대통령 임기와 국회의원 임기를 일치시키는 내용의 개헌 논의'와 '이를 위한 대통령 4년 중임제'를 정치권에 제안했다. 이 문제는 참 아쉽다. 개헌은 대통령의 행위이니 정치적 파장이야 당연한 것이다. 그러나 사실 엄청나게 중대한 일은 아니었다. 왜냐하면 대통령에겐 헌법이 부여한 개헌발의권이 있기 때문에 대통령의 개헌 제안을 정치권이 동의해 주면 하는 것이고, 동의해 주지 않으면 어차피 안 되는 일이다. 대통령이 개헌을 제안했다가 정치권이 동의하지 않아 그만둔다고 해서 특별히 대통령의 권위가 손상되는 것도 아니었다. 게다가 이미 언론도 그 전까지 개헌 필요성을 주장해 왔다.

그 시기가 아니면 대통령과 국회의원의 임기를 맞추는 개헌을 하기가 쉽지 않은 데다 노 대통령에게 어떤 유·불리도 없다는 점에서, 제안 시기는 적절했다. 대통령이 제안한 원 포인트 개헌 그 자체는 국가적으로 필요한 일이다. 언론에서도 주장해 왔던 내용이었다.

개헌 제의의 필요나 명분에 대해선 청와대 내부에서 쉽게 뜻이 모아졌다. 그런데 자기들 입으로 개헌을 말해 왔던 사람들이 언제 그랬냐는 듯 무시전략으로 나왔다. 언론은 정략으로 매도했다. 한나라당은 말할 것도 없었고, 여당조차도 별 성의를 보이지 않았다.

한나라당은 별 탈 없이 그대로만 가면 차기 정권은 자기들 몫이라고 생각해서 변수가 될 만한 것은 무조건 피하려고 했다. 자신들이 집권하면 자신들부터 혜택을 보는데도 그랬다. 여당은 반대로 한나라당에 좋은 일 하려고 굳이 애쓸 필요가 없다는 정서가 강했다. 다들 정략 때문에 국가적으로 필요한 일을 할 수 있는 기회를 흘려보냈으니 안타까운 일이다.

그해 4월, 제18대 국회 개원과 동시에 개헌을 추진하겠다는 여야 각 당의 합의에 따라 대통령은 개헌 제안을 철회했다. 그러나 18대 국회는 그 합의를 지키지 않았다. 그 점을 지적하는 언론도 없었다. 참으로 이상한 정치권, 이상한 언론이었다.

대선 국면과 맞물려 더욱 고전했던 일이 기자실 문제였다. 내가 부임할 때엔 이미 검토와 논의는 모두 끝나고 일이 추진되려 할 시점이었다. 한창 홍보수석실과 국정홍보처가 구체적 안을 대통령에게 보고하기 시작해 비로소 알게 됐다. 취지와 내용은 좋은 일이었다. 기성언론 중심의 폐쇄적 운영을 하고 있는 각 부처 기자실을 개방형 브리핑 룸으로 확장 통합해 더 많은 매체와 언론인에게 문호를 연다는 취지, 취재의 룰을 새롭게 구축해 나간다는 취지를 모두 이해할 수 있었다.

문제는 시기였다. 당연히 그렇게 가야 하는 방향이더라도 참여정부 임기가 얼마 남지 않은 상황이었다. 간단한 조치로 되는 것도 아니고 적지 않은 예산도 수반되는 일이다. 여러모로 무리라고 판단했다. 대통령에게 세 번이나 재고를 요청했다. 대통령 의지가 워낙 확고했다. 권력과 언론의 유착, 잘못된 과거 관행, 언론의 부당한 횡포를 최소한이라도 제어할 수 있는 기본 시스템을 갖춰야 한다는 생각이 너무 강했다. 설득하지 못했다. 내가 잘 아는 분야가 아니어서 더 말씀드리기 어려웠다.

나중에 상황이 어려워지는 것을 보고, 그때 더 설득하지 못했던 것을 후회했다. 내 이해와 인식이 좀 더 분명했으면, 정무관계 수석실 전체로 논의를 확산시킬 수 있었을 것이다. 다른 수석들이 함께 건의했으면 대통령도 재고했을 것이다. 그 일로 대통령은 물론 청와대 전체가 치른 대가가 너무 컸다. 말년에 얻은 것보다 잃은 게 훨씬 많은 일이었다.

비서실장을 맡았던 마지막 해, 청와대는 여전히 분주하게 돌아갔다. 크고 작은 이슈들이 많기도 했지만, 우리 스스로 마지막까지 의욕적으로 일을 추진했다. 이전 청와대와는 내부 풍경이나 일하는 분위기가 사뭇 달랐다. 경험자들 얘기를 들어 보면 한결같이 과거 청와대의 임기 마지막 해는 '손을 완전히 놓은 분위기'였다고 했다. '개점휴업'이었다고까지 했다. 게을러서가 아니라 국민과 당과 언론의 집중적인 비난, 심각한 레임덕 속에서 일을 할래야 할 수 없었다고 전해 줬다.

참여정부가 다를 수 있었던 것은 우리가 끝까지 도덕성을 유지했기 때문이라고 생각한다. 그나마 힘을 잃지 않을 수 있었던 동력이다. 또 대통령 스스로가 참여정부 임기 내에 해야 할 개혁과제를 마지막 순간까지 다한다는 의지가 강했다.

많은 사람들은 정권이 처음 출범해서 힘 있을 때, 할 수 있는 개혁을 해치워야 한다고 말한다. 처음 몇 년에 개혁을 못 하면 후반에도 못 한다고도 말한다. 일리가 있다. 틀린 말은 아니지만, 국가의 정책이라는 게 금방 다 되는 게 아니다. 간단한 일들은 조기에 시작해 매듭지을 수도 있다. 어떤 일은 임기 내내 논의해 말년에 와서야 비로소 법안이 마련된다. 어떤 것은 논의만 실컷 하고 결실을 맺는 것은 차기 정부로 넘기는 경우도 있다. 따라서 처음 1~2년 동안 일하고 그 뒤 1~2년은 전에 했던 일만 뒷마무리한다는 것은 국가 운영에 맞지 않는 말이다. 우리는 누가 뭐라고 하든, 우리가 해야 될 일을 로드맵에 따라 원리원칙대로 묵묵하게 해나갔다.

한미 FTA

임기 말에 추진했던 한미 FTA(자유무역협정)는 논란이 많았다. 찬성과 반대 여론이 극명하게 갈렸다. 대통령과 참여정부는 시작도 국익, 끝도 국익이었다. 이명박 정부 들어 원칙이 훼손되고, 이런저런 외교적 고려 때문에 국익 최우선의 원칙이 무너졌다. 이명박 정부가 미국의 요구에 따라 상당한 양보를 하지 않을 수 없었다는 사실이야말로, 참여정부가 미국을 상대로 협상만큼은 꿀리지 않고 잘했다는 것을 보여 주는 증거라고 생각한다.

한미 FTA에서 김현종 당시 통상교섭본부장을 빼놓을 수 없다. 대통령이 당선인 시절 김현종 씨로부터 브리핑을 받은 일이 있다. 달변은 아니었지만 내용이 좋았다. 대통령은 흡족해했고, 그를 통상교섭본부에서 일하게 하면 좋겠다는 생각을 했다. 비관료 출신인 데다 경력이나 연령을 고려했을 때 바로 본부장에 임명하는 건 무리가 있었다. 그래서 본부장 바로 밑에 조정관으로 임명했다. 나는 그때 그에게 통상교섭본부에 적응하고, 융화하고, 평가받는 과정으로 여겨 달라고 당부했다.

그는 국제교섭회의 대표로 늘 나갔는데, 본부 내에서도 평가가 좋았다. 충분한 검증과 실력을 인정받게 한 후 본부장으로 임명했다. 그가 본부장이 된 후 "한미 FTA를 추진하겠다"는 계획을 밝혔다. 이후 FTA 논의 과정에는 참여하지 못했다. 나중에 협상에 상당히 진도를 낸 후에야 시민사회의 반대 때문에 논의에 관여하게 됐다.

대통령은 줄곧 '장사꾼 논리'를 강조했다. "100퍼센트 국익 기준으로 하라. 우리에게 이익이 되면 하고 그렇지 않으면 안 하는 거다. 협상 과정에서 국익에 배치되면 안 해도 좋다. 조건이 맞지 않으면 언제든 중단해도 좋다." 이 점을 늘 강조했다. 대통령의 이런 접근법은 협상단에 큰 힘을 실어 줬다. 배짱과 배포로 협상을 하게 만든 것이다. 대통령은 중동 순방을 떠나기 전날에도 협상 팀을 불러 "협상이 되면 물론 좋지만 안 돼도 내가 책임지는 거고, 돼도 내가 책임지는 거다. 본부장은 철저하게 장사꾼 논리로 협상하고 한미 동맹 관계나 정치적 요소들은 절대로 의식하지 마라. 모든 정치적인 책임은 내가 진다"라고 역설했다.

대통령의 이런 기조 때문에, 우리 협상 팀은 밀고 당기는 숨 가쁜 과정에서 일관되게 '오늘 밤 미국 협상 팀이 돌아가도 좋다. 우리는 답답한 게 없다'는 기조를 유지했다. 심지어 협상이 깨질 상황을 대비해 준비한 몇 개의 양보카드도 있었는데, 그걸 쓰지 않고도 협상을 매듭지었다.

개방을 근원적으로 반대하는 분들은 어쩔 수 없다. 그러나 개방의 불가피성을 인정하면서도, 우리 정부가 미국과 대등하게 협상해서 우리 국익을 지키는 교섭을 해낼 수 있을지에 대한 선입견 때문에 반대한 분들이 많다. 그분들에겐 '우리가 교섭에 있어서만큼은 미국에 주눅 들지 않고 최대한 우리 이익을 지켜 내려고 했고, 실제로 그렇게 했다'는 점을 강조하고 싶다.

남북 정상회담

비서실장을 하는 동안 가장 큰 일은 2007년 10월의 남북 정상회담이었다. 참여정부의 남북 정상회담 기본 원칙은 국정원, 통일부 등 대북관련 공식기구를 통해서 공식적으로 추진한다는 것이었다. 대통령은 과거처럼 물밑에서 비선을 내세워 추진하지 않는다는 방침이 확고했다. 또한 성과가 담보되지 않는, 만남 자체를 성과로 삼는 회담은 하지 않는다는 방침도 확고했다. 그래서 6자회담을 통해 북핵 문제가 타결된 연후에만 남북 정상회담을 할 수 있다는 입장을 견지했다. 6자회담 타결 전에 남북 정상회담을 추진해서 혼선을 빚는 것은 바람직하지 않다고 판단했다.

정상회담이 열리기까지 많은 과정이 있었다. 2005년 6월 6·15공동선언 5주년을 맞아 대통령은 정동영 통일부 장관을 대통령 특사 자격으로 평양에 보내 김정일 위원장을 만나게 했다. '모든 내용을 나를 대신해서 방북한 정동영 특사와 허심탄회하게 의논해 달라'는 요지의 친서를 보냈다. 이때 정 특사는 북핵 문제의 평화적 해결을 위해 6자회담을 조기에 재개하고, 그 성과를 이어받아 남북 정상회담도 열고 싶다는 대통령 의중을 전달했다. 김정일 위원장은 아주 기분이 좋았다. 좋은 시기가 되면 날을 잡자고 했다.

드디어 2005년 9월 6자회담에서 북핵 문제 해결을 위한 9·19공동성명이 채택되자, 머지않아 북측에서 정상회담 관련 회신이 올 것으로 기대했다. 그러나 부시 행정부가 공동성명을 채택하고 돌아서자마자 북한의 마카오 주거래 은행인 BDA*의 북한 계좌를 동결함으로써, 9·19공동성명을 무색하게 만들었다. 우리 정부의 다각적인 노력에도 불구하고 미국과 북한은 BDA 문제 해결의 실마리를 찾지 못했다. 북한은 2006년 7월 미사일 발사 실험에 이어 10월초 핵 실험을 저지르고 말았다. 남북 정상회담은 한참 더 밀리고 말았다.

정상회담 이전에 안희정 씨와 문성근 씨도 각기 대북접촉을 하긴 했다. 하지만 안희정 씨는 북측에서 먼저 제안이 와, 한번 의논해 볼 만한 사안인지 확인해 보러 갔던 것이다. 2006년 가을께였다. 안희정 씨 판단에 따르면 별 무게감이 느껴지지 않았다고 했다. 국정원에 알려 주고는 그걸로 끝냈다.

문성근 씨도 그에 훨씬 앞서 2003년 가을쯤 대통령의 친서를 갖고 북한을 다녀왔다. 정상회담을 추진하기 위한 것이 아니라 남북 관계에 임하는 노 대통령의 진정성을 이해시키는 수준이었다. 그런 접촉이 분위기 조성에는 도움이 됐을 것이다.

2006년 11월, 김만복 원장이 국정원장에 취임하면서 대통령에게 남북 정상회담을 추진해 보겠다는 의지를 밝혔다. 대통령은 큰 무게를 두지 않고, 무리는 하지 말라고 당부했다. 2007년 5월 17일, 대통령과 함께

광릉수목원을 다녀온 따스한 오후였다. 백종천 안보실장이 관저에서 대통령을 기다리고 있었다. 앞으로 2~3개월 준비해서 8월 15일 전후에 반드시 남북 정상회담을 성사시키겠다는 계획을 보고했다. 대통령은 비서실장, 안보실장, 국정원장에게 구체적으로 진전시켜 보라고 지시했다. 그 뒤 매주 목요일에 3인이 만났다. '안골 모임'이라고 불렀다. 실무자로 박선원 안보전략비서관 한 사람만 배석시켰다. 백 실장은 BDA 문제 해결과 6자회담 재개를, 김만복 국정원장은 대북 접촉을 개시하기로 했다.

양측 모두 일을 신속하고 성과 있게 진행시켰다. 6월 초, 우리 주도의 구상으로 BDA문제가 풀렸다. 김만복 원장은 남북장관급 회담차 내려온 북측 수석대표를 통해 '남북 정상회담 논의를 위해 대통령 특사를 보낼 의향이 있다'는 신호를 보냈다. 처음 백 실장과 김 원장은 북한에서 답신이 있을 경우 내가 특사로 가야 한다는 입장이었다. 나는 상황을 보고 순리에 맡기는 게 좋다는 의견을 피력했다. 대통령께는 구체적인 진전이 있을 때마다 구두로 진행상황을 보고했다. 7월 말 정도 모종의 연락이 올 것 같다고 해서 7월 중순부터 기대를 갖고 있었다.

그런데 7월 17일 저녁 아프가니스탄에서 급보가 날아들었다. 선교활동을 벌이던 24명의 샘물교회 목사, 전도사, 선교사, 열성 신도들이 탈레반에게 납치되었다는 거다. 북측으로부터 연락이 오기를 기다리던 백종천 안보실장이 대통령특사 자격으로 7월 22일 아프가니스탄에 급파됐다. 그런데 7월 말, 북측에서 만나자는 연락이 왔다. 나는 아프간 인질사건 해결을 관장해야 했고, 김만복 원장이 북한에 가게 됐다.

북한을 다녀온 김 원장이 정상회담 추진에 합의하고 왔다. 다음부터는 급물살을 탔다. 극도의 보안은 유지하면서도 몇 사람이 실무적으로 더 붙어서 일을 진행하기 시작했다. 실무 접촉도 진행했다. 정상회담 일정이 도출됐다. 8월 28일이었다. 대단히 촉박한 일정이었다. 일단 국민들에게 그 사실을 알렸다. 공표 이후엔 거의 모든 청와대 인력이 달라붙어 실무 준비에 들어갔다.

회담 준비가 한창일 때 북한에서 수재가 났다. 북측에서 회담 연기를 제안했다. 아쉬움은 있었지만 준비는 훨씬 충실하게 할 수 있었다. 중간에 북한 김양건 통일전선부장이 회담 준비사항 협의차 서울에 내려왔다. 그런데 우리가 제기했던 주요 의제에 대해 갖고 온 내용이 거의 없었다. 대통령은 노골적으로 실망을 표시했다. 대통령은 우리 쪽에서 주장하는 여러 내용을 북한의 입장에서 판단할 수 있도록 북한판 버전으로 만들어 전달하라고 지시했다. 나중에 다행히 북측이 이를 많이 수용해서 회담의 알찬 성과로 이어질 수 있었다.

* **BDA(Banco Delta Asia)** 마카오에 있는 소규모 은행. 1970년대부터 북한과 거래해 북한의 유일한 외환 결제창구 역할. 2005년 미국으로부터 북한의 돈세탁 창구로 지목돼 거래가 동결

노란 선을 넘어서

회담이 결정난 후 가장 중요하게 생각했던 문제 중 하나는 대통령이 어떤 방법으로 북한을 가느냐였다. 김대중 대통령은 6·15정상회담 때 비행기로 갔다. 공항에 영접 나온 김정일 위원장과 악수하는 장면이 그 회담을 상징하는 모습이 됐다. 우리는 남북 관계의 진전을 촉진할 수 있는 방법을 택하고 싶었다. 가장 욕심을 부렸던 방법은 철도였다. 당시 철도가 개성까지 연결됐고 화물도 통행을 했는데, 아직 사람의 통행이 안 되고 있는 상황이었다. 대통령이 열차로 다녀온다면 남과 북의 끊어진 철도 길이 명실상부하게 열리는 것이었다. 북측에 철도로 가는 방안을 강력히 주장했다. 북측도 아주 진지하게 검토를 했다. 그런데 개성 위쪽부터 평양까지의 선로가 시원찮다고 했다. 단시일의 보수로 해결되지 않는다고 했다. 어쩔 수 없었다. 나중에 베이징 올림픽 때 남북 공동응원단이 철도로 북한에 가는 것으로 합의하는 데 만족해야 했다.

남은 길은 육로였다. 대통령이 육로로 군사분계선을 넘고, 북한 주민들이 보는 가운데 평양까지 차량 행렬로 간다면 그것도 큰 의미가 있을 것이었다. 그런데 문제는 대통령이 승용차를 타고 군사분계선을 넘는 모습이 너무 밋밋할 것 같았다.

군사분계선 앞에서 국민들에게 인사 말씀을 남기고 떠난다 해도 군사분계선을 넘는 모습의 밋밋함은 달라지지 않을 것 같았다. 그것이 고민이었는데 북측과의 실무협의팀에 있던 의전비서관실 오승록 행정관이 좋은 아이디어를 냈다. 대통령이 군사분계선을 걸어서 넘도록 하자는 것이었다.

잠깐만 발상을 바꾸면 되는 기막힌 아이디어였다. 군사분계선이란 것이 어떤 모습인지, 주변에 철조망 같은 게 있는지 물었다. 아무것도 없고 그냥 포장된 도로라고 했다. 어디가 군사분계선인지도 알 수 없다고 했다. 그러면 걸어서 넘는다는 모습을 어떻게 보여 주냐고 했더니, 북측의 양해를 얻어 임시로 선을 그으면 되지 않겠느냐고 했다. 북측이 양해 해 주겠냐고 물었더니, 협의해 보지 않았지만 그동안 북측의 협의 태도가 대단히 협조적이라고 했다. 속으로 실무협의가 안 되면 국정원장에게 부탁해 북측의 통일전선부장과 협의토록 하면 그 정도야 해결할 수 있을 거라 생각했다. 그렇게 하기로 방침을 정했다.

남은 문제는 대통령이었다. 대통령은 평소에도 작위적인 이벤트나 연출해서 보여 주는 행사를 매우 싫어했다. 남북 정상회담 때는 성과에 대한 부담 때문에 출발할 때 일체 이벤트를 하지 않겠다고 했다. 심지어 청와대에서 북으로 출발할 때 대국민 담화 같은 것도 하지 않겠다고 했다. 성과가 있을지 없을지 알 수 없는 마당에 회담하러 가는 모습만 떠들썩하게 해서 마치 회담 자체가 성과인 양 포장하면 안 된다는 것이다. 나를 비롯해 여러 사람이 '정상회담이 이어져 나가는 게 중요하기 때문에 남북의 정상이 만나는 것 자체가 큰 성과'라고 아무리 말씀드려도 소용없었다.

출발 때 일체 이벤트를 하지 말라고 여러 번 강조하고, 그런 건의를 하면 나무라기까지 했다. 다들 대통령이 하지 않으려고 할 것이라고 걱정했다. 실제로 오상호 의전비서관이 먼저 대통령께 그 아이디어를 말씀드렸다가 야단만 맞았다. 할 수 없이 내가 총대를 메기로 하고, 대통령이 참석한 실무회의 때 '북측하고 이미 그렇게 하기로 합의를 했다'고 말했다. 그제서야 마지못해 수락했다. 다행히 그 후 북측에서도 군사분계선에 선을 긋고 걸어서 넘는 것을 동의해 줘 허위보고를 면했다.

당일 걸어서 노란 선을 넘는 대통령 내외분의 모습은 대단히 인상적이었다. 대통령은 노란 선 앞에서 소감을 말했다. "저는 이번에 대통령으로서 이 금단의 선을 넘어갑니다. 제가 다녀오면 또 더 많은 사람들이 다녀오게 될 것입니다. 그러면 마침내 이 금단의 선도 점차 지워질 것입니다." 그런 다음 노란 선 앞까지 배웅을 나간 우리에게 손을 흔들어 작별하고는 선을 넘어 북으로 갔다. 우리는 대통령 내외분이 북쪽 사람들에게서 꽃다발을 받고 환영받는 모습을 남쪽에서 지켜봤다. 우리는 대통령 일행의 모습이 북쪽으로 사라진 후, '우리도 군사분계선을 한번 밟아 보자'고 하곤 행여 그 선을 넘으면 시빗거리가 될까 조심하면서 노란 선 위에 서서 기념사진을 찍고는 돌아왔다. 대통령이 걸어서 군사분계선을 넘은 효과는 대단했다. 군사분계선을 노란 페인트 선으로 그어 놓으니 더 극적으로 보였다. 대통령이 회담을 마치고 돌아올 때까지 그 장면이 TV에서 걸어서 노란 선을 넘는 대통령 내외분의 모습은 대단히 인상적이었다.
대통령은 그 선 앞에서 소감을 말했다.
"저는 이번에 대통령으로서 이 금단의 선을 넘어갑니다.
제가 다녀오면 또 더 많은 사람들이 다녀오게 될 것입니다.
그러면 마침내 이 금단의 선도 점차 지워질 것입니다."

몇 번이고 반복해서 나왔다. 특히 북쪽에서 다른 영상이 넘어올 때까지는 그 장면만 계속해서 틀다시피 했다. 북으로 간 방문단 일행도 평양 백화원 초대소에 도착해서 TV를 틀어 보니, 온통 그 이야기여서 감격했다고 한다. 국내 방송은 물론 세계 유수의 방송들도 매시간 주요뉴스로 그 장면을 연속으로 내보냈다. 결국 그 장면이 전 세계적으로 10·4정상회담을 보여 주는 상징적인 장면이 됐다.

대통령도 돌아와서 그 장면에 대해 매우 만족해했다. 나중에 10·4정상회담 유공자를 표창할 때 청와대에서는 맨 처음 아이디어를 낸 오승록 행정관을 표창대상으로 올렸다. 오 행정관은 대통령으로부터 '근정포장'을 받고는 가문의 영광이라고 했다. 나로서도 그런 역사적인 장면을 남길 수 있었던 것이 참모로서 두고두고 보람이 아닐 수 없다.

노 대통령 서거 1주기 때 중진 화가 50여 명이 서울에서 추모 전시회를 열었다. 그 전시회 이름이 '노란 선을 넘어서'였다. 개막식에 참석해 인사말을 했는데, 대통령이 넘은 노란색 군사분계선의 감격과 그에 얽힌 비사들이 떠올랐다. 사실 평양에 따라가 회담을 지켜보고 싶은 마음이 굴뚝같았다. 하지만 정상회담 준비위원장으로서 양 정상이 논의할 의제와 공동성명, 합의문에 담아야 할 사항을 총괄적으로 준비해야 했다. 게다가 대통령이 북에 가 계신 동안 청와대를 지키고 비상대기를 해야 하니 어쩔 수 없었다. 만약의 돌발 상황에 대처할 수 있도록 만반의 준비를 하고 있어야 했다. 긴장과 설렘이 교차하는 가운데, 북측에서 소식이 오기를 신경을 곤두세우고 기다렸다.

정상회담 타결 몇 시간 전인가, 백종천 안보실장에게 연락이 왔다. 그 시간까지 진행된 북측과의 실무 합의안을 보내왔다. 읽어 보니 굉장한 성과였다. 문안은 좀 더 다듬어질 것이라고 했다.

백 실장에게 "돌아올 때 개성공단은 반드시 들르되 가능하면 김정일 위원장과 함께, 안 되면 김영남 위원장과라도 함께 방문할 수 있도록 밀어붙여 보라"고 주문했다. 몇 시간 후 최종 합의가 나왔다. 여러 분야에서 우리가 추진하고자 했던 의제들이 대부분 합의문에 담겨 있었다. 어디 가서 혼자 만세삼창이라도 하고 싶었다. 감격스러웠다. 우리가 욕심을 냈던 것이 거의 들어가 있었다. 딱 하나 빠진 게 있다면 정상회담 정례화였다.

사실 대통령은 처음부터 거기까지는 무리라고 생각하는 눈치였다. 그러나 남북 관계에 임하는 다음 정부의 자세가 우리보다 못할 것을 예상하면, 그렇게까지 해 둬야 남북 관계의 후퇴가 없을 것이라고 생각했다. 그런 생각을 대통령께 말씀드리고 백 실장과 김만복 원장에게도 신신당부를 했었는데 아쉬웠다. 그들이 돌아온 후 왜 안 됐냐고 물어봤다. 우리는 제안을 했는데, 북에서 난색을 표했다고 했다. 북에서는 정상회담 정례화라고 하면 남북이 교대로 방문하는 것을 상정하는데, 아직 김정일 위원장이 남쪽을 방문할 상황이 아니라는 것이다. 그렇다고 김영남 위원장이 대신 방문하면 남에서는 사실상 정상회담이 아니라고 비난할 테고. 어쨌든 김정일 위원장이 이번에는 자신이 서울을 방문할 차례라는 식으로 압박받는 상황을 원치 않는다는 것이다. 그렇다면 북에서 원할 때까지는 늘 우리가 북으로 가서 회담하는 것으로 합의하면 되지 않나 생각했지만 어쩔 수 없는 일이었다.

정상회담 귀국 보고(報告) 도라산역 행사가 길어지면서 대통령의 청와대 귀환시간이 늦어졌다. 청와대에 밤늦게 도착한 대통령은 피곤한 줄도 모르고 연신 싱글벙글이었다. 다들 덕담을 건네며 축하를 드렸다. 김정일 위원장이 며칠 더 묵고 가라고 제안했을 때 대통령이 보였던 순발력 얘기부터, 군사분계선 '노란 선의 비밀'에 이르기까지 많은 일화와 에피소드를 털어놓으며 이야기꽃을 피웠다.

지나고 보니 역시 아쉬운 게, 남북 정상회담이 좀 더 빨리 이뤄졌어야 했다. 그리 될 수도 있었다. 6자회담이 풀려서 정상회담 분위기가 무르익을 시점에 터진 미국 재무부의 BDA 동결 조치가 남북 정상회담까지 동결시키고 말았다. 그 바람에 한 1년을 공백으로 흘려보냈다. 그 공백 없이 정상회담이 열렸으면 남북 관계는 훨씬 많은 진도가 나갔을 것이다.

더 아쉬운 것은 국회비준이다. 정상회담이 잘 끝났지만 임기가 많이 남지 않은 상황이었다. 다음 정부로 넘어가기 전에 회담 성과를 공고하게 해 둘 필요가 있었다. 남북 정상 간의 합의는 법적으로 따지면 국가 간 조약의 성격이다. 10·4공동선언은 국가나 국민에게 중대한 재정적 부담을 지우는 조약에 해당했다. 그래서 나는 정상회담 합의에 대해 국회에서 비준동의를 받아 두는 게 좋겠다고 강조했다. 그때엔 유엔 총회에서도 지지결의를 할 만큼 분위기가 좋았다. 국회에 비준동의안을 제출하면 한나라당도 감히 정략적으로 반대하기 어려웠을 분위기였다.

그런데 한덕수 당시 국무총리가 끝내 안 했다. 그는 좀 더 구체적으로 후속 합의가 진행돼, 재정 부담의 규모 같은 것이 정해지면 그때 해도 늦지 않다고 주장했다. 그러다 실기(失期)했다. 결국 정권이 바뀌면서 정상

간의 소중한 합의가 내팽개쳐지고 말았다.

정상회담의 풍성한 성과를 보면서 정부 출범 후 지긋지긋하게 고생했던 대북관계의 여러 사건들이 떠올랐다. 사실 5년 내내 대통령과 우리를 힘들게 만든 것이 북핵 문제였다. 북핵 문제를 평화적으로, 외교적으로 관리해낸 노 대통령의 철학과 인내력과 정치력은 대단히 높이 평가받아야 한다고 생각한다. 어찌 보면 그 시기 지혜로운 리더십으로 나라를 구한 것이라는 생각까지 하게 된다.

대통령에 당선되자마자 북핵 문제는 급격한 위기국면으로 치달았다. 미국의 중유 공급 중단에 이어 북한의 핵확산금지조약 탈퇴, 핵 프로그램 재개, 핵 사찰단 추방……. 공화당 부시 행정부 네오콘들은 강경 주장을 쏟아냈다. 북폭 공격을 주장하기도 했다.

대통령 취임도 하기 전 당선자 시절이어서 외교적 지위가 취약한 입장인데도 그분은 대단히 단호하게 임했다. '북핵 문제는 대화를 통해 외교적으로 풀어야 한다. 북한에 대한 공격이나 공격 가능성 언급도 안 된다. 특히 한국의 동의 없는 무력행사는 절대 안 된다.' 심지어 미국의 봉쇄정책도 반대한다는 뜻을 분명히 했다.

보수 진영과 보수 언론들이 마치 미국과 다른 견해를 가지면 큰일날 듯 걱정을 쏟아내며 공격했지만 끄떡도 하지 않았다.

대통령의 뜻이 워낙 강하니, 결국 부시 행정부도 대북 강경 일변도 정책을 포기하지 않을 수 없었다. 그리고 대화를 통한 외교적 해결 쪽으로 가닥을 잡았다. 그 과정에서 우리도 이라크 파병을 통해 미국을 돕는 성의를 보이는 등 신뢰를 높여 가면서 6자회담의 틀을 마련했다. 6자회담을 통한 완전한 비핵화 합의를 끌어내고, 북한의 모든 핵 프로그램 폐기와 함께 동북아의 영구적 평화를 위한 한반도 평화 체제 논의 구조를 만들게 됐다. 6자회담을 통해 북핵 문제가 잘 해결됐기 때문에 그 흐름 속에서 남북 정상회담도 가능했다.

그 긴 과정 동안 끊임없이 인내하면서 북한과 신뢰를 쌓아 나간 결실이 정상회담이었다. 남북 간 평화라는 건 신뢰를 통해 이뤄진다. 서로 믿지 못하면 한 발짝도 앞으로 나아갈 수가 없다. 막바지에 정상회담을 준비하면서 느낀 건, 우리와 북측 간의 신뢰가 놀랄 만큼 좋아졌다는 사실이었다. 남북 정상회담 말고도 일상적인 남북 접촉이나 교류도 참여정부 기간에 굉장히 많이 발전했다.

정치라는 것

정상회담의 감격은 오래가지 않았다. 정국은 본격적인 대선 레이스로 접어든 상태였다. 청와대 입장에서는 대통령에게 말씀드리기조차 민망한 상황들이 벌어졌다. 모두 정치권으로부터 당한 일이다. 우린 속수무책으로 감내할 수밖에 없었다.

가장 아픈 건 여당 의원들이 보여 준 이른바 대통령과의 차별화였다. 정상회담 훨씬 이전부터 시작된 일이었다. 아무리 정치판이라지만 대의나 원칙은커녕 최소한의 정치적 신의나 인간적 도리조차 사라진 듯했다. 대통령과 참여정부에 대한 지지가 외관상 떨어지는 것처럼 보이고, 차기 대선 전망은 어두워 보이니, 지도급에 있는 사람들부터 대통령·참여정부와 대립각을 세워 가기 시작했다. 참여정부나 대통령과의 차별화를 통해 자기 입지를 다져 보려는 속셈이었다. 대통령은 분노하기도 했지만 한편으로는 안타까워했다.

대통령이 선거를 치른 2002년 대선 때에 김대중 대통령 지지도는 아주 낮았다. 노 대통령 임기 말보다 훨씬 좋지 않았다. 당시 쇄신이니 뭐니

하면서 김대중 대통령을 겨냥해 공격하고 차별화하면서 자기 입지를 세우려는 사람들이 많았다. 대통령은 그런 것에 늘 반대했다. 한 번도 김 대통령을 공격하거나 결례될 언행을 하지 않았다.

이른바 차별화라는 행태에 국민들이 박수를 보내 준다고 얼핏 생각할지 몰라도, 짧은 생각이다. 결국 국민들은 넓고 길게 본다. 그런 행태에서 오히려 배신의 면모를 보고 실망하는 법이다. 스스로를 갉아먹는 자기 부정이나 진배없다. 노 대통령은 동교동 출신이 아닌데도 그렇게 처신했다.

그런데 이번엔 대통령과 같이 열린우리당을 만드는 데 앞장섰던 핵심의 사람들이 더 심하게 했다. 대통령으로선 인간적으로 굉장히 큰 배신감을 느꼈다. 그래서 상처가 더 깊었다. 특히 대통령이 가장 큰 기대를 걸었던 정동영 전 의장의 행보는 그분을 너무 아프게 했다.

대통령은 정동영 전 의장에 대해 각별한 애정과 기대를 갖고 있었다. 당신과의 대선 경선 레이스에 마지막까지 함께해 줬던 그의 모습을 늘 고맙게 기억하고 있었다. 뭐든 도움을 주려 했다. 정 전 의장이 장관을 할 때든 당 의장을 할 때든 청와대 참모들에게 그를 도울 수 있는 일이 있으면 최대한 도우라고 각별히 챙겼다.

열린우리당이 분당(分黨) 위기로 치닫고 있을 때 대통령과 정동영 전 의장의 중요한 회동이 있었다. 정 전 의장이 나에게 부탁해 이뤄진 자리였다. 그때의 정 전 의장 태도는 지금도 이해하기 어렵다. 당시 정 전 의장 쪽 의원들이 선도탈당을 하고 있었다. 그런 상황에서 그가 대통령을 만나자고 했으면, 뭔가 파국을 피할 방안을 가지고 와 대통령에게 이해

그런데 이번엔 대통령과 같이
열린우리당을 만드는 데 앞장섰던 핵심의 사람들이 더 심하게 했다.
대통령으로선 인간적으로 굉장히 큰 배신감을 느꼈다.
그래서 상처가 더 깊었다.

도 구하고 협조도 요청하는 자리가 될 것이라 생각했다. 그게 아니어도 두 분 사이에 허심탄회한 대화를 통해 오해를 풀고 상황에 대한 이해를 같이하는 내용의 대화가 이뤄질 줄 알았다.

그런데 막상 만나 보니 그게 아니었다. 대통령이 탈당 여부를 묻는 질문에 대해 그는 계속 "당적 문제는 본질이 아니라고 생각한다"는 답변만 되풀이했다. 탈당을 하겠다는 말이었고, 결국은 탈당을 통보하려고 만난 모양새가 돼 버렸다. 그것으로 두 분의 대화는 막혔고, 만남은 유쾌하지 않게 끝났다. 배석한 나는 그 중요한 시기에 두 분의 대화가 그렇게 소득 없이 끝나는 것이 참 안타까웠다. 초반에 두 분이 이런저런 대화를 나눌 때엔 나도 끼어들어 대화가 원활하도록 애썼는데, 탈당 이야기로 넘어간 후로는 끼어들 여지조차 없었다. 열린우리당이 깨질 위기 때문에 속상해하고 노심초사하는 대통령에게 탈당하겠다는 말밖에 할 수 없는 상황이었다면 도대체 왜 만나자고 한 것인지 이해할 수 없었다. 게다가 끝난 후 회동을 비밀에 부치기로 했는데, 무슨 연유였는지 그가 언론에 회동 사실을 밝히고 김대중 전 대통령의 방북 지원을 건의했다는 일부 대화 내용까지 털어놓았다. 그것으로 두 분의 만남은 뒤끝까지 좋지 않게 끝났다.

그날 대통령은 그에게 "절대 탈당하지 않는다. 열린우리당을 끝까지 지키겠다"는 말을 꼭 듣고자 한 건 아니었다. 창당 주역답게 고민하는 모습을 보이거나 "적어도 내가 앞장서서 당을 깨지는 않겠다" 또는 "내가 먼저 탈당하지는 않겠다"는 정도로만 대답했어도 두 분의 대화는 계속되었을 것이다. 나는 그날 그의 대답을 듣고, 곧 탈당할 줄 알았다. 그런데 실제로 탈당한 것은 두 달가량 지난 후였다. 그렇다면 왜 그렇게 서둘러서 대통령과의 관계를 파탄시켰는지 모를 일이었다. 분열을 막을 수 있는 마지막 계기가 그렇게 안타깝게 흘러갔다. 나는 당시 어쨌든 두 분이 협력할 수 있어야 그나마 대선을 제대로 치러 볼 수 있을 것이라고 생각했다. 특히 정동영 후보가 영남 지역에서 득표하려면 반드시 필요한 일이었다. 그날 이후에는 그런 계기를 다시 찾을 수 없었다. 두 분 사이가 어디서부터 어긋난 것인지, 끝내 넘어 서지 못한 어떤 오해가 있었던 것인가 안타까운 일이었다.

대통령은 열린우리당이 깨지는 것을 아주 가슴 아파했다. 당신의 정치 인생의 실패로까지 생각했다. 대통령이 가장 아프게 생각한 것은 대선 패배가 아니었다. "힘이 모자라거나 시운(時運)이 안 되면 패배할 수 있다. 그러나 패배하더라도 우리의 가치를 부둥켜안고 있어야 다음의 희망이 있는 법이다. 당장 불리해 보인다고 우리의 가치까지 내버린다면 패배는 말할 것도 없고, 희망까지 잃게 된다"는 것이 대통령의 생각이었다. 당시 우리 진영이 열린우리당을 깨고 나간 일을 대통령은 그렇게 봤다. 대통령은 "계산하지 않는 우직한 정치가, 길게 보면 자신의 이익을 위해서도 가장 좋은 길"이라고 늘 강조했다.

그 말이 옳음을 스스로 증명하기도 했다. 길게만 보면, 국민들 눈에는 뻔히 보이는 이치인데 정치하는 사람들이 왜 그걸 보지 못하는지 알 수 없는 일이다. 대통령은 또 이런 강조를 늘 했다. "대선에서 질 수도 있다. 이기면 좋지만 늘 이길 수는 없는 것 아닌가. 그러나 패배하면 패배하는 대로 다음에 대한 희망을 남기는 패배를 해야 한다. 그러려면 대의나 원칙을 지키면서 대선에 임해야 한다. 특히 명분을 버리면 안 된다. 대의도 원칙도 명분도 다 버리고 선거에 임하면 이기기도 어렵고, 패배 후의 희망까지 잃게 된다."

열린우리당은 과거 민주당의 지역적 한계를 뛰어넘어 전국 정당화의 길로 나아갔던 것인데, 성과를 허물어 버리고 다시 과거로 돌아가는 자체가 퇴행이었다. 그렇게 되면 국민들에게 희망을 줄 수 없다는 게 대통령의 생각이었다. 그렇게 생각하면서도 열린우리당이 깨질 때 당을 사수하겠다는 사람들을 말렸다.

열린우리당을 깨는 것이 옳지 않은 선택일 뿐 아니라 국민들로부터 지지받지 못할 선택이라고 확신하면서도, 그래도 우리 진영이 분열되지 않기를 바라는 마음 때문이었다.

미국 쇠고기 수입 문제

이명박 정부에서 한미쇠고기협상 수석대표를 했고 지금은 외교부 차관을 하고 있는 민동석 씨는 『대한민국 공직자로 산다는 것』이란 책에서, 노무현 대통령이 2007년 3월 29일 부시 대통령과의 통화에서 국제기준에 따라 한국이 쇠고기 시장을 개방하겠다고 약속해 놓고는 그 약속을 위반했다고 주장했다. 사실이 아니다.

그날 노 대통령이 부시 대통령에게 쇠고기 수입 문제에 대해 말한 발언 전문은 정확하게 다음과 같다.

"그리고 이제 쇠고기 문제에 관해서 말씀을 드리면, 쇠고기 수입 위생에 관한 수입 조건에 관해서는 앞으로 국제수역기관의 권고를 우리도 존중해서, 합리적인 수준으로 개방할 의향을 우리는 원칙적으로 가지고 있습니다. 그리고 또 그와 같은 검역 조건에 관해서 사전 확인하는 절차에 있어서도 우리가 아무런 악의를 갖지 않고, 아주 선의를 가지고 최선을 다해서 합리적인 기간 안에 절차를 매듭지을 의향도 역시 가지고 있습니다.

지난날 미국 쇠고기 수입 과정에서 뼛조각을 가지고 우리 농림 당국이 다소 무리한 처리를 함으로써, 미국이 한국을 많이 의심하게 된, 선의에 대해서 의문을 가지게 된 사정은 나도 잘 이해하고 있습니다만, 이후에는 그와 같은 것이 항상 합리적인 수준에서 결정되도록 대통령이 직접 관리할 의향을 가지고 있습니다.

그래서 나는 쇠고기 문제를 해결하겠다는 원칙적인 자세를 가지고, 각하*에게 두 가지 요청을 드리고자 합니다. 각하에게 이 쇠고기 문제가 매우 중요한 문제이듯이, 나에게도 대통령 선거를 지금 앞두고, 연말 대통령 선거를 앞두고 있는 한국 정치에서도 대단히 민감한 문제라는 점을 먼저 말씀드리고 싶습니다. 그래서 각하의 입장을 존중해서 이 문제가 잘 합리적으로 해결될 것이라는 이 메시지를 내가, 각하가 말씀하시는 것이 아니라 한국에서 내가 먼저, 말하자면 이 문제를 합리적으로 해결할 의향을 가지고 있다는 것을 미국의 국회나 또는 조야(朝野)에 이렇게 메시지가 전달될 수 있도록 내가 말할 수 있게, 그렇게 절차를 허용해 달라는 것이 한 가지 요청입니다.

그리고 우리는 국제수역기구의 권고에 따라 협상을 할 것입니다만, 이 문제는 국민적 자존심에 매우 민감한 문제이므로 결국 우리 국민들은 일본·대만·홍콩 등과의 조건에 비교를 가지고, 비교에 대단히 민감하게 반응할 것이고, 아마 정당들은 이것을 가지고 대선의 쟁점으로 삼아 나갈 가능성이 있기 때문에, 이 문제는 대개 한국과 미국의 협상, 한국이 한발 앞서 협상하더라도 역시 비슷한 시기에 이와 같은 문제들이 좀 균형적으로 해결되는 방안을 전략적으로 좀 채택해 달라는 말씀을 나는 요청

드립니다."

이 발언 내용은 한미 정상 통화 대화록에 남아 있다. 요약하면 노 대통령이 부시 대통령에게 약속한 것은 OIE(국제수역사무국) 기준 그대로 또는 OIE의 기준에 따라 무조건 수입하겠다는 것이 아니라, 그 기준을 존중해 '합리적인 수준으로 개방'할 의향을 '원칙적으로' 갖고 있다는 것이었다.

즉 OIE 기준 그대로가 아니라, 그 기준에 더해서 미국의 사료금지조치의 이행 상황이나 미국산 쇠고기에 대한 우리 국민들의 신뢰 정도, 우리 국내법상의 수입위생조건의 기준 등 여러 가지 사정을 종합해서 합리적인 수준으로 개방 폭과 시기를 결정하겠다는 약속이었다.

뿐만 아니라 노 대통령은 한 걸음 더 나아가서 OIE 기준에도 불구하고 우리나라만 먼저 개방 폭을 넓힐 수가 없기 때문에, 일본·대만·홍콩 등 아시아 주요국가들의 개방 폭 확대시기 및 확대정도와 시기를 맞춰 나가야 한다는 것을 분명한 조건으로 제시했다.

그 통화 이후 2007년 5월 OIE가 미국을 '광우병 위험 통제국'으로 분류했다. 그러나 그 이후에도 2007년 8월 1일 미국산 수입쇠고기에서 SRM(특정유해물질)인 척추뼈가 발견돼 미국산 쇠고기 수입검역이 중단됐다. 2007년 10월 5일 또다시 등뼈가 발견돼 해제됐던 검역중단조치가 또다시 내려지는 등 미국 쇠고기의 위생조건 준수에 대한 신뢰가 개선되기는커녕 오히려 악화됐다.

뿐만 아니라 당시 일본은 20개월령 미만 쇠고기(뼈 포함)만 수입하고 있었고, 대만과 홍콩은 30개월 미만의 뼈 없는 쇠고기만 수입을 허용하고 있었다. 이들 국가들은 2007년 12월까지 개방을 확대하지 않고 있었다. 개방 확대는 말할 것도 없고, 개방 확대를 위한 협상조차 하지 않고 있었다.

그럼에도 불구하고 한덕수 총리와 김종훈 통상교섭본부장 등 개방파 관료들은 끊임없이 참여정부 임기 내에 미국산 쇠고기의 수입개방 폭을 확대해 보려고 추진했다. 물론 청와대 내 정무분야 참모들은 반대였다.

노 대통령은 2007년 12월 24일 관계 장관 회의를 열어 그 문제에 관한 참여정부의 최종 입장을 정리했다. 그 회의에서 김종훈 본부장은 미국산 쇠고기의 수입개방 확대 조치를 두 단계로 나누어, 1단계는 30개월 미만에 국한해서 OIE 기준을 수용하고, 2단계에서는 미국 측의 강화된 사료 금지조치 공표 시(당시 2008년 2~3월 중으로 예상) OIE 기준을 완전 수용하는 것이 좋겠다는 안을 부쳐 의견으로 가지고 왔다.

그러나 그 회의에서 논의를 거쳐 대통령이 최종 정리한 결론은 이랬다.

- 30개월 이상 쇠고기의 수입제한 해제는 광우병에 관한 국민의식, 주변국들의 협상, 동향 등을 감안하여 매우 신중하게 접근해야 함.
- 30개월 미만 뼈 있는 쇠고기의 수입을 허용하는 것만 해도 큰 양보이므로 미국 측이 이를 수용하겠다고 하면 그 문제에 대해서만 협의를 진행할 것.
- 30개월 이상의 수입허용은 현 단계에서 논의가 바람직하지 않으므로 논의에서 제외할 것.
- 쇠고기 문제를 국내 FTA비준 전에 처리하는 것은 적절치 못함. 그럴 경

우 FTA비준 동의에 부정적 영향이 우려되고, 미국의 조기 비준도 보장 못 함.

그렇게 관계 장관 회의에서 정부의 공식입장이 정해진 후에도 한덕수 총리와 김종훈 통상교섭본부장은 미국산 쇠고기 수입개방 확대 문제를 다시 한번 재검토할 것을 나와 정책실장에게 요청해 왔다. 통상교섭본부장이 그 후에도 미국 측과 실무 접촉을 계속 해 왔는데, 실무 협의 파트너였던 주한 미 대사가 과거보다 진전된 입장을 내놨다는 것이다.

대통령에게 보고드린 다음, 내가 2008년 1월 21일 미국산 쇠고기 관련 정무관계 회의를 소집했다. 2007년 12월 24일의 관계 장관 회의 결론을 그대로 유지하기로 정리하고 논의를 매듭지었다. 민동석 씨는 같은 책에서, 노 대통령이 미국 정상에게 약속한 내용과 관계 장관 회의에서 정한 정부의 입장을 대통령비서실장이 완전히 뒤엎어 버렸다는 주장을 했는데, 터무니없는 얘기다.

한편 이명박 대통령도 당선자 시절 두 번에 걸쳐 청와대로 노 대통령을 예방했다. 그때 노 대통령에게 한미 FTA비준을 위해 도와줄 것과 미 쇠고기 문제를 임기 중에 해결해 주면 좋겠다는 요청을 했다.

그때 노 대통령은 이명박 당선인에게 지금 국내에서 FTA에 대해서는 찬성 여론이 70퍼센트인 데 비해 쇠고기에 대해서는 반대 여론이 70퍼센트라는 점, 부시 대통령과의 통화에서 합리적인 수준과 주변국가와의 균형을 조건으로 달아 놓았다는 점과 우리가 제안한 수준으로도 그 약속을 다 지킨 것인데, 미국이 그 이상을 요구하기 때문에 안 풀리고 있다는 점을 설명했다.

그리고 쇠고기를 먼저 풀면 우리 국회의 FTA비준에 엄청난 장애물이 돼 버릴 가능성이 있으므로 FTA비준을 먼저 하고 쇠고기 협상은 뒤로 미루는 게 바람직하며, 또한 쇠고기 협상은 미국 측의 FTA비준 통과와 맞교환하는 식의 협상전략이 필요하다는 견해를 밝혔다. 이명박 당선인도 그 자리에서는 그와 같은 노 대통령의 말에 공감을 표한 바 있었다.

그런 일련의 과정을 보면 이명박 정부에서 있었던 쇠고기 파동은 이미 참여정부 말부터 개방파 관료들이 추진하려던 것이었다. 그리고 그 추진에 앞장섰던 한덕수 전 총리와 김종훈 통상교섭본부장이 이명박 정부에서도 오랫동안 승승장구하고 있는 것이 우연한 일로 보이지 않는다.

* **각하** 국가 정상 간의 대화나 문서에서 상대국 정상에게 쓰는 외교적 존칭

그해 겨울

12월 21일 대통령 비서실장 자격으로 이명박 당선인에게 축하 인사를 갔다. 이 당선인은 축하차 찾아간 나를 호의적으로 대했다. "전직 대통령 예우를 확실하게 해 나가겠다"고 다짐하면서 자신의 그런 뜻을 대통령에게 전해 달라고 당부했다.

그 후 청와대를 두 번 예방한 자리에서도 이 당선인은 노 대통령에게 직접 같은 말을 했다. 그 말이 진심이기를 바랐다. 비록 정파가 다를지라도 대통령들 간에는 서로 공유할 뭔가가 있을 것이라고 생각했다. 그리고 우리가 남북 정상회담을 할 때 김대중 전 대통령의 경험을 참고했듯이, 우리의 경험이 이명박 정부에게도 도움될 일도 있을 것이라고 생각했다. 그런 것이 국정의 영속성일 것이라고 생각했다.

그런 기대가 이명박 정부 인수위 때부터 깨지기 시작했다. 사실 이명박 정부 인수위가 추진한 정부조직 개편안은 우리가 동의할 수 없는 내용이었지만, 그렇다고 우리가 왈가왈부할 일은 아니었다. 문제는 우리가 동의할 수 없는 정부조직법 개정 법안을 노 대통령에게 공포해 달라고까지 요구한 것이었다. 그 때문에 신·구 정부 간에 갈등이 생겼다. 무리한 요구였다고 생각한다. 그 때문에 이명박 정부가 의욕을 가지고 하려는 일을 참여정부가 발목을 잡는 것 같은 모양이 돼 버렸다.

사실 우리는 차기 정부를 위해 여러 일을 성심껏 챙기고 있었다. 우리 시대의 방대한 기록물을 정리해 넘기는 작업이 그랬다. 우선 우리가 한 일을 역사에 남기는 차원이기도 하지만, 당장 차기 정부에 꼭 필요하다고 봤다. 국정의 연속성에 비효율이 없도록 하자는 취지였고, 진심이었다.

참여정부가 넘긴 정책 자료에는 그 정책의 이력과 논의 과정을 다 담아 놓았다. 우리가 해 보니 전 정부의 정책이 이어져 오는 것이 많았고, 그럴 때 그 정책의 이력과 논의 과정이 궁금할 때가 많았기 때문이다. 과거 정부에서 끝난 정책이라 해도 참고가 되는 경우가 많다. 역대 정부마다 공통적으로 겪는 사회 경제 현상이 있게 마련이고, 그럴 때 공통적으로 강구하는 대책들이 있는 법이다. 어쨌든 우리가 남긴 방대한 기록은, 1차적으로는 다음 정부가 참고하도록 하기 위한 것이었다.

우리가 넘긴 기록물에는 참여정부 인사 검증 매뉴얼도 포함돼 있었다. 공직자 재산공개 이후 인사 검증 때문에 혼이 나고 여론의 질타를 받는 일은 문민정부 이래 어느 정부에서나 있었다. 참여정부도 그런 일을 겪으면서 인사 검증 매뉴얼을 발전시켜 왔다. 그것만 제대로 참고해도 참여정부가 겪었던 시행착오는 겪지 않아도 될 것이었다. 심지어 노 대통령은 참여정부 말에 국가청렴위원회로 하여금 참여정부의 인사 검증 매뉴얼을 더 보완한, 업그레이드된 매뉴얼을 새로 만들도록 했다.

검증 기준이 항상 같을 수 없고, 시대마다 중요도에 대한 판단이 달라질 수 있기 때문이다. 국가청렴위가 새 인사 검증 매뉴얼을 대통령에게 보고한 것이 퇴임 직전인 2008년 2월이었다. 다음 정부를 위해 만든 매뉴얼이었기 때문이다. 검증 매뉴얼이 필요한 이유는 인사 검증을 잘하기 위한 목적도 있지만, 다른 한편으로는 검증 기준이 미리 공지돼 있어야 공직자 또는 고위공직 희망자들이 그에 맞춰 자기 관리를 할 수 있기 때문이다. 그런데 이명박 정부는 참여정부가 남긴 인사 검증 매뉴얼을 참고조차 하지 않았다.

자기들 나름대로 다른 인사 검증 매뉴얼을 별도로 만들었다면 이해할 수 있다. 그러나 이명박 정부는 김태호 총리후보 낙마 시까지 아예 인사 검증 매뉴얼이 없었다. 김태호 후보 낙마 후에야 비로소 200문항의 검증 체크리스트를 만드는 등 매뉴얼을 만들었다는 것이다. 정부 출범 초부터 인사 때마다 낭패를 보면서도 그랬다니 이해하기 힘든 일이다.

대통령 전용기도 그렇다. 우리가 불편했거나 문제가 있다고 느꼈던 일은 가급적 다음 정부가 넘겨받지 않도록 애를 썼다. 정권 출범하면 생기는 총리와 신임 장관의 임명절차상 공백도, 우리가 겪었던 불편이어서 제도적 불비사항을 보완했다. 이미 이명박 후보의 당선이 확실시될 때였는데도 그런 일을 개의치 않고 했다.

심지어는 비서실 직원들에게 욕을 먹어 가면서까지 청와대 내 작은 간이 목욕탕을 수리해 놓았다. 대통령 관저로 올라가는 산책로 주변 단장도 했다. 2007년 연말부터 다음 정부가 들어서서 곧바로 못 할 거라고 생각해 부랴부랴 정비를 했다. 하나같이 새로 들어선 정부가 하려면 시간이 많이 걸리는 일이다. 예산 문제여서 부담이 되기도 한다. 우리가 매듭을 풀어서 다음 정부의 부담을 줄여 주려 한 것이다. 하지만 모두 허망한 일이었다.

퇴임

대선 이후부터 퇴임 일까지 두 달여, 대통령은 더 분주했다. 그것은 당신을 위한 어떤 준비보다는 역사를 위한 준비였다. 기록물을 꼼꼼하게 정리하고 마무리해 가급적 남김없이 이관하라는 당부였다.

불꽃같았던 그 5년의 역사 속에 남는 건 결국 기록이다. 그래서 대통령은 임기 초부터 그토록 기록물에 집착했다. 성공과 좌절의 5년 기록이 역사적 평가의 자료가 되는 것은 물론, 다음 정부들에 의해 잘 활용되길 바랐다. 내가 그 작업을 진두지휘해야 했다. 비서관과 행정관들의 불만이 많았다. 대통령의 깊은 뜻은 이해하지만 그 양이 너무 방대해 몇 주일씩 밤을 새워야 했기 때문이다. "제대 말년에 이게 무슨 생고생이냐"라고들 했다. 직접 독려하며 작업을 마무리해 갔다.

한편으론 퇴임 이후 준비로도 바빴다. 대통령이 퇴임 후 고향인 봉하마을로 가겠다고 결심한 건 꽤 오래전이었다. 대통령은 처음부터 지역 균형발전 차원에서 퇴임 후에도 당신이 뭔가 도움이 되면 좋겠다는 생각을 했다. 그래서 청와대를 나오면 지방으로 가겠다고 결심했던 것이다.

거의 2005년 무렵부터 대상지를 물색했다. '살기 좋은 농촌'으로 선정된 마을 중 하나를 선택해 보려고도 했다. 숲 가꾸기에 관심이 많았기 때문에 산림청장에게도 적당한 곳이 없는지 추천해 달라고 했다.

그러나 사저를 지을 땅도 확보해야 하고 생활 터전도 마련해야 하는 현실적인 문제를 감안해야 했다. 결국 고향 쪽으로 가기로 했다. 고향 인근의 김해 대동마을에 적당한 땅이 있다고 해서 검토도 했지만, 최종적으론 고향 봉하마을을 택했다. 2006년 하반기쯤이었다.

사저는 얼마 전 작고한 건축가 정기용 선생에게 설계를 부탁했다. 땅값은 서울에 비하면 아주 저렴했지만 건축비 때문에 은행 대출을 받아야 했다. 대출금 상환은 대통령이 퇴임 후 책을 쓰거나 강연활동을 하면 충분히 갚아 나갈 수 있을 것으로 생각했다.

나도 슬슬 퇴임 이후 준비를 하고 있었다. 서울에 남는 것은 애당초 생각하지 않았다. 고위공직자들이 퇴임 후에 고향으로 돌아오지 않는 것은 정말 문제라고 생각한다. 예를 들면 역대 정부에서 부산 출신 장관들이 많지만 지금 부산에 돌아와 있는 사람은 내가 알기로, 해양대 총장을 하는 오거돈 전 해양수산부 장관뿐이다. 장관급으로 넓히면 그와 나, 둘뿐이다.

부산으로 돌아가는 것은 당연했지만, 부산보다는 부산 근처 시골로 들어가고 싶었다. 워낙 지치기도 했고 마음도 많이 상했다. 그렇게 열심히 했건만 허망하다는 생각이 들었다. 우리가 인정하든 인정하지 않든 참여정부에 대한 평가는 혹독했다. 대통령 지지는 낮았고 당은 깨졌다. 정권 재창출에서 참담한 실패를 했다. 진보 진영 전체가 한꺼번에 추락했다.

당연히 국정을 맡은 우리 책임이 제일 컸다. 세상과 거리를 두면서 조용하게 살고 싶었다. 스스로를 유배 보내는 심정이기도 했다. 그래서 시골에 살 곳을 찾았다.

경제적 사정도 있었다. 원래 저축해 놓은 게 많지도 않았지만 청와대 있는 동안 다 까먹었다. 변호사도 당분간 그만두고 싶었지만 생활 때문에 그럴 순 없었다. 변호사 사무실 출퇴근이 가능한 곳을 찾아야 했다. 그래서 고른 곳이 지금 살고 있는 양산 매곡이다.

아내는 서울 여자고 도회적이지만 내가 워낙 힘들어했기 때문에, 조용한 곳에 가서 쉬는 게 좋겠다며 동의해 줬다. 헌 집을 하나 샀다. 부산에서 그림과 조각을 하는 분이 작업실로 쓰던 공간이다. 내실은 조그맣고 나머지는 작업용 공간으로 돼 있어, 주거에 적합한 공간은 아니다. 내려와 살면서 계속 손보고 있다. 그러나 마당이 널찍해서 좋고, 주변의 자연환경도 더할 나위 없이 좋다.

양산에 가면 대통령 계신 봉하는 가끔씩 가 보면 될 거라 생각했다. 마지막 비서실장을 했기 때문에, 퇴임 대통령으로서 공식적인 행사의 수행 혹은 배석이나 하면 될 줄 알았다. 그토록 자주 가게 될 줄은 상상도 못했다.

2월 24일 밤, 대통령이 차관급 이상을
모두 청와대로 초대해 마지막 식사 대접을 했다.
만찬이 끝나고 비서실장 공관으로 돌아왔다.
아내는 이삿짐을 싣고 먼저 양산으로 떠났다.
지난 세월 생각과 앞으로 살아갈 걱정에
혼자서 보내는 참여정부 마지막 밤이 서글펐다.

청와대 떠나는 날

마지막 며칠은 떠나는 일로 분주했다. 함께 수고해 준 수석, 비서관, 행정관, 행정요원, 여직원들과 일일이 기념사진을 찍었다. 눈물이 날 만큼 고마운 사람들이었다. 남들은 청와대 있다고 대단한 자리에라도 있는 양 생각했겠지만 '노무현의 청와대'여서 더 조심하고, 더 참고, 더 욕을 먹고, 하지만 그래서 더 열심히 했던 사람들이었다. 그런 그들에게 내가 해 줄 수 있는 게 기념사진 찍어 주는 것밖에 없었다. 언젠가 사진을 보며 자랑스러운 추억으로 생각할 수 있다면 더 바랄 게 없겠다는 생각을 했다.

2월 24일 밤, 대통령이 차관급 이상을 모두 청와대로 초대해 마지막 식사 대접을 했다. 만찬이 끝나고 비서실장 공관으로 돌아왔다. 아내는 이삿짐을 싣고 먼저 양산으로 떠났다. 지난 세월 생각과 앞으로 살아갈 걱정에 혼자서 보내는 참여정부 마지막 밤이 서글펐다.

2008년 2월 25일, 대통령을 모시고 여의도 국회의사당에서 열리는 차기 대통령 취임식에 가야 했다. 차기 대통령에게는 취임식이지만 물러나는 대통령에게는 이임식도 없는 쓸쓸한 퇴장의 자리다. 에콰도르 대통령 취임축하 특사로 갔을 때, 퇴임 대통령 이임식이 취임식 전날에 있었다. 취임축하 사절들도 대부분 참석했다. 퇴임 대통령이 자기 치적을 열거하는 연설을 너무 오래해 지루했다. 그래도 이임식을 별도로 하는 것이 참 좋아 보였다. 그에 비하면 우리의 퇴임 문화는 너무 척박하다.

청와대 관저로 가, 내외분을 모시고 관저 앞 인수문을 나섰다. 관저 입구에서부터 청와대 정문까지 꽤 긴 거리에 청와대 직원들이 모두 나와 있었다. 고생한 대통령에게 박수를 치는 사람들, 손을 흔드는 사람들, 고개를 깊숙이 숙여 인사하는 사람들, 그리고 눈물로 이별하는 사람들을 뒤로하고 행사장으로 향했다.

행사가 끝나고 서울역으로 이동했다. 대통령과 우리는 KTX로 내려가게 돼 있었다. 서울역엔 많은 사람들이 환송을 위해 모여 있었다. 수많은 인파 가운데 하염없이 울면서 대통령을 떠나보내는 한 무리의 사람들이 눈에 띄었다. 중국 동포들이었다. 2003년이던가. 자신들의 힘들고 어려운 처지를 호소하며 단식 농성을 하고 있을 때, 법무부 등 여러 곳의 여러 반대를 무릅쓰고 대통령이 찾아가 격려해 준 일이 있었다. 그 일이 고마워 서울역까지 환송을 나온 것이다.

대통령은 환송 나온 사람들에게 공손하게 인사를 하고 기차에 올랐다. 봉하마을까지 함께 내려갈 많은 인사들이 동승했다. 대통령은 굳이 그럴 필요 없다고 말렸는데, 전·현직 장차관이나 청와대 직원들이 많이들 함께 탔다. 모두 착잡한 가운데서도 침울하지 않으려고 노력했다. 대통령도 그들의 기분을 밝게 해 주려고 기차 안을 돌며, 더 웃고 더 농담을 했다. 밀양역에도 많은 사람들이 모여 환영해 줬다. 봉하마을엔 이미 엄청

행사가 끝나고 서울역으로 이동했다.
대통령과 우리는 KTX로 내려가게 돼 있었다.
서울역엔 많은 사람들이 환송을 위해 모여 있었다.

난 인파가 운집해 있었다. 많은 사람들 덕분에 대통령도 기분이 좋아진 것 같았다. 환영행사에서 대통령은 인사말 끝에 크게 외쳤다. "야~~ 기분 좋다!" 나도 속으로 소리를 질렀다. '야, 나도 해방이다!'

대통령 내외분이 사저에 들어가신 걸 보고 나서야 집으로 향했다. 밤늦게 양산 집에 도착했다. 꼴이 말이 아니었다. 청와대를 나올 때까지 바빠서 이사 올 집에 신경을 많이 못 썼다. 집 내부 수리가 안 끝나서 짐을 풀 곳이 마땅치 않았다. 잠잘 곳도 여의치 않았다. 그래도 좋았다. 해방감만으로도 즐거웠다.

시골 생활

양산에 새 둥지를 틀었지만 집은 말이 아니었다. 주거용으로 충분히 준비를 못 한 상태에서 들어갔기 때문에 본채에서 먹고 잘 상황이 아니었다. 한 달 반가량을 계곡 옆에 있는 별채의 작은 단칸방에서 지냈다. 여전히 겨울인데 아궁이에 나무를 때며 살았다. 세면실이나 화장실도 없어서 세수는 계곡에서 하고 볼일도 밖에서 해결했다. 정말 유배 생활 같았다. 이웃들이 전기밥통 채로 밥을 해 갖다 주기도 하고 반찬을 갖다 주기도 했다. 아내가 떡과 돼지고기를 마을회관에 가지고 가서 신고를 했다.

변호사 복귀는 여러 달 후에 했다. 법원이나 검찰 고위직에 있다가 전관예우* 받는 것과는 차원이 다르지만, 그래도 청와대 민정수석과 비서실장을 한 사람이 곧바로 변호사 개업하는 건 바람직하지 않다고 생각했다. 몇 달을 집에서 거의 외출하지 않고 마당을 돌보고 손바닥만 한 텃밭도 만들었다. 집을 한 달 반 정도 수리한 후에 본채에 들어가 생활할 수 있게 됐다.

지금은 개 세 마리, 고양이 두 마리, 닭 여덟 마리로 식구가 늘었다. 아침에 일어나면 이놈들 먹이 주고 똥 치우는 것으로 일과를 시작한다. 개는 부산에 살 때부터 키워 왔고, 고양이는 딸이 키우다 취직을 해서 돌보기 어렵게 되자 우리에게 맡겼다.

닭은 걸핏하면 방 안으로 들어오는 지네 퇴치용으로 키우고 있다. 유기농 달걀을 얻는 보람도 있고, 또 때로는 닭이 알을 품어 병아리가 부화되는 것을 보는 재미도 있다. 마당에 뱀이 들어올 때도 있어서 공업용 백반을 사서 마당 주변에 뿌리기도 한다. 채소도 가꾸고 있다. 그야말로 손바닥만 한 밭인데도 둘이서 다 못 먹을 정도로 거둔다.

마당이 넓어 여름에는 그야말로 풀과의 전쟁이다. 이런저런 일 때문에 한두 번 주말을 그냥 넘기면, 할 일이 잔뜩 밀린다. 누가 무슨 운동을 하냐고 물으면, 운동은 안 하고 노동을 한다고 대답한다. 일하는 요령이 없고 서투르니 시간이 더 많이 들고 힘도 든다. 그래도 내가 꿈꿔 왔던 생활이어서 마냥 좋다. '아예 그런 생활로 생계까지 해결하는 전업농이 될 수도 있을까' 때때로 꿈같은 생각도 해 본다.

* **전관예우(前官禮遇)** 장관급 이상의 고위 관직에 있었던 사람에게 퇴임 후에도 재임 때와 같은 예우를 베푸는 일

농군 노무현

봉하에 자리를 잡은 대통령도 농군으로 잘 지내셨다. 양산에 있으면서 가끔 들렀다. 대통령이 누군가의 예방을 받을 때 격식을 갖출 필요가 있으면 가서 배석을 하고, 무슨 공식행사에 갈 때는 수행도 했다. 그럴 때는 배석하는 사람도 있어야 대통령도 체면이 설 것 같아 봉하에서 요청하면 언제든지 갔다.

갈 때마다 좋았다. 마을을 찾는 방문객들이 날이 갈수록 늘고 있었다. 그들은 소리를 질러 가며 대통령을 집 밖으로 불러내 환호하고 사진을 찍으며 좋아했다. 대통령은 하루에도 몇 번씩 집밖으로 불려 나갔다. 방문객들에게 인사하는 일을 고달파했지만 그러면서도 좋아했다.

그들과 만나 인사하는 일도 좋아했지만 그들과 얘기 나누는 걸 더 좋아했다. 이야기에 빠져들면 시간 가는 줄 몰랐다. 방문객들과 한 시간 넘게 말씀하실 때도 있었다. 어떤 때는 무슨 대학 강의하듯 어려운 내용을 장시간 말씀하기도 했다. 돌아가시지 않고 살아 계셨더라면 농사지으며, 평범한 시민들과 격의 없는 얘기 나누고, 대학생들이나 대학원생들에게

좋은 특강도 하면서 소박하게 사셨을 것이다.

친환경 농업, 숲 가꾸기, 화포천 살리기 등의 얘기를 할 때엔 얼굴에 그렇게 생기가 넘칠 수 없었다. 그분은 봉하마을 전체를 새롭게 개조하고 싶어 했다. 잘 사는 농촌, 살기 좋은 마을의 성공 모델을 만들고 싶었던 거였다.

대통령은 소박한 시민이자 전직 대통령으로서 뭔가 나라에 보탬이 될 수 있는 일을 여러 가지 구상했다. 먼저 〈민주주의 2.0〉 사이트를 개설했다. 수준 높은 민주주의 의식과 진보적 담론을 놓고 토론하는 공간을 만들어 사회에 이바지하고 싶어 했다. 결과적으로 실패했다. 글은 활발하게 올라왔지만 수준 높은 담론 형성도 안 됐고, 토론 문화가 한 단계 올라간 것도 아니었다. 이명박 정부에 대한 비난 글 일색이었고, 다양한 의견이 용납되지도 않았다. 대통령의 기대대로 가지 못했다. 대통령이 그러지 말라며 "비판을 해도 근거를 가지고 수준있게 해야 한다"고 당부한 글까지 올렸지만 소용없었다. 결국 접었다.

화포천 정화 운동과 오리농법 친환경 농사도 열심히 했다. 대통령이 진심으로 좋아했던 일이다. 귀향이라고 하면 그럴듯해 보이지만, 대통령과 가족들에게는 여러모로 불편한 생활이었다. 좋지 않은 일로 언론에서 몰려들기라도 하면 집밖으로 나가기도 어려웠다. 대통령은 여러 가지 불편 속에서도 친환경 농업과 화포천 살리기 같은 일 속에서 행복을 찾았다. 무엇보다 국민들은 그런 퇴임 대통령의 모습을 무척 좋아했다.

봉하에서의 행복은 오래가지 않았다. 시작조차 못 했거나 흐지부지된 구상들, 봉하에 방문객들이 넘쳐나는 현상, 퇴임 이후 오히려 노 대통령

갈 때마다 좋았다.

마을을 찾는 방문객들이 날이 갈수록 늘고 있었다.
그들은 소리를 질러 가며 대통령을 집밖으로
불러내 환호하고 사진을 찍으며 좋아했다.
대통령은 하루에도 몇 번씩 집 밖으로
불려 나갔다. 방문객들에게 인사하는
일을 고달파했지만 그러면서도 좋아했다.

인기가 올라가는 일들은 하나같이 이명박 정권에게 정치적으로 해석됐다. 이후 시작될 불행한 사태의 전조였다. 그러나 그때까지 우리는 아무것도 몰랐다.

정치보복의 먹구름

미국산 쇠고기 수입 문제로 서울은 물론 전국에서 촛불시위가 벌어졌다. 당시 노 대통령은 대단히 신중하고 절제된 모습을 보여 줬다. 참여정부에 책임을 전가하는 이명박 정부와 당국자들 발언이 연이어 터져 나와 속으로는 마음이 상했을 텐데도, 현직 대통령을 존중하고 배려했다. 촛불에서 나온 '대통령 퇴진' 구호나 요구가 사리에 맞지 않고 바람직한 일이 아니라며 공개적으로 비판했다. 촛불 문화제 이후 청와대로 몰려가려는 움직임도 바람직하지 않다고 공개적으로 우려를 표시했다.

대통령도 우리도 촛불시위의 후속 대응이 정치보복이고, 보복의 칼끝이 우리에게 향하리라고는 상상조차 못 했다. 노 대통령과 참여정부에 대한 이명박 정권의 증오심과 적대감이 그때부터 시작됐다는 것도 한참 후에 알게 됐다. 촛불시위의 배후로 우리를 의심했다는 얘기 역시 한참 후에 들었다. 정말 놀라운 상상력이고 피해의식이었다.

정치보복의 시작은 참여정부 사람들에 대한 치졸한 뒷조사였다. 이해찬 전 총리, 한명숙 전 총리에 대한 뒷조사가 이뤄지고 있다는 얘기가 들려왔다. 이병완 전 비서실장과 김병준 전 교육부총리는 아예 주변 인물들을 대놓고 잡아들이며 약점을 캐고 있다는 얘기도 속속 들려왔다. 그 분들뿐이 아니었다. 386출신 몇몇 비서관들까지 꼬투리를 잡으려고 혈안이 돼 있다는 말도 전해졌다. 본인들에게서 흠이 잡히지 않으면 주변 사람들을 마구잡이로 잡아들이거나 쥐어짜내기 시작했다.

대통령도 당신을 모셨던 사람들이 겪는 고초를 모두 듣고 있었다. 일체 아무 말씀도 안 했다. 대신 사람들에게 가급적 봉하에 내려오지 말라고 했다. 당신은 괜찮으니 괜히 봉하에 왔다 갔다 하면서 저 사람들에게 찍히지 않도록 하라는 취지였다. 그 속이 얼마나 타들어 가고 고통스러웠는지는 나중에 알게 됐다. 오죽 힘들고 미안했으면 유서에 그 마음을 담았을까. "나로 말미암아 여러 사람이 받은 고통이 너무 크다"고.

칼끝은 슬슬 대통령을 겨누기 시작했다. 먼저 대통령 기록물을 두고 망신 주기가 시작됐다. 역사상 가장 많은 기록물을 남기고 이관한 대통령을 '기록물을 빼돌린 파렴치한 사람'으로 몰아가는 촌극이 벌어졌다.

논점은 법률적 불비(不備)에서 비롯된 일이고, 전직 대통령이 자신의 재임 중 기록물을 제대로 열람할 수 없는 제도적 허점에 있었다. 그런데도 그들은 끊임없이 거짓말을 퍼뜨렸다. 내가 그쪽의 류우익 대통령실장과 통화해 사실 관계를 설명해 주고, 우리 쪽 정상문 전 총무비서관이 그쪽의 김백준 총무비서관과 통화해 보충 설명을 상세히 했다. 그땐 그 사람들도 우리 설명을 듣고 대체로 이해를 했다. 그래 놓고도 아주 야박하게 상황을 몰아갔다.

전직 대통령이 자신의 재임 중 기록물을 제대로 열람할 수 있도록 방도만 마련하면 풀릴 간단한 사안이었다. 그들은 일을 풀려고 하지 않고 사건을 만들어 가는 방식을 택했다. 중대한 위법행위인 양 몰아갔다.

대통령기록물관리법 취지는, 대통령 기록을 '국가기록원' 내 '대통령 기록관'에 다 넘겨 국가가 관리하게 하자는 것이다. 그리고 그것을 위반할 경우 처벌하는 것이다. 만일 우리가 기록원에 넘겨야 할 자료를 넘기지 않고 통째로 가져와 버리면 법률 위반이다. 그런데 원본을 고스란히 넘겨주고, 열람할 수 있는 제도가 시원찮은 상태여서 복제본을 하나 가져온 것이다. 그것은 노 대통령 기록에 대한 국가의 관리를 조금이라도 침해하는 게 아니었다.

입법 취지를 보더라도 법 위반이라는 주장은 법률상으로 맞지 않는다. 게다가 전직 대통령이 과거 재임 중 자신의 기록물을 열람하는 것은 현실적으로 필요한 일이다. 자신의 재임 중 기록을 열람할 수 없으면 어떻게 글을 쓰거나 강연을 할 수 있겠는가.

대통령과 우리는 그 일이 법률적으로 명명백백한 사안이어서 법률적 시시비비를 단단히 따져 볼 생각이었다. 그러나 대통령은 결국 그쪽이 요구하는 굴욕적인 방식으로 백기를 들었다. 참여정부 때의 관련 인사들이 모두 수사대상이 돼 소환조사를 받았다. 그 상황을 당신이 견디기 힘드셨던 것이다. 대통령은 '다 내가 시킨 일이다. 잘못이 있으면 나에게 있는 것이다'라고 공개적으로 말씀하시며 사람들을 보호하고자 했다.

기록물 사건을 겪으면서, 임기 말에 한 건의 기록물이라도 더 이관하기 위해 전 청와대가 달라붙어 고생했던 일이 허망하게 느껴졌다. 작업을 독려하느라 직원들을 며칠 밤씩 새우게 만들었다. 그렇게 노력해서 다음 정부에 넘겨도 주고 기록원으로 이관도 했건만 치사한 방식의 정치 보복 수단이 될 줄은 몰랐다.

과거에는 퇴임 직전, 기록물을 폐기해 버리거나 전직 대통령이 집으로 가져가 버렸다. 관련법을 만든 건 바로 노무현 대통령이었다. 전직 대통령이 퇴임 후 얼마든지 자신의 재임 중 기록을 보고 활용할 수 있도록 하지 않으면 다 가져가 버릴 테니 반드시 필요하다고 만든 법이다. 법률적 불비와 열람의 편의성을 명료하게 매듭짓지 못한 건 아쉽지만, 배신감이 들면서 씁쓸한 건 어쩔 수 없었다.

더구나 복제본은 노 대통령이 가지고 있었고, 그 속의 문서가 밖으로 유출된 것도 아니었다. 노 대통령 자신도 아직 열어 보지 못하고 있을 때였다. 설령 법 위반일 수 있다 하더라도 그렇게 얼굴 붉히면서 덤벼들 일이 아니었다.

들리는 바에 의하면 그 기록들이 이명박 정부를 비판·공격하는 자료가 될 것을 염려했다는 말도 있었다. 어쨌든 누가 기획했는지는 모르지만 그런 문제들을 모두 정치공학적으로 판단하고, 다루고, 대응을 지시하는 단위가 있었던 것 같다.

기록물 사건이 마무리되니까 이번엔 쌀 직불금 문제를 갖고 망신을 줬다. 마치 참여정부에서 잘못한 것을 자신들은 설거지하는 것처럼 몰아갔다. 그 무렵이 돼서야 '아, 이명박 정부가 노 대통령과 봉하마을을 상대로 정치적 대립 국면을 형성하고 있구나'라고 느껴졌다. 이전 정부 탓으로 떠넘기는 정치적 차원을 넘어, 상당한 악의를 갖고 있구나 하는 느낌을 받았다. 그 느낌을 확인하는 데엔 많은 시간이 걸리지 않았다.

비극의 시작

대통령과 친분이 있는 사람들과 그들의 기업이 표적이 되기 시작했다. 우리들병원 이상호, 김수경 회장이 세무조사를 받았다. 창신섬유 강금원 회장은 검찰 수사를 받다가 끝내 구속됐다. 2008년 7월, 태광실업이 세무조사를 받기 시작했다. 검찰 수사가 세종증권 매각 비리로 확대되면서, 대통령 형님 노건평 씨가 수사타깃이 됐다. 나중에 모두 알게 됐지만 형님이 문제의 시작이었다.

사실 형님 문제는 청와대 있을 때부터 각별히 신경 썼던 일이라 아차 싶었다. 세종증권 문제와 박연차 문제도 안 좋은 낌새가 있긴 했다. 청와대 있을 때 불미스런 얘기가 들려왔다. 민정수석실 사정비서관실 내 특감반이 관련 첩보를 입수했다. 철저히 알아보라고 지시했다. 특감반 조사에서 기업 쪽 사람들은 매우 강력하게 부인했다. 절대 그런 일이 없다고 했다. 형님에게도 확인했다. 같은 얘기였다. 결코 아니라고 했다. 나중에 보니 기업 쪽 사람들과 형님이 사실을 말하지 않은 것이었다. 그땐 모두들 딱 잡아떼니 방법이 없었다. 청와대는 수사권이 없어서 그 이상 파고들 수가 없었다. 조금이라도 단서가 있었거나 형님이 사실대로 얘기해줬더라면 결코 덮고 넘어가지 않았을 것이다. 우리가 우리 손으로 제기했을 것이다.

구속이 임박해 검찰이 영장을 청구할 때엔, 이미 우리가 어떻게 대응할 수준이 아닐 만큼 형님은 그 일에 고약하게 엮여 있었다. 아예 모르고 터진 일이면 아쉬움이 없을 텐데, 첩보를 입수하고도 더 파헤치지 못했으니 특히 아쉬웠다.

형님에 이어 정상문 총무비서관마저 불미스런 일로 엮여 구속됐다. 역시 박연차 회장이 고리였다. 사건 대응을 위해 봉하를 찾는 일이 많아졌다. 나와 전해철 전 민정수석, 정재성 변호사가 주로 법률적 대응을 맡았다.

대통령에게 큰 실수를 하게 된 권 여사님은 우리들에게 너무 면목 없어 했다. 우리가 사건을 파악하기 위해 논의하는 자리에야 어쩔 수 없이 동석하셨지만, 그게 아니면 대통령과 같은 공간에 있는 걸 피했다. 우리와 함께 계시다가도 대통령이 오시면 슬그머니 자리를 피했다.

그 시기 대통령은 좀 이상했다. 당시 대통령도 사실 관계를 정확하게 모르다가, 우리가 사실 관계 파악을 위해 권 여사님에게 따져 묻고 권 여사님이 점차 더 자세한 이야기를 하는 과정을 지켜보면서 우리와 같이 사실 관계를 알게 되는 경우가 많았다. 그럴 때 평소 같으면 굉장히 야단을 치고 화를 내실 만도 한데, 단 한 번도 그런 모습을 보이지 않았다. 끝내 우리 앞에서는 큰 소리 한 번 안 치셨다. 나는 그게 이상하게 보였다. 도저히 달관할 수 없는 일을 달관한 것처럼 보였기 때문이다.

"결국은 다 내 책임이다. 내가 오랫동안 경제적으로 무능했고, 장래에 대해 아무런 믿음을 못 주니 집사람과 정상문 비서관이 그렇게 한 게 아니겠는가. 다 내 잘못이다"라고 우리에게 말했다. "나는 오래 정치를 하면서 단련이 됐지만, 가족들은 단련시키지 못했다"는 말도 했다.

대통령은 여사님뿐 아니라 정상문 비서관에 대해서도, 비록 당신 모르게 벌어진 일이지만 모두 끌어안으려 했다. 정상문 비서관에게는 당신이 시켜서 한 일로 진술하라고 시켰다. 정 비서관은 대통령 말을 듣지 않았다. 그러자 글을 써서 당신이 한 일이라고 밝히기까지 했다. 얼마 후에는 다시 글을 올려 "여러분은 저를 버리셔야 한다"고 말했다.

그 말은 진심이었다. 대통령은 우리를 보는 일조차 민망해하고 면목 없어 하셨다. 내게 그런 심정을 직접 토로하기도 했다. 결벽증이라고 할 정도로 자신에게 가혹했던 분이 당시 상황을 얼마나 받아들이기 힘들었는지 나는 너무 잘 알고 있었다. 그저 딱하고 걱정이 됐지만, 그래도 결국에는 무죄가 되리라는 확신으로 버텨 나가길 바랄 수밖에 없었다.

검찰과 언론이 한통속이 돼 벌이는 여론재판과 마녀사냥은 견디기 힘든 수준이었다. 대통령을 아예 파렴치범으로 몰아갔다. 검찰에서는 홍만표 수사기획관이 아침저녁으로 공식 브리핑을 했다. 중수부장 이하 검사들도 언론에 수사 상황을 모두 흘렸다. 심지어 검찰 관계자라는 이름의 속칭 '빨대'가 이야기를 더 풍부하게 보탰다.

뇌물로 받은 1억 원짜리 시계를 논두렁에 갖다 버렸다는 '논두렁 시계' 소설이 단적인 예이다. 사법처리가 여의치 않으니 언론을 통한 망신 주기 압박으로 굴복을 받아내려는 것 같았다. 언론은 기꺼이 그 공범이 됐다.

무엇보다 아팠던 것은 진보를 자처하던 언론들이었다. 기사는 보수언론과 별 차이가 없었지만 칼럼이나 사설이 어찌 그리 사람의 살점을 후벼 파는 것 같은지, 무서울 정도였다. 법정 스님은 돌아가시면서, 그토록 향기롭고 사람들에게 위로가 되는 글조차도 업을 쌓는 것이라며 출판하지 말라는 유언을 남겼다. 그렇게 날카로운 흉기처럼 사람의 마음에 깊은 상처를 주는 글을 쓴 사람들이 자신의 글에 대해 반성한 것을 보지 못했고, 글쓰기를 자제하는 것도 보지 못했다.

그에 비해 우리 쪽은 대응할 수단도 사람도 없었다. 봉하에 언론 담당 비서가 별도로 있는 것도 아니었다. 어쩔 수 없이 내가 언론 대응을 맡을 수밖에 없었다. 나는 변호사 사무실에 오가면서, 또 때로는 봉하에 오가면서 기자들의 전화 취재에 일일이 응대했다. 그 무렵 언론에 보도된 내 대답의 대부분이 운전 중에 이뤄졌다.

그것도 검찰브리핑이나 언론 보도를 직접 보지 못한 상태에서 기자가 "검찰이 뭐라고 브리핑했는데 어떠냐" 또는 "어느 언론에 뭐라고 보도됐는데 어떠냐"는 식의 물음에 즉석에서 대답한 것이 대부분이었다. 그나마 다른 일 때문에 전화를 못 받게 되면 우리 입장은 실리지도 못하고 넘어갔다. 그렇게라도 물어봐 주는 것이 고맙다고 해야 할 판이었다.

나는 생각이나 말이 순발력이 있는 사람이 아니다. 게다가 여론 상황과 언론 상황은 극도로 어려웠다. 기자가 물어보면 어떻게 표현하는 것이 설득력이 있을지, 또 도움이 될지 순간적으로 순발력 있게 판단해야 했다. 늘 노심초사하며 대응했지만, 일이 그렇게 되고 보니 후회가 많이 남는다.

당시 대통령은 워낙 억울한 부분이 많아, 법률적 대응 외에 정치적 대응을 할까도 고민했었다. 사실이 아닌 것은 아니라고 말하고 정치적 저의에 대해선 짚고 넘어가면서 정면으로 대응하는 방식을 검토했다. 홍보 쪽 참모들이 주로 그런 주장을 했다. 끝내 보내진 않았지만 '이명박 대통령에게 보내는 편지' 같은 경우도 그런 차원에서 작성해 놓았다. 결국 대통령은 철저하게 법률적 대응을 선택했다. 여론이 귀 기울여 주지 않으리라 판단했고, 더 혹독한 비난을 받게 될 것으로 생각했기 때문이다.

대통령과 우리는 그때 엄청나게 인내하면서 대응했다. 그 일을 겪고 보니 적절한 대응이었는지 후회가 많이 남는다. 너무 조심스럽게만 대응한 게 아닌가, 대통령이 정말로 하고 싶은 이야기를 속 시원하게 대변해 드리지 못한 게 아닌가……. 정면으로 '전직 대통령을 표적으로 삼은 비열한 정치적 수사다!'라고 하면서 문제를 제기하고, 때로는 수사를 아예 전면 거부한다든지 맞대응을 했어야 되지 않았나 하는 회한이 있다.

물론 그랬으면 더 나았을지, 대통령이 더 후련해하고 더 힘을 내게 됐을지는 알 수 없는 일이다. 어쨌든 '당신의 마음이 그런 줄 알았으면 우리라도 몸부림을 쳐 봤어야 했는데'라는 생각이 지워지지 않는다.

치욕의 날

2009년 4월 30일 아침. 대통령이 조사를 받기 위해 서울 대검 청사로 출석했다. 치욕스러운 날이었다. 대통령이 오지 말라고 말렸는데도 많은 사람들이 모였다. 여사님은 아무 말도 없이 눈물을 참고 있었고, 대통령은 담담했다. 대통령을 격려하기 위해 온 사람들이 위로는커녕 그만 울음을 터뜨렸다. 오히려 대통령이 그들의 마음을 풀어 주기 위해 실없는 농담을 건네며 분위기를 바꿔 보기 위해 애를 썼다.

대통령이 사저를 나섰다. 오랜 시간 꾹 참고 있던 여사님이 대통령의 뒷모습을 보다가 더 이상 참지 못하고 그만 눈물을 펑펑 쏟았다. 대통령이 가던 길을 돌아와 여사님을 다독였다.

대통령이 탄 버스 위로 줄곧 취재 헬기가 떠다녔고, 많은 취재 차량이 뒤를 따랐다. 버스 안엔 무거운 정적만 흘렀다. 모두 침울한 가운데 대통령은 가는 내내 담담하게 계셨다.

검찰에 도착했다. 이인규 중수부장이 대통령을 맞이하고 차를 한 잔 내놓았다. 그는 대단히 건방졌다. 말투는 공손했지만 태도엔 오만함과

2009년 4월 30일 아침.

대통령이 조사를 받기 위해 서울 대검 청사로 출석했다.

치욕스러운 날이었다.

대통령이 오지 말라고 말렸는데도 많은 사람들이 모였다.

여사님은 아무 말도 없이 눈물을 참고 있었고,

대통령은 담담했다.

대통령을 격려하기 위해 온 사람들이 위로는커녕

그만 울음을 터뜨렸다.

거만함이 가득 묻어 있었다. 중수1과장이 조사를 시작했다. 대통령은 차분하게 최선을 다해 꼬박꼬박 답변을 했다. 대통령의 절제력이 놀라웠다. 검찰의 조사를 지켜보면서 검찰이 아무 증거가 없다는 걸 거듭 확인할 수 있었다. 박연차 회장의 진술 말고는 증거가 없었다. 대통령과 박 회장 말이 서로 다른데, 박 회장 말이 진실이라고 뒷받침할 증거를 전혀 갖고 있지 않았다. 심지어 통화기록조차 없었다. 통화기록이 없다는 것은 통화한 사실이 없다는 것이었다.

대통령의 절제력은 조사가 끝난 후 박 회장을 만났을 때 더욱 놀라웠다. 우선은 박 회장과 대질을 시키겠다는 검찰의 발상 자체가 전직 대통령에 대한 예의가 아니었다. 대통령이 아니라고 한 부분이 박 회장 말과 다르면, 다른 객관적 증거로 누구 말이 맞는지를 가리는 게 검찰의 일이다. 대질을 하겠다는 건 대단한 무례였다. 결국 변호인들의 거부로 대질은 하지 않고, 대질을 위해 오랫동안 기다린 그를 만나 인사라도 나누시라고 해서 이뤄진 조우다. 대통령은 따뜻하게 인사를 건넸고, 그 상황에서도 그를 위로했다.

대통령은 돌아가시기 전까지도 박연차 회장에 대해 원망이나 서운한 말씀을 한 번도 안 하셨다. 박 회장도 버티다가 도저히 어쩔 수 없는 궁지에 빠진 것으로 이해했다. 박 회장이 언젠가 자유로워지면 모든 진실을 털어놓을 수 있을 거라고 생각했다. 대통령이 박 회장의 궁박한 처지를 애써 이해하려 한 이유는 또 있다.

그의 딸들까지 조사를 받았다. 외환관리법 위반 혐의였다고 한다. 또 태광실업이 받은 시설자금 융자 관련 조사도 있었다고 한다. 그렇게 가족과 기업을 손바닥 위에 올려놓고 어르면 버티기 어려운 법이다. 그런 얘기들이 들려왔다.

검찰 조사가 끝나고 돌아오는 버스에서도 정적만 흘렀다. 장시간의 조사에 지치기도 했다. 무엇보다 심경이 참으로 착잡하셨을 것이다. 기분을 풀어 드린다고 가벼운 이야기를 할 분위기가 아니었다.

그날까지의 과정이 견디기 힘들어서 그렇지, 막상 검찰이 기소를 하고 나면 법원에서의 승부는 자신을 했다. 검찰과 언론이 아무리 '여론재판'이나 '정치재판'을 해도, 법은 법이다. 수사기록의 부실함을 덮을 수는 없는 법이다. '사실'이 갖고 있는 힘이 있기 때문에 무리한 수사나 조작은 한계가 있다. 그 사건이 그랬다. 이길 수 있었다. 대통령도 그런 차원에서 '진실의 힘', '명백한 사실이 갖고 있는 힘'을 믿었다.

검찰의 대통령 소환 조사는 마지막 수순이었다. 그러면 곧바로 신병처리를 하든가, 불구속 기소라도 하든가, 아니면 무혐의 처리하는 게 정상이다. 그런데 그렇게 하지 못했다. 검찰 조사가 끝난 이후에도 아무 처리를 못 한 채 질질 끌었다. 이유는 간단했다.

검찰도 공소유지가 될지에 대한 판단을 해 봤을 것이다. 그 상태에서 영장을 청구하는 것은 물론 어렵다. 영장이 기각되면 검찰이 그동안 해왔던 모든 수사가 무너져 버리는 셈이 된다. 불구속 기소를 하더라도 공소유지가 쉽지 않다고 판단한 것이다. 어쩔 수 없이, 아무 처리도 못 하고 끌기만 한 것이다. 언론을 통한 모욕 주기와 압박 외엔 방법이 없었던 것이다.

대통령을 사저에 모셔 드리고 아주 늦은 밤, 집으로 돌아왔다. 착잡했다. 온갖 잡생각이 머리를 짓눌렀다. 끔찍한 하루였고, 내내 긴장한 탓에 피곤이 극에 달했다. 그런데도 잠이 오지 않았다.

대통령은 어쩌다 그런 곤경에 처하게 됐을까. 나는 대통령을 이해할 수 있었다. 그는 가난했다. 가난이 그를 공부에 매달리게 했고, 가난이 그를 인권 변호사의 길로 이끌었다. 그가 가난하지 않았다면, 자신처럼 힘들었던 사람들에게 관심을 갖지 않았을지 모른다. 가난하고 억눌린 사람들을 돕겠다고 소박하게 시작한 일이 인권 변호사였고, 민주화 운동이었다. 정치는 그 연장선상에 있었다. 정치에 대한 그의 진정성이 그를 대통령까지 만들었다.

그래도 여전히 그 자신은 가난에서 벗어나지 못했다. 처음에 변호사 하면서 가난에서 겨우 벗어났지만, 다른 가난하고 억울한 사람을 돕는 삶으로 빠져들면서 자신은 도로 가난해졌다. 봉하마을은 외진 곳이어서 땅값이 엄청 싼데도 사저 건축비용이 없어 은행 대출을 받았다. 박연차 회장으로부터 돈도 빌리게 됐다. 대통령은 나에게 "내 자신만 정치적으로 단련되었지, 가족들을 정치적으로 단련시키지 못한 것을 후회한다"고 말했다. 그러나 결국은 대통령에게 퇴임 이후의 대책이 따로 마련돼 있지 않았기 때문에 벌어진 일이다.

노 대통령 서거 후 상속신고를 하면서 보니 부채가 재산보다 4억 원가량 더 많았다.

1 만남

2 인생

3 동행

4 운명

상주 문재인

2009년 5월 23일, 노무현 대통령 서거 소식은 전 국민을 충격에 빠뜨렸다. 뉴스를 듣고 참여정부 인사들이 부산대병원으로 계속 몰려들기 시작했다.

사람들은 믿기지 않는지, 나에게 묻고 또 물었다. 스스로 뛰어내리신 게 맞는지를 의심하는 사람들이 많았다. 설명할 때마다 대통령의 처음 참혹했던 모습이 지워지지 않았다. 여사님이 받을 충격을 고려해 시신을 어느 정도 수습하기 전, 참혹했던 모습 그대로를 본 건 경호관과 문용옥 비서관과 나밖에 없다. 하기 싫은 서거 발표도, 사태 경과를 사람들에게 설명하는 것도 모두 잔인한 일이었다. 내가 그 일을 해야만 하는 상황이 더더욱 원망스러웠다.

대통령의 비보를 접하고 한편으론 견딜 수 없는 자책이 밀려왔다. 대통령이 서거하기 전 1주일간, 따로 봉하에 가지 않았다. 다른 일정이 없었지만 굳이 가야 할 현안이 없었다. 대통령이 이미 검찰 수사를 받은 상태에서 검찰은 아무 결정을 못 하고 있었다.

처음엔 혹시라도 구속영장을 청구할 경우를 대비해 자주 갔다. 구속영장 청구를 못 할 것이라고 확신한 후에도, 불구속 기소는 곧 할 것으로 보고 의논하기 위해 계속 봉하를 오갔다. 그러나 검찰이 아무 결정을 못 하는 기간이 길어지면서, 오히려 대통령이 신경 안 쓰고 쉬시는 게 좋겠다고 생각했다. 게다가 대통령은 나를 보는 것조차 면목 없어 하셨다. 다만 얼마라도 혼자 쉬시도록 하는 게 좋다고 생각했다.

또 대통령이나 변호사들 모두, 검찰이 기소하더라도 무죄를 받는 것엔 문제없을 것으로 확신하고 있었다. 대통령이 그렇게 자신을 모두 던져버릴 결심을 하고 계신 줄은 그 누구도 상상하지 못했다.

나중에야 들었다. 서거 직전 마지막 주말을 혼자 지내셨다. 끝까지 손에서 놓지 않으려고 했던 『진보의 미래』라는 책의 저술도 포기하셨다. 19일 오전에 함께 저술 작업을 했던 윤태영, 양정철 비서관 등에게 그동안 고생했다며 모든 일을 놓았다. 여러 사람을 만난 것은 그게 마지막이었다. 21일 저녁, 동네에 사는 친구 이재우 조합장이 잠시 들른 걸 제외하면 19일 오후부터 23일 새벽까지 그 누구도 만나지 않으셨다. 전날, 사저 안에 비서관들이 있는 공간으로 직접 담배를 가지러 잠시 들르셨다. 마치 마지막 작별이라도 하듯 그들을 한동안 물끄러미 보시곤 아무 말씀도 없이 나가셨다. 그리고 23일 새벽 집을 나서, 그 먼 길을 떠나셨다.

그분이 혼자만의 고통스럽고 고독한 시간을 가지며 마지막 결심을 굳힐 때까지 나를 포함해 누구도 함께 있어 드리지 못했다. 유서를 처음 본 충격이 어느 정도 가셨을 때 나를 못 견디게 했던 건, 이분이 '유서를 언제부터 머리에 담고 계셨을까'라는 생각이었다.

컴퓨터 화면에 띄워 놓고 다듬을 수 있는 글이 아니므로, 대통령은 아무도 몰래 머릿속에서 유서를 다듬었을 것이다.

"너무 많은 사람들에게 신세를 졌다"는 첫 문장은, 나머지 글을 모두 컴퓨터에 입력한 후 추가로 집어넣었다. 그답게 마지막 순간에도, 입력한 유서를 읽어 보고 다시 손본 것이다. 대통령이 마지막 얼마 동안 머릿속에 유서를 담고 사셨으리라는 생각이 지금도 나를 견딜 수 없게 한다.

언제부터였을까. 홈페이지에 "여러분은 나를 버리셔야 합니다"라는 글을 올리셨는데도 나는 대통령의 마음을 다 헤아리지 못했다. 얼마나 외로우셨을까.

내가 차마 믿을 수 없는 일을 다른 사람인들 믿기겠는가. 대통령이 스스로 몸을 던지셨다는 게 믿기지 않는 건 국민들이나 기자들도 모두 마찬가지인 모양이었다. 유서 전문을 공개하고 기자들에게 배포하라고 김경수 비서관에게 시켰다. 출력해서 가지고 온 최초 원본은 여사님께 보여 드린 후 품에 넣어 뒀다. 나는 지금도 그분의 유서를 내 수첩에 갖고 다닌다. 별 이유는 없다. 그냥 버릴 수가 없어서 그럴 뿐이다.

사람들과 함께 대통령 빈소를 어디에 모실지 의논했다. 병원에 임시 빈소를 만들지 않고 바로 봉하마을에 모시기로 결정했다. 봉하에 임시 빈소를 빨리 마련하라고 시켰다. 봉하 현지에서 김정호 비서관이 마을 사람들 도움을 얻어 급하게 공사를 시작했다.

아내가 울면서 검은 양복과 검은색 넥타이를 챙겨 병원으로 왔다. 이제 그를 장사(葬事)지내는 상주가 되었다.

봉하에 임시 빈소가 마련됐다는 연락이 왔다. 해가 어스름해질 무렵 대통령을 봉하로 모셨다. 12시간이 안 돼 그는 다시 봉하로 돌아갔다. 싸늘한 주검이 되어.

봉하엔 이미 비보를 접한 시민들이 엄청나게 모여 있었다. 함께 슬퍼할 겨를도 없었다. 마을 빌라에 모여 장사 준비를 해야 했다. 새벽까지 여러 실무적인 문제들을 협의하는 회의를 주재했다.

그렇게 길고 긴 5월 23일 하루가 넘어갔다. 내 생애 가장 긴 하루였다. 그날만큼 내가 마지막 비서실장을 했던 게 후회된 적이 없다. 시신 확인부터 운명, 서거 발표, 그를 보내기 위한 회의 주재까지. 나 혼자 있지도 못하고, 울지도 못했다.

아내가 울면서 검은 양복과
검은색 넥타이를 챙겨 병원으로 왔다.
이제 그를 장사(葬事)지내는 상주가 되었다.

그를 떠나보내며

이튿날 회의에서 이해찬 전 총리가 한명숙 전 총리에게 장의위원장을 맡으시도록 권유했다. 다른 사람들도 그게 좋겠다는 의견이었다. 한 전 총리가 수락했다. 회의와, 번갈아 가면서 하는 빈소에서의 상주(喪主) 역할이 내내 이어졌다.

밀려드는 추모 인파가 경이로웠다. 당일은 말할 것도 없고 이후 계속해서 상상도 못 한 인파가 봉하로 밀려들었다. 그 많은 사람들이 단 1~2분의 조문을 위해 몇 시간을 달려왔다. 봉하에 와서도 또 몇 시간을 기다렸다. 그 뜨거운 5월의 뙤약볕과 폭염도, 갑자기 쏟아진 폭우도, 그 행렬을 흐트러뜨리지 못했다. 마치 장엄한 종교 의식을 보는 것만 같았다. 도대체 무엇이 그들을 거기까지 가게 했을까.

장례를 논의하면서 선택해야 할 일이 많았다. 여사님과 유족들이 함께 회의할 수 있는 상황이 아니어서 내가 메신저로 오가야 했다.

맨 처음 난관은 국민장이냐 가족장이냐였다. 대체로 국민장으로 하자는 의견이 많았다. 그런데 가족장을 주장하는 분들의 주장이 대단히 강했다. 소수였지만 도저히 양보하지 않을 기세였다. 상주인 아들 건호 씨를 포함해 유족들도 처음에는 가족장을 원했다. 꽤 많은 시간 동안 여러 차례 설득했다.

김대중 대통령께서 박지원 비서실장을 통해 국민장이 바람직하다는 말씀을 전해 왔다. 첫째로 노 대통령은 평생 국민들의 인권과 민주주의를 위해 사셨고, 둘째로 국민들의 지지로 대통령이 되셨고, 셋째로 대통령 재임 중에도 국민들을 위해 혼신의 노력을 다했으니, 국민들이 모두 함께 노 대통령을 떠나보낼 수 있도록 해야 한다며, 그분 특유의 논리 정연함으로 이유를 정리해 전해 오셨다. 점차 국민장이 대세가 됐다. 결국 유족들도 받아들였다.

유족들은 국민장을 받아들인 후에도, 정부 측에서 장의위원회를 구성하는 것을 납득하지 못했다. 그 문제는 정부 측과 우리가 공동으로 장의위원회를 구성하고, 현직 국무총리와 한명숙 전 총리가 공동장의위원장을 맡는 것으로 해결했다. 그런 후에도 유족들은 현 정부의 국무총리가 조사하는 것을 못 받아들였다. 그것도 한동안 설득을 했다.

다음에 영결식을 어디서 할 것인가를 놓고 논란이 있었다. 나도 처음에, 퇴임 후 봉하로 내려온 노 대통령의 정신이나 '봉하에 작은 비석을 세워 달라'는 유지를 생각하면, 대통령 고향인 진영에서 영결식과 노제를 하는 것이 좋겠다고 생각했다. 노 대통령의 서거가 비극적 상황이 아니었다면 그 생각을 끝까지 고집했을 것 같다.

그러나 노 대통령의 죽음은 정치적 타살이나 진배없었다. 그의 가치, 그의 정신의 좌절이 그 속에 담겨 있었다. 그에게서 정치적 이상을 찾았던 서민들의 꿈이 함께 무너져 내린 것이다.

물론 가족과 측근의 잘못에 대한 전직 대통령의 속죄로 보거나 우리의 후진적 정치문화의 결과로 보는 사람도 있을 수 있었다. 그의 죽음을 어떻게 바라보든, 보다 많은 국민들이 장례에 참여해 그의 죽음의 의미를 생각해 볼 필요가 있었다. '지못미'(지켜 주지 못해 미안합니다)란 말로 미안함과 안타까움이 섞인 절실한 마음을 표현하고 있는 국민들 모두가 다 함께 그를 떠나보낼 수 있게 해 줘야 한다고 생각했다.

그러려면 영결식 의식 자체도 중요하지만, 보다 많은 국민들이 함께할 수 있는 노제와 운구 행렬의 장소가 더 중요했다. 결국 '서울광장'에서의 노제를 염두에 두고 서울에서 영결식을 하기로 했다. 유족들도 여기에는 쉽게 동의했다. 서울에서 영결식을 하자는 결정이, 국민장을 받아들이도록 하는 데에도 도움이 됐다.

유족들은 장지에 대해서도 결정을 어려워했다. 대통령의 유언에 따라 봉하에 모시는 것이 순리였다. 그러나 전직 국가원수에 대한 예우가 아니라는 반론도 만만치 않았다. 대통령께서 그렇게 서거하셨기 때문에 더더욱 국립현충원으로 가야 한다는 주장도 있었다. 앞으로 우리끼리 묘역을 어떻게 관리할 수 있을 것인가 하는 현실적 걱정도 많았다. 특히 여사님이 쉽게 마음을 정하지 못했다. 그러나 대통령의 유언은, 서거 당시의 심정 때문에 하신 것이 아니었다. 퇴임 후 고향으로 내려갈 생각을 할 때부터 갖고 계셨던 오랜 구상이었고, 일관된 생각이었다.

원래 국립현충원 같은 정형화된 예우를 싫어하는 분이기도 했다. 여사님도 나도, 평소 대통령의 생각을 잘 알고 있었다. 결국 대통령의 뜻에 따르기로 결정했다.

무엇보다 어려웠던 것은 봉하 내에서 묘소를 어디로 할 것인가였다. 지금의 장소는 우리의 전통적 관념과는 맞지 않는 곳이다. 유족들은 사저 뒤편 왼쪽의 산기슭을 제시했다. 그러나 그곳은 국민들이 대통령을 추모하는 마음을 함께 나눌 수 있는 추모의 공간으로 조성하기에 어려움이 있었다. 산기슭이라면 지금의 묘소 건너편 산기슭이 더 좋았지만, 그곳은 우리가 소유권을 취득하기 어려웠다.

결국 '국민적 추모의 공간'에 중점을 두고 지금 장소를 선택했다. 처음부터 국민참여 방식의 박석(바닥돌) 형태를 염두에 두고 내린 결정이기도 했다. 여사님은 비극의 장소인 부엉이 바위가 뻔히 바라보이는 것을 영 내키지 않아 했다. 나도 같은 심정이었다. 하지만 더 나은 대안이 없었다. 유족들도 지금의 형태로 완성된 후엔 모두 흡족해했다.

나는 봉화산 사자 바위에서 묘역을 내려볼 때면, 그 장소가 원래부터 대통령의 묘소로 예정돼 있던 운명적 장소 같다는 생각을 한다.

땅 모양이 삼각 형태여서, 봉화산에서 흘러내린 지세(地勢)가 수반이 있는 꼭짓점을 접점으로 살아 있는 사람들의 공간인 봉하마을과 절묘하게 연결된다. 길 건너편의 연꽃 연못도 대통령이 귀향 후 손수 조성하고 여기저기서 연꽃을 구해 심으신 공간이다. 이제는 묘역 주변을 풍성하게 해 주는 역할을 한다. 진작 그렇게 예정돼 있던 것일까. 운명의 조화를 누가 알 수 있을까.

큰 가닥이 잡힌 후엔 정부의 협량한 태도가 우리를 어렵게 만들었다. 정부는 우선 '서울광장' 노제를 반대했다. 시민들의 감정이 격해져 대규

봉화산에서 흘러내린 지세(地勢)가
수반이 있는 꼭짓점을 접점으로
살아 있는 사람들의 공간인 봉하마을과 절묘하게 연결된다.

모 시위로 번질 것을 두려워했기 때문이다. 당일 새벽까지 결정을 못 했다. 이런 논리로 설득했다. '설령 노제를 허용하지 않는다 하더라도 어차피 운구 행렬이 서울광장을 지나야 한다. 그럼 틀림없이 많은 인파가 운구 행렬을 막을 것이다. 오도 가도 못한 상태에서 즉흥적인 노제가 열릴 가능성이 크다. 별로 바람직하지도 않고, 정부는 더 곤란해질 것이다. 그러느니 차라리 우리 통제하에 질서정연하게, 정해진 시간 동안 노제를 치르는 게 좋을 것이다.' 그 논리에 정부가 입장을 바꿨다.

다음엔 만장*이 문제가 됐다. 만장 깃대가 시위용품이 될 가능성이 높다는 것이었다. 대통령 서거로 인해 격앙된 민심 앞에 벌벌 떠는 게 눈에 보였다. 만장 깃대를 나무에서 PVC로 바꾸게 했다. 만장도 신원이 확인된 사람들만 들게 하고, 노제가 끝나면 바로 회수하겠다고 했다. 그것이 못 미더우면 정부가 아예 공무원들을 써도 좋다고 했다. 그렇게까지 하니, 우리 입장을 수용했다. 당일 새벽 겨우 모든 문제가 풀렸다.

그들은 매사를 계산하고 저울질하는 것 같았다. 그러나 영결식을 위엄 있고 질서 있게 엄수하려는 것은, 그들보다 우리가 더 원하는 일이었다. 우리는 영결식이나 노제에서 일부라도 반정부 시위를 벌이거나, 그 상황을 정치적으로 이용하는 일이 없도록 각별히 신경 썼다. 그런 상황은 국민들의 순수한 추모의 마음과도 맞지 않고, 대통령을 편하게 보내드리는 길도 아니라고 생각했다. 서울에 있는 시민사회단체들에게도 특별히 협조를 구했다. 그들도 똑같은 생각이었다. 적어도 그날만큼은 대통령께 누가 될 만한 행동이 있어서는 절대 안 된다고 인식하고 있었다.

아마도 정부 측에서는 대통령의 노제에 많은 국민들이 모이는 것 자체가 싫었을지 모르겠다. 대한문 앞 분향소 등을 대하는 태도가 그랬다. 정부가 국민장을 결정했다면 비록 국민들의 추모를 강제하지는 못하더라도, 정부 측에서는 추모의 예를 다하고 많은 국민들이 추모할 수 있도록 분위기를 조성해 주는 것이 도리일 것이다. 그래야 국민장 아닌가?

오히려 추모를 가급적 막으려는 듯한 정부 측 태도가 아쉬웠다. 우리 쪽에서도 그런 태도가 없지 않았다. 당시 한나라당 박희태 대표와 박근혜 전 대표, 김형오 국회의장 등 여권 정치인들과 한승수 총리 등 정부 측 인사들이 조문을 위해 봉하에 왔으나 사람들이 가로막았다. 그럴 일이 아니었으나, 격앙된 그들을 우리가 설득하지 못했다. 이명박 대통령도 봉하 조문 의사를 알려 왔다. 그러나 아름다운 모습이 되지 못할 가능성이 커서 우리가 만류했다. 그러나 이 대통령이 보낸 조화(弔花)에 대해서는 결례되는 일이 생기지 않도록 각별히 신경 썼다.

끝내 정부가 못 하게 막은 것은 김대중 대통령의 영결식 추모사였다. 내가 제안한 것이다. 모두 찬성했다. 워낙 건강이 안 좋은 상태여서 하실 수 있을까 염려하는 분위기였지만, 일단 부탁은 드려 보기로 했다. 그런데 흔쾌히 수락하셨다.

뜻밖에 정부가 거부했다. 그 이유가 참으로 궁색하기 짝이 없었다. 전례가 없다는 것과 다른 전직 대통령과 형평에 맞지 않는다는 것이다.

전직 대통령이 후임 대통령 장례에서 추모사도 못 한다는 게 말이나 되는 얘기인가? 현직 대통령도 마찬가지다. 전직 대통령의 국민장에서 현직 대통령은 헌화 분향만 할 뿐이다. 미국 오바마 대통령이 에드워드 케네디 상원의원 장례식에 참석해 추모사를 했다는 기사를 본 일이 있다. 우리나라에선 현직 대통령은 장례식에 참석하더라도 추모사를 하지 않는 게 의전인 양 되어 있다. 비록 소속정당이나 정파가 다르다고 해도, 전직 대통령의 국민장쯤 되면 현직 대통령이 추모사 정도는 해야 정상적인 모습이 아닐까? 국민들과 함께 기려야 할 다른 장례식도 마찬가지일 것이다.

김대중 대통령은 정부 측의 거부로 영결식에서 추모사를 할 수 없게 되자, 영결식 전날 불편한 몸으로 휠체어를 타고 서울역 분향소를 방문해 추모 말씀을 하셨다. 그뿐 아니었다. '오마이뉴스' 오연호 대표가 『노무현, 마지막 인터뷰』라는 책을 낼 때, 영결식장에서 하지 못한 마음의 추모사를 추천사로 써 주시기까지 했다. "노무현 당신, 죽어도 죽지 마십시오"로 시작해서 "우리가 깨어 있으면 노무현 전 대통령은 죽어도 죽지 않습니다"로 끝나는 간절한 추모사였다. 이제 고인이 되신 김대중 대통령님께 얼마나 감사한지 모른다.

* **만장** 죽은 이를 슬퍼하여 지은 글. 또는 그 글을 비단이나 종이에 적어 기(旗)처럼 만든 것. 주검을 산소로 옮길 때에 상여 뒤에 들고 따라감

눈물의 바다

영결식에서는 그저 눈물만 났다. 그러고 보니, 나는 지난 며칠간 마음 놓고 눈물을 흘릴 여유조차 없었다. 봉하에서 조문을 받으면서 시민들이 슬피 울 때 따라 눈물을 흘리긴 했지만, 곧 스스로를 수습하곤 했다.

한명숙 전 총리의 애절한 추모사가 눈물을 촉발했다. “대통령님! 대통령님은 지금 어디 계십니까?” 눈물을 멈출 수가 없었다.

이명박 대통령 헌화 순서에서 작은 사달이 생겼다. 분노를 참지 못한 백원우 의원이 벌떡 일어나 이 대통령에게 ‘정치보복 사죄하라’고 고함을 쳤다. 그 마음을 이해할 수 있었다. 그러나 상주로서는 사과해야 할 일이었다. 영결식 끝날때 국민장의위원회 운영위원장으로서 이명박 대통령에게 사과했다. “결례가 됐다. 조문 오신 분한테 예의가 아니게 됐다”고 머리를 숙였다. 장의위원장인 한 전 총리도 같은 생각이었는지 함께 사과했다. 이 대통령도 “괜찮다. 이해한다. 개의치 마라”고 화답했다. 나중에 검찰은 끝내 백 의원을 장례식 방해죄로 기소했으나, 무죄가 선고됐다.

김대중 대통령이 헌화한 후 권 여사님에게 다가와 위로할 때였다. 나는 바로 뒷줄에 앉아 있어서 그 모습을 생생히 봤다. 나라의 가장 큰 어른이라고 할 분이 그 자리에서 슬픔과 비통함을 못 이겨 그만 무너지셨다. 얼굴이 마구 일그러지면서 통곡하듯 오열하셨다. 난 더군다나 김 대통령께 추모사까지 부탁했고 정부 반대로 불발된 상황을 초래해서 더 마음이 아팠다. 그날만이 아니다. 노 대통령 돌아가시고 난 뒤 김대중 대통령께서 보여 주셨던 모습은 나라의 어른이자 최고지도자로서 참으로 존경스러웠다. 얼마 후 그분마저 서거하시면서 또 한 번 마음이 찢어졌다. 가뜩이나 건강이 안 좋았던 분이 노 대통령 일로 마음과 몸에 큰 충격을 받으셨다. 서울역 분향소 방문에 이은 장시간의 영결식 참석이 그분 건강을 결정적으로 해쳤다. 참으로 송구스럽다.

영결식 때 4대 종단 지도자들이 종교 의식을 맡아 주셨다. 불교에선 당시 봉은사 주지 명진 스님, 기독교에선 한국기독교교회협의회 총무 권오성 목사님, 천주교에선 송기인 신부님, 원불교에선 이선종 서울대교구장님이 각각 의식을 집전해 주셨다. 모두 감사드려야 하지만, 특히 미안한 것은 명진 스님이다. 스님은 당시 봉은사에서 1,000일 기도 정진 중이었다. 1,000일에서 불과 며칠을 남겨 두고 있었는데 산문을 나서 기꺼이 맡아 주셨으니 여간 송구한 게 아니다. 후에 정치적 핍박까지 받게 돼, 더 미안하게 됐다.

영결식을 마친 다음 운구 행렬이 '서울광장'으로 향할 때에는 그야말로 인산인해였다. 엄청나게 많은 시민들이 시내 중심부를 가득 메워 발 디딜 틈이 없었다. 운구차를 뒤따르는 우리에게 힘내라고 격려를 했다. 거대한 인파가 운구차와 함께 서울광장으로 서서히 움직였다. 특히 서민들이 많았다. 젊은 여성들도 상대적으로 많았다. 장애인들도 눈에 많이 띄었다. 평범한 서민들이 대통령을 얼마나 좋아했는지 느낄 수 있었다. 운구차에 손이라도 대 보려는 사람들이 많아 운구 행렬은 더디고 더뎠다.

50만 명이 넘는 인파가 노제를 함께했다. 모두들 무대에 집중해 함께 노래 부르고, 함께 소리치고, 함께 울었다. 나는 우느라 정신이 없어서 무대에서 뭐가 진행되고 있는지조차 몰랐다. 그냥 분위기만 함께 느낄 뿐이었다.

노제를 지낼 때 하늘에서 신비한 오색 채운(彩雲)*을 봤다. 놀라운 일이었다. 그런 신비스런 현상을 목격한 것은 내 생애 세 번째였다.

처음 본 것은 오래돼 정확한 시기가 기억나질 않는데, 여의도 광장에서 수십만 명의 천주교 신자들이 모여 무슨 신앙대회를 할 때였다. 교황 요한 바오르 2세 방한 때였는지 다른 때였는지 모르겠다. 어머니가 가 보고 싶어 하셔서 모시고 갔었는데, 맞은편 하늘에 커다란 십자가 형상이 선명하게 나타났다. 천주교 내에서는 기적이라고 한동안 화제였다.

두 번째는 2005년, 조계종 총무원장이셨던 법장 스님 영결식 때였다. 조계사에서 열렸다. 나는 청와대 대표의 한 사람으로 참석했다. 민정수석과 시민사회수석 때 불교 쪽과 창구 역할을 하느라 여러 번 만나 뵌 인연이 있었다. 사패산 터널과 천성산 터널 문제로 참여정부가 어려움을 겪을 때 중간에서 역할을 많이 하셨다. 입적하실 때 다비식으로 시신을 화장하는 불교 의식과 달리, '생명나눔 운동'으로 '시신 기부'를 해 국민들에게 큰 감동을 줬다. 게다가 "나에게 바랑이 하나 있는데 입도 없고 밑

영결식을 마친 다음 운구 행렬이
'서울광장'으로 향할 때에는 그야말로
인산인해였다. 엄청나게 많은 시민들이
시내 중심부를 가득 메워 발 디딜 틈이 없었다.

도 없다. 담아도 담아도 넘치지 않고, 주어도 주어도 비지 않는다"는, 열반송(涅槃頌) 대신 남긴 글이 사람들 입에 회자되면서 감동을 더해 줬다. 그날 영결식 도중 좀처럼 보긴 힘든 해무리가 선명하게 떴다. 해를 중심으로 완벽하게 둥근 고리 모양이었다. 다들 신기해했다. 많은 사람들의 정성이나 간절한 마음이 모이면 그것이 기(氣)가 되어 그런 현상을 만드는지도 모를 일이다.

노제가 끝난 후 다시 운구 행렬이 움직일 때도 시민들이 운구 차량을 붙잡고 또 붙잡았다. 언제까지나 따라올 듯이 도로변을 가득 메운 인파가 끝없이 이어졌다. 그들의 애절한 마음이 아파서 속도를 낼 수도 없었다. 서울역을 지나서야 비로소 인파와 헤어졌다. 운구 행렬이 인파에서 벗어날 때 내가 대표로 시민들에게 인사를 했다. "너무 고맙습니다. 잊지 않겠습니다."

수원 연화장에서 대통령은 많은 국민들의 슬픔과 애도를 뒤로한 채 한 줌 재가 됐다. 여사님과 딸 정연 씨는 밖에 계시도록 하고, 건호 씨와 내가 화장 후 유골을 받아 곱게 빻고 유골함에 넣는 마지막 절차를 치러냈다.

대통령 유골을 봉하마을 정토원에 모신 건 새벽 2시가 다 되어서였다. 자정을 넘기면 안 된다는 속설에 따라 시간을 맞추려고 노력했으나, 운구 차량이 서울 시내 중심지의 추모 인파를 벗어나는 데 시간이 많이 걸린 바람에 어쩔 수 없었다. 유골을 정토원에 모시는 안치식을 하고 나니 새벽 3시 무렵이었다. 그렇게 국민장이 끝났다.

* **채운** 여러 빛깔로 아롱진 고운 구름. 구름을 이루는 물방울이나 얼음 결정에 빛이 회절돼 고운 빛깔로 물들어 보임

모두들 무대에 집중해

함께 노래 부르고, 함께 소리치고, 함께 울었다.

작은 비석, 큰마음

영결식 후 49재 및 안장식까지 매주 재(齋)를 올렸다. 그 과정에서 불교계가 각별한 지원을 아끼지 않았다. 불교계는 대통령 서거 이후 온갖 성의를 다 보여 줬다. 종단 차원뿐 아니라 근처 통도사, 범어사, 해인사 등 큰 사찰에서도 적극적으로 도와줬다. 스님들이 교대로 봉하에 오셔서 의식도 치러 주고, 49재 기간 내내 정토원뿐 아니라 부산 경남 지역 사찰에서도 동시에 49재를 지냈다.

49재는 불교와 유교 사상이 결합된 의식이다. 유교적 조령숭배(祖靈崇拜) 사상과 불교의 윤회(輪廻) 사상이 절충된 것이라고 한다.

불교에서는 사람이 죽은 다음 7일마다 불경을 외면서 재(齋)를 올려, 죽은 이가 그동안에 불법을 깨닫고 다음 세상에서 더 좋은 곳에 태어나기를 빈다고 한다. 유교에선 49일 동안 죽은 이의 영혼을 위해 후손들이 정성을 다해 재를 올리면, 죽은 부모나 조상이 후예들의 공덕에 힘입어 보다 좋은 곳에 인간으로 다시 태어나게 되고, 또 그 조상의 혼령이 후손들에게 복을 주게 된다고 믿는다.

그 의미가 뭐든, 어느 종교 의식이든 무슨 상관인가. 대통령의 급작스런 서거를 비통해하는 국민들의 마음은 하나일 것이다. 대통령이 이제 모든 번뇌와 시대의 무거운 짐을 내려놓고 그저 안식과 자유를 누리길 바라는 마음 하나 외에 뭐가 더 있겠는가. 나는 가톨릭이지만 일곱 번의 재에 모두 참석해 부처님께도 열심히 절하고, 열심히 빌었다.

영결식이 끝나고 안장식 때까지는 시간이 그리 많은 게 아니었다. 그 짧은 기간에 최소한의 묘역 조성을 마쳐야 했다. 우리 힘만으로는 엄두도 못 낼 일이었다. 문화예술계에서 실력과 명망, 열정을 겸비한 전문가들이 '드림팀'을 구성해 그 일을 맡아 줬다. '아주 작은 비석위원회'였다.

위원회 이름은 대통령 유서에서 따서 유홍준 전 문화재청장이 지었다. 유 전 청장은 부담스러운 일인데도, 자신을 비롯한 문화계 인사들이 마땅히 맡아야 할 일이라며 기꺼이 자임했다. 그러고선 스스로 각계 전문가들을 일일이 섭외해 끌어모았다.

유홍준 교수, 역사학자 안병욱, 건축가 정기용과 승효상, 미술가 임옥상과 안규철, 조경 정영선, 황지우 시인 등이 모였다. 나도 위원으로 참여했다. 그분들 덕분에 일을 쉽게 할 수 있었고, 오늘의 묘역이 그렇게 아름답게 꾸며질 수 있었다.

대통령이 유서에 남긴 '아주 작은 비석 하나'의 정신을 어떻게 살릴 것인가는 쉬운 일이 아니었다. 사람마다 생각이 달랐다. 대통령의 유언을 문자 그대로 따르면, 유골은 산골(散骨)하고 묘소를 만들지 말아야 했다. 그리고 사저 가까이 적당한 곳에 작은 추모비석 하나 세우면 되는 것이었다.

그러나 대통령의 유언은 세상을 떠나는 이의 겸양일 뿐이므로, 대통령은 그렇게 말씀하시더라도 우리는 제대로 모셔야 한다는 의견이 더 많았다. 나중에 세월이 한참 흐르면 대통령의 유언을 그대로 따르는 것이 더 의미 있는 일이 될 수도 있을 것이다. 그러나 500만 명, 600만 명의 추모 인파로 표현되는 국민들의 추모의 마음은 당장 어떻게 할 것인가?

'아주 작은 비석'은 국민들이 추모의 마음을 표현할 수 있는 추모공간이 되지 않으면 안 됐다. 그래서 우리는 유골을 안장해 묘소를 만들되, 봉분 대신 고인돌 같은 너럭바위를 올려놓기로 했다. 그리고 비석을 따로 세우지 않고 너럭바위에 비명을 새겨, 너럭바위가 바로 비석이 되도록 했다.

유홍준 전 청장 아이디어였다. 황지우 시인은 바닥의 박석에 국민들의 추모 글귀를 받으면 그보다 좋은 비문이 있을 수 없다고 했다. 그래서 너럭바위에는 비문 없이 '대통령 노무현'만 새기기로 했다.

2009년 7월 10일 대통령의 안장식이 봉하에서 엄수됐다. 수만 명의 추모객이 자리를 함께했다. 전날까지 봉하에 폭우가 쏟아졌다. 당일 새벽에 언제 그랬냐는 듯 뚝 그쳤다. 그동안 정토원에 모셨던 대통령 유골을 백자 도자기와 연꽃석함에 넣어 안장했다.

석함에 부장품을 두 개 넣어 드렸다. 하나는 대통령 서거 후 추모 인파를 촬영한 추모 영상이다. 또 하나는 「참여정부 5년의 기록」이란 5부작 다큐멘터리 DVD다. 추모 영상은 국민들의 추모의 마음과 이별의 눈물을 담은 것이다. 당신이 국민들로부터 버림받은 것이 아님을 보시라고 넣어 드렸다.

다큐멘터리는 대통령 임기 내내 혼신의 힘을 다한 5년을 기록한 것이다. 실패한 대통령, 실패한 정부라는 손가락질을 받으며 청와대를 떠났다. 진보 진영으로부터도 진보를 망친 장본인인 것처럼 비난을 들었다. 그러나 우리는 역사가 우리를 정당하게 평가해 줄 것이라고 믿었다. 그때 5년간의 기록이야말로 평가의 토대가 될 것이다. 대통령은 모든 걸 혼자 안고 떠났다. 인간의 법정을 거부하고 역사의 법정을 선택했다. 역사의 법정을 위해 필요한 것도 5년간의 기록이다. 대통령이 평소에 늘 강조해 왔던 말씀이었다. 그런 마음으로 그분 곁에 부장품을 넣어 드렸다.

마지막 이별 의식은 길지 않았다. 유골을 안장한 위에 준비한 너럭바위를 덮는 것으로 대통령의 장례가 끝났다. 그때까지 묘역이 정비되지 않아 대통령 묘역은 황량하고 초라해 보였다. 가슴이 아팠다. 남은 것은 묘역을 정비하고 묘역 주변을 가꾸는 일이었다.

석함에 부장품을 두 개 넣어 드렸다.

하나는 대통령 서거 후 추모 인파를 촬영한 추모 영상이다.

또 하나는 「참여정부 5년의 기록」이란 5부작 다큐멘터리 DVD다.

국민의 마음을 새긴 추모박석

안장식을 치르고 1주기까지 약 10개월 동안 묘역 조성에 전력을 다했다. 무려 1만8천 명의 시민들이 저마다 추모의 글귀를 새긴 박석을 묘역 주변에 깔았다. 건축가 승효상 씨의 구상과 설계였다. 박석의 배치는 미술가 임옥상 씨가 설계했다.

박석 모집이 시작되자 순식간에 희망자가 몰려 금방 마감이 끝났다. 나중엔 신청 못 한 분들의 원성이 자자해 설계를 바꾸면서까지 박석 수를 늘렸다. 시민들이 저마다 새긴 추모 문구는 한 줄 한 줄이 감동이었다. 황지우 시인의 말대로 어느 시인이 더 나은 비문을 생각할 수 있을까? 요즘도 많은 시민들이 가족과 함께 묘역을 찾아 자신의 추모 문구가 새겨진 박석, 또는 다른 사람들의 박석을 살펴보는 것을 볼 수 있다. 국민참여형 묘역 조성의 보람이라고 생각한다.

나와 아내도 박석 하나를 신청했다. "편히 쉬십시오." 단 한 줄을 남겼다. 그분에게 드릴 말씀이라곤 그것밖에 없었다. 서거에 대한 비통한 마음이야 다른 분들이 다 담으셨을 것이고, 나까지 보탤 게 없다고 생각했다. 나는 그냥 그분이 대통령 재임부터 마지막 순간까지 참으로 고통스러운 시간을 보낸 게 한스러웠다. 그때나 지금이나 그야말로 대통령의 안식을 바라는 마음 말고는 없다.

안장식 끝나고 아무것도 없는 황량한 들판에 너럭바위와 곡장(曲墻)* 만 있는 모습을 볼 땐 민망하기 짝이 없었다. 너무 초라해 죄송한 마음뿐이었다. 1주기가 돼 묘역이 모습을 갖추고서야 마음이 놓였다. 드디어 박석이 깔리고 묘역으로서 형태가 갖춰지니 안도가 됐다.

그럼에도 불구하고 아직 안온한 느낌은 잘 안 든다. 좀 차갑고 메마른 느낌이다. 주변 조경이 충분하지 않아서 그럴 것이다. 나무가 제대로 우거지고 숲이 조성되면 한결 편안한 분위기가 될 것이다. 우리의 남은 과제다.

* **곡장** 능, 원, 묘 따위의 무덤 뒤에 둘러쌓은 나지막한 담

나와 아내도 박석 하나를 신청했다.
"편히 쉬십시오." 단 한 줄을 남겼다.
그분에게 드릴 말씀이라곤
그것밖에 없었다.

그가 떠난 자리

장례를 모두 마친 후 지속적인 추모기념사업을 위해 봉하엔 〈봉하재단〉을, 전국적으로는 〈노무현재단〉을 설립했다. 나는 〈봉하재단〉 감사직과 〈노무현재단〉 상임이사직을 맡았다. 확실하게 자리 잡을 때까지 응당 내가 해야 할 일이라고 생각했다.

1주일에 거의 이틀은 그쪽 일에 시간을 내야 했다. 법무법인 사무실엔 미안한 일이지만 모두 이해해 줬다. 부산에 있으면서 1주일에 한 번씩 서울 가는 일이 벅차긴 하지만 추모기념사업이 하나씩 자리를 잡아 나가고 성과를 내는 것이 보람 있다.

1주기를 끝낸 후 지방선거에서 대통령의 가치를 이어 가겠다는 분들이 좋은 결과를 보여 줬다. 그중에서도 김두관, 안희정, 이광재의 약진은 특히 감격적이었다. 하늘에 계신 노 대통령도 기뻐하실 일이었다.

이제 많은 사람들이 노무현의 정신과 가치를 이야기한다. 고맙기만 하다. 하지만 아무리 대통령 서거에 대해 이런저런 의미를 부여해도, 그분이 살아 계신 것만 할까.

1주기 추모 행사에서 배우 명계남 씨는 오열하며 절규했다. "그냥 살아 계시지." 그렇다. 같은 생각이다. 당시 대통령은 당신의 실패보다 진보·개혁 진영 전체에 누를 끼칠 것을 못 견뎌 하셨다. 그리고 당신으로 인해 주변의 많은 사람들이 고통받는 것을 너무 가슴 아파 하셨다.

그래도 좀 더 길게 본다면, 결국 사실은 다 밝혀질 것이었다. 법적으로도 규명될 일이었다. 견디셨어야 했다는 생각이 든다. 그렇게 견뎌서, 우리 곁에 계셨으면 할 수 있는 일들이 훨씬 많이 있었을 텐데.

가끔 꿈에서 그분을 만난다. 한 번은 박석 등 묘역 조성에 대해 다양한 의견을 놓고 걱정이 많을 때였다. 꿈속에서 묘역 조성에 이용되는 자재 창고가 있었다. 대통령이 나와 함께 창고에 가서 준비된 상황을 보고 굉장히 좋아했다. 비록 꿈이지만 '우리가 하려는 방식에 대해 대통령도 나쁘게 생각하지 않으시는구나'라고 혼자 아전인수로 해석했다. 그래서 좀 안심이 됐다.

꿈에서 청와대 시절로 돌아가기도 한다. 인사 검증을 하다가 불거진 문제를 확인하느라 내가 대통령을 모시고 어딜 가는 꿈을 꾸기도 했다. 이광재 지사 대법원 선고 전날 밤에도 꿈을 꿨다. 무척 유쾌한 꿈이었다. 대통령과 우리가 함께 모여서 누군가 한문 문장을 우리말로 번역해 놓은 것을 보고 있었다. 번역이 엉터리로 된 대목이 있었는데, 그걸 놓고 대통령이 특유의 유쾌한 농담을 던져 좌중이 폭소를 터뜨리며 즐거워했다. 너무 유쾌한 꿈이어서 잠에서 깬 후에도 그 여운이 남아 있었다. '오늘 무슨 좋은 일이 있으려나?' 생각해 보니 이 지사 대법원 선고가 있는 날이었다. 좋은 결과를 기대했는데 반대였다. 꿈일 뿐이지만 그렇게라도 한

내 인생에서 노무현은 무엇인가. 잘 모르겠다.
하여튼 그는 내 삶을 굉장히 많이 규정했다.
그를 만나지 않았다면 나의 삶은 전혀 달랐을 것이다.
그런 점에서 운명이다.
그런데 그것이 꼭 좋았냐고 묻는다면
쉽게 대답할 수 없을 것 같다.

번씩 만나는 게 좋기만 하다.

술을 한 잔 마시면 가끔씩 옛날을 추억한다. 그러면서 스스로에게 묻는다. 내 인생에서 노무현은 무엇인가. 잘 모르겠다. 하여튼 그는 내 삶을 굉장히 많이 규정했다. 그를 만나지 않았다면 나의 삶은 전혀 달랐을 것이다. 그런 점에서 운명이다. 그런데 그것이 꼭 좋았냐고 묻는다면 쉽게 대답할 수 없을 것 같다. 힘들고 고통스러운 순간도 너무 많아서다.

그러나 어쩌겠는가. 그와의 만남부터 오랜 동행, 그리고 이별은 내가 계획했던 것도 아니었지만, 피할 수 있는 일도 아니었다. 지금도 마찬가지다. 그가 남긴 숙제가 있다면 그 시대적 소임으로부터 자유로울 수 있는 사람이 누가 있겠는가.

하물며 나는 더욱 그렇다. 기꺼이 끌어안고 남은 삶을 살지 않으면 안 된다. 재단 이사장으로서 노무현 대통령 기념사업에 매달리는 것도 같은 이유다. 우리 대(代)에 다 끝날 일이 아닐 것이다. 그래도 계속 발전해 나갈 수 있는 토대를, 제대로 구축해 놓고 싶다. 참여정부 5년을 되돌아보고, 평가하고, 성찰하는 일도 피할 수 없는 일이라 생각하고 있다.

다시 변호사로 돌아오다

평생 변호사로 살았다. 돈에서만 조금 자유로울 수 있다면 변호사는 참 좋은 직업이다. 어려운 처지에 놓인 사람들을 도울 수 있으니 말이다. 자신이 가진 능력의 일부를 공익이나 공동선(善)을 위해 내놓는다는 생각을 가져도 좋겠다. 그런 자세는 무엇보다 자기 자신에게 보람과 자긍심을 준다.

그런 마음가짐으로 변호사를 하려고 했다. 다행히 변호사로 성공한 편이다. 돈도 벌면서 인권 변호사라는 좋은 평도 들었다. 사건 소개비나 판·검사 접대, 전별금 같은 하기 싫은 관행들과 거리를 두면서도 사무실 유지 잘하고, 법조 내에서 괜찮은 평도 들었으니, 운도 아주 좋았다.

변호사를 천직으로 여기며 살았다. 변호사 하면서 일반적으로 특별검사라고 부르는 공소유지 담당변호사를 한 경험이 있다. 부천경찰서 성고문사건의 특별검사보다도 이전이었다. 부산세관 심리분실에서 발생한 세관원 고문사건이었다. 내가 미워해 마지않는 고문을 처벌하는 일인데도, 나는 법정에서 엄벌을 구형하는 것이 마음 편치 않았다. 20년 넘게 공무원으로 봉직한 사람이 형(刑)뿐만 아니라 파면돼 퇴직연금도 받지 못하게 될 것이라는 사정 등이 딱하게 느껴졌다. 특별검사로 사건을 처리하는 와중에도 '변론 사유'가 자꾸 눈에 띄었다. 나는 어쩔 수 없는 변호사 체질이라는 생각이 들었다.

변호사를 하면서 셀 수 없이 많은 사건을 맡았다. 특히 노동·시국 사건은 나만큼 많이 한 변호사가 없을 듯싶다. 내가 특별해서가 아니라 내가 서 있던 위치 때문이다. 노동운동의 대(大)분출기에 그 중심이었던 울산과 창원의 굵직한 노동 사건들을 처음엔 노 변호사와 함께, 나중엔 혼자 도맡다시피 하지 않을 수 없었다. 시국 사건이야 서울이 훨씬 많지만 서울은 인권 변호사들이 꽤 있어 사건을 분담할 수 있었다. 그러나 부산은 그렇지 못해, 몇 배나 많은 사건을 맡게 됐다.

사실 '인권 변호사'란 말은 적합한 표현이 아니다. 모든 변호사의 기본 사명이 인권 옹호이기 때문이다. 변호사법도 그렇게 천명하고 있다. 그러나 독재 권력의 서슬 퍼런 엄혹한 현실 속에서 그건 쉬운 일이 아니었다. 어쩔 수 없이 소수의 변호사가 그 일을 맡았고, '인권 변호사'라는 특별한 호칭으로 불리게 됐다.

그런 특별한 호칭이 필요 없는 세상이 바람직한 세상이다. 호칭이 어떻든 나는 노동·시국 사건 변론이 참으로 보람 있었다. 억울한 사람들이 변호사의 조력을 절실히 필요로 할 때 내가 그 역할을 할 수 있었기 때문이다. 또 그 시절 인권 변호 활동은 그 자체로서 독재에 저항하는 운동이었고, 변호사가 할 수 있는 민주화 운동이었다. '변호사는 그런 맛에 하는 것'이라고 후배 변호사들에게 말해 주고 싶다.

인권 변호사라는 말을 듣게 되자 당사자가 다수인 사건도 자연히 많이 맡게 됐다. 비단 집단 해고 사건뿐 아니라 다수 주민들의 일조권 피해 분쟁, 아파트 주민들의 분쟁, 집단적인 피해 사건 같은 것들이다. 서민들이 한꺼번에 딱한 사정에 놓이게 된 사건들이어서, 고생스러운 만큼 성공할 때 느끼게 되는 보람과 기쁨도 비교할 수 없을 만큼 컸다. 변호사 된 것이 가장 보람 있게 느껴지는 순간이다.

그런 변호사 생활을 떠나 청와대로 들어간 것은 그야말로 내 인생에서 '일탈'이었다. 내내 불편했다. 맞지 않는 옷을 입고 있는 듯, 내게 어울리는 자리가 아닌 것 같았다. '얼른 내 자리로, 변호사로 돌아가야지'라는 생각을 늘 하면서 지냈다. 그래도 중간에 청와대에서 나왔을 때엔 변호사를 할 수 없었다. 하지 말라고 하는 사람은 아무도 없었다. 그럴 때 곧바로 법무법인 같은 데로 들어갈 수 있는 것이 변호사의 좋은 점이기도 하다.

그러나 참여정부 기간 동안은 변호사를 해선 안 된다고 생각했다. 일반적으로 그래야 한다는 뜻이 아니다. 내가 참여정부 청와대에서 맡았던 역할 때문에 적어도 나는 변호사도, 다른 돈 버는 일도 하지 않아야 한다고 생각했다. 네팔 트레킹을 떠났던 이유였다. 참여정부 기간 동안엔 '노 대통령 탄핵사건' 딱 한 건만 맡았다.

참여정부가 끝났을 때 나는 '드디어 해방이다'라고 외쳤다. 변호사로 돌아갈 수 있었다. 그래도 곧바로 변호사 개업을 하는 건 바람직하지 않다고 생각했다. 판·검사 하다가 옷 벗고 전관예우 받는 것은 아닐지라도, 바람직하지 못한 일이 있을 수 있다고 생각했다.

참여정부가 끝난 후에도 7~8개월가량 공백기를 가진 뒤 변호사로 복귀했다. 원래 내가 있었던 법무법인 바로 그 자리였다. 복귀해 보니 전관예우 걱정은 그야말로 웃기는 나만의 생각이었다. 참여정부 고위직에 있었다는 경력은 적어도 이명박 정부하에서는 변호사 영업에 전혀 도움이 되지 않았다. 전관예우가 아니라 오히려 전관박대(薄待)였다.

어쨌든 이제야 내 자리로 돌아왔다. 물론 옛날 같지 않다. 세월이 흘렀고, 짧지 않은 공백이 있었다. 변호사계에선 '흘러간 물'이 됐을지도 모르겠다. 옛날에는 나를 의논 상대로 편하게 여겼던 사람들이 있었다. 지금은 그렇지 못하다는 게 느껴진다. 그래도 내 마음은 편하다. 변호사를 하면서 〈노무현재단〉 일을 함께 하는 것도 옛날과 달라진 모습이다. 〈노무현재단〉 일을 함께 할 수도 있으니 내가 변호사를 하고 있는 것이 정말 다행이라는 생각이 든다.

길을 돌아보다

노무현 대통령 서거와 이명박 정권의 심각한 퇴행은 국민들에게 새로운 화두를 던지고 있다. 많은 사람들이 나라의 앞날을 걱정한다. 나 역시 심각한 위기감과 우려를 갖고 있다. 우리가 가야 할 길에 대한 진지한 논의가 분분하다. 필요한 일이라고 생각한다. 그러나 아쉬움도 있다.

노무현 대통령은 임기 내내 있는 힘을 다했다. 능력이 모자라거나 생각이 미치지 못한 점이 있었을지언정, 늘 열심이었고 사심이 없었다.

내 개인으로도 마찬가지다. 애당초 나는 국정에 관해 경험이 없는 사람이었고, 민정수석실이 뭐하는 곳인지도 몰랐다. 열심히 하고 사심 없이 일하는 것으로 주어진 상황을 감당하고자 했다. 참여정부에 몸담았던 사람들 자세가 모두 그럴 것이다.

그러나 노 대통령과 우리는 실패한 대통령, 실패한 정부라는 손가락질을 받으며 청와대를 떠났다. 진보로부터도 진보 진영 전체를 추락시킨 장본인인 것처럼 비난을 들었다. 한때는 그 회한 때문에 '우리가 바쳤던 노력이 과연 무엇을 위한 것이었는지, 모든 게 허망하다'는 생각마저 들었다.

무엇이 문제였을까? 우리에게 부족한 것이 무엇이었을까? 차분하게 성찰하고 복기(復棋)*할 필요가 있다. 거기서 새로운 교훈을 찾아야 한다. 휩쓸림이나 감정으로가 아니라, 냉정한 마음으로 성공과 좌절의 교훈을 얻어내야 한다. 그렇게 하지 않으면 참여정부 5년을 포함한 민주정부 10년은 그야말로 '잃어버린 10년'으로 전락하고 만다. 그럴 수는 없는 일이다.

그래서 나는 참여정부 5년에 대한 복기를 강조한다. 정권을 운용한 우리뿐만이 아니다. 범야권, 시민사회 진영, 노동운동 진영, 나아가 진보·개혁 진영 전체가 함께해야 한다고 생각한다. 그런 작업을 통해 노무현의 성공과 좌절, 참여정부의 성공과 좌절을 극복해내야 한다. 아쉽게도 우리 사회는 그런 과정을 생략하고 있는 것 같다.

참여정부 끝날 무렵에는 뭐든지 '참여정부 탓'이나 '노무현 탓'으로 몰아치는 경향이 있었다. 제대로 된 성찰이 있을 리 없었다. 노 대통령 서거 이후 분위기가 반전되고 좋아지니, 이제는 성찰할 필요가 없는 것처럼 생각하는 듯하다.

지금 우리는 다음 희망을 이야기한다. 집권을 위한 방법론을 말한다. 그러나 나는 걱정이 된다. 지금 집권을 말하기 전에 진보·개혁 진영이 얼마나 달라졌을까 생각하면 두려운 마음이 든다. 2003년 참여정부 집권 시기에 비해 현재 우리 진보·개혁 진영의 역량과 집권능력은 얼마나 향상됐을까. 진영 전체의 역량을 함께 모으는 지혜는 얼마나 나아졌을까.

휩쓸림이나 감정으로가 아니라,

냉정한 마음으로 성공과 좌절의 교훈을 얻어내야 한다.

그렇게 하지 않으면 참여정부 5년을 포함한

민주정부 10년은 그야말로

'잃어버린 10년'으로 전락하고 만다.

그럴 수는 없는 일이다.

나는 2002년 대선에서 노 대통령이 당선된 것조차, 우리 진영 전체의 실력이나 능력으로 된 게 아니라고 생각한다. 모두의 노력이 의미가 컸지만, 노 대통령 개인이 국민들에게 받은 소망과 지지를 참여로 끌어낸 요인이 크다. 천운(天運)이 만들어낸 듯한 드라마틱한 과정과 우연한 요인도 크게 작용했다. 노 대통령의 당선을 진보·개혁 진영의 역량에 의한 것으로 판단한다면, 반만 맞고 반은 틀렸다고 나는 생각한다.

2012년 대선의 희망을 말하려면 우리 현 주소를 살펴봐야 한다. 참여정부 5년, 더 나아가 민주정부 10년의 성공과 좌절에서 우리의 역량과 한계를 따져 보고 거기서 출발해야 한다.

물론 성찰과 반성의 맨 앞자리에 정권을 운용했던 우리가 서야 할 것이다. '우리는 최선을 다했는가?'에 대한 통렬한 반성과 깊은 성찰이 있어야 한다. 그래서 정권을 국민으로부터 위임받았을 때, 국정 운영 전반에 대한 빈틈없는 계획을 가지고 있어야 한다. 매사 도덕적일 뿐 아니라, 능력 면에서도 최고의 사람들을 모아야 한다. 참여정부 때 청와대가 과연 그랬는지를 묻는다면 겸허하게 돌아보게 된다. 나부터도 그때는 경험이 없었다. 다들 뜻과 의지는 가상했지만 능력 면에서 우리가 최고의 보좌진이었나 생각하면 대통령께 항상 송구할 따름이다. 우리 역량의 부족함과 서투름, 이상과 현실의 불일치, 한두 가지가 아니다. 그걸 부인하거나 회피할 수는 없다.

그러면 진보·개혁 진영이 요구하는 수준의 '개혁'과 '복지국가'를 정권의 힘만으로 해낼 수 있는가. 지금 우리 사회의 정치적 지형 속에서는 쉬운 일이 아니라고 생각한다. 나는 참여정부가 증명한 것, 참여정부가 남긴 교훈이 바로 이것이라고 생각한다.

우리 사회 밑바닥에 흐르는 도도한 보수적 풍토와 여론을 주도하는 강고한 보수세력 속에서 노 대통령과 참여정부는 마치 '고립된 섬' 같았다. 개혁은 도처에서 보수세력과 기득권의 저항에 부딪혔고, 가로막혔다.

'작은 정부가 선이고 큰 정부는 악'이라는 보수적 이데올로기가 굳건한 현실 속에서 복지정책을 펴는데도 뛰어넘을 수 없는 벽이 있었다. 다 합쳐도 소수를 넘지 못하는 진보·개혁 진영조차 그런 가운데 힘을 모으지 못하고, 헤게모니 싸움 속에서 분열했다.

참여정부는 좌·우 양쪽으로부터 공격받았다. 보수 진영으로부터 욕먹으면 진보 진영으로부터는 격려를 받아야 하는데, 진보 진영도 외면하고 욕했다. 그 '저항'과 '벽'이 지금은 없어지거나 크게 낮아졌을까? 이명박 정부가 워낙 못하고 지지받지 못하니 그런 듯한 착시가 생길지 모른다. 그러나 정권을 잡는 순간 그 '저항'과 '벽'은 다시 선명해지고 높아지기 마련이다. 내가 강조하고 싶은 것은, '진보·개혁 진영 전체의 힘 모으기'에 실패하면 어느 민주개혁정부가 들어서더라도 같은 전철을 밟게 될 것이라는 점이다.

하나의 사례로, 참여정부 때 실패했던 '국가보안법 폐지' 문제를 생각해 볼 수 있다. 대통령, 여당, 시민사회 모두가 한뜻이 돼 추진했지만 실패했다. 대통령은 보수 진영의 비난을 무릅쓰고 "국보법은 박물관으로 보내야 한다"고 역설했다.

열린우리당은 국보법 폐지를 4대 개혁입법 중 첫 번째 과제로 삼았다. 시민사회도 '국보법 폐지 국민연대'를 결성해 서명과 농성 등 온갖 노력을 기울였다. 더구나 그때 열린우리당은 과반수였고, 나중에 의석을 몇 석 잃은 후에도 민주노동당 등과 합하면 과반수가 넘었다. 그런데도 폐지하지 못했다. 무엇이 문제였을까?

개혁입법이 중요한 시기에 법사위원장을 야당에게 넘겨준 국회 원(院) 구성협상의 잘못이 있었다. 직권상정을 하지 않는 우리 쪽의 '양심'도 개혁입법을 밀어붙이지 못하는 요인으로 작용했다. 그런 사정으로 폐지가 어렵다면, 우선 남용되는 조항이라도 개정하는 방안을 강구해 봤어야 했다. 그런데도 우리 진영의 근본주의가 그런 타협을 용납하지 않았다.

더 근원적으로는 진보·개혁 진영 전부의 힘을 다 합쳐도 국가보안법을 폐지할 힘이 되지 못했다. 그것이 냉정한 우리 현실이었다. 열린우리당이 다수당이었지만 열린우리당 내에서도 국가보안법 폐지에 반대하거나 소극적인 의원들이 적지 않았다. 그 현실을 우리의 객관적 현 주소로 받아들이는 데서부터 출발해야 한다고 생각한다.

하물며 진영의 힘이 함께 모아지지도 않는다면 정부가 아무리 애를 쓴다 해도, 정부만의 힘으로 할 수 있는 개혁에 한계가 있을 수밖에 없다.

지금 검찰 개혁이 시대적 과제가 되고 있다. 지나치게 비대해진 검찰권력, 지나치게 정치화된 검찰권력, 통제받지 않는 무소불위의 검찰권력은 참으로 심각한 문제다.

다른 나라들이 모두 그렇게 하고 있듯이 일반사건에 대한 수사권을 경찰에 넘기는 것이 근본적인 개혁 방안이라는 쪽으로 인식이 모이고 있는 것 같다. 참여정부가 추진했지만 실패했던 일이다. 참여정부의 추진 방법이 최선이었는지는 의문이 있다.

개인적으로는 검경 수사권 조정* 문제를 사법개혁 틀 속에 넣어서 사법개혁과 함께 추진하지 못했던 것이 후회된다. 그런데 참여정부가 그 일을 추진할 때 '민변'과 '참여연대' 등 시민사회는 별 관심이 없었다. 아마도 경찰에 대한 뿌리 깊은 불신 때문이었을 것이다. 시민사회의 무관심 속에 정부만 애를 쓰다가 못하고 말았다.

'고위공직자 비리수사처'도 마찬가지다. 검찰에 대한 견제 방안이 될 수 있었으나 국회의 벽에 막혀 입법하지 못했다. 시민사회 진영도 일부 시민단체만 찬성했을 뿐 대부분 관심이 없었고, 입법을 지원해 주지 않았다.

참여정부는 검찰의 정치적 중립성과 독립성을 최대한 보장해 줬다. 검찰 내부의 의지가 제대로 갖춰지지 않은 상태였지만, 대통령과 참여정부는 스스로의 의지와 절제로 그렇게 했다. 물론 시민사회가 요구한 개혁과제이기도 했다. 그런데 이명박 정부 들어서 순식간에 참여정부 이전으로 되돌아갔다.

참여정부가 보장해 줬던 검찰의 정치적 중립성과 독립성을 우리 사회가 지켜내지 못한 셈이다. 그런데도 진보·개혁 진영에서는 참여정부가 검찰 개혁에 실패했다고 말한다. 참여정부 때 검찰 개혁을 더 많이, 또 더 근본적으로 해야 했으나, 그렇게 하지 못했던 건 사실이다. 그러나 그것이 참여정부의 책임인 양 한마디로 규정해 버리면 과연 온당한 평가일까?

진보 진영이 참여정부에 등을 돌린 첫 번째 계기는 이라크 파병이었을 것이다. 시민사회 진영이 이라크 파병을 반대한 것은 당연한 일이었다고 생각한다. 그러나 정부로선 북핵 위기의 평화적·외교적 해결을 위해 최소한의 모양으로라도 파병을 수용하지 않을 수 없었다.

그리고 실제로 파병 결정은 북핵 문제를 6자회담에 의한 외교적 해결로 이끄는 데 큰 도움이 됐다. 6자회담의 9·19합의가 그대로 이행됐다면 '북핵의 완전한 폐기', '북한의 비핵화', '북미 관계와 북일 관계의 정상화' 그리고 '남북 평화협정 체결'에 이르기까지 남북 간 평화에 위협이 되는 모든 요인들을 일거에 해소할 수 있었을 것이다. 그 국익은 우리가 이라크 파병으로 잃는 국익에 비해 비교할 수 없을 만큼 컸다.

그렇다고 하더라도 시민사회는 원래 순수한 원론을 고수해야 하는 법이니, 정부의 파병 결정을 끝내 반대할 수 있다. 파병을 결정한 정부에 실망할 수도 있다. 그러나 그것이 과연 반대와 실망을 넘어서, 그 사안으로 아예 참여정부에 등을 돌리기까지 할 일이었을까?

더구나 시민사회 반대 여론을 반영해 파병 규모를 대폭 감축하고, 그것도 비전투병인 평화재건 지원부대로 편성해 안전지역에 파병한 상황이었다.

진보 진영이 영원한 소수파로 머물지 않으려면 국가에 대해, 그리고 국가경영에 대해, 나아가서 외교·안보 문제에 대해서까지도 더 책임 있는 자세를 가져야 한다고 생각한다.

진보 진영이 참여정부에 등을 돌린 또 다른 이유는, 참여정부가 신자유주의라는 것이었다. 참여정부가 전 세계적인 신자유주의 조류 가운데 있었던 것을 부정할 생각은 없다. 그러나 노 대통령과 참여정부가 신자유주의를 지향했다는 것은 사실이 아니다.

신자유주의 조류를 거스르고 맞서지 않았다고 한다면 모르겠다. 그러나 신자유주의의 징표인 시장절대주의, 작은 정부, 감세, 민영화, 노동의 유연화 등은 참여정부가 추종했던 노선이 아니었다.

참여정부는 출자총액제한 제도와 금산분리 등 시장규제를 고수했다. 작은 정부를 반대했으며, 종부세로 부유층 증세를 했다. 국민의 정부 때부터 진행돼 오던 민영화를 전면 중단했다. 노동의 유연화 역시 참여정부에서 더 진행되지 않았던 것은 물론, 비정규직보호법 등으로 오히려 제동을 걸었다.

진보 진영은 한미FTA도 신자유주의의 산물인 양 주장하지만, 개방은 신자유주의를 부정하는 좌파 정부들도 하고 있는 만큼 타당한 주장이라고 하기 어렵다. FTA가 곧 신자유주의라면 중국이나 인도의 FTA, 유럽 복지국가들의 FTA는 어떻게 설명할 것인가?

진보 진영이 참여정부에게 신자유주의 딱지를 붙이는 것은, 반대쪽에서 참여정부에게 '친북좌파'라는 딱지를 붙이는 것과 그 속성에서는 매한가지다.

참여정부가 훨씬 잘할 수 있을 줄 알았는데 그러지 못한 대표적 분야가 교육 분야라고 생각한다. 물론 참여정부의 책임이 크고, 일차적이다.

교육혁신위원회를 통한 교육 개혁을 도모했으나, 혁신위가 교육 개혁의 동력을 국민들로부터 끌어내지 못했다. 혁신위가 많은 논의 끝에 마련한 개혁 방안을 교육부가 받아들이도록 견인하지도 못했다. 청와대도 교육담당 수석을 별도로 두지 않아 교육 개혁을 이끄는 힘이 약했다.

보다 결정적이었던 것은 교육 개혁의 파트너가 돼야 할 전교조와의 관계가 교육행정정보시스템(NEIS)을 둘러싼 갈등 때문에 처음부터 엇박자가 난 것이다. 그 바람에 개혁을 가장 힘차게 할 수 있는 초기 1년 이상을 NEIS 문제에 매몰돼 허송하다시피 했고, 개혁적이었던 장관은 낙마하고 말았다.

NEIS는 학생들의 정보인권을 침해할 소지가 있었으므로 중요한 문제이긴 했다. 그러나 그보다 더 중대하고 근본적인 개혁 과제가 산적해 있을 때였다. 게다가 NEIS는 일단 시행해 보고 문제가 발생하면 개선할 수도 있는 것이었다.

전교조 선생님들을 만날 때마다 붙잡고 이야기를 했다. "더 중요한 개혁 과제가 얼마나 많습니까. NEIS 하나 갖고 그렇게 흔들어 버리면 장관이 힘이 빠져서 다른 개혁도 못 하게 됩니다. 그렇게 장관을 밀어내면 앞으로는 개혁적인 장관을 모시기가 어렵게 되고, 점점 더 안정적인 사람을 선택하게 되기 마련입니다. 교육 개혁이 물 건너가는 겁니다." 다들 내 말에 공감했다. 집행부의 강팍함을 걱정하는 선생님들도 많았다. 하지만 그걸로 그만이었다. 조직으로 돌아가면 조직의 논리에서 헤어나지 못했다.

당시 전교조 집행부를 비난하려는 게 아니다. 그분들은 참여정부의 교육 개혁에 큰 기대를 걸고 밀어붙였을 것이다. 사실 2002년 대선 때, 전교조 선생님들은 노 후보 당선에 큰 기여를 했다. 참여정부의 교육 개혁에 기대를 크게 가질 만했다. 내가 말하고 싶은 것은, 자신들이 바라는 개혁을 위해 좀 더 전략적인 접근을 하지 못한 것이 아쉽다는 것이다.

노동 분야도 참으로 아쉬움이 많이 남는다. 참여정부가 출범하자마자 노동계는 철도 파업, 화물연대 파업, 조흥은행 파업 등 굵직한 파업을 잇

달아 일으켰다. 그중 철도 파업과 화물연대 파업은 1차 파업 때 정부가 여론의 비난을 무릅쓰고 요구조건을 상당 부분 수용했다. 그런데도 불구하고 얼마 되지 않아 2차 파업을 일으켜, 1차 파업의 성과를 몽땅 까먹는 무리를 하기도 했다.

또 정부가 기업과 경제계의 반대에도 불구하고 주40시간 근무제(주5일 근무제)와 공무원노조 합법화를 추진할 때, 수혜를 받는 입장인데도 정권퇴진까지 외치면서 더 극렬한 반대를 했다. 정부안이 미흡하다는 것이 이유였다.

노동 쪽에 더 호의적인 참여정부 시기에 더 높은 목표를 잡고, 더 많이 밀어 붙여서, 더 많은 성과를 내고자 하는 욕심 때문이었을 것으로 이해한다. 그러나 그런 노동계의 조급함이 결과적으로 참여정부 입지를 약화시킨 게 사실이다. 그리고 노동계의 무리한 요구가 오히려 개혁을 가로막기도 했다.

참여정부의 노동 분야 개혁은 노사정위원회*가 논의의 산실이었다. 그런데 민주노총은 노사정위원회에 참여하지 않았다. 그럴 만한 이유와 명분이 있었을 것이다. 그러나 그 때문에 할 수 있는 개혁을 못 한 것도 많았다.

양극화와 비정규직 문제에 대한 참여정부의 대응에는 아쉬움이 많다. 비정규직 보호법을 만들었으나, 외부 용역 등의 형태로 그 법의 적용을 면탈하려는 움직임을 미리 막지 못했다. 정책의 최우선 순위를 양극화와 비정규직 대책에 뒀어야 했다고 생각한다. 그런데 그런 중요한 문제를 놓고도 참여정부와 노동계가 머리를 맞대고 대책을 함께 논의하지 못했다. 그 역시 참여정부의 한계로 작용했다.

최근 서울대 조국 교수가 펴낸『진보집권플랜』이 화제다. 아주 좋은 책이라고 생각한다. 우리 사회가 어떤 사회를 향해 가야 하는지 국민들이 알기 쉽게 잘 정리해 줬다. 인기 있는 서울법대 교수가 진보를 말하고 복지를 말하니, '진보'와 '복지'를 계몽하는 데도 효과만점이다. 그러나 나는 그 책을 보면서 다른 차원의 걱정을 떨칠 수 없다.

다음에 민주적이고 개혁적인 정부가 다시 들어섰을 때, 그 책이 제시한 개혁과제 가운데 과연 얼마나 할 수 있을까. 흔히 정부의 의지만 있으면 다 할 수 있을 것처럼 생각하지만, 한 정부가 애를 써도 5년 임기 동안에 해낼 수 있는 것은 극히 일부에 지나지 않는다. 그러면 어떻게 될까? 보수 진영은 개혁과 복지한다고 공격하고, 진보·개혁 진영은 제대로 못한다고 공격하고, 그렇게 좌우 양쪽에서 협공을 받는 정부 역시 참여정부의 전철을 되풀이하지 않을까?

『진보집권플랜』을 비롯해서 모두들 앞으로 진보·개혁 정부가 무엇을 해야 할 것인가만 논의할 뿐, 그 과제들을 어떻게 실현할 것인지에 대한 논의는 부족한 것 같다. 지금 우리에게 보다 중요한 것은 '무엇을' 할 것인가가 아니라 '어떻게' 할 것인가다.

보수적인 정치지형 속에서 기득권의 저항과 반대를 어떻게 극복하며, 국민의 지지와 동의를 어떻게 이끌어낼 것인가? 정부는 어떻게 추진하고, 시민사회 진영은 어떻게 지원하면서 정부를 견인할 것인가? 많은 개혁과제 가운데 우선순위를 어떻게 설정하고, 시기별로 해야 할 범위를 어떻게 설정한 것인가?

이런 의제에 대해 논의하고 공감대를 형성해, 그것을 연대의 토대로 삼아야 할 것이다. 그래야 집권 후에도 분열하지 않을 수 있다.

참여정부가 출범할 무렵 서울대 박세일 교수가 『대통령의 성공조건』이란 책을 낸 적이 있다. 대통령 비서실을 어떻게 개편해야 효율적이면서도 민주적이고 탈권위적 청와대로 만들 수 있는지 등을 다룬 책이다. 원래 보수의 집권에 대비한 책이었으나, 실제로 참고한 것은 우리였다. 나는 그 책을 참고한 비서실 개편이 반드시 성공적이었다고 생각하지 않는다. 인사보좌관의 신설 등은 좋았으나 그렇지 못한 부분도 많았다.

특히 부처별 수석제를 없앤 것은 청와대 수석이 부처 위에 군림하는 기존의 폐단을 없애기 위한 취지였으나, 안정된 시기라면 몰라도 청와대 주도의 강력한 개혁이 필요한 시기에는 바람직한 것이었는지 의문이다. 내가 강조하고 싶은 것은, 그때 보수는 그렇게 집권을 준비했었다는 사실이다.

참여정부 인수위 시절, 훗날 이명박 정부에서 고위직을 역임한 학교 선배로부터 자료 하나를 넘겨받은 적이 있다. 책으로 치면 여러 권에 해당하는 방대한 분량이었다. 이회창 후보가 당선될 경우 당선 일부터 퇴임 때까지의 국정 운영 프로그램을 담은 내용이었다.

연도별, 분기별, 월별로 나름의 국정개혁과제를 배치하고, 그걸 다시 주별, 일별 계획으로 나눴다. 선거일정 등을 고려해 중요 개혁과제 시기를 정하고, 그에 맞춘 홍보계획까지 담고 있었다. 심지어는 당선 세리머니를 당사에서 구태의연한 모습으로 하지 말고 동네 주민들과 어울려 축하와 함께 국정에 대한 당부를 듣는 모습으로 한다거나, 취임 전까지 매주 지방을 방문해 대학생들과 호프미팅을 한다는 구체적 방안까지 있었다.

이회창 후보 당선용으로 만든 것인데 소용없게 됐으니 우리라도 참고하라고 준 것이다. 국정개혁 방향이나 범위가 우리와 많이 달라 활용할 수는 없었다. 다만 대통령 일정을 어떻게 관리해야 하는지에 대해선 도움이 됐다. 그때 그들이 집권했다면 계획대로 실제 실행할 수 있었는지는 알 수 없지만, 집권 후 국정 운영을 사전에 그토록 치밀하게 계획해 두고 있었다는 사실만큼은 놀라웠다.

솔직히 참여정부는 그런 것 없이 정권을 맡았다. 대통령 혼자 열심히 공부해서 준비를 갖추고 있었을 뿐, 정당이든 연구소든 이쪽 진영 어디에서도 그런 준비를 한 곳은 없었다. 그런 것이 우리의 부족한 점이었고, 한계였다고 생각한다.

진보·개혁 진영의 집권을 위한 통합 또는 연대가 논의되고 있다. 지난 4·27재보선은 야권후보 단일화의 위력을 보여줌과 동시에 지금까지 해온 단일화 방식의 한계도 보여 줬다. 정당 간의 경쟁을 통한 단일화 방식은, 단일화 자체도 늘 진통을 겪게 마련이거니와 단일화되더라도 자칫하면 시너지 효과를 제대로 살리지 못하게 된다.

그런 점을 감안하면, 나는 통합이 바람직한 방안이라고 생각한다. 물론 그 경우 민주당과 다른 정당들 간에 존재하는 현저한 힘의 격차가 충분히 고려돼야 할 것이다. 다시 말해 다른 정당의 입장에서 볼 때 통합은 곧 민주당에 의한 흡수·소멸이란 의구심을 해소해 줄 방안이 강구될 필요가 있다.

통합이 보다 바람직하다는 것은, 집권 후를 생각하더라도 그렇다. 단일화만으로는 집권 후의 분열을 막기 어렵다. 단일화야 한나라당의 계속 집권을 막기 위한 공동의 목표만으로, 또는 최소 강령의 합의만으로 가능할 것이다. 하지만 그것만으로 집권 후의 공동보조를 계속하기는 어렵다. 집권 후에도 함께 힘을 모아 개혁의 동력을 유지해 나가려면 더 높은 차원의 연대가 필요하다.

적어도 우리 사회 정치지형에서 진보적 성향이 다수를 이뤄 진보·개혁 진영 안에서 헤게모니 싸움을 벌여도 대세를 그르치지 않게 될 때까지는 통합된 정당의 틀 안에서 정파 간의 연립정부를 운영해 나가는 것이 바람직하다고 생각한다.

노무현 대통령은 참여정부 때 민주노동당이 추천하는 인사를 노동부 장관으로 입각시키고 싶어 했다. 민노당이 추천한 인사라면, 그가 당적을 유지한 채 개인적으로 입각해도 좋다고 했다. 참여정부 노동정책이 노동계로부터 안정적 지지를 받을 수 있게 되고, 민노당도 국정경험과 함께 보다 더 책임 있는 자세를 갖추게 되리라는 생각이었다.

제17대 총선에서 탄핵 역풍에 힘입어 열린우리당이 과반수가 되고 민노당도 크게 약진했을 때부터였다. 두어 번 개각 때마다 내게 그런 말씀을 하셨다. 그러나 말도 꺼내 보지 못했다. 당시 우리 정치문화에서 민노당이 받아들일 가능성이 전혀 없다고 판단했기 때문이다. 우선 민노당 당원들이 용납할 리 없었다. 당 지도부가 긍정적으로 받아들이더라도 당원들로부터 엄청난 비난을 받을 것이 뻔했다. 우리도 정치공작이나 야합 소리를 듣기 십상이었다.

앞으로도 마찬가지일 것이다. 현실에 존재하는 그와 같은 강고한 벽을 뛰어넘기 위해서도 통합과 연립정부를 처음부터 구상해 볼 필요가 있다고 생각한다.

* **복기** 바둑에서, 한 번 두고 난 바둑의 판국을 비평하기 위해 뒀던 대로 다시 처음부터 놓아 봄

* **검경 수사권 조정** 검찰이 독점하고 있는 수사 개시권을 경찰에도 부여하고, 검사의 경찰 수사지휘권을 폐지하는 동시에 경찰의 검사에 대한 복종의무 등을 삭제함으로써 과도하게 검찰에 집중돼 있는 권력을 분산시키는 방안

* **노사정위원회** 1998년 외환위기 때 노동자와 사용자, 정부가 노동정책 및 이와 관련된 사항을 협의하기 위해 만들어진 사회적 합의기구. 현재 명칭은 경제사회발전노사정위원회

운명이다

결국 운명처럼 〈노무현재단〉 이사장직을 맡게 됐다. 이사장을 맡은 것은, 초대 이사장이었던 한명숙 전 총리가 서울시장에 출마하면서 사퇴했기 때문이다. 굳이 사퇴하실 필요가 없을 뿐만 아니라 재단 이사장 직책을 가지고 출마하시는 게 더 좋겠다고 여러 번 말씀드렸다. 하지만 행여 재단에 부담을 줄지 모른다는 그분의 결벽증 때문에 사퇴 만류를 받아들이지 않았다. 어쩔 수 없이 내가 이어받았지만, 어떤 직책으로든 〈노무현재단〉에 관여하는 것은 나로서는 피할 수 없는 운명처럼 느껴진다.

〈노무현재단〉은 노 대통령에 대한 추모와 기념사업을 넘어서서, 그의 정신과 가치를 계승하고 발전시켜 나가는 것을 목적으로 한다.

그를 그렇게 떠나보내고 남은 자들의 도리일 것이다. 그와 오랜 인연이 있고, 그를 좋아해서만이 아니다. 그의 정신과 가치를 계승하고 발전시켜 나가는 것이 지금 우리 사회의 시대정신과 부합하기 때문이다.

노무현의 정신과 가치는 그가 정치인생 내내 사용했던 '사람 사는 세상'이란 말속에 다 담겨 있다. '사람 사는 세상'은 그가 1988년 제13대 총

결국 운명처럼 〈노무현재단〉 이사장직을 맡게 됐다.
어쩔 수 없이 내가 이어받았지만,
어떤 직책으로든 〈노무현재단〉에 관여하는 것은
나로서는 피할 수 없는 운명처럼 느껴진다.

선에 출마할 때 내건 선거구호였다. 그 후 그는 언제 어디서나 '사람 사는 세상'을 말했다. 사인을 할 때도 '사람 사는 세상'을 썼다. 대통령으로 재임 중에도, 퇴임 후에도 마찬가지였다. 아마도 자신이 대통령을 하고 있을 때조차 이 세상은 아직 '사람 사는 세상'과 거리가 멀어서, 그 구호가 여전히 필요하다고 생각했을 것이다.

딱 한 번 잠시 동안 '강물처럼'을 사인 글로 쓴 적이 있다. 아무리 굽이쳐도 결코 바다를 포기하지 않는 강물처럼 자신의 길을 걷겠다는 의지를 표현한 것이었다.

'사람 사는 세상'은 요즘말로 하면 '복지국가의 꿈'이라 할 수 있다. 물론 더 넓은 뜻이다. 경제적 복지를 넘어서서 빈부귀천 가리지 않고 누구나 똑같이 존엄한 세상을 뜻한다. 역시 그 토대는 복지국가라고 할 수 있다. 노 대통령이 퇴임 후 여생을 바쳐 연구하고자 한 '진보적 민주주의'라는 것도 결국은 복지국가를 지향하는 민주주의였다. 정치에 처음 입문할 때 초심이 대통령에서 퇴임한 후까지도 변하지 않았던 것이다.

그렇게 보면 〈노무현재단〉의 목적은 복지국가라고 할 수 있다. 복지국가를 추구하는 진보적 민주주의가 국민들에게 받아들여지고 우리 사회의 보편적인 가치로 발전해 나갈 수 있는 토양을 가꾸어 나가는 것이 바로 〈노무현재단〉의 목적이다.

나는 '복지'라는 것을 생각할 때마다 떠오르는 어릴 때의 기억이 하나 있다. 결코 잊히지 않는 장면이다.

중학교 1학년 여름, 어느 일요일 새벽에 어머니가 나를 깨우셨다. 부산역에 가는데 같이 가자고 했다. 영문도 모른 채 따라나섰다. 버스도 다니기 전의 이른 새벽, 아직 캄캄할 때여서 부산역까지 걸어갔다. 어린 나이에 걷기엔 먼 거리였다. 아마 6~7킬로미터 또는 7~8킬로미터 정도 됐을 것이다. 가면서 어머니에게 이야기를 들었다. 일요일 서울 가는 특급열차(그때는 '특급'이 최고였다) 차표가 귀하니 그 차표를 사 뒀다가 표를 못 산 승객에게 웃돈을 얹어 팔면 벌이가 좀 된다는 말을 아는 사람에게서 들었다는 것이다.

말하자면 기차표 암표장사였다. 부산역에 도착했는데 그때까지도 표를 팔지 않아 기다렸다. 막상 표를 팔기 시작했는데도 어머니는 한참이나 지켜보다가 표를 사지 않은 채 그냥 돌아가자고 했다.

다시 걸어서 집으로 돌아오는데, 아침식사 시간을 넘긴 때여서 무척 배가 고팠다. 집 근처 아는 사람이 하는 가게에 와서야 토마토를 몇 개 사서 겨우 요기를 했다. 그때 어머니가 왜 그냥 돌아왔는지 모른다. 그것으로 끝이었다. 어머니도 그 후 다시는 암표장사를 시도하지 않았다.

그 일은 식구들 사이에서도 어머니와 나만 아는 일이다. 모자간에도 그 일을 입에서 꺼내 본 적이 없다. 이번에 책을 쓰면서 어머니에게 여쭤봤다. 그때 왜 그냥 오셨냐고. "듣던 거 하고 다르데." 라는 게 어머니의 답이었다. 더 이상 묻지 않았다. 그런 일이라는 게 벌이가 좀 된다고 소문나면 늘 사람들이 많이 몰려들거나 단속을 받게 되면서, 처음 얘기 들었을 상황과는 같지 않은 법이다. 아니면 어린 아들과 함께하기에 내키지 않는 상황이었을지도 모르겠다.

지금도 어려운 사람들을 보면 그때 우리 모자 생각이 난다. 물론 우리는 이제 어렵지 않다. 함께 피난 와서 고생했던 친척들도 지금은 대체로 괜찮아졌다. 부모들이 악착같은 교육열로 자식들 공부를 잘 시킨 덕분이다. 그러나 지금도 지난날 우리처럼 어려운 사람들이 너무 많다. 우리가 과거 어려웠던 시기를 견뎌내는 데 많은 도움이 있었다. 성당의 구호물자 배급이 있었고, 학교 급식이 있었다. 나와 형제들은 장학금 도움도 꽤 받았다. 독지가들이 출연한 장학금도 있었고, 함경남도 도민회나 흥남시민회 장학금도 있었다. 누나는 5·16장학금을 받기도 했다.

생각해 보면 그런 것이 복지다. 그 시절 국가가 가난해서 복지 기능을 제대로 못 하니, 민간이 나서서 어려운 사람을 도왔던 것이다. 살다 보면 누구나 어려운 시기가 있을 수 있다. 우리는 피난이 원인이었지만 실업, 질병, 사고, 육아, 노령 등 많은 원인이 있을 수 있다. 그럴 때 국가가 도와주면 어려움을 견뎌내고, 어려움에서 벗어날 수 있다. 그런 일을 제대로 하는 것이 복지국가다.

어릴 적 가난의 기억은 살아가면서 그대로 인생의 교훈이 됐다. 더 이상 가난하고 싶지 않았지만, 그렇다고 혼자 잘 살고 싶지도 않았다. 어려운 시기에 우리가 받았던 도움처럼 나도 어려운 사람들을 도우며 살고 싶었다. 자라서 학생운동을 하게 된 것도, 인권 변호사가 된 것도 그와 무관하지 않을 것이다.

굴곡이 많고 평탄치 않은 삶이었다. 돌아보면 신의 섭리 혹은 운명 같은 것이 나를 지금의 자리로 이끌어 왔다는 생각을 하게 된다.

그 한가운데에 노무현 변호사와의 만남이 있었다. 그는 나보다 더 어렵게 자랐고 대학도 갈 수 없었다. 어려운 사람을 대하는 마음이 나보다 훨씬 뜨거웠고, 돕는 것도 훨씬 치열했다.

그를 만나지 않았으면 적당히 안락하게, 그리고 적당히 도우면서 살았을지도 모른다. 그의 치열함이 나를 늘 각성시켰다.

그의 서거조차 그러했다. 나를 다시 그의 길로 끌어냈다. 대통령은 유서에서 '운명이다'라고 했다. 속으로 생각했다. 나야말로 운명이다.

당신은 이제 운명에서 해방됐지만, 나는 당신이 남긴 숙제에서 꼼짝하지 못하게 됐다.

문재인의 운명

초판1쇄 펴낸날 2022년 5월 10일

지은이 문재인
펴낸이 장영재
펴낸곳 (주)미르북컴퍼니
자회사 더휴먼
전 화 02)3141-4421
팩 스 0505-333-4428
등 록 2012년 3월 16일(제313-2012-81호)
주 소 서울시 마포구 성미산로32길 12, 2층 (우 03983)
E-mail sanhonjinju@naver.com
카 페 cafe.naver.com/mirbookcompany
인스타그램 www.instagram.com/mirbooks

* (주)미르북컴퍼니는 독자 여러분의 의견에 항상 귀 기울이고 있습니다.
* 파본은 책을 구입하신 서점에서 교환해 드립니다.
* 책값은 뒤표지에 있습니다.